国家「十一五」重点图书出版规划项目

中国古代地方政治研究

马新 主编

汉代民间信仰与地方政治研究

贾艳红 著

山东大学出版社

本书为 2009 年度

天津市哲学社会科学规划后期资助项目(ZLHQ-15)

总 序

地方政治相对于中央政治而言，是历代王朝政治的重要组成部分，无论是研究中国政治史，还是研究历代王朝的治乱兴衰史，或者是研究经济史、军事史、社会史等等，都离不开对地方政治的研究。地方政治的变迁既受制于中央王朝政治，同时也对中央王朝政治的方方面面施加着自己的影响；尤其是它处于国家与社会之间，上承王朝之政令，下理社会之秩序，所以说地方政治之优劣，直接关系到社会的安定与进步，更关系到王朝的兴衰。

一

地方政治相对于中央政治而言，其存在的前提自然是中央王朝的存在，因而，自夏商王朝起，中国的地方政治即告产生。自此至清王朝，中国历史上的地方政治可以分为前、后两大时期：前期即夏商西周春秋时代，是以分封制为核心的地方政治；后期即战国至明清时代，是以郡县制为核心的地方政治。

以分封制为核心的地方政治实际上又是一种共主政治。在这一政治体制下，地方当政者拥有较为完整的政治、军事与经济权力，他们与中央政权的关系实质是联盟与共主的关系。各个方国、诸侯国可以视为中央政权的地方政权，而中央政权也可以视为各方国的共主，具有一定的政治联盟关系。夏商周时代的地方政权也就是各方国或诸侯国，可以分为前、后两期。前期方国如一盘散沙，平行分布，从亲缘与地缘的合作关系，到松散的联合体，再到共主的逐渐形成，其自身的独立性都是比较强的，可以说是相对独立的政治单元。后期方国则分为两类：一类是臣服的方国，一类是分封的方国。后者又可称之为“封国”。分封制下的层层分封，造就了两种政治单元：各封国与天子是册封与共主关系，具有较强的独立性；封国内部虽也是层层分封，却实现了相对的一统，诸侯对卿大夫所拥有的权力往往要大于天子之于诸侯所拥有的权力。

在共主制下，虽然号称“溥天之下，莫非王土；率土之滨，莫非王臣”，但实际上，共主地位的奠定首先是依托力量的制衡。在自己的王畿内，共主是绝对的权威，在自己的血缘属邦内，也有相应的权力延伸；但在其他称臣的邦国那里，则只能靠震慑力维持其共主地位，所谓的侯服、甸服、绥服、荒服、要服等五服，反映的就是这种现实。到西周时代，王畿与血缘属邦这类核心层邦国占据了主导地位，周天子作为共主的地位也至于顶点。

在西周时代，各方国地位的确立通过自上而下的分封进行。分封中，既有天子贵戚，也有异姓勋旧，还有大量的称臣纳贡的异姓方国。前者为鲁，后者有齐，第三类为楚，均可作为各自的代表。一旦完成分封，各自就国，他们便享有充分的政治自主。对于天子，他们只有从征与纳贡的义务；而对于封国内的卿士民众，他们则有完全的处置权。西欧中世纪所谓“我的附庸的附庸，不是我的附庸”，放到这里，也是十分恰当的。

以郡县制为核心的地方政治实际上是集权政治。在这一政治体制下，各级地方政权都只是王朝中央集权中的一个环节，并不具备独立的地方权力，他们对于中央王朝都是服从与被统辖的关系。当然，东汉末的州牧、刺史与唐代的藩镇另当别论，它们都是正常体制外的产物。

郡县制自战国定型，一直延续到近代社会，这是一种上下一体、纵向贯通的地方政体。每一层次的政权所拥有的权力尽管不尽一致，但对于其上层权力的责任反馈是一致的。这一制度与官僚制密切相关，每位地方长官都是代行皇帝或中央政府所赋予的权力，没有自身的权力或利益分割，也不向此外的任何人负责，自然，他们也都是自上而下委任产生的。

自战国到明清时代，郡县制可以划分为三大阶段，即郡政阶段、州政阶段、省政阶段。三大阶段中，县与县政一直相对稳定，中央与县级政权之间的变动是三个阶段地方政治演变的主要内容。

秦分天下为三十六郡，实行郡、县两级制，汉沿袭之，是为郡政阶段。自秦至西汉时期，郡一级的权力较为集中：郡守集行政、经济、民政、司法诸权于一身，一郡所有事务都经由郡守上传或下达。与之相应，郡守的地位颇高，尚书令、尚书仆射有外任郡守者，郡守也往往可以入为三公九卿。另外，作为其副贰的郡尉掌军事，监郡御史掌监察。自武帝始，在全国范围内设十三部州，十三部州刺史以六条问事监察地方官，主要以郡守为监察对象。十三部州实际上是十三个监察大区。到东汉时代，州刺史渐成一级长官，尾大不掉，在东汉末年的分崩离析中，他们是主要的割据者。

自魏晋至宋为州政阶段。一方面，举国之内，实行州、县二级制；另一方面，在州与中央王朝之间，又断断续续但又越来越明确地存在着一级组织，从汉之部州、唐之道，到北宋之路，重复地实现着由监察大区向行政大区的转变，因此，又可以说，这一时期是二级制向三级制的过渡时期。在这一过渡时期中，唐代是一个重要的转折点。唐代仍实行地方二级体制，即州县制，也试图在州之上设立监察大区，所设各道观察使、黜陟使、采访使、按察使以及节度使等等，最初都是只负有监察或某一专项事务。但在运转的过程中又是渐以坐大，拥有了一道中的军政全权，成为一方割据者。如洪迈所言：

> 唐世于诸道置按察使，后改为采访处置使，治于所部之大郡。既又改为观察，其有戎旅之地，即置节度使。分天下为四十余道，大者十余州，小者二三州，但令访察善恶，举其大纲。然兵甲、财赋、民俗之事，无所不领，谓之都府，权势不胜其重。①

唐代后期，面对地方割据势力的日益发展，唐王朝在可能的范围内运用了巡院这一新设机构对地方加强控制与管理。唐中央之所以对江南有比较稳定的控制，与当地巡院机构之完备不无关系。不过，在唐后期特定的历史条件下，强藩跋扈已成事实，巡院对此也无能为力。至北宋立国，取法巡院之意，置诸路转运使，使我国地方政体正式由监察大区向行政大区过渡，维

① 洪迈：《容斋三笔》卷七。

护了中央集权的统治。

北宋一般是每路均设一转运使,“各分路列职”,置有使司,故北宋之诸路转运使又称“逐路转运使”。宋初分全国为十五路,后增至二十余路,转运使也增至二十余员,这一点与设于诸道的唐代巡院是一致的。

北宋转运使的理事特点是“事无大小,悉条陈上阙”,多督察权而较少处理权。如大中祥符五年(1012),“以侍御史赵稹为兵部员外郎,益州路转运使……稹至部,事无大小,悉心究访,至有一日章数上者”①。

自元至明清为省政阶段。这一阶段,实行了比较规范的省、州(府)、县地方三级政制。与郡政时代之郡以及州政时代之部州、诸道相比,省政运转有三个显著特点:其一是省级权力的分割恰如其分,既避免了过分集权之悍,又无诸权分散之弱。如明前期,一省之中,布政、按察、都指挥三司并存,均直接向中央王朝负责;中期以后,虽然大政统于督抚,但中央王朝各有司对省内诸司的制约仍十分有力。其二是地方大吏督抚分设,互相制约,也颇见成效。其三是省级军事、监察、漕赋诸权弱化,以中央王朝的垂直管理为主,这在很大程度上强化了中央集权。明、清两朝很少出现督抚坐大而割据者,这是非常重要的内在原因。②

以郡县制为核心的地方政治以中央集权式的中央王朝的存在为前提,自战国至明清,延续了两千年,是中国历史上持续时间最长、影响力最为深远的地方政治形态。因此,我们对中国古代地方政治的研究主要是以此为对象。

二

中国古代的地方政治是在中央集权政体下的地方治理,因而,其范围既与中央政治的运转相对应,又与地方社会的要素相配合,包括政治、军事、民政、司法、赋役等诸多方面的内容。从政治运转的角度分析,地方政治又可

① 《续资治通鉴长编》卷七七。

② 以上参见齐涛主编《中国政治通史·总论》第1卷,泰山出版社2004年版,第20、22～25页。

以分为两大运行系统,即上行系统、下行系统。

所谓上行系统,是指地方政权对中央王朝的政治反馈系统。就中央政权而言,地方政权是其基础所在,虽然韩非子早已设计了“事在四方,要在中央”的集权体制,但对于一个庞大的王朝而言,中央王朝不可能事无巨细,一切通揽,而必须向地方政府分权、授权,使其能够履行中央王朝所赋予的职责。对于地方政权而言,忠实地执行中央王朝的政令,行使其法定的职掌之责,是应有之义。但是,地方事务毕竟千头万绪,千差万别,中央政令难以全部涵盖,而且,地方政权从维护当地利益、保障地方势力权益出发,也与中央王朝存在着种种的矛盾,也时时在扩大着其政治权力与政治影响,对此,中央王朝又要加以制约与调整。

在上述条件下,地方政权对中央王朝的政治反馈系统便包括了正反馈与负反馈两个部分。正反馈是地方政权忠实有效地执行中央政令的反馈;负反馈则是与中央政令相左的政治行为的反馈。两种反馈构成了地方政治较为完整的上行系统,对地方政治与王朝政治同样起着重要作用。

以清代地方财政为例,虽然清初仍继承明代旧制,将地方赋入分为上解银与地方存留银两项,但因军务所需,中央不断裁扣地方存留银的比例,使地方财政难以为继。如直隶灵寿县,每年地方存留银原为 6323 两,经多次裁扣,至康熙二十年(1681),每年仅为 1700 两,是原额的 1/3。[①] 对于这一财政政策,地方官员有两种作为:一是尽力满足政策所需,压缩地方开支。有一些地方官员甚至因经费难以筹措而自杀。顺治十四年(1657),清世祖为此下诏称:“近见州县官有自尽者,动称为此苦累,或实缘钱粮不足,供应不能及额……有司疲于奔命,勒索过当,除自尽之外,几无良策。”[②]二是变相变更财税政策,向百姓加征“火耗”、“羡余”等等。顺治年间,“天下火耗之重,每银一两有加耗至五钱者”[③]。其原因固然是“存留名目节次裁减,州县之事束手无策,势不得不私派之民”[④]。但这一作法对整个王朝赋税体系的

① 《康熙灵寿县志》卷四《田赋志》。

② 《清顺治实录》卷一一〇。

③ 《清顺治实录》卷八五。

④ 《康熙灵寿县志》卷四《田赋志》。

冲击、对百姓的侵害都不可低估。[1]

地方官员的前一种作为属于正反馈，后一种作为则属于负反馈。在两种反馈的交互影响下，清王朝不得不调整财税政策。雍正初年，在全国范围内实行耗羡归公和养廉银制度，使地方政治走上了较为良性的运转道路。

所谓下行系统，是指地方政权对基层社会的管理系统。前已述及，各王朝中央对基层社会的管理都是通过地方政权实现的，在实现社会管理的职能中，三个子系统构成了地方政权下行系统的基本架构，即官方组织系统、半官方组织系统、民间组织系统。

官方组织系统较为明确，是指以州县为主体的行政机构与各级官员，这是下行系统中的骨干子系统。

半官方组织系统处于不稳定状态中，它主要指乡里组织及充任人员。乡与乡官虽然都在正式的政府组织体系之中，但乡并非一级政区，而乡官也往往不是正式的品秩官员。唐宋以来，乡与乡官更是既无衙署，又无品秩，已成为职役。如唐代之里正实际上在行使乡之职掌。所谓里正，如王梵志诗所言："当乡何物贵，不过五里官。"[2]但里正的选任却是"县司选勋官六品以下白丁清平强干者充"，无适当人选时，"里正等并通取十八以上中男、残疾等充"。[3] 乡之下的村官自始至终都是无品无秩。唐以前的里正以及唐代的村正都是这样的村官。

无论是乡官还是村官，也无论其职掌与权力如何，大都具有两个共同的特点：其一，他们都处在官方组织体系中，其人选的使用完全由地方政府决定，他们也必须听命于各级政府；其二，他们一直都不是王朝的正式官员，无品无秩，绝大多数人都不可能由此进入官僚队伍与官方组织体系。正因为此，我们将这一系统称作"半官方系统"。

乡里系统虽是半官方系统，但其职能却直接承自县级政权，完成着县级政权对基层社会管理的重要内容。如唐代之里正，即"掌按比户口，课殖农

---

① 参见郑学檬主编《中国赋役制度史》，上海人民出版社 2000 年版，第 603～604 页。

② 《全唐诗补编》，中华书局 1992 年版，第 707 页。

③ 《通典》卷三《食货三》。

桑，检查非违，催驱赋役”[1]。仅就“催驱赋役”而言，他们如不能按期催纳上缴，或者笞杖判刑，或者代人输纳，苦不堪言。这一系统对地方政权的正反馈与负反馈状况，直接关系到地方政治的效能，是地方政治的要害所在。

民间组织系统是指非官方的在地方社会具有较强影响力的组织与人员。就中国古代社会的情况而言，主要有宗族组织、民间结社、地方乡绅势力三种力量。尽管它们都是官方体系之外的社会力量，但由于在地方社会中的实际影响力，任何时代的地方政府都必须正视并依托之。在多数情况下，它们对地方政府是顺从与配合。东汉宗族势力与地方官员的配合，唐代民间结社与官方的合作，明代乡绅对乡约的推广，等等，实际上都起到了地方政府难以发挥的作用。与此同时，在一些时期，上述力量都可能尾大不掉，形成与地方政府抗衡的力量。比如，汉代地方长吏上任伊始，往往要“先问大姓主名”，一些宗强大姓根本不把地方政权放在眼里。正如《汉书·酷吏·严延年传》所记：

> 大姓西高氏、东高氏，自郡吏以下皆畏避之，莫敢与牾，咸曰：“宁负二千石，无负豪大家。”宾客放为盗贼，发，辄入高氏，吏不敢追。浸浸日多，道路张弓拔刃，然后敢行，其乱如此。

又如，明代乡绅势力颇大，地方社会“无一事无绅衿孝廉把持，无一时无绅衿嘱托”[2]。曾任太仓州知州的陈瑛就深有感触地说：凡地方兴举之大事，“必集儒绅耆彦议”[3]，否则，会一事无成。更为重要的是，在一些特定的情况下，宗族组织、民间结社以及地方乡绅势力都有可能成为官方体系的叛逆者，它们对于地方政治的威胁往往要远远大于对王朝政治的威胁。

在政治史研究中，制度与法律的研究固然重要，但政治制度与政治运行在实际政治过程中往往并不一致，在地方政治中尤其如此，所以，我们认为，中国古代地方政治运转中的上行系统与下行系统应当是地方政治研究的一个关键领域。

---

① 《通典》卷三《食货三》。

② 明人刘宗周语，转见冯贤亮《明清江南地区的环境变动与社会控制》，上海人民出版社 2002 年版，第 492 页。

③ 张国维：《吴中水利全书》卷二五。

三

郡县制以来的中国古代地方政治经历了两千年的演进，繁复多变，难以条缕，但从其总体脉络看，还是有着一以贯之的一些共同特点。比如，地方政治的集权与被集权，地方政治运转中中间组织的缺失，以及地方组织体系波动与稳定的统一，等等，都值得深入研究。

就地方政治的集权与被集权而言，主要是指处于整个王朝的中央集权政体下，地方之权必然要被集中于中央，同时也必然要被集中于长吏之手。这一点对中国古代的地方政治影响至大。

先看地方之被中央集权问题。军权方面自不待言。此外，财政、民政、用人诸权也多由中央直接掌控。这种被集权的结果直接带来了吏治的效率低下、敷衍塞责、唯上是从以及政以贿成等问题。

包拯为监察御史时，曾上奏《请支义仓米赈给百姓》。其中写道：

> 臣访闻江浙、荆湖等路自去秋亢旱，田苗一例灾伤，即日米价甚高，民食不足。若不速令救济，必致流亡。强壮者起为盗贼，老弱者转死沟壑。因此生事，为患不细。缘诸州除军粮、常平仓外，别无大段斛斗准备。窃知王琪见起请义仓，所在见管米数稍多，州县未必敢专辄支用。若一一取候朝廷指挥，往复数月，当此艰食之际，恐无所及……①

包公此奏既写明了地方州县对于赈灾专用的“义仓”之粮也无支用权，又说明了“一一取候朝廷指挥”，则要“往复数月”的效率之低下。这在历代王朝中是普遍现象。

既然中央事事集权，地方长吏便事事请示。如明人即言当时的地方官“若米盐琐细一一上闻，则所遗者反大矣”②。请示过后，则是以上方意思为准，敷衍塞责：“上官曰是，彼亦是；上官曰非，彼亦非；迨其后事势乖违，民怒沸腾，彼则曰此是上官之意。”③由是，公文往来成弊，行政效率每况愈下。

---

① 《包拯集校注》卷一，黄山书社 1999 年版。

② 于慎行：《谷山笔麈》卷一〇。

③ 徐栋：《牧令书》卷五。

再看地方权力集中于长吏问题。这一问题的关键在于州、县二级政府均为一长制，除长吏之外，再无制约抗衡之人。而地方政府政烦事冗，属于全权政府，虽然在财政、民政以及用人上要听命中央、受制于上司，但在其治下，其可自由裁量的余地甚大，尤其是那些中央政府干预较少的治安、诉讼、民事、征调等方面，更是可以因缘为奸。

如是看来，长吏对地方政务几乎是包揽无余。难怪时人言州县之长吏"六部之事系于一人"。这些事务中能够因缘取利的不在少数。柏桦曾对此分析道：

> 钱粮征收上为州县官提供诸多方便。首先，征收钱粮有耗羡，一般是百分之二三十，有些地方加耗更多，"乃至加耗银数倍(按，五倍)正数、十百正数，九重宁复知有此耶！"[①]朝廷不知，全在州县官加减。其次，这些加耗是州县官能够使用的主要经费来源，一个县官自己要吃用，要交际上司，要取"无碍官银，过往上司使客要下程小饭"。州县各种公费开支无不从此支出。再次，这些加耗是州县官主要的经济收入，若是清白的州县官，本着"我若把你们县里的银子拿到家里买田起屋，这样柳盗跖的事，我决不做他。你若要我卖了自己地，变了自己的产，我却不做这样陈仲子的勾当"[②]。而更多的州县官是能够把这些银子拿到家，在原籍置下许多田地房产。此外，这笔钱还用于行贿，所以"至朝觐年，则守令以上必人辇一二千金入京投送各衙门及打点使费"[③]。大多是依靠这笔钱粮的耗羡。由此可见，钱粮是既易见功，又易见利的事，州县官们把此事作为施政重点，当然也在情理之中。[④]

就地方政治运转中的中间组织的缺失而言，这一状况同样植根于中国古代的中央集权政体。打开中国政治史，我们可以清楚地看到，中国历史上的各级政府是全能的一元化政府，从中央到地方，有着机构齐全、涵盖几乎

---

① 《海瑞集》上编《兴革条例》，中华书局 1962 年版，第 61 页。

② 西周生：《醒世姻缘传》第十二回《李观察巡行收状，褚推官执法翻招》，上海古籍出版社 1981 年版，第 172 页。

③ 刘宗周：《刘子全书》卷一七《遵例请旨严饬禁谕以肃觐典疏》。

④ 柏桦：《明代州县政治体制研究》，中国社会科学出版社 2003 年版，第 210～211 页。

所有事务的机构与管理者。无论是关乎国计民生的大小事务，还是司法、治安、民政以及宗教、教化等等，都在各级政府的一元化管理之中。如经济事务的管理，从农业到工商业，无一遗漏。中央王朝既有大农令、大农丞、劝农使，又有均输官、平准官，还有工部、户部、少府，等等。县一级则有工曹、户曹、市曹等等，县城中的市场也有市令与均平令进行市场秩序维护与物价管理。社会精神生活与不同信仰也在一元化的管理下，倡导什么礼俗，尊崇什么宗教，以至于表彰孝子烈妇，调和邻里之争，也都在地方政府的统辖之下。

从朱元璋为地方官制定的《到任须知》，我们可以较为直观地了解地方政府的全能化功能。该《须知》共三十一款，内容如下：

> 1. 祀神有几。2. 养济院孤老若干。3. 见在狱囚若干，已完未完。4. 入版籍官军田地若干，官粮民粮若干。5. 节次奉旨制书及秦朝旨榜文谕官者若干。6. 本衙门吏典若干。7. 各房吏典不许挪移管事，违者处斩。8. 承行事务已完若干，已施行未完若干，未施行若干。9. 在城印信衙门若干。10. 仓库若干。11. 所属境内仓场库务若干，支用若干。12. 系官头匹若干。13. 会计粮储，每岁所收官民税粮若干，支用若干。14. 各色课程若干。15. 鱼湖几处，岁课若干，备开各湖多少。16. 金银场分若干，坐落何山川，所在若干。17. 窑冶各开是何使器及砖瓦名色。18. 近海郡邑煮海场分若干。19. 公廨间数及公用器皿裀褥之类若干。20. 邑内及乡村官房舍，有正有厢若干。21. 书生员数若干。22. 耆宿几何，贤否若干。23. 孝子顺孙，义夫节妇，境内若干，各开。24. 境内士君子在朝为官者几户。25. 境内有学无学，儒者若干。26. 境内把持公私，起词讼者有几，明注姓氏。27. 好闲不务生理，异先贤之教者有几。28. 本衙门及所属该设将禁弓兵人等若干，各报数目。29. 境内士人在朝为官，作非犯法，黜罢在闲者几人，至死罪者几人。30. 境内民人犯法被诛者几户。31. 境内警迹人若干。

与之相应，中国古代历史上没有独立于政府管理之外的宗教体系与宗教组织，也没有自成体系、相对独立的工商业行会或居民自治组织。中国历史上存在过宗法血缘组织，也有过村社组织，但它们都在政府的管理之中，实际上都是政府体系的末梢或变体，一旦成为异己的力量，政府会毫不犹豫地加以革除。而在欧洲中世纪，则是另一番景象。从经济体系看，欧洲是典型的二元体系：一方面是领主领地内自给自足的庄园经济体系，另一方面则是游离于其外自发形成的城市工商业经济体系。无论是君主还是领主，对城市工商业与市民都没有形成有效的管理，工商业行会的自主管理与市民自治是主要的管理模式。宗教体系也是如此。欧洲中世纪的教权和君权虽然经历过激烈的斗争，但从总体上看，是君权屈服于教权；宗教体系自立于国家体系之外，制约着人们包括君主与领主的精神世界与社会生活，实际上也制约着君主权力的行使。

就中国古代地方组织体系的波动与稳定的统一而言，主要有以下两大表现：

其一，中国古代的政治体制与政治格局处于不断的波动变化中，或者是统一的王朝政治，或者是分裂割据势力；或者是划一的郡县式地方政体，或者是间杂有分封制、准分封制的郡县制地方政体。但是，无论是统一王朝时代，还是分裂割据时代，各王朝包括各割据王朝对地方政治的管理主要都是采用集权的郡县式体制。西汉初年的分封异姓王、同姓王，仅是局限于部分地区，且历时不久；西晋的分封诸王也只是准分封制，历时更短；明朝虽然也实行分封藩王的制度，且其在明前中期对中央造成的危害也很大，但主体上实行的仍是郡县式集权管理政体。因此，中国古代地方政体一直是较为稳定的郡县式政体。

其二，在郡县式政体这一大格局中，中国古代的地方政体也表现出了波动与稳定的统一。值得注意的是，波动的部分多集中于地方政体的两端，即中央王朝与县之间二级制、三级制的波动，县至村聚间乡里之制的波动。处于中端的县与县政则保持了两千年的稳定。

前已述及，中央王朝与县之间的变动是中国古代地方政治不同阶段的标志性内容。县至村聚间乡里之制的变动可以分为两个时期：前期为秦汉至隋唐间。在此期间，乡里之制演化为乡村之制。后期为宋元明清时期。在此期间，规整简明的乡村之制演化为复杂多元的乡里管理体系。尤其在明清时代，这种复杂多元已无以复加。如冯贤亮所言：

> 不同府之间、同一府内的不同州县之间，基层控制系统往往无法统

一。这种情况的出现，可能与各地的行政惯例和乡村传统有着密切关系。仅以文献记载的基层体系的分层来看，明代江南地区的基层管理系统根本无法统一，而且各府州县地区基层系统的分层至清代又有所不同。

为说明这一问题，他制作了《明清两代江南各府主要基层体系对比》[①]一表，兹转引如下：

	明代	清代
苏州府	县——乡—都(保)—区—扇—里(图) 县—沙—乡—团	县—乡—都—区—扇—图—圩 县—乡—都——图—圩 都—保—圩
松江府	县—乡—保(都)—区—图(里)	县—乡—保—区—图—圩 县—团—镇 团—路
常州府	县—乡—都——保(图)	县—乡—都—图—圩 都—保—圩
嘉兴府	县——乡—都—区—扇—里	县—乡—都—区—扇—圩 都—扇—圩 都—区—里(图)—圩
湖州府	县——区—乡—都—里—(图)	县——路—区—乡—庄—圩 县—乡—都—里(图)

由此表我们可以清楚地看到县以下基层体系的复杂与多元，这对同期的地方政治产生着重要影响。

以上所述，当属浅陋，惟意在表明中国古代地方政治研究之意义。实际

① 冯贤亮：《明清江南地区的环境变动与社会控制》，上海人民出版社 2002 年版，第 114～115 页。

上，自 20 世纪以来，学界对中国古代地方政治之研究已灿然可观。早在 20 世纪前半叶，就有黄绶先生之《中国地方行政史》，黄豪先生之《中国地方行政》，程幸超先生之《中国地方行政史略》，朱子爽先生之《中国县制史纲》，瞿兑之、苏晋仁先生之《两汉县政考》，闻钧天先生之《中国保甲制度》等论著面世。20 世纪后半叶，又有严耕望先生之《中国地方行政制度史》、商文立先生之《中国历代地方政治制度》、张厚安先生主编之《中国农村基层建制的历史演变》、赵秀玲之《中国乡里制度》等论著。与此同时，断代专题著作也不断推出，政治制度通史著作中也都有专门篇幅论述地方政治制度。如白钢先生主编之十卷本《中国政治制度通史》，各卷均为地方行政体制单列章目，进行较为充分的论述；齐涛主编之《中国政治通史》十二卷本、《资政通鉴》十卷本也从不同角度、不同层面对中国古代地方制度、地方政治的运作机制作了全方位的考察。

在前人研究的基础上，我们可以拥有更高的起点与更宽的视野；随着时代的发展与学术的进步，我们更可以找到前人尚未充分开拓的或是新的值得探讨的领域。比如，就地方政治研究而言，中国古代地方政治的分期、内涵及其特性都值得继续深入探讨；又如，以往的地方政治研究的重点往往在于对制度的研究，对于地方政治运转的研究稍嫌不足；再如，对于地方政治与地方社会的关系的研究，虽然前人也做了不少的工作，但仍有相当多的领域需要继续开拓，等等。

基于此，我们不揣浅陋，从不同角度、不同时段，对中国古代地方政治进行初步探讨，成此"中国古代地方政治研究"系列。可喜的是，该系列已列入国家"十一五"重点图书出版规划中，各卷撰著者在各自的领域也都颇有专攻。我们将殚精竭虑，精耕细作，陆续推出该研究系列，以就正于学界。

马　新

2010 年 4 月于山大新校高阁书斋

目 录

绪论

一、概念的界定与选题的缘起

根据考古发现，中国的信仰史已经有上万年了。民间信仰作为传统文化的重要组成部分，具有悠久的历史。它是在文明的诞生过程中，伴随着中国古代社会结构的分化，上层社会与民间社会已分别形成，在此基础上才有了国家的出现与文明社会的到来。因此，民间信仰是与民间社会共同萌发、共同形成的。我们对民间信仰史的研究也应当由此开始。① 但"民间信仰"这一概念的提出则晚之又晚。中国古代已出现与民间信仰相关的概念，如唐代的佛教文献多有"信仰"一词，但其含义是指敬神的宗教情感，并不同于民间信仰的含义。民间信仰作为民俗学学科的概念，是进入近现代社会后才被提出的。1897 年，日本学者姊崎正治在《哲学杂志》第 12 卷第 130 号发表《中奥的民间信仰》，首先提出了"民间信仰"的概念。他将民间信仰看作是"多少与正统的组织宗教相互对应的信仰习惯"。此后，在日本关注民间信仰研究的学者日益增多，民间信仰研究成为日本当代的一门热门学科。经过近百年研究，民间信仰作为概括民间超自然神灵崇拜现象的概念，逐渐

① 参见马新《试论文明前夜民间社会的出现与民间信仰的生成》，载《齐鲁学刊》2010 年第 3 期。

为学术界所认识和认同。一百多年来,在学术界出现的民间信仰概念五花八门,如"民俗"、"迷信"、"多神信仰"、"俗信"、"民间宗教"、"信仰民俗"、"俗间信仰"、"庶民信仰"、"民俗宗教"、"民众宗教"、"宗教信仰"等。20 世纪末,"民间信仰"逐渐成为普遍使用的概念。杨成志 1937 年发表的《安南人的信仰》一文使用了"民间信仰"一词,是国内较早使用这一概念的文章。[①]中国民间信仰的研究,经历了数十年的停滞时期,于 20 世纪 80 年代又开始活跃起来,陆续出现了众多民间信仰研究论著。学界随之对民间信仰的内涵和定义也展开热烈探讨,各自发表看法和见解。究竟如何定义,众说纷纭,至今未能达成共识。从不同的视角和层面对其内涵的理解不尽相同。归纳起来,大致有以下几种观点[②]:

第一种观点认为民间信仰本质上是宗教。如台湾学者李亦园把民间信仰称之为"普化宗教"或"扩散的宗教","亦即其信仰、仪式及宗教活动都与日常生活密切混合,而扩散为日常生活的一部分,所以其教义也常与日常生活相结合,也就缺少有系统化的经典,更没有具体组织的教会系统"。[③]金泽认为民间信仰是宗教的低级形式,是"原始宗教的继承者";"中国民间信仰是深植于中国老百姓当中的宗教信仰及其宗教的行为表现"。[④]王铭铭称民间信仰为"民间宗教"。[⑤]日本学者渡边欣雄称民间信仰为"民俗宗教"[⑥]。他们都强调了民间信仰的本质属性,也注意到民间信仰与其他宗教的区别和联系。

另一种观点认为民间信仰不是宗教,而是一种信仰形态。乌丙安认为中国的民间信仰是"多民族的'万灵崇拜'与'多神崇拜'"[⑦]。贾二强认为:"所谓民间信仰,是相对于正式的宗教或得到官方认定的某些信仰,在一定

---

① 参见向柏松《民间信仰概念与特点新论》,载《武陵学刊》2010 年第 4 期。

② 参考林国平《关于中国民间信仰研究的几个问题》,载《民俗研究》2007 年第 1 期。

③ 李亦园:《文化的图像》下卷,台北允晨文化实业股份有限公司 1992 年版,第 180 页。

④ 金泽:《中国民间信仰》,浙江教育出版社 1995 年版,第 1 页。

⑤ 王铭铭:《社会人类学与中国研究》,三联书店 1997 年版,第 157 页。

⑥ [日]渡边欣雄:《汉族的民俗宗教:社会人类学的研究》,周星译,天津人民出版社 1998 年版,第 3 页。

⑦ 乌丙安:《中国民间信仰》,上海人民出版社 1996 年版,第 4 页。

时期广泛流传于民间或者说为多数社会下层民众崇信的某些观念。”“中国民间传统的神鬼观是民间信仰的基本内容。”[①]王健认为:“所谓民间信仰就是指与制度化宗教相比,没有系统的仪式、经典、组织与领导,以草根性为其基本特征,同时又有着内在体系性与自身运作逻辑的一种信仰形态。”[②]日本学者樱井德太郎认为民间信仰“不属于宗教领域,而产生和成长于一般民众之间的日常性的庶民信仰”[③]。这种观点主要强调民间信仰的自发性和民俗性,注意民间信仰与成型宗教之间的区别。

第三种观点认为,民间信仰确实具有一般宗教的内在特征,即信仰某种或某些超自然的力量,但又不同于一般宗教,它不是以彼岸世界的幸福而是以现实利益为基本诉求;民间信仰也有祭祀仪式、活动场所、禁忌等宗教元素,但又没有完备的教义、教规、戒律、教阶制度、教团组织等一般宗教的外在特征。因此,无论是主张民间信仰是信仰形态,还是主张民间信仰是宗教形态,均有不够周密的地方。民间信仰界于一般宗教和一般信仰形态之间,权且称民间信仰为“准宗教”也许比较准确些。民间信仰是指信仰并崇拜某种或某些超自然力量,以“万物有灵”为基础,以鬼神信仰为主体,以祈福禳灾等现实利益为基本诉求,自发在民间流传的、非制度化、非组织化的准宗教。[④]

还有的学者认为对民间信仰的界定不必太精确;相反,模糊一点还更有利于研究的进行。叶涛认为:“正统宗教以外的都是可以拿进来,包括民间宗教、秘密教门、老百姓的习俗等。”陈进国认为:“不能用静止的眼光来看中国的民间信仰问题,而是应用动态的、辩证的眼光来看。特别是考虑到中国历史上的民间信仰与其他制度化的宗教形态有着非常密切的互动关系,目前很难给民间信仰一个精确的界定,最好还是采取模糊一点、宽泛点的办

① 贾二强:《唐宋民间信仰》,福建人民出版社 2002 年版,第 1～2 页。

② 王健:《近年来民间信仰问题研究的回顾与思考:社会史角度的考察》,载《史学月刊》2005 年第 1 期。

③ 转引自[日]宫家准《宗教民俗学》,东京大学出版会 1995 年版,第 5 页。

④ 参见林国平《关于中国民间信仰研究的几个问题》,载《民俗研究》2007 年第 1 期。

法。……这种相对模糊的界定办法也许更能开阔我们的研究视野。”①

目前学界从民俗学、宗教学、历史学、人类学、社会学等不同角度对民间信仰的定义进行归纳，其中不乏真知灼见。笔者十分赞同马新师的观点。她认为，民间信仰是一个历史性概念，主要存在于民间社会所存在的历史时段中；同时，民间信仰也是一个动态的、不断发展变化的精神世界，不同时代的民间信仰因其信仰群体以及社会环境的不同而各具特色。因而，我们对民间信仰的界定，应立足和定位于民间社会，即凡是民间社会所发生与传承的种种信仰，都应视为民间信仰的范畴。②

民间信仰既是中国传统文化的重要组成部分，是探索和研究乡村大众思想意识的基点，也是俗文化的核心，所以，对民间信仰的正确把握有助于我们更深刻地理解中国古代的基层社会和地方政治。中国古代民间信仰在不同发展阶段，其表现形式、深层内涵也各不相同。先秦时期，人们的信仰受原始图腾崇拜影响很深，主要崇尚自然神，神的原始性特征非常明显。自然崇拜至汉代达到高峰，在“万物有灵”观念的支配下，人们对先秦时期的各种神灵兼收并蓄，广泛吸收；同时又根据需要创造出大量更加贴近百姓生活的神灵，形成多神崇拜。这一时期，神灵崇拜的实用性和世俗性大大增强。民间信仰的神灵大多与日常生活紧密相连，信仰的目的带有强烈的功利色彩。同时，祭祀仪式也由“娱神”逐渐转向“自娱”，开始向娱乐化和节庆化方向发展。汉代也是自然崇拜由盛转衰的时期。随着原始道教的形成、西方佛教的传入，宗教神与社会神逐渐挤占了自然神灵的地盘，成为魏晋以后民间信仰的主流。因此，汉代是民间信仰的转型时期。对汉代民间信仰的研究可以使我们更好地把握中国古代民间信仰的发展脉络。

地方政治是中国古代史研究中的一个重要课题。因为自秦汉时期建立了大一统的专制主义中央集权的政治体制，这种递相服从的政治模式一直持续到封建社会终结，两千余年的漫长时期，与社会中下层民众的生活密切相关、休戚与共的主要就是地方政治。具体到两汉时期，汉初地方行政体制

① 转引自路遥等《民间信仰与中国社会研究的若干学术视角》，载《山东社会科学》2006年第5期。

② 参见马新《关于民间信仰史研究中的几个问题》，载《民俗研究》2010年第1期。

实行以郡县制为主的郡国并行制，汉武帝以后又将监察地方的刺史固定为地方一级行政长官，从而使地方行政体制演变为州郡县三级制。县以上的地方长官皆由中央直接任免。从中央到地方贯彻的是“以孝治天下”和“神道设教”的治国原则，既注重对地方民众的道德教化，也重视对民间信仰的利用和控制。

民间信仰既有与地方政治协调一致的一面，也有与地方政治背离冲突的一面。可以说，民间信仰是一把双刃剑，既能凝聚人心，维护团结与和谐，稳定地方政局；同时也能在某一时期被利用来聚徒结社，反抗政府，破坏地方治安。因此，民间信仰虽然流行于中下层社会，属于俗文化的范畴，但国家从未放弃对其干预和影响。或通过行政手段引导支持，或借鉴利用，或排斥打击，主要取决于其是否从根本上影响到了社会秩序和百姓的生产生活，以及是否与官方信仰与主流文化相抵触。不管官方态度如何，作为一种强大的民间力量，民间信仰以其特有的方式参与地方政治，与地方官府相互影响、相互补充，形成既配合又抗衡的互动局面，并以顽强的生命力继续传承、发展。

民间信仰在地方社会中有极强的生命力和威慑力，与地方政治之间也形成了非常密切的互动关系。通过探索汉代民间信仰与地方政治之间的互动关系，可以使我们更准确地把握汉代的地方社会，更深入地了解民间大众的思想意识。

二、相关学术研究的回顾与评介

近年来，国内学界对于民间信仰的研究逐步深入，民间信仰日益成为宗教学、历史学、民俗学、人类学、社会学等多学科交叉研究的一个焦点。在此氛围的推进下，学者们除了仅就民间信仰进行整体的或个案的研究外，也开始将民间信仰融入所处时代的社会背景之中，对民间信仰与社会政治之间的关系进行有益的探索。沈刚《民间信仰与汉代地方行政》[①]认为，汉代民间

① 载《吉林大学学报》2006 年第 2 期。

信仰和地方行政之间存在着互动关系。民间信仰对地方行政施加的影响表现为普遍存在的任职地民众祠祀循吏的活动，这种活动能在一定程度上对地方官吏起到激励作用，因而有时被国家利用而成为一种政府行为，但始终没有形成制度。地方官员在处理救荒、断案等事务，遇到疑难问题时，亦常借助民间信仰的种种形式。不过，地方官员对民间信仰的态度还是十分谨慎的，毕竟理性行政是地方政治生活的主流。巩宝平的博士论文《汉代民间力量与地方政治关系研究》第六章对民间信仰力量与地方政治作了专门论述。在汉代，民间祭祀、禁忌、巫术等民间信仰对民众心理能够产生巨大的影响，因而成为一种重要的民间力量。民间舆论颂赞长吏、抗衡政权，对地方政治产生了较大的影响，与地方政府形成既合作又抗衡的互动局面。而民间信仰的主体是庶民百姓，从某种意义上来说，这是普通民众参与地方行政的重要方式。民间信仰所具有的强大社会控制力使其在地方或中央政府的禁令下仍"我行我素"，与官方信仰抗衡，庶几成为一种社会权威。确切而言，作为一种重要的民间力量，民间信仰在地方政治"权力一元，权威多元"的格局中居于一元权威的地位。① 马新等人的《中国古代民间信仰（远古—隋唐五代）》一书则十分重视民间信仰与社会发展的关系的考察。作者在对每一个历史时期的民间信仰进行论述前，都提出同一时期的社会发展状况，包括民间社会的状况。在研究中，也立足于社会发展的大背景，探寻不同历史时期民间信仰发展的不同轨迹与特征。对于研究范围，作者也不仅仅局限于对民间宗教与某些特定事象的研究，而是结合社会发展特别是民间社会的发展，对不同历史时期较为流行的各种信仰进行较为全面的研究，从而实现对民间信仰的整体性、贯通性研究。② 总之，目前学界已开始关注民间信仰与地方政治之间的关系研究，但成果较少，研究深度和力度均有待于进一步提高。

与此形成鲜明对比的是，对民间信仰的研究则是日见增多，成果丰硕。

① 参见巩宝平《汉代民间力量与地方政治关系研究》，山东大学 2009 年博士学位论文。

② 参见马新、贾艳红、李浩《中国古代民间信仰（远古—隋唐五代）》，上海人民出版社 2010 年版。

国内对于信仰与崇拜的个案研究,在20世纪三四十年代就已经开始了。如顾颉刚、杨向奎《三皇考》①、杨堃《灶神考》②、胡嘉《汉人祀灶考》③、陈陆《灶》④、方诗铭《西王母传说考》⑤、童书业《汉代的社稷神》⑥、劳干《汉代社祀的源流》⑦、陈槃《战国秦汉间方士考论》⑧、李安宅《巫术的分析》⑨、瞿兑之《释巫》⑩、孙作云《中国古代的灵石崇拜》⑪、樊恭炬《祀龙祈雨考》⑫等,都颇具代表性。

五六十年代,秦汉史学界侧重于政治、经济史的研究,社会史相对寂寥,对信仰与崇拜的研究更是如此。这一时期的代表作是丁山《中国古代宗教与神话考》。该书以丰富的文字学、社会学和民族学方面的知识,全面考察了中国原始宗教形成过程中的特点、形式及与社会的关系。通过对中国古代信奉的各种神祇的系统考证,推论中国古代是多神教,"神的类别总不出天、地、人三界",其中,"由慎终追远的思想所造成的祖先崇拜居然根深蒂固,蔓延成为一种特殊宗教。换言之,'狭爱'的孝道维系了中国人的家族观念,它使中国社会长期的回旋于封建的阶段"⑬。虽然文中有些结论还有待商榷,也未能对某些观点进行深入分析,但此书不失为一部对信仰与崇拜研究的力作。

80年代以来,随着"国学"的复兴,作为传统文化重要组成部分的信仰与崇拜也逐渐为当代学者所重视。由于民间信仰涉及面颇广,故而相关成

---

① 载《燕京学报》1936年专号第8期。
② 载《汉学》1944年第1辑。
③ 载《逸经》1937年第21期。
④ 载《中和月刊》1930年1卷2期。
⑤ 载《东方杂志》1946年第12期。
⑥ 载《天津益世报史》1935年第16期。
⑦ 载《历史语言研究所集刊》1943年9卷11期。
⑧ 载《历史语言研究所集刊》1948年4卷17期。
⑨ 四川人民出版社1931年版。
⑩ 载《燕京学报》1930年第7期。
⑪ 载《民族杂志》1937年5卷1期。
⑫ 载《新中华》1946年复刊号6卷4期。
⑬ 龙门联合书局1961年版,第573、568页。

果也很多，不仅出现了大量个案研究成果，而且也形成了系统的理论研究。

（一）对民间信仰的理论研究

1. 关于民间信仰基本特征的研究

乌丙安分析了民间信仰的三个基本特征：多样性、多功利性和多神秘性。① 贾二强又在此基础上增加了自发性和多变性。② 钟敬文认为，民俗信仰的基本特征是突出的功利性，强烈的神秘性、保守性、封闭性，较强的包容性，较大的渗透性，俗信化趋势。③ 金泽认为民间信仰具有五个特点：属于“潜文化”或“隐文化”的范畴，它的基本信众是生活在社会下层的老百姓；它的神祇十分庞杂；它与原始的宗教有着千丝万缕的联系；不是“正统”的宗教，也不同于活跃于明清时代的民间宗教；禁忌特别多，与此相关的禳解之法也是任何一种“正统”宗教所无法比拟的。④ 郑立勇认为中国民间信仰是最具有中国乡土特色的信仰现象，带有某种深刻的历史、民族、文化、政治渊源。它影响着我国社会特别是乡村下层社会民众的思维方式、生产实践、社会关系和政治行为。中国民间信仰具有群众性、低层次性、功利性、民俗性、海外性特点。⑤ 林国平认为民间信仰具有十大特征：自发性、功利性、任意性、庞杂性、融合性、民俗性、区域性、民族性、草根性、顽强性。⑥ 向柏松认为民间信仰是在民众中自发产生的神灵信仰，属于非官方的文化，与人为宗教有着本质区别。其主要特征是民间性、自发性、多元性、世俗性（包括功利性）和实用性等。⑦ 罗伟虹认为中国的民间信仰带有较多原始宗教痕迹，是一种低层次的宗教现象；民间信仰活动完全由信仰者个人主观而定，是非常世俗化，也是功利性很强的一种活动；民间信仰是民俗民间文化的重要组成

① 参见乌丙安《中国民间信仰》，上海人民出版社 1995 年版，第 4～12 页。

② 参见贾二强《唐宋民间信仰》，第 3～5 页。

③ 参见钟敬文主编《民俗学概论》，第 204～206 页。

④ 参见金泽《中国民间信仰》，第 1～6 页。

⑤ 参见郑立勇《关于民间信仰特性的几点思考》，载《福建省社会主义学院学报》1999 年第 4 期。

⑥ 参见林国平《关于中国民间信仰研究的几个问题》，载《民俗研究》2007 年第 1 期。

⑦ 参见向柏松《民间信仰概念与特点新论》，载《武陵学刊》2010 年第 4 期。

部分。[①] 蔡少卿以关帝、观音和妈祖为例，论述了民间信仰的三个特点：信仰的悠久和持续性；信众的广泛和跨国性；崇拜的实用功利性。[②] 徐杰舜对汉族民间信仰特征进行了详细论证。认为汉族民间信仰作为社会基底文化，深深地植根于民族文化的沃壤之中，广泛地影响或支配着人们日常生活的各方面，并有着丰富的文化内涵。汉族民间信仰源远流长，底蕴深厚，历经上万年的历史碰撞、变迁、磨合和传承，锻炼和升华出了特有原始性、多神性、农事性和世俗性特征。[③] 对于汉代民间信仰的基本特点，马新师在1997年出版的《两汉乡村社会史》第六章以及论文《论两汉时代的乡村神祇崇拜》[④]中专门论述，提出汉代民间信仰具有实用性、地方性及泛神崇拜三个鲜明特色。在此研究成果的基础上，马新师近年又进一步提出汉代民间信仰除上述特点外，还具有两个突出特色：一是民间信仰与官方信仰的交叉性。她认为，这一时期“民间信仰与官方信仰虽已脱离其共同之源——原始信仰多时，但与后代社会相比，两者之间的分野还不是十分清晰，仍存在着一些共同的信仰崇拜”。如对社神的祭祀就出现了多元交叉现象，这一时期的社神崇拜与社祭活动则有三大主体，即官社、里社与私社。二是民间信仰的组织化倾向。在汉代尤其东汉时期，民间信仰组织开始出现。比如，张角则是利用巫术信仰建立组织系统，从而为早期道教的形成提供了重要条件；再如，汉代私社也是较为单一的民间信仰的社会组织。[⑤] 笔者也曾撰文提出，汉代民间信仰的基本特点主要表现在地方性、实用性和多元性等方面。汉代神祇众多，功能不一，所有神灵都是人们实用的产物，与人们的日常生活密不可分。人们祭祀神灵的目的是祈求福佑，禳除灾祸；不同地区人们的信仰方式、崇祀对象、对神祇的笃信程度都有很大区别；不仅先秦时期的神灵绝大多数被继承下来，同时，人们还根据自己的实际需要，不断创造出形形

① 参见罗伟虹《中国的民间信仰探讨》，载《社会科学》1994年第8期。

② 参见蔡少卿《中国民间信仰的特点与社会功能——以关帝、观音和妈祖为例》，载《江苏大学学报》2004年第4期。

③ 参见徐杰舜《汉族民间信仰特征论》，载《广西民族学院学报》2002年第1、2期。

④ 载《山东社会科学》2004年第1期。

⑤ 参见马新、贾艳红、李浩《中国古代民间信仰（远古—隋唐五代）》，第202～208页。

色色、职能各异的新神祇，使民间神灵信仰呈现多元化发展趋势。①

2. 关于民间信仰社会功能的研究

黄建铭从构建和谐社会的角度概括民间信仰的社会功能为教化个体灵魂、提升社会道德、凝聚民众人心和保护生态四个方面，并进一步提出了具体的法治导控手段。② 蔡少卿概括了民间信仰的两个社会功能：给人们精神支柱，起安定社会的作用；具有民族的凝聚力，为国家的统一可以发挥积极作用。③ 万建中从民间禁忌的角度论述民间信仰的社会功能为：协调人与自然的关系；维护神圣的时间秩序；强化社会分类体系；支持对于族群的认定。④ 朱天顺则以台湾民间宗教和民俗信仰为例，着重分析了台湾民间信仰的负面功能。⑤ 关于民间信仰社会功能的研究主要集中于现代社会，但对我们研究古代社会的民间信仰亦有借鉴和参考价值。笔者认为汉代民间信仰具有凝聚功能、调适功能和控制功能。民间信仰具有维护统一的巨大凝聚力，通过群体性的祭祀活动，使人们产生共同的心理体验和情感，并升华为共同的信仰和意识，从而把一个个分散的个体联合为一个整体；民间信仰为处于困境中的人们提供了一个超自然的避难所，使人们有强烈的安全感和方向感，能在精神和心理上取得慰藉；在神灵观念的支配下，民间信仰作为一种潜意识，成为一种客观强大的威慑力量，犹如道德和法律，能够起到规范人们行为、组织社会成员、整合社会秩序的积极作用。⑥ 马新师则认为，民间信仰的目的与功能十分实际，其首要目的与功能是祈福禳灾，是基于生产与生活需求的实际功效，诸如婚丧嫁娶、生老病死所需等等。另外，民间信仰的功能较之上层社会的信仰还呈现出多样化现象，如祈年祭社、祓除瘟

① 参见拙文《论汉代民间信仰的基本特点》，载《齐鲁学刊》2010 年第 4 期。

② 参见黄建铭《民间信仰的社会功能及导控——构建和谐社会视角》，载《福建行政学院、福建经济管理干部学院学报》2006 年第 3 期。

③ 参见蔡少卿《中国民间信仰的特点与社会功能——以关帝、观音和妈祖为例》，载《江苏大学学报》2004 年第 4 期。

④ 参见万建中《论民间禁忌的功能》，载《民间文化论坛》2004 年第 3 期。

⑤ 参见朱天顺《试析台湾民间宗教和民俗信仰的负面功能》，载《台湾研究集刊》1987 年第 2 期。

⑥ 参见拙文《论汉代民间信仰的社会功能》，载《民俗研究》2009 年第 4 期。

邪、降伏水旱以及对家人、族人的祈福，对仇者、敌方的诅咒、施蛊等等。①

3. 关于民间信仰的价值与作用

陈明文着重论述了民间信仰在现代社会中的正面价值和积极作用：民间信仰作为传统文化，具有非常重要的研究价值，它对繁荣学术、促进文化的多样性和社会科学研究的发展都具有重要的作用；民间信仰作为一种传统文化资源，有一定的经济开发利用价值，它对促进区域性经济发展有重要作用；民间信仰所宣扬的某些道德价值观念有一定的社会伦理价值，在现代社会中仍能起到一定的道德教化作用；民间信仰活动仪式在地方民间具有区域认同、社会整合的功能，可以起到加强"内部团结和外部联系"、推动地方经济联合的社会作用；民间信仰作为民间文化的组成部分，具有一定的艺术价值与美学价值，它在发展民间文化、丰富人民群众的精神文化生活等方面起到了一定的作用。同时也论述了民间信仰的负面作用：民间信仰的荒谬性对人们的思想具有极大的毒害作用；民间信仰的盲目性对人们的行为具有严重的误导作用；民间信仰的落后性对事物的发展具有阻碍作用；民间信仰的欺骗性对社会的发展与稳定产生破坏作用。并在此基础上阐述了趋利避害的对策。② 林国平认为民间信仰与其他宗教一样具有社会教化的职能，发挥着宣传中国传统伦理道德的作用；民间信仰具有整合乡族力量、融洽乡里、维系社区秩序的作用；民间信仰参与社会公益和慈善事业，有利于社会风气的改善和社会矛盾的缓解。③ 关于民间信仰价值与作用的研究亦主要集中于现代社会，对古代社会尤其是汉代的专门研究成果缺乏。

(二)对民间信仰的整体研究

金泽《中国民间信仰》从灵魂信仰与自然崇拜、人生三部曲、群体的信仰与祭仪、巫术与禁忌、民间信仰与传统文化等不同角度进行了分析论证，认为民间信仰是民众精神生活和民俗文化的重要组成部分。乌丙安在《中国

① 详见马新《关于民间信仰史研究中的几个问题》，载《民俗研究》2010 年第 1 期。

② 参见陈明文《试论民间信仰在现代社会中的价值与作用》，载《常德师范学院学报》2003 年第 3 期。

③ 参见林国平《关于中国民间信仰研究的几个问题》，载《民俗研究》2007 年第 1 期。

民俗学》[①]、《中国民间信仰》中论述了民间信仰和宗教信仰十方面的区别，并对各种信仰习俗进行了全面系统的阐述。宋兆麟《巫与民间信仰》[②]采用考古、历史、民俗、民族学相融合的综合方法，探讨了巫术行为的各种表现形式、中国的自然崇拜、祖先和生殖崇拜及丧葬习俗。朱天顺《中国古代宗教初探》从天上诸神的产生及其发展、地上自然神崇拜及其演化、动物神及图腾崇拜、前兆迷信和古代占卜、鬼魂崇拜与祖先崇拜、天帝与天命等方面对中国古代民间信仰作了较为系统的阐述。[③] 何新在《诸神的起源》[④]中首次提出"伏羲"及"黄帝"初义均是太阳神之名号，太古华夏曾存在以太阳神为天地主神的宗教。朱狄《信仰时代的文明》[⑤]一书运用比较研究方法，对远古时代中西文化的趋同与差异进行了对比探究。李零《中国方术考》、《中国方术续考》[⑥]对流行于中国古代的各种方术如星气之占、择日和历忌、龟卜、风角、祝由术、导引术等及秦汉礼仪中的宗教、秦汉祀畤等进行了细致的分析研究。马新师的《两汉乡村社会史》[⑦]是全面研究汉代乡村社会的一部力作。该书第六章全面分析了两汉乡村神祇的构成、类型、特点；系统论述了汉代巫觋地位的变化、巫术的盛行；对汉代的禁忌民俗、禁忌的本原及择日之术也有深入研究。另外，马新师等人的《中国古代民间信仰(远古—隋唐五代)》则对民间信仰的发轫与生成，对先秦汉唐间民间信仰的发展与繁盛、整合与转型都作了深入系统的考察与研究，是古代民间信仰研究的最新成果，从而把民间信仰的研究推向了一个新的高度。[⑧] 彭卫等《中国风俗通史·秦汉卷》[⑨]等对两汉时期的信仰也多有论述。这些成果都为我们研究汉代民间信仰提供了借鉴和指导。对于民间信仰的整体研究，近年有所加强，但理论

---

① 辽宁大学出版社 1985 年版。
② 中国华侨出版公司 1990 年版。
③ 上海人民出版社 1982 年版。
④ 时事出版社 2002 年版。
⑤ 中国青年出版社 1999 年版。
⑥ 东方出版社 2000 年版、2001 年版。
⑦ 齐鲁书社 1997 年版。
⑧ 参见马新、贾艳红、李浩《中国古代民间信仰(远古—隋唐五代)》。
⑨ 上海文艺出版社 2002 年版。

分析尚有待于进一步深入。

(三)对民间信仰的个案研究

1. 巫与巫术的研究

文镛盛《中国古代社会的巫觋》①是专门研究秦汉巫觋的论著。该书明确了巫觋的概念,分析了巫觋的时代特征,论述了秦汉巫觋存在的社会意义及与宗教的关系。童恩正认为,巫师集团促进了祖先崇拜的制度化和宗庙系统的出现,这对于文明和国家的起源起到了决定性的作用。夏代巫师既是政治上的统治者、经济上的指导者,又是一切精神财富的保存者;战国以后,随着早期文明史的结束,他们的特殊政治地位也就一去不复返了。② 马新师多年来致力于民间信仰的研究,其中对巫与巫术的研究用力最勤。她对中国远古时代巫的产生、分化及其影响,对于上古(夏商周)、中古(秦汉至唐五代)尤其是汉代巫与巫术的地位与作用、发展趋向都作了系统深入的探讨。她指出:在文明前夜巫师职业化与专业化的基础上,出现了巫师的分化。一般来说,巫师分化为两种:一种是与组织群体中的权力人物合一或依附于权力的巫;一种是仍在百姓中活动的巫。后者实际上已不能正式地活动于天人之际,主要是以医卜为业。巫师的这种分化奠定了以后中国巫觋集团的发展方向,预示了这一集团的前途命运。她还对中国古代巫觋朝野两分的走势进行了分析,认为在中央集权与君主专制日益加强的历史条件下,中国古代的巫觋们未能像西方那样实现由祭司集团向宗教僧侣集团的转化,而是朝野两途,走上了另一条依附化的道路:在朝者,他们依附于集权统治,成为辅佐君王与天神交通的工具;而在野者,则融入民间,或医或卜,或降神诅咒,或祭祀禳灾,成为民众生活中不可或缺的一部分。到了东汉时期,他们又丧失了对王朝政权的依附关系,沦为纯民间的一个社会阶层。东汉以后,虽然固有的巫俗日渐衰竭,但是,随着佛、道的盛行,他们又将外来的、本土的宗教文化充分吸收,依然存续于传统社会的土壤中。因而,在中

① 华文出版社 1999 年版。

② 参见童恩正《中国古代的巫》,载《中国社会科学》1995 年第 5 期。

国传统民间社会中，尽管有了佛、道的兴盛，有了更多的精神寄托，但它们一直未能取代巫与巫术在民间社会的影响力。在人们的精神家园中，巫与巫术似乎有着更强的威慑与感染力量。对于汉代民间社会中所流行的巫术，她按照其功能与目的划分为三大类：一是以巫蛊术为代表的黑巫术；二是祝诅术与降神术的黑白兼领；三是以祈禳为核心的白巫术（诸如生产中的巫术、驱鬼禳灾巫术、祈福求安巫术等等）。同时，她对于各类巫术中的主要巫术事象及其流变也作了阐述与分析。[①] 胡新生认为吕思勉先生提出的巫蛊术"来自外国"（指匈奴）的推测不能成立。汉代巫蛊术和巫蛊活动自有其久远的历史传统和很深的历史渊源。[②] 吴荣曾通过对镇墓文的剖析研究，分析了东汉时期的道巫关系，认为道教在兴起和确立的过程中，从民间巫术中吸取了不少东西，使它能够得到很快的发展。东汉末无论是道教的著述，还是道教徒的宗教活动，都带有浓厚的巫术特点。[③] 另外，张紫晨《中国巫术》[④]、胡新生《中国古代巫术》、孙家洲《汉代巫术巫风探幽》[⑤]、宋兆麟《巫与巫术》[⑥]、高国藩《中国巫术史》[⑦]、赵世超《论巫术的兴衰与西汉文化的民间色彩》[⑧]、具圣姬《汉代的鬼神观念与巫者的作用》[⑨]、侯玉臣《论巫术文化与儒家思想》[⑩]等也从不同角度进行了分析论述。

2. 神灵崇拜的研究

关于社神崇拜。黄留珠对秦汉时期官方主要祭祀典礼进行了全面系统

---

① 参见马新《原始宗教体系与中国文明的起源》，载《东岳论丛》2005 年第 1 期；《试论文明前夜民间社会的出现与民间信仰的生成》，载《齐鲁学刊》2010 年第 3 期；《论两汉民间的巫与巫术》，载《文史哲》2001 年第 3 期；《萌生中的远古政治》第八、九章，泰山出版社 2003 年版；《中国古代民间信仰》（远古—隋唐五代）》第一、五章。

② 参见胡新生《论汉代巫蛊术的历史渊源》，载《中国史研究》1997 年第 3 期。

③ 参见吴荣曾《镇墓文中所见到的东汉道巫关系》，载《文物》1981 年第 3 期。

④ 上海三联书店 1990 年版。

⑤ 载《社会科学战线》1994 年第 5 期。

⑥ 四川民族出版社 1989 年版。

⑦ 上海三联书店 1999 年版。

⑧ 载《陕西师范大学学报》1997 年第 4 期。

⑨ 载《史学集刊》2001 年第 4 期。

⑩ 载《甘肃社会科学》1992 年第 5 期。

的论述。[①] 杨英通过对汉初祀畤的内容、性质的考察，探讨了它在一定时期兴盛的原因及日后退出主流社会信仰的必然性。[②] 关于社的研究，马新师《论两汉乡村社会中的里社》认为，两汉时期，社在乡村社会中作为土地权力象征的意义在逐渐消亡，对土地的自然崇拜被土地神崇拜所取代。汉代的社与里出现了明显的分离趋势；乡里之社从官社中分离出来；私社开始出现并日益发达。[③] 宁可认为汉代的社是先秦农村公社的残留。汉代仍然继续了战国以来的里、社合一制度，但社开始趋于私人化、自愿化，从而作为基层行政机构的里与作为农村公社残留的社之间，开始出现了分离的趋向。[④] 萧放认为社日作为在中国传承数千年的民俗节日，它在公众生活中曾有着特殊的地位。社日是维系村社共同体的精神纽带，在乡村生活中发挥着有效的调节服务功能。社日在中古之后出现了历史性的衰变，这种衰变是中国村社制度动摇的结果，同时也是村社公共精神失落的标志。[⑤]

关于"四灵"的研究。吴曾德认为古人选择青龙、白虎、朱雀、玄武为"四灵"，是由图腾、神话、迷信等多种因素所促成的。"四灵"出现的上限不会超过春秋，下限可至汉初。[⑥] 倪润安分析了"四灵"组合的实物形象最早出现于汉初的过程和原因，归纳了两汉时期不同地区"四灵"演变的特点。[⑦] 张文晶则探讨了"四灵"观念与四方观念的关系，以及"四灵"对人们日常生活中四方观念的影响。[⑧]

关于门神的研究。王子今《门祭与门神崇拜》[⑨]对门神信仰的观念、对象、仪式、神话传说、禁忌、流变及其与中国文化的关系进行了系统研究。吴天明认为门神文化起源于母系氏族社会，早先的门神都是女阴象征物。先

---

① 参见黄留珠《秦汉祭祀综义》，载《西北大学学报》1984 年第 4 期。
② 参见杨英《汉初祀畤考》，载《世界宗教研究》2003 年第 2 期。
③ 参见马新《论两汉乡村社会中的里社》，载《文史哲》1998 年第 5 期。
④ 参见宁可《汉代的社》，载《文史》第 9 辑，中华书局 1980 年版。
⑤ 参见萧放《社日与中国古代乡村社会》，载《北京师范大学学报》1998 年第 6 期。
⑥ 参见吴曾德《"四灵"浅论》，载《郑州大学学报》1981 年第 4 期。
⑦ 参见倪润安《论两汉四灵的源流》，载《中原文物》1999 年第 1 期。
⑧ 参见张文晶《四灵与中国古代四方观念初探》，载《社科纵横》2005 年第 1 期。
⑨ 上海三联书店 1996 年版。

民的本意是在阴阳相交、阴气即将摧杀生命时，借助先妣生殖器强大而神秘的生命力，赶走恶鬼，保护门内的生灵。此后，门神虽因神性逐步褪色而慢慢变为神人、武士、春联，但蕴涵其中的求生存、求发展、求健康、求幸福的强烈愿望一直未变，用生来对抗死的原始宗教信仰和神话观念也很少改变，故门神文化一直发展到今天。[①] 钱锦宇认为中国传统民间的门神信仰，和蚩尤“方相”的文化现象一样，是互渗律支配下初民的原始思维的产物。[②] 孙发成认为门神信仰的思想基础应从原始思维的特殊性中去寻找，而鬼神观念的滥觞则是门神信仰产生的直接动因。门神信仰实质上是一种巫术信仰，它通过巫术的方式去实现镇鬼辟邪的结果。对门神信仰的创造者和传播者来讲，这是实用的、成功的。当然，随着社会的变迁和科技的进步，门神信仰的功能也会发生变异，其中的神秘性因素会逐渐淡化以至消失，而趋向于世俗化、装饰化。[③] 李见勇认为神荼、郁垒乃是中国最古的门神。神荼、郁垒成为门神并为人们所信奉，与先民的心理、自然崇拜、图腾崇拜有着密切的关系，并深深地影响了国人的思维方式。后代虽以秦叔宝、尉迟恭或钟馗等代替神荼、郁垒，但其实质并未有多大的改变。门神虽然算不得大神，而对普通民众的影响则远大于一些显赫大神。[④] 杨琳则对门神信仰的演变过程及祭祀仪式进行了系统论述。[⑤] 关于灶神研究，重点聚集在灶神的起源问题上。杨堃认为：“髻之前身乃是火精，而火精或火神亦为灶神之来历之一。”[⑥]何星亮认为：“作为家庭保护神的火神，即民间普遍信仰的灶神。”[⑦]张紫晨[⑧]、刘群、宗力[⑨]等亦持此说。

林继富认为灶神形象从源自于对原始自然物——火的崇拜开始，经过

① 参见吴天明《门神文化研究》，载《中南民族大学学报》2002 年第 3 期。

② 参见钱锦宇《互渗律之下的门神信仰与蚩尤“方相”》，载《山东大学学报》2006 年第 3 期。

③ 参见孙发成《略论门神信仰》，载《北京理工大学学报》2008 年第 1 期。

④ 参见李见勇《门神探源》，载《贵州文史丛刊》2002 年第 2 期。

⑤ 参见杨琳《门神的祭祀及演变》，载《民族艺术》2000 年第 2 期。

⑥ 杨堃：《灶神考》，载《杨堃民族研究文集》，民族出版社 1991 年版，第 166 页。

⑦ 何星亮：《中国自然神与自然崇拜》，上海三联书店 1992 年版，第 377 页。

⑧ 参见张紫晨《中国民俗与民俗学》，浙江人民出版社 1990 年版，第 82 页。

⑨ 参见刘群、宗力《中国民间诸神》，河北人民出版社 1986 年版，第 254 页。

原始灶神、道教灶神、民间俗神三阶段的发展。社会的发展、宗教的催化都是灶神形象演化的重要因素。随着东汉道教的兴起,唐宋对道教的狂热崇尚,灶神演化成道教神祇。明清以后,文明获得发展,科技文化的巨大成就使人们对神灵的真实面貌有所认识,自此以后,灶神脱离了宗教神坛,走上了世俗化的道路。① 作者还从文化背景、形象、职能、祭祀仪式等方面比较了汉族和少数民族灶神信仰的差异性,认为社会的发展是灶神信仰产生差异性的外在原因,民众的心理期待是灶神信仰产生差异性的内在机制,而宗教也是导致灶神信仰差产生异性的原因之一。② 詹石窗、张秀芳从火神之考察入手,探讨火神与灶神的关系,揭示其演变规律,说明其演变特点。认为灶神与火神本是同源;随着历史发展,火神与灶神才逐步分化,其演变的共性在于都经过了女性神——两性神、配偶神——男性神的过程,与火神相比,灶神在演变过程中还具有老龄化、世俗化、队伍扩大化等特点;同时,祭灶习俗也随着时间的推移而被赋予新义。③ 丁山认为《庄子·达生》"灶有髻"之"髻"就是灶上常见的类似蝉的红壳虫。④ 袁珂在80年代提出蟑螂是灶神说。⑤ 刘瑞明又进行补说,认为灶鸡成神于前,蟑螂与蝉后补。火神与灶神在自然神、黄帝、炎帝、祝融等阶段,都是简单而苍白的,他们都是公众的神。随着私有财产和家庭的形成,灶神从火神中分化出来,与个人的联系密切了,足食与否的对比、主炊老妇经验的重要性都相对明显,便有了先炊老妇之祭,这是灶神世俗化及功利化的开端。足食的愿望便从灶鸡上体现为物化的载体,连类而及蟑螂。灶神神话的民间口头文学的内容便陆续增生。群众通过再次造神表达自己的愿望,展示自己的文学才能,这种文学的神在一定程度上冲淡了神观念本身的迷信色彩。⑥ 任军对以上观点进行了质证分析,认为女性先炊是灶神的前身,她出现于新石器时代。尽管灶神初起主

---

① 参见林继富《灶神形象演化的历史轨迹及文化内涵》,载《华中师范大学学报》1996年第1期。

② 参见林继富《汉族、少数民族灶神信仰比较研究》,载《民俗研究》1997年第1期。

③ 参见詹石窗、张秀芳《火与灶神形象嬗变论》,载《世界宗教研究》1994年第1期。

④ 参见丁山《中国古代宗教与神话考》,第324页。

⑤ 参见袁珂《漫话灶神和祭灶》,载《散文》1980年第2期。

⑥ 参见刘瑞明《灶神神话研究补说》,载《四川大学学报》2003年第1期。

要与饮食操作相关,但它一开始就包含着人类复杂的信仰动机,隐含着人们的种种疑惑和需求。除了把灶神看作是主管饮食的神灵外,对女性首领的崇拜还包含着对氏族血缘秩序的服从与崇敬,对女性首领权威的认同,这也是当时人类生存的必然要求。同时,对女性的崇拜又包含着生殖崇拜的内涵,反映了先民对人口生产,即子孙绵延的祈求与执著,这是氏族群体生存、繁衍的必然要求。灶神的产生也含纳着祈求丰收的内容,充分反映了灶神信仰的复合型动机的特点。原初形态的灶神作为一个综合性崇拜对象,由于与氏族首领的权威和重要地位融合在一起,成为后世膜拜不已的重要群体保护神,经过发展演变而成为家庭的保护神。后世灶神信仰中神职的内涵均是原初内容的张大,灶神是一个典型的农业文明中产生的神灵。[①] 马新师对灶神流行于汉代民间社会的原因进行了分析,认为灶神的职掌与百姓的生活密不可分。一是灶神主饮食,是关乎人们生存的头等大事,当然要对主饮食的神礼敬万分。二是灶神为一家之中的最高神祇,是天帝派驻各家的监察大员,负责监督一家老小的善恶功过,定期上报天庭。三是人们祭灶可以得灶神福佑,除凶化吉,教化人妇,等等。[②]

关于泰山神的研究。王元臣认为泰山神信仰首先来源于人们对自然神的崇拜,随着历代帝王的封禅和加封,泰山及泰山神的地位得到不断尊崇,影响范围不断扩大,东汉以来道教的渗透演绎使泰山神信仰得到进一步发展和深化。[③] 曾祥旭认为西汉时西王母神像摆脱了"虎齿豹尾"的怪异特征而成为仙界女神,而原来西王母的所属"司天之厉及五残"功能转让于泰山神灵,泰山神灵逐渐成为地下神魔的代表。这样,天地人鬼的主神毕集,道教"三界"神祇及其相关的思想观念基本成型。[④] 关于司命的研究,李炳海认为司命的原型是东夷山神。齐地原始司命是泰山神,后来的司命源于东夷族山神。泰山神是古代东夷及齐人观念中的司命,封泰山自然是祭祀司命。

---

① 参见任军《灶神考源》,载《中国史研究》1999 年第 1 期。

② 参见马新、贾艳红、李浩《中国古代民间信仰(远古—隋唐五代)》,第 150~151 页。

③ 参见王元臣《泰山神信仰的源流浅说》,载《山东科技大学学报》2005 年第 4 期。

④ 参见曾祥旭《补充和换位:早期道教神祇发展中的一个环节——论西王母仙化和泰山神灵信仰的兴起》,载《湖北民族学院学报》2007 年第 5 期。

司命神最初源于齐地和东夷文化，楚地司命乃是受东夷文化影响的结果，是东夷族山神崇拜的演变和发展。[①] 许富宏认为历史上关于司命的记载，只有一个，没有大、少之分。《九歌》中的《大司命》祭司命，即掌管人寿命生死的神。而《少司命》祭司祸，即掌管天灾人祸的神。[②] 韩晖则认为《九歌》十神系统中，二司命是一对配偶神，指的是天文系统中玄武宫的虚北司命二星，也就是神话系统中大禹的父母——鲧和修巳。这与楚人的天文系统、中原文化的玄宫方神、阴阳五行观念及楚人的祖先崇拜分不开，从文化深层讲，是夏原始初民自然恐惧、图腾崇拜、生殖崇拜、祖先崇拜、农业巫仪等积淀的结果。[③] 焦海燕认为司命神在先秦两汉时期是主管人的生死、寿命和命运的神祇，它是官方与民间共同信奉的神灵。由于星占学的影响，司命神在汉代被进一步人格化，同时被赋予更多的神性职能。司命神执行诸多职能的最终目的是为了劝勉人们诛恶行善，而民众信仰司命神多是为了求得延年益寿或消灾免祸。[④] 钟宗宪认为西王母应该具有"司命"的神格，亦即可能是昆仑神话体系下的司命神。这种情况与《楚辞》的大司命、少司命，或是楚地的司祸、司灾诸神相当。而汉代对于西王母、司命的看法，或许是西王母与大司命、少司命等相关崇拜融合后的结果。[⑤]

关于太岁的研究。刘道超勾勒了自商周以来太岁信仰的流变过程，认为太岁是古人为了便于记时而虚设之星。民间禁忌触犯太岁，实质是中国传统文化追求"天人合一"，谋求"与天地合其德，与日月合其明，与四时合其序"在行为上的体现。民间认为触犯太岁就会导致灾祸，甚至出现家破人亡之惨剧，是由于太岁至高无上的文化象征意义在人们心理上形成的极度恐惧而造成的。[⑥]

关于北斗的研究。张黎明认为北斗信仰的形成与远古时期人们把握季

---

① 参见李炳海《古代的泰山神与〈九歌〉的司命》，载《华中师范大学学报》1992 年第 4 期。

② 参见许富宏《略论二司命的祭祀对象及命名来源》，载《南通师范学院学报》1999 年第 4 期。

③ 参见韩晖《〈九歌〉二司命新考》，载《广西师范大学学报》1994 年第 1 期。

④ 参见焦海燕《先秦两汉时期司命神的文化考察》，载《温州大学学报》2010 年第 1 期。

⑤ 参见钟宗宪《死生相系的司命之神——对于西王母神格的推测》，载《青海社会科学》2010 年第 5 期。

⑥ 参见刘道超《论太岁信仰习俗》，载《西南民族大学学报》2004 年第 9 期。

节、推断时间有密不可分的关系。北斗崇拜是两汉时期人们信仰世界的一大内容。汉代北斗信仰中最有代表性的观念主要有两个:一是北斗为“帝车”,是上天之主宰,在一定意义上也是地上人君的象征;二是北斗为司命帝君,人死后归于北斗门下,北斗与泰山府君、地狱阎罗一起构成了不同时期古人对身后世界的理解。[①] 祝秀丽分别论述了汉族与少数民族的北斗七星信仰,认为在我国的星辰信仰中,北斗七星的信仰地位一度最为突出,影响也最为深广。这要归功于中国道教的勃兴。然而,随着道教的兴起、发展和衰落,被道教吸收、推崇并夸大的星斗崇拜也经历了一个由兴至盛又转衰的过程。[②]

关于神仙信仰的研究。关于神仙信仰的起源,早在20世纪40年代,闻一多就撰文《神仙考》,认为齐人本是西方迁来的羌族,其不死观念与神仙思想皆是从西方带来的。因此,海与神仙并无因果关系,三山与神仙只是偶然的结合而已。[③] 顾颉刚认为神仙说是昆仑神话系统和蓬莱神话系统在新的历史条件下结合在一起,形成新的统一的神话世界的产物。[④] 关于神仙信仰的成因和形成时间,袁珂认为神仙说起于春秋时代以至战国初年燕齐滨海的民间,是受了海市蜃楼幻变不测的影响所致。[⑤] 田桂民认为,中国早期哲学思想中天人合一的宇宙观和强调现实生命价值的实在性,促成了先民们不死愿望的产生,由此人生欲望而引发的神仙信仰开始萌芽。古代神仙思想的产生至迟不会晚于春秋战国之交。[⑥] 张文安认为,西周初年至战国中期是神仙观念孕育形成的重要时期。在这段时间里,生灵涂炭、民不聊生的社会状况和思想自由、“百家争鸣”的思想氛围为神仙观念的孕育提供了良好的社会和思想基础。巫术信仰、鬼神观念、古老的神话作为人们的一般知识、思想和信仰与人们张大个体生命力量、追求精神自由的深层愿望相结

① 参见张黎明《汉代的北斗信仰考》,载《北京科技大学学报》2009年第2期。

② 参见祝秀丽《北斗七星信仰探微》,载《辽宁大学学报》1999年第1期。

③ 参见《闻一多全集》甲集《神话与诗》,开明书店1948年版,第157～159页。

④ 参见顾颉刚《〈庄子〉和〈楚辞〉中昆仑和蓬莱两个神话系统的融合》,载《中华文史论丛》第2辑,上海古籍出版社1979年版,第31～57页。

⑤ 参见袁珂《略论〈山海经〉的神话》,载《中华文史论丛》第2辑,第59～74页。

⑥ 参见田桂民《早期中国神仙信仰的形成与演化》,载《南开学报》2003年第6期。

合，成为孕育神仙信仰的母体。总之，生命永恒与快乐自由是神仙信仰的两个源头。[①] 韩国学者闵丙三认为汉代仙风极盛，其神仙信仰在文学艺术活动方面的表现，主要是汉乐府游仙诗的创作。他从乐府游仙诗入手，论述了汉代社会神仙信仰的盛行。[②] 杨颉慧则从两汉人名角度论述汉代神仙信仰，认为汉代人名中有大量反映长寿、长生观念的用语，其时代集中在西汉武昭宣三朝。这反映了神仙信仰的社会影响在武昭宣时期发展到顶峰，此后逐渐衰落。同时其对神仙信仰在汉代的盛衰原因进行了分析。[③] 西王母崇拜是汉代神仙信仰研究中的热点问题。关于西王母的起源地，学界有不同观点。早在四五十年代，方诗铭、朱芳圃先生就分别撰文进行考证，认为西王母本指西方一原始部落而言。其具体地理位置在今青海一带，盖当时此部族尚处于原始社会母系氏族阶段，其首领为女性，故中原地区的人称其首领为西王母。[④] 王子今、周苏平也赞同西来说，认为汉代受到普遍崇拜的西王母可看作西方神秘世界的一种典型象征。[⑤] 刘宗迪则认为西王母信仰起源于上古时代的秋尝仪式，而西王母的原型则是秋尝仪式上祭拜的祖妣之神。他根据西汉末年哀帝时"传行西王母筹"运动自东向西的流传特点，认为此点正好暗示了西王母信仰的传播方向，并由此推测中国东部才是西王母信仰的原发地。[⑥] 关于西王母形象和职能的变化，王卫东、曾煜认为西王母乃远古神巫，是祭仪的主持人和部族首领，后被尊为社神、高媒神和生育之神，与女娲、嫦娥多有叠合和置换关系。西王母既是长生之神，又是死神。至汉代，西王母彻底人格化，并被道教尊为神，具有了禳灾、增福、增寿、增禄、保佑婴儿等职能，受到广泛的崇拜。[⑦] 张勤从文字学的角度分析了"戴胜"二字乃象形兼会意，反映与再现了游牧部族的生产、生活状态，而"豹尾虎齿"、

---

① 参见张文安《周秦两汉神仙信仰研究》，郑州大学 2005 年博士学位论文。

② 参见[韩]闵丙三《汉代乐府诗里的神仙信仰》，载《宗教学研究》2004 年第 1 期。

③ 参见杨颉慧《从两汉人名看汉代的神仙信仰》，载《西南大学学报》2007 年第 1 期。

④ 参见方诗铭《西王母传说考》，载《东方杂志》1946 年第 12 期；朱芳圃《西王母考》，载《开封师范学院学报》1957 年第 2 期。

⑤ 参见王子今、周苏平《汉代民间的西王母崇拜》，载《世界宗教研究》1999 年第 2 期。

⑥ 参见刘宗迪《西王母信仰的本土文化背景和民俗渊源》，载《杭州师范学院学报》2005 年第 3 期。

⑦ 参见王卫东、曾煜《西王母原型新探》，载《民族艺术研究》2003 年第 6 期。

"蓬发戴胜"的西王母正是狩猎经济下的氏族图腾神。对它的信仰和崇拜最晚在战国时期就已形成。在其神话漫长的发展和演变中,在不同的历史阶段它都被赋予了不同的角色,在东汉中期最终定型为宗教活动崇拜的主神。西王母的形象也由《山海经》等早期文献中所记载的半人半兽形,经过《穆天子传》"其状已颇近于人王"的修饰,发展到东汉中期的汉墓画像砖,则已经成为身被两翼的神仙人物了。[①] 西王母和羽人是汉画像石中常见题材之一。不少专家从汉画像石着手对汉代西王母信仰进行考证。李锦山认为西王母题材汉画像石作品是汉代的崇道媚仙大气候下的产物,同时对西王母神话及汉代的崇道求仙之风进行了论证。[②] 信立祥《汉代画像石综合研究》[③]、孟强《关于汉代升仙思想的两点看法》[④]等都从汉画像石内容入手,对汉代的神仙信仰及西王母崇拜进行了论述。

关于祖先崇拜的研究。对于祖先崇拜的产生及其演变,马新师进行了深入系统的探讨。她认为,祖先崇拜是人们在对自身由来的认知中形成的崇拜体系,它既是人类对自身生命现象的神秘化理解,又是对先祖亡灵的崇拜。其产生的前提是灵魂观念的出现与发展。在距今七八千年,我们的先民进入农耕时代。伴随着人们生活的定居以及生活水平的提高,特别是随着早期家庭的萌生、血缘关系的明晰以及灵魂观念的形成,人们对于自身由来的追寻、对祖先亡灵的超自然能力以及可以庇佑家族成员的观念也不断强化。在七八千年前的裴李岗、兴隆洼等文化中,即出现了祖先崇拜的萌芽,但此时的祖先崇拜尚未形成独立的体系,还多混杂在天地自然与灵魂崇拜之中。至五六千年前,祖先崇拜已成为主导性的崇拜。红山女神、良渚人兽合体神与凌家滩玉人应当反映了原地区远古祖先崇拜与祖先神的三种类型。这二种祖先崇拜的类型在后世民间社会的祖先崇拜中都有传承。至汉代以后,民间社会在继续传承并强化着祖先崇拜的同时,又将祖先神统一为

① 参见张勤《西王母原相初探》,载《苏州大学学报》2005年第1期。

② 参见李锦山《西王母题材画像石及其相关问题》,载《中原文物》1994年第4期。

③ 文物出版社2000年版。

④ 载《中原文物》1993年第2期。

非具象的牌位与具象的平面肖像两种类型。[①] 梅新林认为，祖先崇拜是一种以崇祀死去祖先亡灵而祈求庇护为核心内容，由图腾崇拜、生殖崇拜、灵魂崇拜复合而成的原始宗教，是远古时代统协原始先民群体意志，有效地进行物质资料生产和人类自身生产的不可缺少的重要精神力量，在人类文明发展史上产生了极为广泛而深远的影响。[②] 荆云波认为，先民通过对先祖历史的神话化，定期举行祭祖仪式，求得与祖先同在，从而使其生存获得再生的神圣性和实在性。[③] 澳大利亚学者刘莉认为，祖先的概念和祖先崇拜的模式在历史上是不断变化的，这些变化又是与总的社会政治的转型紧密联系在一起的。在新石器时代，祭祀仪式从"集体祖先崇拜"到"个人祖先崇拜"的转变，是与社会组织从无等级社会向等级社会的过渡相一致的。后者的祭祀仪式对商代的宗教和政治制度产生了深远的影响。高度的等级化和制度化特征，使得商代的祖先崇拜仪式能够给商王的统治提供心理学的基础和意识形态方面的合法性。同样的策略也被历代的统治者所采用，现代中国对黄帝崇拜祭祀的例子，表明这种策略的运用达到了顶点。黄帝不断升华的祖先地位其实是现代中国一系列社会政治重建的结果。黄帝是一个象征性的偶像，参与创造、更新和使用这个偶像的不仅仅是精英阶层，还有普通百姓，他们在寻找一个共同点以满足其精神的、心理的、政治的和经济的需要。[④] 作为人类的始祖神，女娲、伏羲受到学界较多的关注。杨利慧《女娲的神话与信仰》是研究女娲信仰的专著。作者论述了女娲神话的发展与演变、古代与现代的女娲信仰、女娲信仰的功能、女娲在中国民族信仰中的地位。女娲是属于神话时期的一位兼有始祖、造物主、文化英雄神格性质的大女神。在民间神灵信仰中，女娲具有较鲜明的个性而与其他神祇相区别，在时间、空间的不断变异中，女娲始终保持着较高的地位。[⑤] 在女娲溯源研究中，

① 参见马新《原始崇拜体系与中国文化精神的起点》，载《史学月刊》2006 年第 8 期。

② 参见梅新林《祖先崇拜起源论》，载《民俗研究》1994 年第 4 期。

③ 参见荆云波《历史的神话化：谈祖先崇拜的原型意义》，载《宁夏大学学报》2008 年第 3 期。

④ 参见[澳]刘莉《中国祖先崇拜的起源和种族神话》，载《南方文物》2006 年第 3 期。

⑤ 参见杨利慧《女娲的神话与信仰》，中国社会科学出版社 1997 年版，第 212 页。

主要有蛙图腾崇拜说①、葫芦说②、蛇崇拜说③、女阴说④、鲵鱼说⑤等，其中以蛙图腾崇拜说最具代表性。陆思贤经过考证，认为红山文化的裸体女神像为女娲像，女娲作为生育神、地母神、造物主的崇拜，在史前时代有着广大的分布面。⑥ 李秋香对官方祀典与民间信仰中伏羲、女娲的地位进行了探讨。伏羲、女娲是中国神话传说中两位显赫的大神。伏羲作为男权的代表在官方祀典中的地位远远超过女娲，但女娲作为女权的代言人则在民间信仰中始终占据统治地位。在庙会文化中，伏羲、女娲的始祖神格得到了充分的肯

① 杨㙊在《女娲考——论中国古代母性的崇拜与图腾》一文中认为："以蛙为图腾的氏族，他们的共同名称叫蛙……故女酋长被后人尊为神圣女，称之为'女娲氏'。""女娲氏的由来，原是一个通名而非专名，是指生育人类的原始祖母而言。其所以名之为娲者，是由于婴儿的叫声。而婴儿的叫声又和蛙的叫声相同，故认为蛙是和婴儿和全氏族同体，所以，这一氏族叫蛙氏族，蛙便是这一氏族的图腾。这位女氏族长便被后人尊称为女娲氏。"(《杨㙊民族研究文集》，民族出版社 1991 年版，第 499、502 页)何星亮也认为："娲即蛙，当无疑义，而女与雌义同，所谓女娲，其实就是'雌蛙'。大概雌蛙原是某氏族部落的图腾，后来图腾演化为神，雌蛙也演变成女娲。"(《中国图腾文化》，中国社会科学出版社 1992 年版，第 74 页)叶舒宪指出：蛙与人类比的重要原因是婴儿出生与蛙相类似，婴儿哭声也酷似蛤蟆叫，所以汉语称小儿为"蛙"，发音恰恰与"蛙"相同，两者皆为摹声词。根据音近义通的语用原则，蛙与娃、蛙与人也就自然联系起来了。(参见《千面女神——性别神话的象征史》，上海社会科学院出版社 2004 年版，第 148 页)涂殷康《蛙神话源流》认为历史上确实存在过女娲氏时代，其大致时间在六千年前的新石器时代。女娲氏实际上是原始社会母系氏族时期以蛙为图腾的氏族的传说祖先。女娲氏族的活动范围在黄河上中游甘、青、陕诸地区。所谓"女娲人首蛇身"的传统说法，其实是龙成为高贵象征以后的产物，女娲本蛙身，后来才衍变为蛇(龙)身，故有关女娲蛇躯形象的文物和文字记载，出现时间均在汉代以后。(参见上海民间文艺家协会等编《中国民间文化——民间口承文化研究》，学林出版社 1993 年版，第 52 页)王贵生按照语义相关和文字构型原理，追溯女娲原始本相。女娲名称之缘起不仅与"蛙"、"娃"等在语音上相关，而且是与作为重要礼器的"圭"有深厚的文化渊源——圭文化本原就是象征繁衍生育的蛙崇拜。"天黿"是姬周天族与姜戎蛙族的复合图腾族徽，称之为"天黿"是历史的误读。女娲之神是这种"黿"图腾符号的象征转化，由于"龙蛇化"进程，在后世发生了形态变异。(《从"圭"到"黿"：女娲信仰与蛙崇拜关系新考》，载《中国文化研究》2007 年夏之卷)

② 参见闻一多《伏羲考》，载《闻一多全集》(三)，湖北人民出版社 1993 年版，第 110 页。

③ 参见范立舟《伏羲、女娲神话与中国古代蛇崇拜》，载《烟台大学学报》2002 年第 4 期。

④ 刘毓庆认为女娲即女阴，具有"化万物"、造人类的巨大生殖功能，成为黄帝族、炎帝族以及夏人的女祖神。女阴崇拜在于其创造生命价值的功能。(参见《女娲即女阴考》，载《晋阳学刊》1989 年第 3 期)

⑤ 参见杨利慧《女娲溯源——女娲信仰起源地的再推测》，北京师范大学出版社 1999 年版，第 103～104 页。

⑥ 参见陆思贤《红山文化裸体女神为女娲考》，载《北方文物》1993 年第 3 期。

定和祭拜。[①] 对于在各地汉画像中大量存在伏羲、女娲形象，李陈广认为，一是因为图腾崇拜在民族文化中的传承，二是因为对始祖神的崇拜。[②] 陈峰认为汉画像石中伏羲、女娲手持规矩，怀抱日、月，或手持日、月交尾的形象，既表现了人类始祖神的形象，同时也印证了其日、月神的形象。[③] 郑先兴认为汉砖石画像中的伏羲、女娲，在汉代作为始祖神被信仰崇拜，而其背景神像则是远古初民的走婚者，先女性，后男性，再后为西王母、东王公和铺首。各举日月或胸含日月图像则是日月神的象征，说明伏羲、女娲是连接人与天的桥梁，是构成天人合一精神的纽带。伏羲、女娲画像是以直观的形象表达抽象的认识，即通过具象思维将阴阳看作构成整个世界的本原性的东西，并体现在其他画像如二龙交尾、双龙穿璧、双凤穿璧、绶带穿璧上。汉代之后的伏羲女娲画像，由神的特征变为人的特征，由伏羲举日、女娲举月而变成伏羲、女娲头上绘制日图形，脚下绘制月图形。而其传说，一是吸收了佛教的因素，二是融入并保存、流传在少数民族传说之中。[④]

关于民间禁忌的研究。李绪鉴《民间禁忌与惰性心理》[⑤]、《禁忌与惰性》[⑥]，探讨了禁忌的由来、种类及各种传承方式与人的惰性的心理。金泽《宗教禁忌》对宗教禁忌的起源、演变、性质、功能进行了全方位论证。[⑦] 任驰《中国民间禁忌》认为民间禁忌“主要是指一社群内共同的文化现象”，属于一种民间的自然状态下的禁制形态，并从民俗学的角度对中国民间禁忌进行了分类论述。[⑧] 陈来生认为禁忌是一种社会心理层面上的民俗信仰，是为了避免招致惩罚和灾难，在观念和行为上对人们的禁拘和限制；并从岁时、人生、生活、生产等方面阐述了中国社会的各种禁忌风俗，分析了其产生的

① 参见李秋香《官方祀典与民间信仰中伏羲女娲地位探微》，载《洛阳师范学院学报》2002年第3期。

② 参见李陈广《汉画伏羲女娲的形象特征及其意义》，《中原文物》1992年第1期。

③ 参见陈峰《汉画中的日月神——伏羲、女娲》，载《南都学坛》1992年第2期。

④ 参见郑先兴《论汉代的伏羲女娲信仰》（上、下），载《宁夏师范学院学报》2008年第2期、第4期。

⑤ 科学出版社1989年版。

⑥ 国际文化出版公司1994年版。

⑦ 社会科学文献出版社1998年版。

⑧ 中国社会科学出版社2004年版，第6～7页。

文化背景、社会心理和演变传承。① 马新师认为禁忌产生于原始社会后期，西周春秋时代臻于成形，到两汉社会，上承西周春秋之余炽，下依阴阳五行、神仙方术之泛滥，得到迅速发展；并对四讳与汉代禁忌民俗进行了论述，并对两汉禁忌形成的原因进行了系统分析。② 万建中认为，禁忌的处罚是不可抗拒的，破坏禁忌所遭受的惩罚由精神上的或当事人自发的内心力量来实行。即便在民间故事中也是如此。禁忌的这一本质特征进入故事文本之中反而得到了更为形象的强化。③

关于生产信仰的研究。安德明认为，农事禳灾是以各种超自然的手段来对付农业灾害的农事信仰活动。它根植于原始信仰，又非常适合于人们驱除灾害的愿望，因此它在每个时期的农业社会中都占有十分重要的位置，并得到较完整的保留。④ 金良年介绍了云梦秦简《日书》中"五种忌"的内容、源流及术数原理。认为"五种忌"的种植时令宜忌，不是从农业科技的角度提出的，而是依据与作物所属五行相冲克的支辰来排比的。⑤ 另外，赫玉建《汉代旱涝疫灾害在汉画中的反映》⑥和崔华、牛耕《从汉画中的水旱神画像看我国汉代的祈雨风俗》⑦也对汉代石刻画像中反映的农业灾害进行了论述。目前学术界尚无对汉代生产信仰的专门研究，上述文章只是对其中的某一方面有所涉及，深度、广度都需要进一步拓展。

上述成果为我们继续深入研究汉代民间信仰与地方政治奠定了良好的基础。但从总体上看，汉代民间信仰与地方政治的研究还存在一些薄弱环节，尚需进一步加强。主要表现在：第一，对汉代民间信仰与地方政治的关系研究成果很少，亟待进一步深入探讨。现有成果没有将视角放到民间信仰与地方政治这一大范围中，而是单单就信仰论信仰，局限于某些信仰事项

---

① 参见陈来生《无形的锁链——神秘的中国禁忌文化》，上海三联书店 1993 年版。

② 参见马新《汉代民间禁忌与择日之术》，载《民俗研究》1996 年第 1 期。

③ 参见万建中《民间故事禳解禁忌的方式和禁忌之不可禳解》，载《广西民族学院学报》2000 年第 4 期。

④ 参见安德明《农事禳灾：一种特殊的农事信仰活动》，载《民俗研究》1997 年第 1 期。

⑤ 参见金良年《"五种忌"研究》，载《史林》1999 年第 2 期。

⑥ 载《中原文物》2002 年第 1 期。

⑦ 载《中原文物》1996 年第 3 期。

的研究，没有对汉代不同历史时期较为流行的各种信仰及其与地方社会、地方政治的关系进行全方位的审视。第二，在汉代农业生产中，普遍相信神灵存在的百姓也把泛神思想带入生产领域。在力于稼穑的同时，人们还通过占卜、巫术、祈祷、祭祀等手段来达到实现丰收的愿望。因而，在生产领域是生产经验与神灵崇拜相互结合。目前学术界主要侧重于对汉代经济史的正面研究，而忽略生产领域中信仰与崇拜的研究。第三，从现有成果来看，追溯源流者居多，深入探察者较少；注重个案讨论，没有将民间信仰放在整个社会结构中进行宏观把握，并将信仰与政治、经济、文化有机联系起来，以探究表象背后的深层动因。

有鉴于此，我们在充分借鉴和吸收现有成果的基础上，试图对汉代的民间信仰与地方政治进行较为全面、深入的分析，以探寻汉代民间信仰与地方政治之间的相互关系及民间信仰发展演变的真正动因和轨迹。

在研究方法上，以传统史学研究方法为主，同时运用民俗学、社会学、心理学的研究方法和理论，从不同角度进行全面分析探索，试图挖掘汉代民间信仰与地方政治之间深层的社会关系。在研究时，既注重历史的连续性与继承性，又不能忽视其时代性与独特性，以期获得对汉代民间信仰与地方政治较为客观、真实的认识。

资料的匮乏与零散是研究的最大困难。本书所依据的材料大致可分为六类：一是正史，如《史记》、《汉书》、《后汉书》、《三国志》等。二是先秦秦汉诸子，如《庄子》、《荀子》、《淮南子》、《论衡》、《潜夫论》、《春秋繁露》、《白虎通》等。三是野史小说，如《山海经》、《神仙传》、《汉武帝内传》、《列仙传》、《穆天子传》、《搜神记》等。尽管野史所记载的多是一些荒诞不经的传说和神话故事，但离奇的表象背后隐藏的却是历史的本真。尤其是在研究思想和信仰方面，有其独特的价值。四是文选诗集，如《风俗通》、《四民月令》、《荆楚岁时记》、《乐府诗集》等。五是汉代绘画，如壁画、画像石、画像砖、帛画、漆画、瓦当等，其题材和内容在很大程度上是汉代民间信仰的再现。六是出土简牍、帛书及墓志碑刻，如长沙马王堆汉墓竹简、居延汉简、居延新简、尹湾汉简、张家山汉简、汉碑石刻、汉代墓葬中出土的“镇墓文”、汉代铜镜铭文等。

需要说明的是，由于汉代民间信仰与地方政治资料相对缺乏、凌乱，加之对汉代民间信仰与地方政治总体研究可资借鉴的成果较少，及本人水平所限，这些都决定了本书只是对汉代民间信仰与地方政治研究的粗疏的初步尝试，错谬之处在所难免。敬俟同行学者有以教之。

第一章　汉代的政治体制与民间信仰的发展趋势

公元前 202 年到公元 220 年，是历史上的汉王朝统治时期。这一时期是中国历史上第二个大一统的封建王朝。汉朝继承并发展了秦朝所建立的专制主义中央集权的政治体制，从而奠定了中国古代社会政治体制的发展模式，同样也奠定了中国古代民间信仰的基本架构。

一、汉代的政治体制与信仰体系的架构

秦王朝建立后，建立了一整套专制主义中央集权的统治机构和制度。在行政体制方面废除了以世卿世禄为特征的分封制，全面推行三公九卿制和郡县制。在思想信仰方面，把先秦时期的"君权神授"思想与邹衍的"阴阳五行说"相结合，形成"五德终始说"，作为秦王朝承天受命的依据。汉王朝基本上承袭了秦的政治制度和宗教信仰，并在此基础上确立了一整套繁杂的祭祀典礼。而汉代的民间信仰也就是在这样一种社会背景中存续与发展的。

(一)汉代中央行政体制与官方信仰

汉高祖鉴于秦“举措暴众”的法家路线所带来的严重后果,一切务“为简易”①。汉初在行政体制上承袭秦制。史称:“汉因循而不革,明简易,随时宜也。”②汉武帝时又实行了旨在加强中央集权的行政体制改革,为东汉所承继发展。与人间大一统政治体制相配合,一个上下有序、尊卑分明的官方信仰体系也随之建构起来,以适应社会政治、经济和文化发展的需要。

1. 汉代大一统下的中央行政体制

汉代中央行政体制实行以皇权为核心的三公九(诸)卿制。武帝时又提拔近侍组成中朝,分割以丞相为首的外朝公卿职权,并逐渐形成中朝控制外朝的政治格局。

据《汉书·百官公卿表上》记载,皇帝之下设丞相、太尉、御史大夫,是为三公,作为中央最高行政长官。其中,丞相,亦称“相国”,是皇帝之下的最高官吏,其“掌丞天子助理万机”,协助皇帝处理全国政务;同时总领百官,协理万机,位高权重,一切国事皆归其管辖。可以说,丞相是汉代封建统治机器中重要性仅次于君主的一环。君主握有对一切政务的最后决定权和否决权,但一般不直接统领百官,处理政务;丞相负责直接统领百官,处理政务,然而原则上只能“助理万机”,并无最后决定权和否决权。没有君主,便无法统一封建统治阶级不同集团、派别的行动,便不能建立政权,形成国家;而没有丞相,一般来说,统治机器便很难有效地运转。③ 丞相制的确立与完善,是中央集权官僚体制中的重要环节,也是专制主义君权强化的需要。

三公下有九卿,即太常(掌管祭祀、礼仪)、光禄勋(掌宫殿门户护卫)、卫尉(掌宫门卫屯兵,负责宫门内的护卫)、执金吾(主要负责京内宫外的安全保卫)、廷尉(掌管刑狱)、治粟内史(又称“大司农”,负责国家钱谷金帛等财政的收入和支出,主管国家财政经济)、少府(专管帝室奉养的机构)、太仆

---

① 《汉书·叔孙通传》。

② 《汉书·百官公卿表上》。

③ 参见祝总斌《两汉魏晋南北朝宰相制度研究》,中国社会科学出版社 1990 年版,第 379 页。

(掌管御用车马,并在皇帝出巡时负责指挥车驾次第,紧随皇帝左右的大臣)、典客(又称"大鸿胪",主要职责是掌宾礼)。

在九卿中,掌管祭祀、礼仪的太常列于首位。太常,秦时称"奉常",景帝中元六年(前 144)更名"太常",中二千石。关于"太常"之含义,颜师古认为:"太常者,王之旌也,画日月焉。王者有大事则建以行,礼官主奉持之,故曰奉常,后改为太,尊大之义也。"应劭则曰:"常,典也,掌典三礼也。欲令国家盛大,社稷常存,故称太常。"尽管在词义的具体训解上有所不同,但是都揭示出这一官称中蕴有"尊"与"大"的含义。正是由于太常掌管国家礼仪大典,地位重要,所以官序上列于九卿之首,且两汉常以列侯为之,以尊崇其职。① 太常的具体职责是:"每祭祀,先奏其礼仪;及行事,常赞天子。每选试博士,奏其能否。大射、养老、大丧,皆奏其礼仪。每月前晦,察行陵庙。"②太常掌祭祀礼仪。在天子亲祭时,太常"主导赞助祭"③。《后汉书·祭祀下》曰:"宗庙三年大祫祭,子孙诸帝以昭穆坐于高庙,诸隳庙神皆合食,设左右坐……太常导皇帝入北门,群臣陪者,皆举手班辟抑首伏……其夜半入行礼,平明上九卮,毕,群臣皆拜,因赐胙……"在庄严隆重的宗庙之祭中,太常导"赞天子",辅助天子完成祭礼。在其他一些常规性的祭祀活动中,太常则成为事神活动的主角。如"求雨,太常祷天地、宗庙、社稷、山川以赛,各如其常牢,礼也"④。求雨之祭,太常按照礼仪规格分别祷祀天地、宗庙、社稷、山川之神。

在"国之大事,在祀与戎"⑤的古代社会,祭祀是与战争同等重要的国家大事,而且在长期的发展过程中,也形成了一套以等级制为核心的繁缛苛细的礼仪。由于统治者对祭祀的重视和祭礼的复杂,所以掌管祭祀礼仪的太常属官也很多。太常下设丞一人,比千石,"掌凡行礼及祭祀小事,总署曹事",负责有关陵庙礼仪的具体事务。太常主要属官,西汉时有太乐、太祝、

① 参见禹平、王柏中《两汉太常的祭祀礼事职能问题考述》,载《学术交流》2006 年第 9 期。

② 《后汉书·百官志二》。

③ 卫宏撰、孙星衍辑:《汉旧仪》,载孙星衍等辑、周天游点校《汉官六种》,第 88 页。

④ 卫宏撰、孙星衍辑:《汉旧仪》,载孙星衍等辑、周天游点校《汉官六种》,第 103 页。

⑤ 杨伯峻:《春秋左传注·成公十三年》,中华书局 1981 年版(下引简称《左传》,版本同此)。

太宰、太史、太卜、太医六令丞，均官、都水两长丞，诸庙寝园食官令长丞，雍太宰、太祝令丞，五畤各一尉，博士等。太祝令，掌祭祀时诵读祝词及迎神送神。丞“掌祝小神事”；太宰“掌宰工鼎俎馔具之物。凡国祭祀，掌陈馔具”，即掌管祭祀膳食事务；太卜掌官府卜筮以决疑事；太乐掌祭祀乐舞；太史掌天时、星历，“凡国祭祀、丧、娶之事，掌奏良日及时节禁忌。凡国有瑞应、灾异，掌记之”；古代医巫同源，太医也当兼通巫术；诸庙寝园食官管理皇帝祖先祭祀、上食等事务；均官主皇帝山陵稿输，负有供给祭祀燃材的职责；都水主山陵水务。[①] 东汉时太常属官略有变化，主要有太史令、博士祭酒、太祝令、太宰令、大予乐令、高庙令、世祖庙令、先帝陵园令、先帝陵食官令等，皆六百石。其他员吏不下一千五百余人。[②]

这样，与专制主义中央集权制相适应，汉代在秦朝官制的基础上建立了一套递相服从、分工明确的层级统治网：皇权至高无上；皇帝之下是由丞相、太尉、御史大夫为中枢职官的三公，作为中央政府最高行政长官，协助皇帝处理各项军政要务；三公之下又设列卿，从祭祀与兵事、官吏与财政等方面分掌国家各项庶务；同时，为制约相权，皇帝还往往提拔侍从近臣组成中央秘书机构，参与朝政，出纳王命，侵夺相权。内朝成为皇帝控制中央政局最直接和最有效的工具。

2.汉代官方信仰体系的建立

汉代不仅在政治上建立了一套完整系统的中央官僚体制，而且在意识形态领域也统一思想，独尊儒术。在信仰上则继承并发展了先秦时期的天命思想和“帝”的观念，并在此基础上重构了天国统治秩序。

原始时代的信仰属于自然崇拜，众神平等。进入文明时代后，随着人间等级制的确立，神界也逐渐产生了一个能够凌驾于众神之上、比原有自然神灵更为强大的天神，即超自然的上帝。“上帝”观念约产生在文明前夜，深化于商代。“上帝崇拜的出现，是原始自发宗教向早期人为宗教成熟过渡的重

① 参见《后汉书·百官志二》。

② 参见《后汉书·百官志二》刘昭注引《汉官》。

要分水岭,也是社会形态变革和人间关系在宗教领域的反映。”[①]

在宗教信仰中,帝是高高在上的,具有较大权威,可以支配自然界,能“令雨”、“令风”、“令雷”、“降旱”[②]等。帝通过控制自然而影响收成,既可以造福人间,使庄稼丰收,也可以损害收成,为害人间;还可以干预人们的社会生活,能降祸、降灾、保佑征伐[③],因而在人们心目中是至高无上的。为祈求福佑,殷人虔诚地祭祀上帝:

己丑卜,御于帝三十小牢。[④]

贞,帝示若,今我奏祀。四月。[⑤]

或用三十小牢向帝进行“御祭”;或进行“奏祭”和“祀祭”。

周代建立了以分封制和宗法制为主要内容的等级体系,在信仰领域也出现了高居于众神之上的至上神——“昊天上帝”[⑥]及受其管束的下属神。昊天上帝在周人的观念中已经居于独尊的位置[⑦]。《周礼·春官宗伯·大宗伯》云:“以禋祀祀昊天上帝。”祭祀上帝要用规格最高、最为隆重的“禋祀”,即先燔柴升烟,再加牲体或玉帛于柴上焚烧以祭。这一时期祭祀等级制已经建立。“王者祭天地,诸侯祭山川,卿大夫祭五祀,士庶人祭其先;宗庙社稷之祀,自天子达于庶人。”[⑧]只有“王者”才有祭祀天地的权利和资格。

西周后期,随着奴隶制的衰落和王权的下降,天命的权威摇摇欲坠,上帝神的重要性有所下降。春秋战国时代,列国纷争,诸侯割据,上帝神的“权威性和统一性却被芸芸众神削弱、分割。直到战国末期,上帝神作为主宰自然与社会一切生化繁衍、动静消息的绝对权威,以及在神统中的核心地位仍未确立。……与周人的上帝相比,它的威力、能量和在人们心目中的形象都

---

① 宋镇豪:《中国风俗通史·夏商卷》,上海文艺出版社 2001 年版,第 628 页。

② 郭沫若主编、中国社会科学院历史研究所编集:《甲骨文合集》14138、672、14127、10168。

③ 参见郭沫若主编、中国社会科学院历史研究所编集《甲骨文合集》6346、4173、10124、6272。

④ 郭沫若主编、中国社会科学院历史研究所编集:《甲骨文合集》22073。

⑤ 中国社会科学院历史研究所:《英藏敦煌文献》1286,四川人民出版社 1995 年版。

⑥ 《周礼·春官宗伯·大宗伯》,十三经注疏本。

⑦ 参见晁福林《先秦民俗史》,上海人民出版社 2001 年版,第 286 页。

⑧ 王充撰、黄晖校释:《论衡校释·祭意》,中华书局 1990 年版(下引简称《论衡》,版本同此)。

显得苍白、单薄"[①]。人间的分裂反映到神权意识上,则是统一的天帝也为各方之帝所代替。如"皇天上帝"是秦人心目中地位最高的神灵,包括白、青、黄、赤四帝[②]。"秦用四畤祠上帝,青、黄、赤、白最尊贵之也。"[③]秦始皇统一中国,建立了一套体系完整的、从中央到地方的封建专制主义中央集权的政治制度,奠定了中国古代政治体制的基本模式。但意识形态的发展往往落后于社会改革的步伐。秦始皇虽然创立了至高无上的皇权,在信仰上还是继承战国时期的"四帝"观念。秦人还未及加以改进,便短命而亡了。

汉初在信仰上天国最高神位仍是各帝分享,只将秦人"四帝"改为"五帝",以与当时流行的五行之说相配合。据《史记·封禅书》记载:

> (汉高祖)二年,东击项籍而还入关,问:"故秦时上帝祠何帝也?"对曰:"四帝,有白、青、黄、赤帝之祠。"高祖曰:"吾闻天有五帝,而有四,何也?"莫知其说。于是高祖曰:"吾知之矣,乃待我而具五也。"乃立黑帝祠,命曰北畤。

汉高祖增加北畤黑帝,使秦"四帝"变成"汉五帝",并将其与"符运说"相结合,就是五行思想影响的结果。北畤的确立使五色帝最终齐备,成为国家祭祀中的最尊神灵。其祀法也继承了秦的故旧。文景无为而治,尊而行之。至汉武继嗣,国富民强,遂抛弃汉初的无为思想,实行了一系列旨在加强中央集权的举措,如:建立中朝,削弱相权;打击地方割据势力,削弱诸侯王权;北击匈奴,解除边患;盐铁官营,加强中央财力。从而建立起大一统的专制帝国。为加强集权政治,汉武帝亦统一思想,独尊儒术。在信仰方面则重新恢复天上等级秩序,重建官方正统神学体系。

与地上的专制皇权相呼应,天国也重新出现了统一的至上神——太

---

① 李晓东、黄晓芬:《从〈日书〉看秦人鬼神观及秦文化特征》,载《历史研究》1987 年第 4 期。

② 《史记·封禅书》记载:周平王宜臼元年(前 770),秦襄公"自以为主少皞之神,作西畤,祠白帝……其后十六年,秦文公……作鄜畤,用三牲郊祭白帝"。"(前 674)秦宣公作密畤于渭南,祭青帝。"战国前期,"秦灵公作吴阳上畤祭黄帝,作下畤祭炎帝"。秦献公"自以为得金瑞,故作畦畤栎阳而祀白帝"。秦人六畤,其中三个祭白帝,是秦人最为重视之帝;其余三个分别祭祀青帝、黄帝和炎帝。可见秦人的"皇天上帝"有四位。

③ 《史记·封禅书》"雍四畤"张守节《正义》引《括地志》。

(泰)一神,成为汉代的上帝。太一神是吸收了战国楚地尊神"太"而建立的[1]。如《史记·封禅书》记载:

> 亳人谬忌奏祠太一方,曰:"天神贵者太一,太一佐曰五帝。古者天子以春秋祭太一东南郊,用太牢,七日,为坛开八通之鬼道。"于是天子令太祝立其祠长安东南郊,常奉祠如忌方。

此为亳祭太一坛。古者天子之说乃方士自重之托词。五帝成为太一之下的神灵。元鼎五年(前112),汉武帝又在甘泉建立泰一坛。如《汉书·郊祀志上》载:

> 上……幸甘泉。令祠官宽舒等具泰一祠坛,祠坛放亳祭泰一坛,三陔。五帝坛环居其下,各如其方。黄帝西南,除八通鬼道。泰一所用,如雍一畤物,而加醴枣脯之属,杀一犛牛以为俎豆牢具。而五帝独有俎豆醴进。其下四方地,为腏,食群神从者及北斗云。

同年十一月,举行隆重的仪式,"天子始郊拜泰一"。《史记·封禅书》曰:"十一月辛巳朔旦冬至,昧爽,天子始郊拜太一。朝朝日,夕夕月,则揖;而见太一如雍郊礼。"甘泉太一取代前者成为当时的祭天中心。自此,正式确立了太一至上神的地位。《史记·天官书》曰:"中宫天极星,其一明者,太一常居也。"张守节《正义》云:"泰一,天帝之别名也。刘伯庄云:'泰一,天神之最尊贵者也。'"《艺文类聚》卷四引《史记》曰:"汉家以望日祀太一。从昏时到明。今夜游观灯,是其遗迹。"祀太一神时间长,仪式隆重。此后三年一郊祀成为

---

① 在已出土的战国楚简中,祭祷"太"神的占卜类简有四批,发表在望山1号墓楚简、天星观1号墓楚简、包山2号墓楚简、秦家咀99号墓楚简(参见湖北省荆沙铁路考古队《包山楚简》,文物出版社1991年版;湖北省文物考古研究所等《望山楚简》,中华书局1995年版;滕壬生《楚系简帛文字编·祆》,湖北教育出版社1995年版)。在简文中,"太"与诸神祇间有过不同的排列组合形态,但不管属于哪一种组合,"太"神均列于众神之首,所享受的祭品(除"大水"神与其等同外)在规格上均高于其他诸神,表明"太"在楚人神谱中具有至高无上、独一无二的地位,体现出"太"超然物外、君临万物之上的特有身份。在《楚辞·九歌》所祀诸神中,"太一"居于首位,处位最尊。"太一"即楚简中的"太",是楚人的至上神。(参见胡雅丽《楚人宗教信仰刍议》,载《江汉考古》2001年第3期;李零《包山楚简研究(占卜类)》,载《中国典籍与文化论丛》第1辑,中华书局1993年版)"汉人于祭祀多承楚典",汉武帝的"太一"神实则楚人的"太"或"太一"。(参见刘信芳《包山楚简神名与〈九歌〉神祇》,载《文学遗产》1993年第5期)闻一多先生也认为汉之"太一"本是战国时期楚人的上帝(参见《闻一多全集》第5册《东皇太一考》,湖北人民出版社1993年版)。

定制。每逢战事，出征之前也要告祷太一，以祈求佑护，称为“兵祷”。《封禅书》曰：“其秋，为伐南越，告祷太一。以牡荆画幡日月北斗登龙，以象太一三星，为太一锋，命曰‘灵旗’。”可见，太一已上升到至尊神的地位。

除筑坛祭祀外，汉代还绘刻太一像进行供奉。武帝时就曾“作甘泉宫，中为台室，画天地太一诸鬼神，而置祭具以致天神”①。1973 年，在长沙马王堆 3 号汉墓出土了一份丝帛《太一神图书》。此图书分为三层，上层三个神像：居中神像最大，是整幅图的主神，标有神名曰“大(太一)”。右边一神像侧脸朝右，题名曰“雨师”。左边一神像脸微侧左向，题名曰“雷(公)”。中层四个武弟子：右起第一人所执兵器残，第二人执剑，第三人似着可御弓矢之甲胄，第四人执戟。四人左右各二，中间为上层太一神的下胯，胯下有一黄首青身之龙。下层两条相向之龙：右边是“持炉”的“黄龙”，左边是“奉熨”的“青龙”。整幅图画有总题记，每层各神又有分题记。总题记(在帛书右缘直行)云：

> □将(?)承弓先行，赤□白□莫敢我乡(向)，百兵莫敢我伤。□□狂，谓不诚，北斗为正。即左右□，经行毋顾，大(太)一祝曰：某今日且□□。

分题记残缺不全：

> 太一将行，何(荷)日，神从之，以……

图的总题目和主题都应该是“太一神”②。作为最重要的至上神，“太一”被放在帛画正中偏上的位置。武弟子四人随从护卫，辟兵祛邪。青黄二龙充当坐骑，听从调遣。可见，楚地原有的太一尊神，至汉代被朝廷吸收，并在武帝后成为官方崇奉的至上神。五帝则成了太一神的下属神。《史记·封禅书》曰：“五帝，太一之佐。”

其次是天国众神，主要包括日月星辰、风雨雷电等气象诸神。汉代人认为，日月星辰主宰人事，昭示吉凶。《史记·天官书》张守节《正义》云：

---

① 《汉书·郊祀志》。

② 江林昌：《图与书：先秦两汉时期有关山川神怪类文献的分析——以〈山海经〉、〈楚辞〉、〈淮南子〉为例》，载《文学遗产》2008 年第 6 期。

> 张衡云："文曜丽乎天，其动者有七，日月五星是也。日者，阳精之宗；月者，阴精之宗；五星，五行之精。众星列布，体生于地，精成于天，列居错峙，各有所属，在野象物，在朝象官，在人象事。其以神著有五列焉，是有三十五名：一居中央，谓之北斗；四布于方各七，为二十八舍；日月运行，历示吉凶也。"

除日月、五星、北斗七星、二十八宿外，见于汉代典籍记载的天神还有天极星、文昌宫六星、岁星、辰星、太白、荧惑、南斗、灵星、太岁、织女、河鼓、赤星、东君、云中君、老人星、四时、风伯、雨师、雷公等①。天神在至上神的统领之下，各司其职。如云中君、风伯、雨师负责起云、刮风、下雨；亢星主疾，氐星主疫。② 文昌宫六星"一曰上将，二曰次将，三曰贵相，四曰司命，五曰司中，六曰司禄"。其各自的职能是"上将建威武，次将正左右，贵相理文绪，司禄赏功进士，司命主老幼，司灾主灾咎也"③。辰星掌四时，"北方辰星水，生物布其纪，故辰星理四时。宋均曰：'辰星正四时之位，得与北辰同名也'"④。荧惑星是执法星，主罚。《史记·天官书》曰："礼失，罚出荧惑。"《广雅·释天》云："营惑谓之罚星，或谓之执法。"汉代有寿星祠，"寿星，盖南极老人星也，见则天下理安，故祠之以祈福寿"⑤。

至此，以太一为中心，以五帝为辅佐神，包括日月星辰、风雨雷电等气象诸神在内的天神体系建立起来。如此一来，西周末年被破坏的天国秩序随着汉武帝大一统政治体制的建立又得到恢复，并在此基础上有了新的发展。

与天神相配合，也建立了地祇诸神体系。地祇以后土最为尊贵。汉武帝多次至汾阴，"躬祭后土地祇"⑥。帝王亲自祠祀后土成为祭祀地祇的重要仪式。成帝时，一些大臣认为"郊见皇天反北之泰阴，祠后土反东之少阳"⑦，以甘泉、汾阴位置与其祭义相反，阴阳颠倒为由，主张仿古制在长安建南北

---

① 分见《史记·封禅书》、《汉书·郊祀志》、《后汉书·祭祀志》。
② 参见《史记·天官书》。
③ 《史记·天官书》"文昌宫"司马贞《索隐》引《春秋元命苞》。
④ 《史记·天官书》"以治辰星之位"司马贞《索隐》引《春秋元命苞》。
⑤ 《史记·封禅书》。
⑥ 《汉书·武帝纪》。
⑦ 《汉书·郊祀志下》。

郊祭祀天地，被成帝采纳。此后几经反复，直至平帝元始五年(5)，王莽最终确定南北郊制。

其次是社稷和名山大川。社稷之祭，古来有之，且规格高，仪式隆重。《白虎通·社稷》曰："祭社稷以三牲何？重功故也……王制曰：'天子社稷皆太牢，诸侯社稷俱少牢。'"汉代，社祠自上而下遍及全国，不同的等级身份有不同的祭祀规格。社分为天子所祭的太社，诸侯所祭的国社，郡县令长所祭的郡社、县社，里正、父老主持的乡里之社，民间自发组织的私社等。稷神"以其有播种之功，故令天下诸邑皆祠之"①。《汉书·郊祀志上》曰："高祖十年春，有司请令县常以春二月及腊祠稷以羊彘……制曰：'可。'"汉代稷神多为郡县之祭，规格低于社祭。

名山大川亦纳入官方祭祀。"秦并天下，令祠官所常奉天地名山大川鬼神可得而序"②。秦汉官方祭祀的名山大川，据《史记·封禅书》记载，崤以东，名山五：太室(嵩高)山、恒山、泰山、会稽山、湘山。大川二：济、淮。自华以西，名山七：华山、薄山、岳山、岐山、吴山、鸿冢、渎山。名川四：河、沔、湫渊、江水。其中，泰山与(黄)河因地位特殊而受到特别重视。

再次为一般山、林、川、泽之神。古人认为山林川泽皆可兴云致雨，各有神灵主宰，皆得致祭。"以狸沈祭山林川泽"③，小山川皆非国家统一组织祭祀，而是由当地郡县就近而祭，表现出地方性的特点。如霸、产、丰、涝、泾、渭、长水，"皆不在大山川数，以近咸阳，尽得比山川祠，而无诸加。汧、洛二渊，鸣泽、蒲山、岳嵎山之属，为小山川，亦皆岁祷塞泮涸祠，礼不必同"④。小山川之祭祀规格、时间、祭品，都低于名山大川。

再往下是百物之神，即《周礼·春官宗伯·大宗伯》所称的"以疈辜祭四方百物"，包括五祀及各地杂神。

五祀之祭，先秦即有。《礼记·曲礼下》曰："天子祭天地，祭四方，祭山川，祭五祀，岁遍。诸侯方祀，祭山川，祭五祀，岁遍。大夫祭五祀，岁遍。士

---

① 《汉书·郊祀志上》"或言曰周兴而邑立后稷之祠"师古注。

② 《汉书·郊祀志上》。

③ 《周礼·春官宗伯·大宗伯》。

④ 《史记·封禅书》。

祭其先。”郑玄注云：“五祀，户、灶、中霤、门、行也。”周代之前，五祀属于社会上层贵族祭祀的神祇，大夫以下没有权利奉祀。战国以降，随着世袭贵族地位的动摇及五祀职能的改变，五祀成为“居人之间，司察小过，作谴告”的“小神”，终于降至民间，成为百姓奉祀的重要神灵。荆门包山战国楚墓中出土有五祀神牌，在五块小木牌上，分别写有室、门、户、行、灶五字，说明五祀也是楚地人们的信仰。[①] 郑玄注《礼记·祭法》云：“今时民家，或春秋祠司命，行神，山神，门灶在旁，是必春祠司命，秋祠厉也。或者合而祠之。”崔寔《四民月令》记载民间在十二月，“遂腊先祖、五祀”。

杂神中比较重要的有陈宝祠，是秦文公十九年（前747）在陈仓北阪建立的。《汉书·郊祀志上》云：

> 作鄜畤后九年，文公获若石云，于陈仓北阪城祠之。其神或岁不至，或岁数。来也常以夜，光辉若流星，从东方来，集于祠城，若雄雉，其声殷殷云，野鸡夜鸣。以一牢祠之，名曰陈宝。

陈宝应是由陨星衍生的神祇[②]，源自民间自发性祭祀。陈宝与雍五畤是汉初尊神。《汉书·郊祀志下》又曰：

> 及陈宝祠，自秦文公至今七百余岁矣，汉兴世世常来，光色赤黄，长四五丈，直祠而息，音声砰隐，野鸡皆雊。每见雍太祝祠以太牢，遣候者乘一乘传驰诣行在所，以为福祥。高祖时五来，文帝二十六来，武帝七十五来，宣帝二十五来，初元元年以来亦二十来，此阳气旧祠也。

成帝时匡衡改革祭祀，罢之。不久因“无继嗣”，又复之如故。

其他见于记载的杂神还有天社、天水、房中、堂上、巫社、巫祠、族人、先炊、社主、巫保、族累、堂下、巫先、施糜、秦中[③]，仙人、玉女祠、诸布、诸严、诸逐、莱中、黄帝、冥羊、马行、万里沙、延年、杜主五祠、五床、劳谷[④]；另外，胡有周天子祠二所，隃麋有黄帝子祠，陈仓有上公、明星、黄帝孙、舜妻[育]冢祠，

---

① 参见胡雅丽《楚人宗教信仰刍议》，载《江汉考古》2001年第3期。

② 参见李零《中国方术续考》，第143页。马非百也认为，陈宝为陨星。（参见《秦集史》上册，中华书局1982年版，第7～8页）

③ 《史记·封禅书》。

④ 《汉书·郊祀志下》。

虢有黄帝子、周文武祠，雍有太昊、黄帝以下祠三百零三所，大阳有天子庙，帻有百支莱王祠，朝那有端旬祠十五所，阳周桥山有黄帝冢，辽西且虑有高庙等。[①] 皆以岁时奉祠，或由官巫祠宫中，或由地方致祭。

神祇世界是与人间等级制相对应的。神灵有高低贵贱之别，对他们的祭祀也是按照等级来进行的，祭祀时间、祭品、祭仪各不相同。西汉时"元年祭天，二年祭地，三年祭五帝于五摭。三岁一遍，皇帝自行，他祠不出"[②]。人们在祭祀时也体现了等级制的原则，拥有不同等级身份的人祭祀不同等级的神灵。统治阶层要"供上帝山川百神之祀"[③]。普通百姓没有资格祭祀像太一、后土、五帝及名山大川等大神、要神，只能祭祀灶神、门神等与自己生活密切相关的小神。祭祀的时间、祭品的丰俭也较为随意，没有硬性规定。

这样，汉代从天国到地上，神界自上而下已经构建了一个系统、完整的神灵世界。这个体系的构建与中央集权官僚体制的建立和完善密不可分，也是人间等级制在神界的投影。地上没有统一的权力机构和最高统治者，天上也不会出现统一至上的神。由此可见，信仰是人间社会的一面镜子，社会结构和等级体制的各种发展变化，可以清晰地从信仰中反映出来。

（二）汉代地方政治体制与乡村里社

汉代中央集权政治体制在地方上以郡县制为主。县之下则是乡里基层组织。它们是封建统治的起始点，也是汉王朝伸向全国的触须，更是政府对乡村聚落与乡村人口实施管理的工具。[④] 随着专制集权政治不断向乡村社会渗透，在土地崇拜基础上发展而来的社也被纳入里的行政范畴之内，形成里社合一的基层控制机制。

1. 汉代地方政治体制

汉承秦制，地方行政体制仍以郡县制为主。同时鉴于亡秦孤立之败，又实行封国制，分封同姓诸侯以镇抚天下。汉初，王国、侯国势力曾一度膨胀，

---

① 《汉书·地理志》。

② 《史记·封禅书》"后常三岁一郊"司马贞《索隐》引《汉旧仪》。

③ 《国语·周语中》。

④ 参见马新《两汉乡村社会史》，第188页。

形成尾大不掉之势。景帝三年(前154)终至演成以吴王刘濞为首的“七国之乱”。经过文、景特别是汉武帝的连续打击,王国、侯国势力渐趋衰落。虽然在形式上仍保留王国、侯国制,但实质上与郡、县无异,王侯仅能衣食租税而已。为了加强对地方的控制,汉武帝在全国设立十三部州,每州设刺史一人,分别监察诸郡国。之后州逐渐由监察区域变为地方行政区域,地方政府也由郡县制逐渐演变为州郡县三级制。

在汉代的地方政治体制中,县是国家行政体系中的基层行政单位。中央任命的官吏到县官为止。但真正在地方基层统治中起重要作用的是乡里组织和乡官里吏。

乡官主要有三老、有秩啬夫、游徼、乡佐等。“三老”之名见于春秋战国时期。《管子·度地》曰:“三老、里有司、伍长者,所以为率也。”秦汉时期,乡设三老已成定制。三老的职责是:“掌教化。凡有孝子顺孙,贞女义妇,让财救患,及学士为民法式者,皆扁表其门,以兴善行。”[①]由于三老是“众民之师”[②],须发挥宣教化、兴善行的表率作用,因此,往往推举乡里年高德重者为之。《汉书·高帝纪》云:“举民年五十以上,有修行,能率众为善,置以为三老,乡一人。择乡三老一人为县三老,与县令丞尉以事相教,复勿徭戍。”三老虽然不是严格意义上的国家官吏,也无俸禄,但由于他们皆为德高望重的长者,所以人们往往将其比作官吏。《史记·平准书》曰:“非吏比者三老、北边骑士。”裴骃《集解》引如淳曰:“非吏而得与吏比者,官谓三老。”三老在乡里具有较高的政治地位和社会地位。

啬夫的职能,《汉书·百官公卿表上》云:“职听讼,收赋税。”《后汉书·百官志五》本注记载稍详:“掌一乡人……主知民善恶,为役先后,知民贫富,为赋多少,平其差品。”啬夫主要负责狱讼和征收赋役。但从汉代的一些具体材料来看,作为一乡主要官吏的啬夫,在实际生活中管理的范围是非常广泛的,可以说是一乡主要行政事务的承担者[③],以至于形成“人但闻啬夫,不

---

① 《后汉书·百官志五》。

② 《汉书·文帝纪》。

③ 参见《汉书·朱邑传》、《后汉书·第五伦传》、《太平御览》卷一五七《州郡部》引《零陵先贤传》。

知郡县"[1]之说。

游徼的职责是"徼循禁盗贼"[2]。禁司奸盗，负责乡里治安。游徼直属于县，巡行于乡以禁盗贼。《五行大义》引翼奉曰："游徼、亭长、外部吏，皆属功曹。"[3]

乡佐"主民收赋税"，主要职责是协助啬夫征收赋税，并协助其处理乡内事务，在乡里亦拥有一定势力。

另外，县以下还有亭一级组织[4]。城市中的亭是县以下、里以上的单位，大体上十里一亭。在乡村的亭亦为县以下的小集镇。西汉平帝时有亭二万九千六百三十五[5]。东汉桓帝永兴元年(153)有亭一万二千四百四十二[6]。亭的主要官吏是亭长，为县属吏，主要职责是"禁盗贼"，维护地方治安。卫宏《汉旧仪》曰："设十里一亭，亭长、亭侯。五里一邮，邮间相去二里半，司奸盗。亭长持三尺板以劾贼，索绳以收执盗。"另外，亭长还要调解诉讼、协助都试等。亭作为一个地方行政机构，除亭长外，还有亭侯、亭掾、亭佐、亭父、求盗等亭部吏卒。他们各司其职，共同协助亭长管理一方治安[7]。

乡之下为里，里是最基层的组织单位，按汉代规定，百家为里。《后汉书·百官志五》载："里有里魁……掌一里百家。"但在实际上并不是那么整齐划一，有百家为里者，如《管子·度地》曰："百家为里。"有五十家为里者，如《管子·小匡》曰："五家为轨，轨有长，十轨为里，里有司。"《鹖冠子·王𫓧

① 《后汉书·爰延传》。

② 《汉书·百官公卿表上》。

③ 萧吉:《五行大义》卷五《第二十二论诸官》，知不足斋本。

④ 关于亭的性质，说法各异。《汉书·百官公卿表上》曰："十里一亭……十亭一乡。"王毓铨先生认为，"十亭一乡"乃"十里一乡"之误。乡与亭属于不同性质的地方组织，因而也不属于一个行政系统。亭只司奸盗而不主民事，所以亭不属于乡。(参见王毓铨《汉代亭与乡里不同性质不同系统说》，载《历史研究》1954 年第 2 期)熊铁基先生经过考证，断定《百官表》确系误字。(参见熊铁基《十里一乡和十里一亭》，载《江汉论坛》1983 年第 10 期)朱绍侯先生认为："亭是都尉、县尉的派出机构。"(朱绍侯:《汉代乡亭制度浅论》，载《河南师大学报》1982 年第 2 期)马新师认为，在两汉时代，乡、里、亭实际代表着两种控制体系：乡是县之下的一级政府机构，里是乡之下的居民组织，而亭则是专门的治安保障机构。(参见马新《两汉乡村社会史》，第 189 页)

⑤ 参见《汉书·百官公卿表上》。

⑥ 参见《后汉书·郡国志五》刘昭注引《东观书》。

⑦ 参见仝晰纲《中国古代乡里制度研究》，山东人民出版社 1999 年版，第 67 页。

篇》云:“五家为伍,伍为之长;十伍为里,里置有司。”①《汉书·晁错传》曰:“五家为伍,伍有长;十长一里,里有假士。”《风俗通》亦曰:“里有司,司五十家为居止同事。”也有二十五家为里者,如《礼记·郊特牲》云:“唯为社事,单出里”。郑玄注云:“单出里,皆往祭社于都鄙。二十五家为里。”发生歧义的原因是里本身的不规则性。在实际的地方建制中,没有必要、也不可能为了保持与规定的一致性,而硬性地将大小不一的自然聚落在行政关系上重新切割组合。从现有材料看,最能反映两汉乡村社会中里的真实面貌的,是马王堆出土的《驻军图》与《地域图》,这是关于汉代里的规模的第一手材料。尤其是《驻军图》,其上不仅标有许多乡里的准确位置,而且有的还注明每一里的实有居民户数。从图的标记看,当地规模最小的里只有十二户人家,最大的里为一百零八户。平均计算,每里约四十二户。由此可见,汉代的里实际上是因自然聚落而设的,并大致与之合而为一。② 所以,实际生活中的里并不像文献记载那样规整。

里吏主要有里魁、什伍之长、里监门等。《后汉书·百官志五》曰:“里有里魁,民有什伍,善恶以告。”本注曰:“里魁掌一里百家。什主十家,伍主五家,以相检察。民有善事恶事,以告监官。”里魁也称“里正”,为一里之长,主要职责是掌里内教化、治安等,善恶以告,但无独立决策权。《汉书·韩延寿传》曰:“置里正、伍长,相率以孝悌,不得舍奸人,闾里阡陌有非常,吏辄闻知,奸人莫敢入界。”什伍之长是为民表率、佐助里正监督里民者。里监门为最低级吏卒,一般是贫穷无以为业者为之。如《史记·郦生陆贾列传》曰:“郦生食其者,陈留高阳人也。好读书,家贫落魄,无以为衣食业,为里监门吏。”《史记·张耳陈馀列传》云:“张耳、陈馀乃变名姓,俱之陈,为里监门以自食。”师古曰:“监门,卒之贱者。”③里监门主要负责监守里门,监督来往居民,为里正所役使。另外,还有父老,虽非官非吏,但在乡里具有较高的社会地位,有一定威望和发言权,在乡里统治中也起着重要作用。汉代里中有

① 黄怀信:《鹖冠子汇校集注》卷中,中华书局 2004 年版,第 178 页。
② 参见马新《两汉乡村社会史》,第 201～206 页。
③ 《汉书·张耳陈馀传》师古注。

社,社宰、祭尊等负责里社的祭祀事务。里吏已不属于政府正式官吏,但却是朝廷政策法令的具体贯彻执行者以及乡村百姓的组织管理者,地位不可或缺。

里是乡里民众的聚居点,实际上就是一个大家族或数个家族的联合体①。为了实现对乡里的有效控制,汉代国家非常重视对传统社的利用支配。里内一般设有里社,是乡民祭祀和公共聚会的主要场所。社在乡里百姓的社会生活中发挥着重要作用。里、社合一体制的构建也对当时乡里秩序的维系发挥了有效的作用。

2. 汉代乡里之社②

汉代乡里之社是承袭先秦大夫以下"成群立社"发展而来的,依里而置,也就是说,一里之户数即为一社之户数。由于里的规模不同,所以社之户数也不尽相同。有百家为一社者。如蔡邕《独断》曰:"大夫以下,成群立社,曰置社。大夫不得特立社,与民族居,百家以上则共一社,今时里社是也。"③也有二十五家为一社者。如《汉书·五行志中之下》云"禁民私所自立社",师古注引臣瓒曰:"旧制二十五家为一社。"无论百家一里还是二十五家为一社,秦汉时期乡村普遍立社则是确定无疑的。如汉高祖少时经常祭祀的枌榆社即是乡村里社。据《史记·封禅书》记载:"高祖初起,祷丰枌榆社。"裴骃《集解》引张晏曰:"枌,白榆也。社在丰东北十五里。或曰枌榆,乡名,高祖里社也。"葛洪《西京杂记》卷二亦曰:"高祖少时,常祭枌榆之社。及移新丰,亦还立焉。高帝既作新丰,并移旧社。"汉高祖称帝后,为解太上皇思乡之苦,不仅将丰县移至京郊,而且把过去在民间所祭之里社亦搬至新丰,使新丰之人依旧祭祀。汉代的居民组织是一个个行政性的里,有里则有社,里和社是紧密合一的。

乡里之社属指令性的官督民办之社。《礼记·月令》记载:"仲春之月……择元日,命民社。"《淮南子·时则训》也说:"仲春之月……择元日,令民

① 参见仝晰纲《中国古代乡里制度研究》,第69页。

② 本部分参考了马新《两汉乡村社会史》第四章第二节"两汉乡村的里社"的内容。

③ 陈立疏证、吴则虞点校:《白虎通疏证·社稷》"右论社稷之位"陈立注引,中华书局1994年版,第88页。

社。"《居延新简》也有不少这方面的记载：

……官县以令秋祠社稷。今择吉日，如牒书到，令丞循行，谨修治社稷，令鲜明。

侍祠者斋戒务以谨敬鲜洁约省为故。裦尚考察不以为意者辄言。如律令。

檄到，宪等循行，修治社稷，令鲜明。当侍祠者斋戒以谨敬鲜洁约省为[故]。

令修治社稷，令鲜明。当侍祠者斋械(戒)谨敬鲜洁约省为故。方考行如。[①]

从上述"命民社"、"令民社"这些官方措辞中可以感觉到浓厚的政治韵味。汉代地方政权对于乡里的社稷之祀非常重视，控制也较为严格。

作为民社的乡里之社虽由政府监督，但由于数量庞大，因此，官府并不统一组织，而是由民间自己筹办。如："高祖十年春，有司请令县常以春[二]月及腊祠社稷以羊豕，民里社各自财以祠。制曰：'可。'"[②]如此一来，乡里之社祭祀或丰或俭，并无统一标准，不作硬性规定。《史记·封禅书》记载："后四岁，天下已定，诏御史，令丰谨治枌榆社，常以四时春以羊彘祠之。"枌榆社因是高祖少时常祠之社而受到隆重的祭祀，祭品丰盛。《汉书·陈平传》曰："里中社，平为宰，分肉甚均。里父老曰：'善，陈孺子之为宰！'"祭社时酒肉配以蔬果，也属于较丰盛的祭祀。《居延新简》中云"肥猪社稷□□□□酒曰昔"[③]，祭品亦丰。而《居延汉简甲乙编》所录地湾简中所说"对祠具，鸡一、黍米一斗、稷米一斗、酒二斗、盐少半升"[④]，则祭品比较简陋。

社祭是一种公共性活动，表达的是集体的敬意和愿望。《礼记·郊特牲》云："唯为社事，单出里，唯为社田，国人毕作。"郑玄注曰："单出里，皆往祭社于都鄙。"孔颖达疏曰："故若祭社，先为社猎，则国中之人皆尽行，无得

---

① 甘肃省文物考古研究所等：《居延新简》E. P. F22：153A、E. P. F22：154、E. P. F22：159、E. P. F22：161，中华书局1990年版，第487页。

② 《史记·封禅书》。

③ 甘肃省文物考古研究所等：《居延新简》E. P. F22：832，第529页。

④ 中国社会科学院考古研究所：《居延汉简甲乙编》十·三十九，中华书局1980年版，第7页。

住家也。”社祭时，乡里之民无论男女老幼都要参加。《后汉书·董卓传》云：

卓尝遣军至阳城，时人会于社下，悉令就斩之。驾其车重，载其妇女，以头系车辕，歌呼而还。

《太平御览》卷三八四引《汉杂事》亦曰：

颍川郡上事：其日有陈太丘父子四人俱共会社，小儿季方御，太儿元方从，抱孙子长文，此是也。

这些记载都体现了社祀活动的全民性与公共性。社祭的费用则由乡里居民共同分担。李悝在“尽地力之教”中所言“社闾尝新春秋之祠，用钱三百”[①]，就是指闾里居民共同分摊社祀费用。汉代亦循而未改，“里中遂敛其钱以为社供”[②]。至于分担多少，则“随其祠具之丰俭”[③]，由里民量力而行。在出土的汉简中有收敛社钱的具体记载：

五月五日，谊以钱千五百偿所敛吏社钱。[④]

入秋社钱千二百，元凤三年九月乙卯。[⑤]

入钱六千一百五十，其二千四百受候长，九百部吏社钱，二千八百五十受吏三月小畜计。

买芯卌束，四钱给社。[⑥]

社民共同承担社祭费用，是平等参与社祭的首要条件。在汉代就曾出现过因家贫未能分担购买祭品的费用而在分配祭肉时被人驱逐的情况[⑦]。

社的标志主要是社树，又被称为“神丛”、“社丛”、“丛位”[⑧]。《论语·八佾》云：“哀公问社于宰我。宰我对曰：‘夏后氏以松，殷人以柏，周人以栗。’”《周礼·地官司徒·大司徒》曰：“设其社稷之壝而树之田主。各以其野所宜

① 《汉书·食货志上》。

② 《三国志·魏书·邴原传》裴松之注。

③ 《汉书·郊祀志上》“各自财以祠”师古注。

④ 甘肃省文物考古研究所等：《居延新简》E. P. T52：99，第234页。

⑤ 劳干：《居延汉简考释·释文之部》卷二，商务印书馆排印本，第250页。

⑥ 中国社会科学院考古研究所：《居延汉简甲乙编》二五四·一、三二·一六，第180、20页。

⑦ 参见陈梦雷《古今图书集成·岁功典·社日部》，上海中华书局1934年影印本。

⑧ 《吕氏春秋·孟秋纪·怀宠》云：“问其丛社大祠，民之所不欲废者，而复兴之。”《六韬·略地篇》云：“社丛勿伐。”

之木，遂以名其社与其野。"汉昭帝时"昌邑有枯社木卧复生"，师古注曰："社木，社主之树也。"[①]刘义庆《世说新语·方正》亦云："阮宣子伐社树，有人止之，宣子曰：'社而为树，伐树则社亡，树而为社，伐树则社移矣。'"另外，也有以石为社者，主要指军社。《吕氏春秋·贵直论》载：晋文公"城濮之战，五败荆人，围卫取曹，拔石社，定天子之位，成尊名于天下"。《周礼·春官宗伯·小宗伯》云"帅有司而立军社"，郑注曰："社之主盖用石为之。"《淮南子·齐俗训》亦曰："殷人之礼，其社用石。"高诱注："以石为社主也。"还有立坛为社者[②]，也有"四墙其社"者[③]。

在小农经济占主导地位的两汉时代，发端于土地崇拜的社神作为福佑一社百姓的保护神，受到乡里民众的普遍信奉和虔诚祭祀。而里社之中，往往刊石立碑，成为社史。[④] 如蔡邕所作《陈留东昏库上里社碑》云：

> 惟斯库里，古阳武之户牖乡也。春秋时，有子华为秦相。汉兴，陈平由此社宰，遂佐高帝，克定天下，为右丞相，封曲逆侯。永平之世，虞延为太尉司空，封公。至嘉平，延弟曾孙放，字子卿，为尚书令，外戚梁冀乘宠作乱，首策诛之，王室以绩封召都亭侯。太仆太常司空，毗天子而维四方，克措其功，往烈有常。于是司监爰暨邦人，佥以为宰相继踵，咸出斯里，秦一汉三，而虞氏世焉。虽有积善馀庆，修身之致，亦斯社之所相也。乃相与树碑作颂，以示有昆云。[⑤]

此碑是为纪念里中所出人物池子华、陈平、虞延等人而立。人们认为库上里之所以名人辈出、宰相继踵，皆为当地社神护佑之功，因此树碑颂之。汉灵帝熹平五年(176)所立《梧台里石社碑》、西晋《当利里社残碑》等碑文内容亦皆类此。

春社与秋社是一年中常规性的两次社祭，是民间最重要的祭祀，由国家

① 《汉书·眭弘传》。

② 《后汉书·光武帝纪》载建武二年，"建社稷于洛阳"。李贤注引《续汉志》曰："立社稷于洛阳，在宗庙之右，皆方坛，四面及中各依方色，无屋，有墙门而已。"

③ 《汉书·王莽传上》载，张竦为刘嘉作奏曰："四墙其社。"

④ 参见陈直《居延汉简研究》，天津古籍出版社1986年版，第77页。

⑤ 曾国藩：《经史百家杂钞》卷二六《杂记之属》，岳麓书社1987年版，第1339页。

的基层官吏——里正担任社的首脑，直接掌握里民的社祀活动，以确保社祀的政治方向。具体执行者为社祝、社宰、祭尊等人，主持祭仪及祭后祭品之均分。《春秋繁露·止雨》曰："雨太多……令县乡里皆扫社下……里正、父老三人以上，祝一人。"祭尊之称也不乏其例，如"安民里祭尊印"、"外里祭尊"等①。陈平为社宰，因"分肉甚均"而得到父老的称赞，已见前述。从"陈孺子"之称可以看出，"社宰"的年龄可大可小，不一定均为长者。

汉代里和百姓社活动的有机合一，是在王权主导人民生活的前提下，将基层民众社的活动纳入王权支配范畴并使之辅翼于政治的杰作。其实质就是行政组织与民间社的组织有机合一，行政对里民社的活动的有效制约。二者的联结媒介则是传统和行政的合力，具体表现为社的活动为里民的共同活动，里从行政的角度说是国家的基层政权机构，从社的角度说又是民间社活动的组织者。②

汉代乡村，除乡里之社外，民间五家、十家还自立为社，是为私社。据《汉书·五行志中之下》记载：

> (元帝)建昭五年，兖州刺史浩赏禁民私所自立社。山阳橐茅乡社有大槐树，吏伐断之，其夜树复立其故处。

师古注引张晏曰："民间三月九月又社，号曰私社。"臣瓒曰："旧制二十五家为一社，而民或十家五家共为田社，是私社。"《汉书补注》引叶德辉言：

> 《礼·祭法》：太社、皇社、国社、侯社、置社，皆王侯大夫自立及为百姓立者，此官社也。民私立者，谓之私社。③

《三国志·魏书·邴原传》裴松之注引《(邴)原别传》记载了一件民间私立神社之事：

> ……(邴)原遂到辽东。辽东多虎，原之邑落独无虎患。原尝行而得遗钱，拾以系树枝，此钱既不见取，而系钱者逾多。问其故，答者谓之神树。原恶其由己而成淫祀，乃辨之，于是里中遂敛其钱以为社供。

---

① 参见马新《两汉乡村社会史》，第223页。

② 参见王爱青《秦汉乡里控制研究》，山东大学出版社2010年版，第216页。

③ 王先谦：《汉书补注·前汉二十七中之下》，中华书局1983年版，第622页。

私社与里社的不同之处有:第一,与“二十五家为一社”或“百家以上则共立一社”的民社相比,五家、十家组成的私社规模更小。第二,与在官府指令下建立,乡里居民必须参加的民社相比,私社系部分居民的自行结合,并非全体居民都要参与,体现了自愿性的原则。第三,与受官方掌控的乡里之社相比,这种自发形成的“非法”民间组织,因与官方里社合一的政治原则有违而受到官府的限制和打击,但其发展势头不可遏制。私社的兴起也体现了王权对乡里控制的日趋弱化。第四,民间私社的兴起和发展使得汉代基层社会由里、社的有机合一逐渐出现二者分离的趋向。

二、汉代民间信仰的发展趋势

人类生活在大自然之中,与自然有着不可分割的密切联系。大自然在给人类带来各种恩惠的同时,也制造了无数灾难,从而使人们对自然产生依赖与恐惧两种情感,自然崇拜就是在这种情感基础上产生的。最初的自然崇拜是对自然物本身的直接崇拜,人们把与自身生存密切相关的日月星辰、风雨雷电、山川河海、土地动植物等自然现象与自然物,皆当作崇拜的对象。灵魂观念产生后,人们认为每一种自然物都有一个主宰着它的神灵,对神灵的祭祀代替了对自然物本身的崇拜。人们信奉的神祇从造型到职能都发生了很大变化。汉代的神祇崇拜虽与先秦一脉相承,但在继承的同时也有所发展,这就是神灵的世俗化、人格化、社会化趋势。

(一)神祇社会功能的加强与神祇的世俗化

神祇社会功能的日益增强是指神的世俗化趋势。所谓世俗化,是指神逐渐摆脱神圣、超然的自然特质,日益遵从尘世习俗风尚,更加关注人的愿望,不断满足人自身需要的发展趋势。

殷商时代,人们笃信鬼神,神祇地位很高,正如《礼记·表记》所说:“殷人尊神,率民以事神,先鬼而后礼。”随着时代的推移、文明的进步,神灵原初的严肃、神圣有了不同程度的削弱,到了周代,人们虽然也相信、尊敬神灵,但信仰程度远远低于殷人。“周人尊礼尚施,事鬼敬神而远之”,以“礼”为主，以“神”辅之，能够根据一定的理性原则处理神人关系。在此基础上，周代对神祇进行了等级化、制度化改革，从而使神祇的自然属性减退，社会属性增强。春秋战国时代更加强化神灵崇拜的政治教化功能，使虔诚的宗教情感让位于世俗的功利目的。《白虎通·巡狩》曰：

> 王者所以巡狩者何？……为天下巡行守牧民也……《尚书大传》曰：“见诸侯，问百年，太师陈诗，以观民风俗。命市纳贯，以观民好恶。山川神祇有不举者为不敬，不敬者削以地。”

天子巡狩的一项重要职责就是督促诸侯礼敬山川神祇，有不按时祭祀、祭品不丰洁、态度不虔诚者，就会受到削地夺爵的严厉惩罚。可见，山川崇拜与礼紧密联系在一起，成为礼的一项重要内容，而并非完全是人们发自内心的信仰崇敬。

随着人类理性水平的不断提高，人们开始按照人的需求、人的意愿来重新塑造、取舍各路神灵，从而使神的世俗色彩日益浓厚，更加贴近人的日常生活。其主要表现是：在神祇崇拜过程中，人们由对人化神的崇拜代替了对自然物本身的崇拜。那些与人生产、生活联系密切的神祇也越来越受到重视。秦汉时期，人们开始按照人间的习俗传统塑造自己心目中的神灵，赋予各路神祇日益浓厚的生活气息。如灶神开始由“人身牛首”、“兽身人面”[①]的人兽参半形象逐渐向人形转化，最终以人的形象出现在神坛上，而且有名有姓，娶妻成家。许慎《五经异义》云：灶神“姓苏，名吉利。妇姓王，名抟颊”[②]。此时灶神的人间气息已十分浓郁，是一个具有七情六欲、完全世俗化的家庭神祇。西王母也由“豹尾虎齿而善啸，蓬发戴胜”[③]的动物神逐渐演变为“皬然白首”[④]的白发老人，进而成为“视之可年三十许，修短得中，天姿掩蔼，容颜绝世”[⑤]的雍容贵妇。汉代百姓还按照人间的世俗情感为西王母配了一位

---

① 皇甫谧《帝王世纪·第一》（辽宁教育出版社 1997 年版）云：炎帝“人身牛首，长于姜水，因以氏焉。有圣德”。袁珂校注：《山海经校注·海外南经》云：“南方祝融，兽身人面，乘两龙。”上海古籍出版社 1980 年版（下引简称《山海经》，版本同此）。

② 宗懔撰、宋金龙校注：《荆楚岁时记》引，山西人民出版社 1987 年版。

③ 《山海经·西山经》。

④ 《史记·司马相如列传》。

⑤ 《汉武帝内传》，文渊阁《四库全书》本。

东王公做丈夫，有了“金牙铁齿”[①]的儿子，使孤单的神灵有了完整的家庭。河神的世俗化程度也越来越高，被人们配以妻室儿女。《史记·滑稽列传》张守节《正义》和张华《博物志》把冯夷奉为河伯，而《龙鱼河图》则认为河伯另有其人，把冯夷奉为河伯之妻：

> 河伯姓吕，名公子，夫人姓冯名夷。河伯，字也。华阴潼乡隄首人水死，化为河伯。应劭云：“夷，冯夷，乃水仙也。”[②]

这大概是因时代不同、地区差异所致。但此二人都被人们视为水神，则是毫无疑问的。人们按照世间风俗来安排神灵，所以，自战国以来，黄河流域一带为河伯娶妇的风习甚盛。如《史记·六国年表》记载：秦灵公八年（前417），“初以君主妻河”。司马贞《索隐》云：“谓初以此年取他女为君主，君主犹公主也。妻河，谓嫁之河伯。故魏俗犹为河伯取妇，盖其遗风。”《史记·滑稽列传》详细记载了邺地百姓为当地河伯娶妇的陋俗。可见，在人们眼中，河伯已是一位与人一样有欲望、有情感的俗神。《风俗通》也记载了秦昭王时人们为成都江水神“岁取童女二人为妇，主者自出钱百万以行聘”[③]的习俗。汉代，海神都有了具体姓名，拥有了家庭，世俗化迹象明显增强。《太平御览》卷八八一引《龙鱼河图》曰：

> 东海君姓冯名修青，夫人姓朱名隐娥。南海君姓视名赤，夫人姓翳名逸寥。西海君姓勾大名丘百，夫人姓灵名素简。北海君姓是名禺帐里，夫人姓结名连翘。

《博物志》卷七云：

> 太公为灌坛令。武王梦妇人当道夜哭，问之，曰：“吾是东海神女，嫁于西海神童。”

可见，在汉晋人们心中，海神也是拖妻带女的世俗化家庭神灵。

从功能来讲，这一时期神灵的自然属性逐渐消退，社会功能日益增强。神灵始终围绕在百姓周围，在其日常生活的方方面面各显神通。如上古时

---

① 焦延寿《焦氏易林》（龙溪精舍丛书本）卷三云：“金牙铁齿，西王母子。”

② 《史记·封禅书》“水曰河，祠临晋”张守节《正义》引《括地志》。

③ 李昉等：《太平御览》卷八八二引。

期，人们认为山岳具有兴云布雨的神力，因而加以崇拜。甲骨文多有祭祀山岳求雨的记载。春秋战国以来，山神除保留原来的自然职能外，又增加了一些社会职能。特别是作为"五岳"之首的泰山，不仅是人们想象中的登天之所和帝王的封禅之地，而且"主召人魂魄"[①]，泰山神成为主宰人们生死寿夭的社会神。泰山神在汉代被人们尊为泰山君，而且配上了夫人，组成了家庭。《后汉书・祭祀志上》刘昭注引《风俗通》云：

> 博县十月祀岱宗，名曰合冻，十二月涸冻，正月解冻。太守洁斋，亲自执事，作脯广一尺，长五寸。既祀讫，取泰山君夫人坐前脯三十朐，太守拜章，县次驿马，传送洛阳。

山东出土的东汉画像石在"泰山君"题榜旁绘有泰山君端坐于鹿车中的形象[②]。世俗化的泰山神得到汉代民众的普遍信奉。

秦汉时期，社神除继续拥有土地主宰神的自然功能外，更加向百姓日常生活靠拢。人们不但在水旱灾害、日食月食、火灾地震时祭祀社神，祈求保佑，而且在生活中遇到各种困难如生病、盟誓、求子时也会祈祷社神。其职能已延伸至百姓日常生活的各个领域。

灶神源于对火的自然崇拜。早在周代，灶神就已从火神的煊赫地位降至"居人之间，司察小过，作谴告"[③]的小神。汉代的灶神既能给人们带来富贵尊荣，同时又司察人过，上白于天，是上天派驻各家监视人们行为并主一家祸福吉凶的"特派员"。汉代灶神已完全融入中国的世俗社会生活中，成为家家户户必不可少的神灵。

门神也由内守外防的自然功能向辟邪迎祥的社会功能发展。汉代，尽管人们对于门户之神非常重视，按时祭祀，但在百姓心目中，他们已不是被人顶礼膜拜的至圣，而是人们用来吓退鬼魅、保卫居者平安的工具。

另外，从人们的信仰态度来看，对超自然神灵的笃信程度日渐减弱。人们祭祀神灵已不再是发自内心的尊崇敬畏，而完全是为了现实的实用目的，

---

① 张华撰、范宁校注：《博物志校注》卷一，中华书局1980年版。
② 参见山东石刻艺术博物馆《山东汉画像石精华・滕州卷》，齐鲁书社1994年版。
③ 《礼记・祭法》"王为群姓立七祀"郑玄注，十三经注疏本。

由虔诚崇拜转变为实际利用。神祇由过去控制人们意识和生活的主宰者，变成人们用来求福禳灾、达到目的、实现愿望的工具。

(二)神祇自然属性的减弱与神祇的人格化

所谓神祇的人格化，不仅指神与人同形，更重要的是指神与人同“性”，即神有与人相同或相似的特性，如思想、情感、意欲等。神灵有自己的思想意志，也有情感。被人格化的神灵同人一样，是有感觉、有情感、能思考的精神实体，也有人的性格和人的形象。

一般来说，社会越向前发展，原始崇拜的自然因素就越趋于削弱。原始时代，受生产力发展水平和思维能力的局限，人们的信仰观念具有朴素的直观性，只能用与崇拜对象有联系的自然物或表现神灵作用的象征物来代表某种神灵。这一时期的神祇形象多是动物或植物本身。随着人类智慧和文明的发展，人的思维开始有了抽象概括的能力，神的形象也逐渐摆脱原有的自然物体特征，发展为人兽参半或异兽形象。铁器时代的到来使人类改造自然的能力发生了一次质的飞跃，人的分析、综合、概括能力也有大幅度提高，能进一步根据自己的想象塑造神灵，使神逐渐向人的形态转化。战国秦汉时期，自然神灵被赋予的社会色彩越来越浓厚，其人格化趋势也越来越鲜明。

我们先看天上诸神的人格化过程。

我国古代对于太阳神的崇拜起源很早，流传至今的直接记载崇拜日神的文字是殷墟卜辞。所祭者是“日”、“出日”、“入日”、“各日”、“出入日”，祭之法曰“宾”、“御”、“㞢”、“衩”、“岁”等。① 卜辞中有四方风名：

> 东方曰析，风曰劦
>
> 南方曰炎，风曰光
>
> 西方曰東，风曰彝
>
> 北方曰夗，风曰伇②

① 参见陈梦家《殷虚卜辞综述》，中华书局1988年版，第573页。

② 胡厚宣主编：《甲骨文合集释文》14294，中国社会科学出版社1999年版。

杨树达先生认为四方名皆为神名，职司草木，分主四时而配于四方[①]。卜辞中也有燎祭雪神请雨止雨的记载：

其𡧊于雪，又大雨——弜𡧊于閔，止雨[②]

也有祭云神求雨的记录：

贞𡧊于四云

癸酉卜，有𡧊于六云五豕卯五羊[③]

先民出于对雷电威力的恐惧，创造出雷神。商人心目中的雷神，有致雨和作祸的神力：

庚子卜贞兹雷其雨

贞雷不惟囚[④]

但这一时期的气象神是自然神灵，完全出于人类对大自然畏惧和依赖的直觉反映。

战国以来，自然神被人们赋予了具体形象，而且越来越向人本身靠拢。战国时楚人称日神为"东君"。《九歌·东君》就是祭太阳神的诗歌[⑤]。《山海经·大荒南经》曰："东南海之外，甘水之间，有羲和之国。有女子名曰羲和，方日浴于甘渊。羲和者，帝俊之妻，生十日。"日神成为帝俊与羲和之子。汉代也称日神为"东君"，汉初晋巫负有祭祀东君的职责[⑥]。《楚辞》对风伯飞廉、雨师蓱翳、云神丰隆等均有人格化的描述。如《楚辞·九歌》有"云中君"一章，描绘了云神身穿华彩帝王装，驾龙车巡游四方的华美形象。[⑦] 汉代，"云中君"已是被人们普遍接受的云神名称。《汉书·郊祀志上》曰："晋巫祠

---

① 参见杨树达《甲骨文中之四方风名与神名》，载《积微居甲文说》卷下，中国科学院1954年版。

② 《金》189，转引自陈梦家《殷虚卜辞综述》，第576页。

③ 胡厚宣主编：《甲骨文合集释文》13401、33273。

④ 胡厚宣主编：《甲骨文合集释文》13408、13415。

⑤ 国光红《九歌考释》（齐鲁书社1999年版，第211页）认为"东君"为月神。但学界大多数人认为是日神。《广雅·释天》曰："朱明、曜灵、东君，日也。"朱熹《楚辞集注》（上海古籍出版社2001年版）卷二谓东君"日神也"。

⑥ 见《汉书·郊祀志上》。

⑦ 《楚辞·九歌》曰："浴兰汤兮沐芳，华采衣兮若英。灵连蜷兮既留，烂昭昭兮未央。蹇将憺兮寿宫，与日月兮齐光。龙驾兮帝服，聊翱游兮周章。"

五帝、东君、云中君。"师古注曰:"云中君谓云神也。"战国秦汉时期,四方风神也已经人格化:

有人名曰莞,北方曰鵷,来之风曰狻,是处东极隅以止日月,使无相闲出没,司其短长。

有神名曰因因乎,南方曰因乎,夸风曰乎民,处南极以出入风。

有人名曰石夷,来风曰韦,处西北隅以司日月之长短。[①]

汉代武氏祠画像石上,有一神人,在雷车之后,张着大嘴,向外吹气,气呈扇形。旁边有两个长翅膀的侍从。此神人即是风伯。[②] 在南阳汉画中有一幅黄帝出行图,图右一巨神赤身跽地,张口吹风,即风伯。[③] 山东长清孝堂山祠堂东侧壁有风伯图:殿堂左侧,风伯蹲踞在地,正用笛状物向殿堂方向吹出阵阵狂风,殿顶已被狂风掀起。风伯身后,雷公乘坐的连鼓雷车由四位神人牵引自左向右驶来。雷车后跟着两位头顶钵状物的雨师。[④]

雨神是上古时期最流行的信仰之一。人类最初并不理解雨水产生的原因,而是把它同司雨之神联系起来。西周称雨神为"雨师"。如《周礼·春官宗伯·大宗伯》曰:"以槱燎祀司中、司命、风师、雨师。"战国称之为"蓱"、"蓱翳"。《楚辞·天问》曰:"蓱号起雨。"汉王逸注云:"蓱,萍翳,雨师名也。"[⑤]汉代或以颛顼之子玄冥为雨师。如《风俗通·祀典》曰:"玄冥,雨师也。"[⑥]或以赤松子为雨师。如《列仙传》卷上曰:"赤松子者,神农时雨师也。"山东、江苏、安徽等墓葬画像中经常有雨师或举水瓶、或顶水盆、或提水罐行雨的画面。[⑦] 如武氏祠画像石上,有二神人,足踏云彩,手执壶或罐,向地上倒水,他们应是雨师神。[⑧] 江苏徐州洪楼村出土的祠堂天井石画像中,一位上身赤裸、下着短裤的神祇,在云气中双臂平伸,两手各握着一件口下底上的长颈

① 《山海经》之《大荒东经》、《大荒南经》、《大荒西经》。

② 参见刘志远等《四川汉代画像砖与汉代社会》,文物出版社 1983 年版,第 140～141 页。

③ 参见王明丽、牛天伟《从汉画看古代雷神形象的演变》,载《中原文物》2002 年第 4 期。

④ 参见信立祥《汉代画像石综合研究》,文物出版社 2000 年版,第 154 页。

⑤ 王逸:《楚辞章句》,岳麓书社 1989 年版,第 98 页。

⑥ 应劭撰、吴树平校释:《风俗通义校释》,天津古籍出版社 1980 年版。

⑦ 参见《列仙传·赤松子》,中国文史出版社 1999 年版。

⑧ 参见李发林《汉画考释和研究》,中国文献出版社 2000 年版,第 194 页。

瓶，两股水柱正从瓶口倾泻而下，并在画面下方形成一条波涛汹涌的水流。无疑，这是天界掌管降雨的神祇——雨师的形象。[①] 汉代风伯、雨师均完成了由自然神到人神的转变，且皆列入国家祀典。

汉代认为霜雪之神是青女。如《淮南子·天文训》云："青女乃出，以降霜雪。"反映了雪神的人格化。古人创造出雷神，并赋予它特定的形象特征。最初的雷神，可能是某个氏族的图腾，指雷本身具有的自然神性，具有自然崇拜的性质。后来逐渐演变，在《山海经》中，雷神或为兽形，"状如牛，苍身而无角，一足"。郭璞注云："雷兽即雷神也。"或为人首龙身，"雷泽中有雷神，龙身而人头，鼓其腹"[②]。汉代雷神则完全人格化了。《论衡·雷虚》云：

> 图画之工，图雷之状，累累如连鼓之形；又图一人，若力士之容，谓之雷公，使之左手引连鼓，右手推椎，若击之状。其意以为雷声隆隆者，连鼓相扣击之[音]也；其魄然若敝裂者，椎所击之声也；其杀人也，引连鼓相椎，并击之矣。

汉代雷神也称"雷公"，其形象也由半人半兽变为力士之容，有人的造型，并具有人的行为方式。在江苏徐州洪楼村出土的祠堂天井石画像中，左下方一位上身赤裸、下着短裤的神祇将一根串联着五个大鼓的绳索搭在肩上，拖动着在云气中向左狂奔。这位神祇与王充所记述的雷公形象几乎完全相同，可以断言就是雷神。[③] 在徐州汉画中，既有乘坐雷车的雷公，又可见肩扛"五连鼓"的力士与雷公相处一画中。在山东武氏祠汉画中的雷神出行图上，不仅有乘雷车之雷公，还有男、女神手举似长蛇的鞭相随行。鞭应是闪电的形象化。那持鞭之神即是司闪电的神灵，也就是后世"电母"的原型。[④]

在江苏、安徽等墓葬画像中，风雨雷电等神灵的形象都被拟人化：风神是个男性，身躯比较肥胖健壮，其具体形象是蹲踞着吹风；风的样子则以数根线条表现，自风神口中吹出。雨神则比较瘦小，或戴着斗笠，或顶着水盆，或提着水罐。雷神似乎是个帝王，乘坐着雷车，车子上悬挂着一串连鼓，雷

---

① 参见信立祥《汉代画像石综合研究》，第175页。

② 《山海经》之《大荒东经》、《海内东经》。

③ 参见信立祥《汉代画像石综合研究》，第175页。

④ 参见王明丽、牛天伟《从汉画看古代雷神形象的演变》，载《中原文物》2002年第4期。

神坐在车子上敲击着连鼓，也有的雷神拉着一个车轮。电神似乎是女性，身体比较纤弱，手执长鞭甩击。[①]

战国以后，人们赋予了星辰主宰人间祸福寿夭、功名利禄的神性职能，其中对民间影响最大的是文昌宫第四星司命、织女、牵牛、女宿等。司命的职责为督察人命，主宰人的生死寿夭。据出土文物证明，汉代司命为木刻人像，已完成人格化过程。[②]。在南阳汉画像石上，有不等边四星连线，中间一个女子跪坐。这当是女宿。女宿主布帛制裁嫁娶[③]。牛宿与女宿在同一画面，位于女宿左方，似一人牵牛。此人左方有三星一线，当是牵牛（河鼓星）。人代表牵牛，牛当代表牛宿。孝堂山石室有织女星图，系三星相连成三角形，其中最大者为织女星，三星下刻一女子坐在织机上，以明此星座为织女。[④] 汉代民间有七月七日向河鼓、织女许愿祈请的风俗。

我们再看山川河海等地上之神的人格化趋势。

见于文献记载的最早的山川祭祀活动始于传说时代的舜，《尚书·舜典》云：舜“肆类于上帝，禋于六宗，望于山川，遍于群神”。殷人认为山川具有降雨除雨、左右年成的神力，因而商代的山川崇拜非常盛行，在甲骨卜辞中有许多祭祀山、水、泉、丘的记载[⑤]。早期的山神崇拜为自然崇拜，即对山体本身的物化崇拜。后来，其自然崇拜性质逐渐衰退，主宰人间生老病死的社会功能明显增强。如泰山神的人格化在春秋时期已经完成。《晏子春秋·内篇谏上》曰：

> 景公举兵将伐宋。师过泰山，公梦见二丈夫立而怒，其怒甚盛。公恐，觉，辟门召占梦者，至。公曰：“今夕吾梦二丈夫立而怒，不知其所言，其怒甚盛，吾犹识其状，识其声。”占梦者曰：“师过泰山而不用事，故泰山之神怒也。请趣召祝史祠乎泰山则可。”

---

① 参见张从军《黄河下游的汉画像石艺术》，齐鲁书社 2004 年版，第 250 页。

② 参见孙作云：《汉代司命神像的发现》，载 1963 年 12 月 4 日《光明日报》。

③ 甘公、石申《星经》（中华书局影印汉魏丛书本）卷下云：“须女四星，主布帛为珍宝，藏一名婺女。”《晋书·天文志上》云：“须女四星，天少府也。须，贱妾之称，妇职之卑者也，主布帛裁制嫁娶。”

④ 参见李发林《汉画考释和研究》，中国文献出版社 2000 年版，第 331～332 页。

⑤ 参见陈梦家《殷虚卜辞综述》，第 594～599 页。

可见，在当时人们的心目中，泰山神已为丈夫之形，人之体貌，而且也有喜怒等人的情感。

河流神的人格化现象出现很早。先秦时代，人们已把一些氏族或部落首领奉为河流神。《左传·昭公元年》记载：

> 昔金天氏有裔子曰昧，为玄冥师，生允格、台骀。台骀能业其官，宣汾、洮，障大泽，以处大原。帝用嘉之；封诸汾川，沈、姒、蓐、黄实守其祀。今晋主汾而灭之矣。由是观之，则台骀，汾神也。

子产认为金天氏之子台骀是汾水之神。而汉女为汉水之神，宓妃为洛水之神。[①] 由于河流崇拜的地方性很强，因此民间一般只祭祀自己居住区域的河流神。其中，黄河神地位崇高，受到最隆重的祭祀。迟至春秋时期，已经有关于河伯名称及形象的记载。《艺文类聚》卷一一引《尚书·中候》云：

> 伯禹曰："臣观河伯，面长人首鱼身，出水曰：'吾河精也。'授臣河图。"

此时的河伯是以人首鱼身的形象出现的。《晏子春秋·内篇谏下》曰：

> 古冶子曰："吾尝从君济于河。鼋衔左骖以入砥柱之流。当是时也，冶少不能游，潜行，逆流百步，顺流九里，得鼋而杀之，左操骖尾，右挈鼋头，鹤跃而出。津人皆曰：'河伯也！'"

这里的河伯又是以鼋的形象出现的。到战国时期，各地河伯的形象不一。《韩非子·内储说上》云：

> 齐人有谓齐王曰："河伯，大神也。王何不试与之遇乎？臣请使王遇之。"乃为坛场大水之上，而与王立之焉。有间，大鱼动，因曰："此河伯"。

齐人心目中的河伯仍为鱼形。《庄子·秋水》对河伯形象也有侧面描述：

> 秋水时至，百川灌河，泾流之大，两涘渚崖之间不辩牛马。于是焉河伯欣然自喜，以为天下之美为尽在己。顺流而东行，至于北海，东面而视，不见水端，于是焉河伯始旋其面目，望洋向若而叹，曰……

---

① 《史记·封禅书》："沔，祠汉中。"司马贞《索隐》引乐产曰："汉女，汉神也。"萧统《文选·洛神赋》李善注云："如淳曰：宓妃，宓羲氏之女，溺死洛水，为神。"

《庄子》里的河伯似为人形。河神能视、能叹、能喜、能望、能行,还有各种欲望,与人无异。黄河最早的人化神是河伯冯夷。《广雅·释天》曰:"河伯谓之冯夷。"《史记·滑稽列传》张守节《正义》云:

河伯,华阴潼乡人,姓冯氏,名夷。浴于河中而溺死,遂为河伯也。

《博物志》卷七亦曰:

冯夷,华阴潼乡人也。得仙道,化为河伯。

如此看来,河神的人格化是战国以后完成的。汉代画像石中有河伯的形象,如1983年在南阳市郊王庄窑场发现一座画像石墓,其中有一块顶盖石上刻画了河伯出行图。画面中央为一车,车轮呈旋涡状,有盖,舆内一人端坐,当为河伯。驾车者双手控缰,车由四条鱼驾驶。河伯的面部形象与人无异,其身在车中而不能得见。其所乘之车与神话传说的水车相近。① 另外,河南唐河、商丘及江苏徐州等地汉画中的河伯皆人形,乘坐一辆鱼拉的以云气为轮的仙车。较特殊的是徐州画像的河伯还戴一鱼形冠。另外,汉墓中出土的铜镜上也发现有河伯的形象:一人肩生双翼,乘云车自阙中而出,而阙后一云车,由三鱼牵引,车上乘一人,其旁有铭文"何伯"(即"河伯")。从该画像的铭文来看,更进一步证明了乘鱼车者为河伯。汉画中已出现了人形化的河伯形象,这说明早在汉代河伯已完成了由动物神到人形神的演变过程。从目前所见到的资料来看,汉画中的河伯形象多被刻于墓顶,且多与天帝、雷神、风伯、雨师为伍,说明汉画中的河伯不仅是河神,同时也被人类奉为天神。②

江神的人格化趋势也十分明显。有以帝女为江神者。《广雅·释天》云:"江神谓之奇相。"《江记》曰:"帝女也,卒为江神。"③有以湘君为江神者。"有虞二妃者,帝尧之二女也。长娥皇,次女英……二妃死于江、湘之间,俗谓之湘君。"④秦始皇出巡,"浮江,至湘山祠,逢大风,几不得渡。上问博士

---

① 参见李陈广《南阳汉画像河伯图试析》,载《中原文物》1986年第1期。

② 参见崔华、牛耕《从汉画中的水旱神画像看我国汉代的祈雨风俗》,载《中原文物》1996年第3期。

③ 《史记·封禅书》"江水,祠蜀"司马贞《索隐》引。

④ 刘向:《列女传》卷一,文渊阁《四库全书》本。

曰:'湘君何神?'博士对曰:'闻之:尧女,舜之妻,而葬此。'"[①]湘君即湘江之神。还有以历史人物为江神者。"伍子胥死,吴人怜之,为立祠于江上,因名曰胥山。"[②]

海、湖、泉、井等水域也各有神灵主宰,其中影响比较大的是海神。《艺文类聚》卷七九引《三齐略记》载:

> (秦始皇)求与相见。海神答曰:"我形丑,莫图我形。当与帝会。"乃从石塘上入海三十余里相见。

《山海经》中有四海之神,都是半人半鸟(兽)的形象。[③] 汉代,海神被称为"海若"[④],都有了具体姓名,拥有了家庭,人格化迹象明显增强。

除山川河流外,人们的生活起居也各有神灵主宰。周代的七祀之神,都是与人们日常生活密切相关的生活神。《礼记·祭法》曰:"王为群姓立七祀,曰司命,曰中霤,曰国门,曰国行,曰泰厉,曰户,曰灶。"战国秦汉时期,七祀之神中保留下来的司命、门神、行神、灶神等已完成人格化的过程,不仅以人的形象出现,而且从情感上与人们的距离拉得更近,更加贴近百姓的生活,更能满足百姓的心理需要。

神的人格化过程实际上是通过自然崇拜与先祖崇拜相结合的方式实现的。"万物有灵"观念使原始时代的人们产生了自然崇拜和泛神崇拜。后来,人也被引进神的领域。那些为氏族部落的生存、发展作出过杰出贡献的传说中的祖先,都被作为自然神的象征而加以崇拜。《国语·鲁语上》曰:

> 夫圣王之制祀也,法施于民则祀之,以死勤事则祀之,以劳定国则祀之,能御大灾则祀之,能扞大患则祀之。非是族也,不在祀典。

西周以来,国家制祀有五个基本原则:"法施于民"、"以死勤事"、"以劳定国"、"能御大灾"、"能扞大患"。上述五类人可以得到国家级的祭祀。符合

① 《史记·秦始皇本纪》。

② 欧阳询:《艺文类聚》卷七九引《史记》,上海古籍出版社1982年版。

③ 《山海经·大荒东经》云:"东海之渚中,有神,人面鸟身,珥两黄蛇,践两黄蛇,名曰禺猇……禺猇处东海,是惟海神。"《大荒南经》云:"南海渚中,有神,人面,珥两青蛇,践两赤蛇,曰不廷胡余。"《大荒北经》云:"北海之渚中,有神,人面鸟身,珥两青蛇,践两赤蛇,名曰禺强。"

④ 徐坚:《初学记》卷六引《风俗通》。

这五项条件的有:烈山氏之子柱,“能殖百谷百蔬……故祀以为稷”;共工氏之子句龙“能平九土……故祀以为社”;黄帝“能成命百物,以明民共财,颛顼能修之,帝喾能序三辰以固民,尧能单均刑法以仪民,舜勤民事而野死,鲧鄣洪水而殛死,禹能以德修鲧之功,契为司徒而民辑,冥勤其官而水死,汤以宽治民而除其邪,稷勤百谷而山死,文王以文昭,武王去民之秽”,他们分别享受禘、郊、祖、宗、报五种不同类别的祭祀。另外,“社稷山川之神,皆有功烈于民者也;及前哲令德之人,所以为明质也”。凡是“有功烈于民”及“前哲令德之人”[①],也受到后人的祠祀。如重黎曾为帝喾高辛氏火正,“甚有功,能光融天下”[②],被祀为火神;“炎帝于火而死为灶”[③];漆姓汪芒氏被祀为封嵎山神[④];风姓太皞为凫绎山神[⑤];金天氏之子昧,“为玄冥师,死而祀为主水之神”[⑥],都经历了类似从英雄祖先到山川神灵的转化过程。丁山先生《中国古代宗教与神话考》中列有“自然神号演变为上古王公简表”,详细列举了与雨、雷、风、云、霁、星、时、季、日、月等自然神相对应的先公先王[⑦]。将有创建之功或贡献甚大的杰出先祖神化,并融入自然崇拜之中,成为自然神灵的人化代表,如此一来,自然神也就转化为人格神了。

(三)神祇发展转型的原因分析

在神人分离、“绝地天通”的殷商时代,神权高度集中在商王手中,他可以按照自己的意志和愿望祭祀上帝祖先神。神与民众互不来往,也不直接发生联系。同时,尊神是殷人意识形态的主要特点,神在殷人的政治生活中具有举足轻重的作用。帝、祖先神是自然界的主宰者和社会现象的支配者。如卜辞记载:

帝令雨足年

① 《国语·鲁语上》。
② 《史记·楚世家》。
③ 何宁集释:《淮南子集释·氾论训》,中华书局 1998 年版。
④ 参见《国语·鲁语下》。
⑤ 参见丁山《中国古代宗教与神话考》,第 374 页。
⑥ 何宁集释:《淮南子集释·时则训》高诱注。
⑦ 参见丁山《中国古代宗教与神话考》,第 589～601 页。

帝其于生一月令雷

贞桒禾于高祖

贞[于]王亥桒年[1]

自然现象与人事都归之于神的意志与命令。所以，一切事情都要卜问，求决于上帝祖先神。可见，殷商是一个以神为本、神权统治的时代。

周代打破了商王垄断神权的格局，将神权崇拜与政治体制相结合，按照金字塔式的等级排列顺序，将祭祀权层级分配到上至王公、下到士的手里，使神权开始下移。同时，周代也对殷人的天命神鬼观进行了改造，形成了"敬天保民"、"敬礼重德"思想与神人合一的世界观。在周人看来，天命是可以变化的。上帝神鬼是否保佑周王朝，不是单凭上帝神鬼的意志和愿望，而是要根据民的意愿来决定。天与民心灵相通，总是首先考虑民的愿望和要求：

天视自我民视，天听自我民听。[2]

民之所欲，天必从之。[3]

天聪明，自我民聪明；天明畏(威)，自我民明威。[4]

周公在《康诰》中反复强调"用康保民"、"用康乂民"、"惟民其康乂"[5]等等，说明周初统治者已经意识到：单一的重视上帝神鬼已不是进行精神统治的唯一有效手段，下层民众才是政治活动所要围绕的中心。这实际上是一种天人合一的新思维，也是重民思想的萌芽。

同时，自周公"制礼作乐"开始，中国即进入了以礼乐为标志的理性文明阶段。旧的巫术宗教文化逐渐被取代，礼乐文化成了主流。礼乐精神的核心是"德"。周代统治者对于殷人一味"尊神"，"先鬼而后礼"的行为进行了反思，认识到"天命靡常"之理，从而树立起"敬德保民"的世界观。如《左传·僖公五年》载宫之奇曰：

---

① 胡厚宣主编：《甲骨文合集释文》10139、14127、33308、10107。

② 杨伯峻译注：《孟子译注·万章上》引《太誓》，中华书局1960年版。

③ 《国语·郑语》引《太誓》。

④ 《尚书·皋陶谟》。

⑤ 《尚书·康诰》。

臣闻之，鬼神非人实亲，惟德是依。故《周书》曰："皇天无亲，惟德是辅。"又曰："黍稷非馨，明德惟馨。"又曰："民不易物，惟德繄物。"如是，则非德，民不和，神不享矣。神所冯(凭)依，将在德矣。

《周书》佚文的"惟德是辅"等思想正是周人总结殷人虽然崇尚神权至上，但骤然亡国经验教训的结果。这种思想观念已经突破了神鬼赐福降祸的思想意识，而把国家兴衰、人之祸福归因于德政、德行，这就使人把注意力更多地聚焦于人本身，更加关注人的行为、人的道德。周代的思想家通过敬礼重德的方式，完成了理性文化对原始文化的突破。敬礼重德的理性精神，使人类社会和人本身的地位得到了肯定，也使殷商时期浓厚的神鬼宗教色彩大为减弱。

西周晚期以来，周天子的权力与地位开始衰落和动摇，随着自然灾害的频繁发生与政治局面的突变，天神的威信也随之而下降了。人们对天的神性开始怀疑、质问：

何辜于天，我罪伊何？心之忧矣，云如之何？

天之生我，我辰安在？

悠悠昊天，曰父母且。无罪无辜，乱如此怃。昊天已威，予慎无罪；昊天泰怃，予慎无辜。

我生不辰，逢天僤怒。①

《诗经》中有不少篇反映了人们对天的失望和质询。经过西周末年的大旱灾及宗周灭亡等一系列重大事件，人们对既定的信仰产生怀疑。周人认为上帝神鬼不能保护自己免遭灾患与离乱之苦，既然天神不能护佑自己，那么其权威肯定要进一步下降，人们对上帝神鬼的迷信也就减弱了。

春秋战国时期的封建化改革与变法运动，使奴隶制的井田制、封邑制、世袭制趋于瓦解，封建的租税制、俸禄制代之而起。这不仅是一场经济、政治革命，而且也是一场发现人、解放人的思想革命。从春秋时期开始，神的地位更是每况愈下，失去昔日的尊荣。人的地位和作用有了大幅度提高，被置于天道与神权之上。据《左传·庄公三十二年》记载：

① 《诗经》之《小雅·小弁》、《小雅·巧言》、《大雅·桑柔》，十三经注疏本。

有神降于莘。惠王问诸内史过曰："是何故也？"对曰："国之将兴，明神降之，监其德也；将亡，神又降之，观其恶也。故有得神以兴，亦有以亡，虞、夏、商、周皆有之。"……内史过往，闻虢请命，反曰："虢必亡矣。虐而听于神。"

神居莘六月。虢公使祝应、宗区、史嚚享焉。神赐之土田。史嚚曰："虢其亡乎！吾闻之：国将兴，听于民；将亡，听于神。神，聪明正直而壹者也，依人而行。虢多凉德，其何土之能得？"

在内史过看来，虢公暴虐而"听于神"，不以民心为意，这样做会导致国家"必亡"的结局。内史过把"听于神"与"听于民"加以对比，并与国家兴衰紧密联系起来，从而把民本和神本思想的对立清晰地展现出来。可见，随着历史的发展，统治者越来越认识到"民"的重要性。许多人认为，国家的兴亡已不是取决于"牺牲玉帛"、"祝史荐信"之类单纯对神的虔诚礼敬，而是取决于能否"听于民"，也就是是否顺应民的意愿和要求。只有"民和而神降之福"，圣王也总是"先成民而后致力于神"，把民看成"神之主"①，才是兴国之本。

民神地位的倒置极大地冲击了正统的天命神鬼观，虽未完全否定神的政治地位和作用，但也认识到人已不是神的附庸。民的愿望和向往，是真正代表神的意志的，没有民就无从谈论神。重民轻神思潮的出现是人类理性的觉醒，它深刻地影响了当时人们的信仰观念，使人们从对神的绝对崇拜和依赖中逐渐解脱出来，更加关注人本身的需要。人们开始用一种新的思想理念来看待神人关系，神开始依附于人，服务于人。

从周初的神主民从发展到民神并重，再到民主神轻，"以人为本"②，人的地位高于神的地位，人的作用压倒神的作用，人的理性成分愈来愈多，并在民本思想的基础上形成了人本思想，即在社会活动中以人为本位的社会思潮。以讲求"爱人"为中心学说的孔子对春秋时期形成的民本思想加以改造发展，使之成为人本学说，从而建构了提倡理性、发扬人性的新型思维模式。其后经过孟子的全面发展和推动，在诸多政治活动家社会实践的基础上，形

① 《左传·桓公六年》。

② 赵守正：《管子注译·霸言》，广西人民出版社 1982 年版。

成了一股以重视人的社会活动作用、追求人的自身价值实现和人格自尊为特征的人本思潮。相对于神本思想的衰落，人本理性明显升扬。人本思潮是人对自身价值的认识和肯定。而人的地位一旦提高了，那么随之而来的便是神祇地位的下降。神的人格化、世俗化、社会化趋势正是由神本思潮到人本思潮的反映。在以人为中心的时代，人们开始按照人的形象、意志、愿望和模式来塑造神、取舍神，赋予神更多人的因素。

另外，神的人格化、世俗化、社会化趋势也是正统史家或儒家对其刻意改造，使神灵理性化、历史化所致。春秋战国以来的正统史家或儒家在对待神人关系上是重人事而轻鬼神，主张以现实世界的一切为关注对象。如上述内史过、史嚚皆是如此。孔子也反对对上帝神鬼盲从迷信，他“不语怪、力、乱、神”[①]，认为“未知生，焉知死”，“未能事人，焉能事鬼”[②]，注重人事，淡漠神事。在此基础上，他们对于流传下来的具有原始图腾崇拜色彩及自然崇拜色彩的神灵进行了理性化的改造，使之更加符合礼乐文化的道德标准。如神话传说中的雷神夔本是一足跳跃而行的动物，其初始形象在《山海经·大荒东经》中有载：

> 东海中有流波山，入海七千里。其上有兽，状如牛，苍身而无角，一足，出入水则必风雨，其光如日月，其声如雷，其名曰夔。

郭璞注云：“雷兽即雷神也。”《庄子·秋水》中的夔也是“一足趻踔而行”的奇异动物神形象。但这种具有浓厚原始色彩的形象却遭到儒家的否定，因为其违背了礼乐文化的理性原则，也很难被纳入历史谱系之中，因而被改造成人格化的神了。据《吕氏春秋·察传》记载；

> 鲁哀公问于孔子曰：“乐正夔一足，信乎？”孔子曰：“昔者舜欲以乐传教于天下，乃令重黎举夔于草莽之中而进之，舜以为乐正。夔于是正六律，和五声，以通八风，而天下大服。重黎又欲益求人，舜曰：‘夫乐，天地之精也，得失之节也，故唯圣人为能和。[和，]乐之本也。夔能和之，以平天下。若夔者一而足矣。’故曰夔一足，非一足也。”

---

① 杨树达疏证：《论语疏证·述而》，上海古籍出版社 1986 年版（下引简称《论语》，版本同此）。

② 《论语·先进》。

《韩非子·外储说左下》也有相同记载。神话传说中一足而行、“状如牛”的雷神夔就如此这般地被“纠谬”、“正失”，在先秦理性主义的代表孔子的“消解”之下，丧失了神灵的原始特征，变成符合理性标准、能登大雅之堂、载入史册与典籍的人神了。

在儒家的改造之下，原始传说中有着四张面孔的黄帝也被理性化为古史中善治四方的人王。据《尸子》卷下载：子贡向孔子问及黄帝四面的神话，曰“古者黄帝四面，信乎？”孔子诡释曰：“黄帝取合己者四人，使治四方，不谋而亲，不约而成，大有成功，此之谓四面也。”“黄帝三百年”的传说也有了新的含义。《大戴礼记·五帝德》云：

> 宰我问于孔子曰：“昔者予闻诸荣伊令，黄帝三百年。请问黄帝者人邪？抑非人邪？何以至于三百年乎？”
>
> 孔子曰：“……生而民得其利百年，死而民畏其神百年，亡而民用其教百年，故曰三百年。”

其他具有原始色彩的神灵在流传过程中，同样因“不雅驯，荐绅先生难言之”①而受到正统史家和儒家的改造。在他们刻意的曲解、删削、篡改之下，原始神灵动物或人兽参半的形象被抹杀殆尽。神灵的野性、兽性等原始特征也逐渐被剥离，原始色彩越来越淡，人形、人性渐趋浓重。因此，正统史家和儒者对神灵所进行的理性化、历史化改造，也成为神灵人格化、世俗化、社会化发展的推动力。

神的人格化、世俗化、社会化趋势是对人的理性的推崇，是信仰开始走向成熟的标志。人的命运似乎不再完全被神掌握，而是由人自己控制，从而树立起人在社会、文化中的地位。神的人格化、世俗化、社会化的核心是关心现实，重视人的实际利益。神的属性越俗，对人们尤其对下层民众的吸引力也就越大，也越有利于其自身的发展。综观中国古代神祇的发展史，能够保留下来，长期受到人们信奉的神祇，如灶神、门神、社神、太岁等都是那些人格化、世俗化、社会化程度较高，与人自身关系密切的神灵。而那些超凡脱俗，远离人们日常生活，无法满足人们实际需要的神祇，如夏商时期的雪、

---

① 《史记·五帝本纪》。

寒、暖、雹诸神则无法维持自身的生存，逐渐被民间百姓用世俗的标准淘汰出局。

中国古代神祇经历了从自然神到人格神再到宗教神的发展过程。汉代正处于从自然神到宗教神的转折时期。随着人的自我意识不断加强，发端于原始时代的自然神被改造为具有人的特性的世俗神。神人合一过程实际上是神逐渐走下圣坛，步入民间的过程。对自然神的改造是其生存发展的必然趋势和必经阶段。神没有世俗化，就不会得到一向务实的中国民间大众的普遍信奉。佛、道兴起后，人格化、世俗化的自然神和社会神又被宗教吸收改造，纳入宗教神的行列。而且也正是受到民间百姓广泛信奉的神祇的融入，才使佛教、道教迅速传播，很快挤占了民间的信仰市场。

第二章 汉代民间神祇世界的建构

战国秦汉时期是中国历史上造神运动的高峰。秦汉大一统帝国的建立，尤其是汉代的统一，为神的汇集和改造提供了前所未有的条件。这一时期，不仅对原先各地的民间信仰兼收并蓄，而且不断创造新的神祇，同时以胡巫进入宫廷为标志，少数民族的信仰也传入内地，经过整合、改造，逐步融汇为汉代的神祇崇拜。

在民间，乡村百姓对神祇的选择有着自己独特的视角和标准，他们更加关注与之生产生活关系密切的小神。一切与他们日常生活密切相关的神灵，都有可能成为信仰、崇拜的对象。他们一方面继承前代神灵，另一方面又不断创造新的鬼神，这就使其所信奉的神祇非常庞杂，数量众多。大致说来，民间信仰的神祇包括天上神灵、地上诸神、地下鬼魂、祖先崇拜以及各种精怪。

一、天上神灵

原始时代人们就开始了对日月星辰及风雨云雷等天象神灵的自然崇拜，经过长期的传承发展，汉代民间对这些自然神灵的崇拜并未减弱。但这一时期的天象神灵已被赋予了越来越浓厚的社会色彩，其人格化和社会化趋势也越来越鲜明，更加贴近民众的社会生活。其中对民间影响最大的是司命、四灵、北斗和太岁等星神。

(一)督察人命的司命

司命神源于古代的天体崇拜,汉代郑玄曰:"司命,文昌宫星也。"贾公彦亦曰:"云司命文昌宫星者,亦据《星传》云:'文昌宫第四曰司命。'"[①]在周代祀典中,司命神地位很高。《周礼·春官宗伯·大宗伯》曰:"以禋祀祀昊天上帝,以实柴祀日月星辰,以槱燎祀司中、司命、风师、雨师。"禋祀、实柴、槱燎,都是堆积柴薪,焚烧作为祭品的牲畜,又叫"燔柴",是上古最隆重的祭礼。

在汉代,司命为"六宗"之一,是至上神"太一"的辅佐[②],一直被纳入官方祀典。汉高祖时即命"荆巫"祠祀司命[③]。在民间,司命地位很高,影响很大。这主要是因为司命所担负的职能关系到每个人的生死寿夭,岂敢不敬?

1. 司命的职能

汉代,司命的神性已明确为督察人命。《太平御览》卷五二九引许慎《五经异义》云:"司命,主督察人命也。"郑玄注《礼记·祭法》曰:"司命主督察三命。"孔颖达疏云:"司命主督察三命者,按《援神契》云:'命有三科,有受命以保庆,有遭命以谪暴,有随命以督行。'受命谓年寿也,遭命谓行善而遇凶也,随命谓随其善恶而报之。"

司命神有大小之分,其职能也各不相同。《楚辞·九歌》中记有大司命、少司命两个神祇。《大司命》云:"纷总总兮九州,何寿夭兮在予。"包山2号楚墓出土卜筮祭祷竹简,其内容都是有关墓主生前患腹心疾,祷鬼神以求病愈之事,所祷对象就有司命,以"少环"、"牂"奉祀。[④]《史记·扁鹊列传》也记:"扁鹊曰:'其在骨髓,虽司命无奈之何。'"可见,大司命是司人生死之神。少司命则司人子嗣之有无。《楚辞·九歌·少司命》曰:"夫人自有兮美子,荪何以兮愁苦?"王夫之在《楚辞通释》中说:"大司命统司人之生死,而少司

① 《周礼·春官宗伯·大宗伯》"以槱燎祀司中、司命、风师、雨师"郑玄注、贾公彦疏。

② 《史记·封禅书》曰:"神君最贵者太一,其佐曰大禁、司命之属。"

③ 参见《汉书·郊祀志上》。

④ 参见湖北省荆沙铁路考古队《包山楚墓》,文物出版社1991年版,第366、368页。

命则司人子嗣之有无。以其所司者婴稚,故曰少。大则统摄之辞也。"[①]

将司命神分为大小,不仅见于楚俗,齐地亦或有之。春秋时齐侯作洹子孟姜壶铭曰:"齐侯拜嘉命,于上天子用璧、玉佩一司。于大无(巫)司折、于大司命用璧、两壶、八鼎。于南宫子用璧二、佩玉二司、鼓钟一肆。"[②]齐国既有"大司命",也应有"小司命"。[③] 司命下设有属官,司命史即是其一。在甘肃天水放马滩秦简《墓主记》中,记有司命史公孙强让死者复生的志怪故事:"丹所以得复生者,吾犀武舍人,犀武论其舍人□命者,以丹未当死,因告司命史公孙强。"[④]

秦汉时期,人们仍相信司命神主宰人的寿夭生死。《史记·天官书》"四曰司命"司马贞《索隐》引《春秋元命苞》云:"司命主老幼,司灾主灾咎也。"陕西省长安县三里村出土一件建和元年(147)的朱书陶瓶,言死者进入地下,需要"告上司命、下司禄"。[⑤] 张衡《思玄赋》曰:"死生错而不齐兮,虽司命其不晰。"[⑥]亦反证司命之"主知生死"的职能。汉代纬书《春秋佐助期》曰"司命,神,名为灭党,长八尺,小鼻,望羊,多髭,癯瘦,通于命运期度"[⑦],认为司命可以主宰人的命运。汉代已有"辇贿违车"的说法。《思玄赋》云:"或辇贿而违车兮,孕行产而为对。"李贤注云:"车谓张车子也。有夫妇夜田者,天帝见而矜之,问司命曰:'此可富乎?'司命曰:'命当贫,有张车子财可以借而与之期。曰,车子生,急还之。'田者稍富,及期,夫妇辇其贿以逃。同宿有妇人,夜生子,问名于其父,父曰:'生车间,名车子。'其家自此之后遂大贫敝。"[⑧]《搜神记》卷一〇有更详细的描述。司命不仅可以改变人的贫富命运,而且还是"辅天行化,诛恶护善"[⑨]的正义之神,因而得到社会上下的普遍信

① 王夫之:《楚辞通释》卷二《船山全书》第14册,岳麓书社1996年版,第259页。
② 郭沫若:《两周金文辞大系图录考释》,上海书店出版社1999年版,第212页。
③ 参见丁山《中国古代宗教与神话考》,第203页。
④ 何双全:《天水放马滩秦简综述》,载《文物》1989年第2期。
⑤ 参见陕西省文管会《长安县三里村东汉墓葬发掘简报》,载《文物参考资料》1958年第7期。
⑥ 《后汉书·张衡传》。
⑦ 《后汉书·张衡传》李贤注引。
⑧ 《后汉书·张衡传》李贤注。
⑨ 洪兴祖:《楚辞补注·九歌·大司命》,中华书局2006年版,第71页。

奉。官方以时致祭。汉高祖四年（前 203），令“晋巫，祠五帝、东君、云中、司命、巫社、巫祠、族人、先炊之属……荆巫，祠堂下、巫先、司命、施糜之属……各有时”①。民间更是崇奉有加。《风俗通·祀典》云：

> 今民间独祀司命耳，刻木长尺二寸为人像，行者檐箧中，居者别作小屋。齐地大尊重之，汝南诸郡亦多有，皆祠以猪，率以春秋之月。

由此可知：司中、司命皆为天上小神，在先秦都受到祭祀。汉代民间独祀司命，不复祀司中。说明民间对主寿夭的司命神的信仰自先秦以来一直盛行不衰。官方礼典用槱燎祀，积薪燔柴，民间以猪为祭品，待遇不菲。民间春秋祠司命以猪，亦见《说文解字》示部：“祉，以豚祠司命也。从示，比声。”汉代司命神为木刻人像，已是人格化、世俗化的神祇，日益贴近百姓的日常生活；汉代祭祀司命，不仅“别作小屋”，春秋两季，按时祭祀，而且外出时也随身携带，寸步不离，盖以之护身，保佑平安。司命神虽是汉代民间普遍信奉的神祇，但各地重视程度也有区别。齐地、汝南诸郡最为笃信，奉侍最谨，体现了民间信仰的地方性差异。

1956～1957 年，山东省文物管理处在山东济宁收集到一件汉代石雕人像。其像作半身立状，头大戴冠，面部丰盈，博衣大袖。左手抱一婴儿，右手持一长方形物，右腕下并悬一物。孙作云先生认为此像即是司命神像。可能至汉代，大小司命已合二为一，既“擻长剑兮拥幼艾”，掌子嗣之有无，又司成年人之命。石雕人像右手所持之物应是记载人们寿夭的生死簿。石像高 30.1 厘米，两臂最宽处 13.5 厘米，“大小尺寸与东汉民间司命完全相合”。而此像发现于山东济宁，与应劭所说“齐地大尊重之”方位亦合。②

司命虽为小神，但职责甚重，督察人命，管人寿夭，直接关系到人们的生死，因而普遍受到百姓的敬祀。③

2. 司命的发展趋势

汉以后，司命神在民间呈两种发展趋势：一是被佛教所吸收和引用。

---

① 《史记·封禅书》。

② 参见孙作云《汉代司命神像的发现》，载 1963 年 12 月 4 日《光明日报》。

③ 参见马新《两汉时代的乡村神祇崇拜》，载《山东社会科学》2004 年第 1 期。

佛教传入中国后，僧侣们在翻译佛经时，利用了司命神督察人命、主人生死的职能，将印度的“追命鬼”翻译为“司命鬼”。如佛经《佛本行集经》卷四四《布施竹园品第四十六之一》云：“或少或壮或老年，如至于此尽时节，其司命鬼不能护，一切捉撮使消亡。”①随着佛教在民众中的广泛传播和普及，司命神从天上降至阴间，由神变成鬼。唐代以后，佛教司命鬼索命之说十分盛行。唐张鷟《朝野佥载》卷二曰：

黄门侍郎崔泰之哭特进李峤诗曰：“台阁神仙地，衣冠君子乡。昨朝犹对坐，今日忽云亡。魂随司命鬼，魄逐阎罗王。此时罢欢笑，无复向朝堂。”②

佛经文献中也有大量“伺（司）命”出现。如《方广大庄严经》卷九《降魔品第二十一》云：“我若视人人必破，吾今看树树亦摧。怒目所向无全者，如值伺命终难活。”③《佛说无常经》云：“死王催伺命，亲属徒相守。”④唐宋以后，司命鬼随着佛教的盛行而日益深入人心。

二是被灶神吸收和融合。

汉代以后，司命的名衔也逐渐被灶神吸收。陈陆先生认为自宋开始：“以祀灶而论，在孔子时已经有灶神与火神的两种传说，自宋以后，便又加上司命的名衔，至今仍在流传着。”⑤杨堃先生则认为：“最迟亦当在唐，而不应谓为始于宋也。”⑥因唐人所著《辇下岁时记》“以酒糟抹于灶门之上，谓之醉司命”⑦的表述已非常清晰，杨说为是。

先秦时期，司命神的地位很高。在周代的七祀中，司命神居于首位，灶神位居最末。二者同列神坛，代表不同的神灵，分别祭祀。后来，司命督察人命的功能被灶神所取代，其具体时间学界有歧义。杨堃先生认为是在汉代：“灶神之执行司命的职权，恐在汉时早已如此。”其根据是郑玄注《礼

① 释阇那崛多译，文物出版社1989年版。

② 张鷟：《朝野佥载》，中华书局1979年版，第46页。

③ 地婆诃罗译，文物出版社1989年版。

④ 释义净译，文物出版社1989年版。

⑤ 陈陆：《释柴》，载《中和月刊》1943年3卷2期，第37页。

⑥ 杨堃：《灶神考》，载《汉学》1944年第1辑。

⑦ 载陶宗仪辑《说郛》卷六九，上海古籍出版社1988年版。

记·祭法》所云：

(七祀)此非大神所祈报大事者也。小神居人之间，司察小过，作谴告者尔……今时民家，或春秋祠司命，行神，山神，门灶在旁，是必春祠司命，秋祠厉也。或者合而祠之。

对此，杨堃先生论证道："既曰'小神居人之间，司察小过，作谴告者'，又曰'合而祠之'，则司命与灶之发生关系，盖已有由来矣。"①

我们认为，仅以二者皆为"司察小过，作谴告"的小神，又"合而祠之"，就认为二者职能在汉代就已融合，似有不妥。从前文我们已经看出，司命在汉代民间受到特别重视。应劭在《风俗通》中说"今民间独祀司命"，又说"齐地大尊重之，汝南诸郡亦多有"。应劭是东汉末年人，他所说的"今"，应指东汉晚期。从他的记载可以看出，直到东汉末年，民间对司命神的信仰还是情有独钟，司命在民间的影响仍不容小视。在这种情况下，被汉代人称为"灶鬼"的灶神很难取其位而代之。

陈陆先生认为："到了晋代，灶神又执行了司命的职权，而可夺人的计算。"②此说较为合理。因为灶神在汉代民间的职能主要是"司察小过，作谴告"，与司命的"督察人命"还有很大距离。到了晋代才开始"夺人的计算"，如葛洪《抱朴子·微旨》所说："灶神亦上天白人罪状。大者夺纪。纪者三百日也。小者夺算。算者，三日也。"与司命的职能基本接近，取而代之才有可能。

司命之职权之所以被灶神侵夺，一则因为二者同为家庭神祇，同时接受人们的祭祀，在祭祀时"或合而祠之"，因而在职能相近的情况下，合而为一了；二是汉代以后，灶神的地位不断提高，职责范围也渐趋扩大，因而在合并过程中由灶神取代司命的职权也就不足为奇了。

由于上述两方面原因，汉代以后，原来意义上的司命神在民间就逐渐消失，或被取而代之，或渐与他神融合了。

(二)辟除不祥的四灵

四灵又称"四宫"或"四神"，最早应来源于原始社会氏族部落的图腾，属

① 杨堃：《灶神考》，载《汉学》1944年第1辑。

② 陈陆：《灶》，载《中和月刊》1930年1卷2期，第96页。

于原始自然崇拜的范畴，后来与天象相结合。中国古代把沿古天球黄、赤道带分布的主要星象定名为二十八宿，又把二十八星宿分成四大星区，分属东、南、西、北四方中的一方；每一方由七宿组成，并与古人认为的四个神灵结合起来，形成东方苍龙七宿（角、亢、氐、房、心、尾、箕），南方朱雀七宿（井、鬼、柳、星、张、翼、轸），西方白虎七宿（奎、娄、胃、昴、毕、觜、参），北方玄武七宿（斗、牛、女、虚、危、室、壁）。《史记·天官书》和《汉书·天文志》把这四大区域叫做“四官”或“四宫”。四灵便成为二十八宿的物象化形态。四灵作为天象形态，最早见于仰韶文化时期的濮阳西水坡遗址。其45号墓用蚌壳摆放的龙和虎，虽然尚不完备，仅有东西二宫，但已与天象结合①。考古发现中最早的完备的四灵形象，在西安国棉五厂汉墓六中出土的一件铜温酒炉上。该炉四面镂刻四灵纹，其中玄武为一龟的俯视图，时代是西汉早期，下限时间也只能到汉武帝前期。② 汉茂陵及其陪葬冢附近出土的画像空心砖上，四灵俱全，玄武为蛇缠龟状。这里还发现一件巨型玉铺首，四灵按方位设置在兽面周围，玄武作一龟咬一蛇状。③ 四宫二十八宿的形成是天文学与兵阴阳学相互作用的结果④。《礼记·曲礼》云：“行，前朱鸟而后玄武，左青龙而右白虎，招摇在上，急缮其怒，进退有度，左右有局，各司其局。”《吴子·治兵》亦云：“必左青龙，右白虎，前朱雀，后玄武，招摇在上，从事在下。”⑤自战国时代起，人们把龙、虎、凤、龟四大神物配合于四方，形成左青龙、右白虎、前朱雀、后玄武的方位格局，四灵分别管理四个方位。《三辅黄图》卷三曰：“苍龙、白虎、朱雀、玄武，天之四灵，以正四方。”⑥它们分布在天上的东西南北，起着“定四方”的作用。

汉代人十分崇拜四灵，在画像石、壁画墓、帛画、铜镜、瓦当、印章上经常能见到它们。有时只画（雕）其中之一，有时则把他们按东、西、南、北四个方

---

① 参见冯时《河南濮阳西水坡45号墓的天文学研究》，载《文物》1990年第3期。

② 参见呼林贵等《西安东郊国棉五厂汉墓发掘简报》，载《文博》1991年第4期。

③ 参见王志杰、朱捷元《汉茂陵及其陪葬冢附近新发现的重要文物》，载《文物》1976年第7期。

④ 参见倪润安《论两汉四灵的源流》，载《中原文物》1999年第1期。

⑤ 吴起：《吴子》卷上，《丛书集成初编》本，第6页。

⑥ 何清谷校注：《三辅黄图校注》，三秦出版社2000年版。

位排列。之所以崇拜它们，主要并不是因为他们能代表天上星宿，对此，乡村百姓并不感兴趣，真正原因是四灵在汉代被赋予了一些与百姓生活密切相关的功能。

1. 防御卫士

四灵在汉代往往被人们画在门户上，用以驱邪避鬼。古人认为虎能食鬼，视白虎为噬食鬼魅的神物。《风俗通·祀典》云：

> 虎者，阳物，百兽之长也，能执搏挫锐，噬食鬼魅。今人卒得恶遇，烧悟虎皮饮之，系其爪，亦能辟恶，此其验也。

虎能食鬼，因而有使鬼魅畏惧的功能。“罔像畏虎与柏。”[①]汉画像资料上也有虎食女魃的图象[②]。正因如此，鬼神观念浓厚的汉人才把白虎当作驱邪食鬼的猛神，将其画于门户之上，守护住宅，“画虎于门，当食鬼也”[③]。汉代已经普遍形成画虎于门以辟邪逐鬼的风俗。如《风俗通·祀典》曰：“县官常以腊除夕饰桃人，垂苇茭，画虎于门，皆追效于前事，冀以御凶也。”

苍龙又名“青龙”，亦能辟邪。汉代，青龙亦被列为宅中十二主神之一，护卫住宅。《论衡·解除》曰：“宅中主神有十二焉，青龙白虎列十二位，龙虎猛神天之正鬼也，飞尸流凶安敢妄集，犹主人猛勇、奸客不敢窥也。”由此看来，青龙也能防守门户。南阳画像石有一幅楼阁图，在大门左边饰龙，右边饰虎，取“左龙右虎辟不祥”之义。[④]

朱雀或称“凤凰”，《春秋演礼图》曰：“凤为火精，在天为朱雀。”视凤凰、朱雀为一物。据《拾遗记·唐尧》记载：“尧在位七十年……有秖支之国献重明之鸟……状如鸡，鸣似凤……能搏逐猛兽虎狼，使妖灾群恶不能为害……其未至之时，国人或刻木，或铸金，为此鸟之状，置于门户之间，则魑魅丑类自然退伏”[⑤]可见，朱雀也有抵御魑魅侵害，守卫门户的功能。

---

① 李昉等：《太平御览》卷九五四引《风俗通》。

② 参见夏超雄《汉墓壁画、画像石题材内容试探》，载《北京大学学报》1984年第1期。

③ 《后汉书·礼仪志中》刘昭注。

④ 参见李陈广《浅析汉画龙的艺术形象及其影响》，载《中原文物》1988年第4期。

⑤ 王嘉撰、萧绮录、齐治平校注：《拾遗记》，中华书局1988年版，第24页。

关于玄武有两种说法。一是龟。“玄武，龟也，龟有甲，能御侮用也。”[①]宋俞琰亦曰：“玄武即乌龟之异名。龟水族也，水属北，其色黑，故曰玄；龟有甲，能捍御，故曰武。”[②]二是龟蛇合体。“玄武，北方之神，龟蛇合体。”[③]洪兴祖《楚辞补注·远游》亦曰：“玄武谓龟蛇，位在北方，故曰玄；身有鳞甲，故曰武。”[④]玄武作为四灵之一，亦是抗灾保平安的护卫之神。

由于汉代相信人死后会在地下重新生活，而地下世界鬼魅众多，为确保平安，人们遂将四灵的这种防御功能进一步延伸，使之进而成为地下墓门的守护神，保护墓主不受魑魅的侵扰。汉代墓葬中常见苍龙、白虎、朱雀图，将朱雀或白虎与铺首衔环雕绘于墓门之上，成为驱邪护墓、保卫死者的神物。[⑤]如四川芦山县石羊上村王晖墓出土的石棺画像。该棺棺盖前端画有铺首衔环，棺身左右两侧画有青龙白虎，后端画有玄武，画像的用意是驱鬼镇墓。[⑥]

另外，汉代也有把四神用文字雕刻于石上以祈禳消灾免祸的做法。如《济宁全汉碑》中收录了一块“四神刻石”，文字如下：

> 熹平二年四月己卯朔十九日丁酉时加才(在)□
>
> 东方青帝禹青龙患祸欲[来]
>
> 南方赤帝禹朱雀患祸欲来
>
> 西方白帝禹白虎患祸欲来
>
> 北方黑帝禹玄武患[祸欲来][⑦]

用文字将四神刻在石头上，其作用与汉画像石上的图画一样，都有消灾免祸，祈求四神保护之意。

汉代常见的方式还有将四神刻绘在铜镜上，并用铭文来表达他们的信仰与愿望。如宝鸡市博物馆馆藏多乳四神禽兽镜(编号 979·IA9·567)，

---

① 《礼记·曲礼》“前朱雀而后玄武”孔颖达疏。

② 俞琰：《席上腐谈》卷之上，商务印书馆 1936 年版，第 11 页。

③ 《后汉书·王梁传》“王梁主卫作玄武”李贤注。

④ 洪兴祖：《楚辞补注》，第 171 页。

⑤ 参见赵建中《南阳汉代画像石主要动物题材刍议》，载《中原文物》1988 年第 4 期。

⑥ 参见罗二虎《中国西南汉代画像内容组合》，载《社会科学研究》2002 年第 1 期。

⑦ 宫衍兴：《济宁全汉碑》，齐鲁书社 1990 年版，第 18～19 页。

间饰四神兽和禽鸟纹，外有一周右旋铭文云："尚方作竟大毋伤，工凭刻之成文章。左龙右虎僻不祥。朱鸟玄武顺阴羊(阳)。"编号 821·IA9·409 的铜镜铭文云："新有□铜出丹阳，治银□清而明。尚方御竟毋大伤，左龙右虎辟不羊(祥)。朱雀玄武顺阴阳。子孙具备居中央，寿如金石为侯王。"编号 443·IA9·31 的铜镜铭文主题与之相同。① 固原出土的青羊作盘龙镜：圆钮，圆钮座。中区的主题纹为一龙一虎相对峙，两头部之间置一钱状物，尾部之间为一动物。外区为一条二十一字铭文带。铭文为："青羊□竟(镜)大毋伤，左龙右虎辟不祥。长保二亲乐未央。"②1993 年 2 月，东海尹湾汉墓出土鸟兽博局纹镜。该铜镜四边、四角相对应处有 TLV 纹，即博局纹。TLV 纹之间分布有白虎、朱雀、青龙、怪兽、羽人等神物。其铭文清晰完整："汉有善铜出丹阳，卒以银锡清而明，刻治六博中兼方，左龙右虎主四彭(方)，朱爵玄武顺阴阳，八子九孙治中央，常葆父母利弟兄，应随四时合五行，浩如天地日月光，照神明镜相侯王，众良美好如玉英，千秋万世长乐未央兮。"铭文共八十六字。六博纹作为占符出现于铜镜上，有着与鬼神相通的魔力，能"刻具博局去不羊(祥)"，具有择吉避凶的作用。③ 河南南阳牛王庙村 1 号汉墓出土的铜博局镜铭文曰："汉有善铜出丹阳，和用锡清且明，左龙右虎主四彭(方)，八子九孙治中央，朱爵(雀)[玄]武顺阴阳，千万岁长乐未央。"在中圈铭文中也有"博局"二字。④ 西安北郊出土四面博局镜，博局加上四神图案及铭文，都具有辟除不祥的功用。⑤

2. 升仙使者

战国时期燕齐方士开创的神仙说至汉代达到高潮，升仙成为人们生前死后最大的向往。升仙时要借助各种祥禽福兽作接引工具，如龙、虎、朱雀、鹿、鹤、麒麟等。屈原《离骚》说升天时，"为余驾飞龙兮，杂瑶象以为车"。又

① 均见刘明科《宝鸡市博物馆馆藏汉镜介绍》，载《考古与文物》1995 年第 2 期。
② 冯国富：《固原出土汉代铜镜简论》，载《固原师专学报》1998 年第 2 期。
③ 参见程志娟《汉代规矩镜与六博》，载《东南文化》1997 年第 4 期。
④ 参见蒋宏杰等《河南南阳牛王庙村 1 号汉墓》，载《文物》2005 年第 12 期。
⑤ 参见程林泉、韩国河《西安北郊出土博局镜探析》，载《考古与文物》2001 年第 5 期。

说:"驾八龙之婉婉兮,载云旗之委蛇。"汉代俗传黄帝乘龙飞升[①],因此,龙成为人们心目中最理想的升仙使者。在画像石或壁画中,常常将龙描绘成仙人的坐骑。1957 年发掘的洛阳西汉壁画墓有男女墓主人骑龙升天图[②]。1970 年,郑州新通桥汉代画像砖墓有东王公驾龙图:左为一只昂首展翅飞翔于云气之中的龙,右有二人骑在上面,前为御人,执鞭驾辔;后面冠冕长袖者为东王公。[③] 龙是运载人们到达天国的常见神物。

虎同样被认为是运载人们成仙升天的神兽。四灵中的虎,是指一种毛色纯白的虎。相传虎满五百岁时,毛色才会变白。[④] 所以白虎就成了神兽,是神人的坐骑。南阳画像石刻中就有一幅仙人乘虎车的画:两个带翅膀的仙人站立在方形的车上,车身下云朵簇拥,三只虎拉着车子飞奔。[⑤] 汉墓中,在墓门上刻画朱雀、白虎、苍龙,与铺首衔环相连,表示保护墓主之意。而在墓室内部刻画四灵,表达的却是以四灵作为升仙使者,希望墓主人死后成仙,早日飞升上天之意。临沂金雀山 9 号汉墓出土一件帛画,墓主人的上方画着日月和蓬莱三岛,下方是白虎前引,双龙托升,其寓意显然是升仙。[⑥]

玄武也是人们升天时的伴随之物。《楚辞·远游》讲升天时"召玄武而奔属"。王逸注曰:"呼太阴神,使承卫也。"可见汉人相信,上天时要有神龟侍卫。长沙马王堆 1 号汉墓画幡上的左右二龟其用意同此,是把玄武当作护送人们升仙的神物。[⑦]

新津出土的两具画像石棺生动描绘了墓主人在四灵簇拥下乘轺车升天

---

① 《淮南子·原道训》高诱注:"黄帝铸鼎于荆山鼎湖,得道而仙,乘龙而上。其臣援弓射龙,欲下黄帝不能也……于是抱弓而号,因名其弓为乌号之弓也。"《史记·封禅书》云:"黄帝采首山铜,铸鼎于荆山下。鼎既成,有龙垂胡须下迎黄帝。黄帝上骑,群臣后宫从上者七十余人,龙乃上去。余小臣不得上,乃悉持龙须,龙须拔,坠,坠黄帝之弓。百姓仰望黄帝既上天,乃抱其弓与胡须号,故后世因名其处曰鼎湖,其弓曰乌号。"

② 参见河南省文化局文物工作队《洛阳西汉壁画墓发掘报告》,载《考古学报》1964 年第 2 期。

③ 参见郑州市博物馆《郑州新通桥汉代画像空心砖墓》,载《文物》1972 年第 10 期。

④ 参见葛洪撰、王明校释《抱朴子校释·对俗》,中华书局 1985 年版。

⑤ 参见吴曾德《汉代画像石》,文物出版社 1984 年版,第 125~126 页。

⑥ 参见临沂金雀山汉墓发掘组《山东临沂金雀山九号汉墓发掘简报》;刘家骥、刘炳森《金雀山西汉帛画摹后感》,载《文物》1977 年第 11 期。

⑦ 参见孙作云《长沙马王堆一号汉墓出土画幡考释》,载《考古》1973 年第 1 期。

而去的情景。左棺前挡刻双朱雀衔灵芝引道，后挡刻双阙，左挡刻轺车出行，伍伯开路，右挡刻玄武、青龙和衔灵芝的朱雀随行；右棺前挡刻朱雀，后挡刻天禄，左挡刻龙虎衔璧，右挡刻轺车出行、仙人六博和玄武。[①] 山东苍山桓帝元嘉元年（151）画像石墓中出土有二石题记，共计十五行，三百二十八字，主要记录汉画像石内容，其中有"后当朱雀，对游仙人，中行白虎"，"夹室上央，五子举童女，随后驾鲤鱼；前有白虎、青龙，车后□（即）被轮雷公；君从者推车；乎里（狐狸）冤厨（借用为鹓雏，此即凤凰的别称）"，"蒙亲玉女执尊、杯、桉、盘"，"堂三柱：……左有玉女与仙人"。[②] 从题记中很明显反映出画像表达的是希望墓主人在四灵的接引和陪伴下尽快升天的愿望。

石家庄市博物馆馆藏东汉尚方四神博局铜镜，圆形，半球形钮，变形柿蒂纹钮座。装饰层次繁多，方形钮区内装饰有十二地支铭和十二个小乳钉。主区内装饰有四神博局纹，在 TLV 形博局纹中间浮雕有青龙、白虎、朱雀、玄武四神纹。四神装饰的外区有一圈铭文，为简化隶书："尚方佳镜真大好，上有仙人不知老，渴饮玉泉饥食枣，浮游天下敖四海，寿如金石为国保。"[③]四神配以"仙人不老"为主题的镜铭，反映出汉代升仙思想的普遍流行。

3. 吉祥长寿

朱雀（凤凰），是我国古代人们综合了多种动物的形象，想象出来的一种"神鸟"，其形状"鸡头、蛇颈、燕颌、龟背、鱼尾、五彩色、高六尺许"[④]。在古代，凤凰被尊为鸟中之王，是祥瑞的象征。《山海经·南山经》曰："丹穴之山……有鸟焉，其状如鸡，五采而文，名曰凤凰……见则天下安宁。"《异物志》亦曰："其鸟五色成文，丹喙赤头，头上有冠，鸣曰天下太平，王者有道则见。"西汉时凤鸟朱雀就已被大量塑在观阙之上。《三辅黄图》卷二"汉宫"条云：

> 于（未央）宫门北起圆阙，高二十五丈，上有铜凤凰。……《庙记》云："建章宫北门高二十五丈，建章北阙门也，又有凤凰阙。汉武帝造，高七十五尺……"《古歌》云："长安城有双阙，上有双铜雀。一鸣五谷

① 参见郑卫《新津县出土两具汉代画像石棺》，载《四川文物》1996 年第 5 期。

② 李发林：《山东画像石研究》，齐鲁书社 1982 年版，第 95 页。

③ 张巍：《东汉尚方四神博局纹铜镜》，载《文物春秋》2000 年第 1 期。

④ 郭璞注、邢昺疏：《尔雅注疏·释鸟》，上海古籍出版社 1990 年版。

成,再鸣五谷熟。”案:铜雀即铜凤凰也。

说明汉代观阙等建筑物上塑祥瑞之鸟已相当普遍。在民间,人们将朱雀视为吉祥如意的象征。见到它就大吉大福,子孙昌盛。

古人敬龟若神,主要是因为龟是一种长寿动物。《尔雅·释鱼》说龟有十种:神龟、灵龟、摄龟、宝龟、文龟、筮龟、山龟、泽龟、水龟、火龟。其中神龟和灵龟都是天龟,寿命长达五千至一万年。正因为龟的寿命长,具有先知先觉的本领,所以用龟甲占卜,可以预知吉凶。《淮南子·说林训》曰:“必问吉凶于龟者,以其历岁久矣。”汉代人们崇拜玄武,盖祈求长寿之意。另外,在汉代人心目中,龟也是能带来福祉的神物。据《史记·龟策列传》记载:

> 近世江上人有得名龟,畜置之,家因大福。与人议,欲遣去。人教之勿遣,遣之破人家……其家终杀之。杀之后,身死,家不利。

可见,汉代人们认为龟与人的贫富、祸福紧密相连。

道教兴起后,四灵被纳,道教神谱体系,成为道教的护法大神。

(三)长生延命的北斗

北斗在太微北,由天枢、璇、玑、权、玉衡、开阳、瑶光七星组成。[①] 古人很早就有了对北斗的认识和记载。距今五六千年前的濮阳西水坡45号墓葬,墓主头南脚北仰卧,左侧用蚌壳摆塑着一条龙,右侧用蚌壳摆塑着一只虎,脚端北侧还有一个用两根人胫骨和蚌壳摆塑的略呈三角形的显系北斗星的图案。人胫骨的斗杓正指龙头,略呈三角形状的斗魁恰与虎脑相对应。据学者研究,此墓葬中的北斗与当时实际星空相符:春分黄昏斗杓东指,引导人们观测大火星东升;秋分黄昏斗杓西指,指示人们观测参星东升。这显示了当时人们通过斗杓所指对分至点的观测,已经初步建立以北斗为中心的古老天文学体系。[②]《夏小正》记载“正月……初昏参中……斗柄悬在下”,“六月初昏斗柄正在上”[③],记述了对初昏斗柄的观测以定时节。

---

① 参见《晋书·天文志》。

② 参见冯时《濮阳西水坡45号墓的天文学研究》,载《文物》1990年第3期。

③ 黄模:《夏小正分笺》卷一、卷二,皇清经解续编本。

先秦秦汉时期，人们不仅利用北斗观测节候，而且在此基础上形成了对北斗的信仰与崇拜。北斗在古代王朝祭祀体系中占有重要的位置。卜辞中就有商王祭祀北斗的记载：

己亥卜：夕，庚比斗，征雨？

庚子[卜]：夕，辛比斗？

[庚]戌卜：夕，羽(翌)辛[比]斗？[①]

庚午卜：夕，辛禾比斗？

丙辰卜：夕，丁比斗？

癸亥：夕，甲比斗？[②]

"比"读作"礼"，祭名。《说文》："礼，以豚祠司命，从示，比声。"上列卜辞中之"比斗"就是"礼斗"，即对斗进行"礼"祭。[③] 秦国都城雍就建过北斗、南斗祀庙。《史记・封禅书》曰："雍有日、月、参辰、南北斗、荧惑、太白、岁星、填星、辰星、二十八宿……之属，百有余庙。"

汉代官方信仰中视北斗为天帝的御车，天帝经常驾它巡狩四方。《史记・天官书》云："斗为帝车，运于中央，临制四乡。分阴阳，建四时，均五行，移节度，定诸纪，皆系于斗。"将北斗与阴阳五行、四时联系起来。山东武氏祠后石室画像中，有一幅北斗图。斗杓四星变成车舆，中间坐着一位天帝。斗下有云朵作为车轮。斗柄三星连线变成车辕。车后还有三个神人持板送行[④]，与《史记・天官书》的"斗为帝车，运于中央"完全一致。

人们崇拜北斗，主要还是因为北斗主生杀的信仰观念。北斗"槌起阴阳，生杀万物"[⑤]。北斗既主化育生长，也主收藏杀伐。《后汉书・天文志》曰："北斗主杀"，"北斗魁主杀"。这种观念对古代方术影响甚深，方士、兵家讲顺斗、逆斗，以斗柄所在为胜，所指为败，"北斗所击，不可与敌"[⑥]。这种

---

① 郭沫若主编、中国社会科学院历史研究所编集：《甲骨文合集》362。

② 董作宾：《殷虚文字乙编》一七四、一一七、一三四。

③ 参见温少峰、袁庭栋《殷墟卜辞研究・科学技术篇》，四川省社会科学院出版社 1983 年版，第 56～57 页。

④ 参见李发林《汉画考释和研究》，第 330 页。

⑤ 《淮南子・本经训》高诱注。

⑥ 《淮南子・天文训》。

顺斗、逆斗的推定皆依式盘。式盘是周秦宇宙观的符号化表现，将四维四正的空间结构以及北斗四指周旋的时间结构都表现在其天盘地盘上，以模拟宇宙的运行来推定凶吉，一切吉凶万事均可以在这个宇宙模式中预演出来。北斗的向背无疑在这种宇宙论中占有重要的方术意义。[①]

北斗主生杀，在此信仰基础上又创造出一系列与之相关的厌劾之术。如甘肃天水放马滩秦简《日书》甲种简有载：

> 禹须臾臾臾行得择日，出邑门，禹步三，乡北斗质画地，视之曰，禹有直五横，今利行，行毋咎，为禹前除得，吉……[②]

此简内容是出门远行时举行的巫术仪式，以巫术咒语祈祷向北斗获取神力，保佑行者路途平安。

这种厌劾之术，在汉代非常盛行。《汉书·王莽传》记载：天凤四年(17)八月，“莽亲之南郊，铸作威斗。威斗者，以五铜石为之，若北斗，长二尺五寸，欲以厌胜众兵。既成之，令司命负之，莽出在前，入则御旁。铸斗日，大寒，百官人马有冻死者”。地皇四年(23)，绿林军攻入长安，“莽避火宣室前殿，火辄随之。宫人妇女啼谑曰：‘当奈何！’时莽绀袀服，带玺韨，持虞帝匕首。天文郎桉栻于前，日时加某，莽旋席随斗柄而坐，曰：‘天生德于予，汉兵其如予何！’”斗主杀，则斗柄所指可厌胜众兵，故王莽希望以北斗厌劾之术解除兵祸，化解危机。1973 年在长沙马王堆 3 号汉墓出土的“神祇图”题记：“……将(?)，承弓禹(?)先行，赤包白包，莫敢我乡(向)，百兵莫敢我[伤]。□□狂(诳)，谓不诚，北斗为正。即左右唾，经行毋顾。大一祝曰：某今日且□□.”[③]内容即是向北斗盟誓的厌劾之术。

在民间，北斗主生死，祠北斗可以求长生的信仰也非常普遍。《后汉书·文苑传·赵壹》言赵壹恃才傲物，为乡党所摈，抵罪几死，友人救得免。赵壹贻书谢恩，言自己几乎“收之于斗极，还之于司命。”说明汉代人认为北斗为司命之神。三国时吴国吕蒙病重，孙权“命道士于星辰下为之请命”[④]。

① 参见韦兵《道教与北斗生杀观念》，载《宗教学研究》2005 年第 2 期。

② 转引自刘乐贤《简帛数术文献探论》，湖北教育出版社 2003 年版，第 66 页。

③ 李零：《中国方术考》，第 77 页。

④ 陈寿：《三国志·吕蒙传》。

《太平御览》卷七五三引《西京杂记》载:"八月四日雕房北方竹林下围棋,胜者终年有福,负者终年疹疾,取丝缕就北辰星求长命,乃免。"崔浩曾"乡祷于斗极,以延父命"[①]。《搜神记》卷三中也有善《易》卜者管辂教授"貌主夭亡"的颜超祈北斗延长寿命的故事。

可见,在汉魏时期的信仰观念中,"南斗注生,北斗注死。凡人受胎,皆从南斗过北斗。所有祈求,皆向北斗"[②]。汉代的画像砖中也经常可以看到这种主题的图像。如陕西咸阳出土的东汉陶瓶上就有类似的图像和文字。陶瓶右部上面有一幅北斗七星图,星间有连线,斗魁内有三颗星,连成等腰三角形,斗柄下有四颗星,连成菱形。此图之下右侧有六颗星,两两相连,相互平行。左侧朱书五行二十四字:"生人有乡,死人有墓。生人前行,死人却行。死生异路,毋复相[忤]。"[③]北斗因主宰生死而为人们所推崇。后来,北斗神被道教吸收,认为:"北斗司生司杀,养物济人之都会也。凡诸有情之人,既禀天地之气、阴阳之令,为男为女,可寿可夭,皆出其北斗之政命也。"[④]北斗信仰也随之愈演愈烈,并发展出完整的斋醮仪式,如《北斗七元星灯仪》、《北斗本命延寿灯仪》[⑤]等,都是祭祀北斗的斋醮科仪。

(四)不可触犯的太岁

太岁是古人为记时需要虚拟出的星辰,与岁星相应。《周礼·春官宗伯》云:冯相氏"掌十有二岁",负责观岁星运行。保章氏"以十有二岁之相观天下之妖祥"。郑玄注曰:"岁谓太岁。岁星与日同次之月,斗所建之辰也。岁星为阳右行于天,太岁为阴左行于地,十二岁而小周。""岁"即岁星,岁星所对冲之星就是太岁。两者之间是阴阳、实虚的相对关系。太岁每十二年一循环。逢甲子年,甲子即是"太岁";乙丑年,乙丑即是"太岁";以此类推,至癸亥年止。故《尔雅·释天》有太岁在甲、在乙、在子、在丑之说。

---

① 《魏书·崔浩传》。

② 干宝撰、汪绍楹校注:《搜神记》卷三,中华书局1979年版。

③ 刘卫鹏、李朝阳:《咸阳窑店出土的东汉朱书陶瓶》,载《文物》2004年第2期。

④ 《太上玄灵北斗本命长生妙经》,《道藏》第11册,第349页。

⑤ 参见《道藏》第3册,第567～570页。

太岁是人为定义的假想天体，迟至战国时期已经出现。《荀子·儒效》曰："武王之伐纣也，行之日以兵忌，东面而迎太岁，至泛而泛，至怀而坏，至共头而山隧。霍叔惧曰：'出三日而五灾至，无乃不可乎？'……"迎者，逆也。《尸子》也有记载："武王伐纣，鱼辛谏曰：'岁在北方不北征。'武王不从。"《尸子》的作者尸佼，传为商鞅之师，是公元前4世纪中期的人，荀子的年世比尸佼晚，其活动年代当始于公元前4世纪末。因此，以太岁方位占征伐之事在公元前4世纪中晚期即已存在。这正好同湖北荆门出土的"兵避太岁"戈的年代相呼应①。1960年5月，在荆门县东桥大坝地区的一座战国竖穴土坑墓里，出土了戈、剑各一。戈内两面各有铭文二字，俞伟超、李家浩先生把戈上的铭文释为"兵避太岁"，即太岁所在不可用兵征伐之意。铜戈援部的图象为通身鳞甲的神人，头上插羽，两耳珥蛇，腰缠两蛇，左手握龙，右手操一双头动物，胯下有一龙，足踏日月。戈铭的意思是说，打仗要避开太岁。那么铜戈的神人当是太岁神。②

先秦秦汉时期，人们对太岁非常重视，认为太岁的移动方位与人间祸福密切相关。《史记·天官书》称太岁为"岁阴"，岁阴移动至不同方位，预示人间就会出现不同征象，甚至产生水、旱、兵、疾等灾祸。《淮南子·天文训》亦云："岁星之所居，五谷丰昌。其对为冲，岁乃有殃。"许多禁忌习俗遂由此产生。如上述记载是军事方面的禁忌，国家出师略地，要回避太岁所在。"太岁迎者辱，背者强，左者衰，右者昌……不可迎也，而可背也，不可左也，而可右也。"③军队出兵时，太岁所在之方，可背不可向，背者才能取得胜利。另外，日常生活的很多方面都会受到太岁信仰的影响。如睡虎地秦简《日书》甲种《岁》有相关记载：

> 刑夷、八月、献马，岁在东方，以北大羊（祥），东旦亡，南遇英（殃），西数反其乡。
>
> 夏夷、九月、中夕，岁在南方，以东大羊（祥），南旦亡，西禺（遇）英

① 参见李学勤《"兵避太岁"戈新证》，载《江汉考古》1991年第2期。

② 参见俞伟超、李家浩《论"兵避太岁"戈》，载《出土文献研究》第1辑，文物出版社1985年版，第138～145页。

③ 《淮南子·天文训》。

(殃),北数反其乡。

纺月、十月、屈夕,岁在西方,以南大羊(祥),西旦亡,北禺(遇)英(殃),东数反其乡。

七月、爨月、援夕,岁在北方,以西大羊(祥),北旦亡,东禺(遇)英(殃),南数反其乡。①

与岁星运行的不同方位相对应,人间的不同方位也相应有吉凶。人们迁徙、嫁娶、建房造屋都要考虑太岁的移动方位,并由此出现了专门的方伎之书——《移徙法》。王充《论衡·难岁》曰:

《移徙法》曰:"徙抵太岁凶,负太岁亦凶。"抵太岁名曰岁下,负太岁名曰岁破,故皆凶也。假令太岁在(甲)子,天下之人皆不得南北徙,起宅嫁娶亦皆避之;其移东西,若徙四维,相之如者皆吉。何者?不与太岁相触,亦不抵太岁之冲也。

东西相与为冲,南北相与为抵,即逆太岁而行。"负"通"背",如太岁在北方,则不可由北徙南。《协纪辨方书》云:"岁破,丛辰名,太岁所冲之辰也。例如子年在午,丑年在未,为最凶之神。"②岁下、岁破皆被视为迁徙大忌。

汉代,无论是当政者,还是民间社会,人们对太岁移徙及方位带来的影响都深信不疑,小心行事。《汉书·匈奴传下》记载,汉哀帝元寿二年(前1),匈奴单于来朝,"上以太岁厌胜所在,舍之上林苑蒲陶宫"。王充在《论衡·讇时篇》中则描述了汉代民间社会崇信太岁的情况:

世俗起土兴功,岁月有所食,所食之地必有死者。假令太岁在子,岁食于酉,正月建寅,月食于巳,子、寅地兴功,则酉、巳之家见食矣。见食之家,作起厌胜,以五行之物悬金木水火。假令岁月食西家,西家悬金,岁月食东家,东家悬炭。设祭祀以除其凶,或空亡徙以辟其殃。连相仿效,皆谓之然。

起土兴工不能触犯太岁,否则会有性命之忧。如果有所触犯,就要悬挂碳、金等五行之物起作厌胜,还要祭祀神灵以除其殃,或亡徙它地以避其害。

---

① 吴小强:《秦简日书集释》甲种简六四正壹至六七正壹,岳麓书社 2000 年版,第 57 页。

② 王充撰、黄晖校释:《论衡校释·难岁》注引,第 1016 页。

据《通典》卷五五《礼》(十五)记载,北魏道武帝时已“立岁神十二,岁一祭以十月,用牛一、鸡三”。说明汉代对太岁神的信仰至南北朝时承之未改,笃信更深。

二、地上神祇

汉代民间信奉的地上神祇众多,有山川河海之类的自然神,更重要的是在自然崇拜基础上演变而来的生活神以及将历史人物神化而成的社会神。

(一)春祈秋报的社神

社神即土地神,发端于农耕先民对土地的自然崇拜,后来演变为对土地神的祭祀活动和组织。“社则土神也。”①“社祭土而主阴气也。”②西周时,为适应分封制的需要,周人建立了完善的社祠体制。“王为群姓立社,曰大社。王自为立社,曰王社。诸侯为百姓立社,曰国社。诸侯自为立社,曰侯社。大夫以下成群立社,曰置社。”③社成为各级宗法贵族土地所有权的象征。

秦汉时期,封建统一王朝建立,继承了先秦时期的社祠制度。汉高祖“甚重祠而敬祭”④,“除秦社稷,立汉社稷,《礼》所谓太社也。时又立官社,配以夏禹,所谓王社也”⑤。同时,“因令县为公社”⑥,在各地普遍立社。东汉光武帝建武二年(26),立太社稷于洛阳,在宗庙之右,方坛,无屋,有墙门而已。二月八月及腊,一岁三祀,皆太牢具,使有司祠……郡县置社稷,“太守、令、长侍祠,牲用羊豕”⑦。

为了适应中央集权的需要,汉代形成了多种不同等级、不同层面的社:天子之社,由皇帝主持祭祀;诸侯之社,由各诸侯王主持祭祀;郡县之社,由

① 《孝经·诸侯章》邢昺疏,十三经注疏本。
② 《礼记·郊特牲》。
③ 《礼记·祭法》。
④ 《汉书·郊祀志上》。
⑤ 《汉书·郊祀志下》“已有官社”师古注引臣瓒曰。
⑥ 《汉书·郊祀志上》。
⑦ 《后汉书·祭祀下》。

郡县令长主持祠祀；乡村里社，由各地里正（社正）主持祠祀。其中，县以上的社为“公社”，由政府长官负责祭祀，费用由官府承担，与百姓关系不大。真正与民间百姓生活息息相关的是乡社、里社及民间自发组织的私社。

先秦时期，社神作为土地神，社祭的基本目的是春祈秋报。“春祭社以祈膏雨，望五谷丰熟；秋祭社以百谷丰稔，所以报功。”[①]除此而外，凡遇军国大事如战争、水旱火灾、日食月食等都要祭社。[②]

在汉代，社祭是乡里一年两度的大事。汉代社祭的基本功能仍是春祈与秋报。《白虎通·社稷》曰：

> 岁再祭之何？春求秋报之义也。故《月令》仲春之月，“择元日，命民社”。仲秋之月，“择元日，命民社”。《援神契》曰：“仲春祈谷，仲秋获禾，报社祭稷。”

春社向土地神卜稼，祈求丰收；秋社向土地神报功，酬谢护佑。这些都是与农业生产密切相关的重大活动，所以得到乡村百姓的普遍重视和欢迎。

汉代民间的社神崇拜虽然与先秦一脉相承，但在发展过程中出现了一些新的变化。

首先，社神功能的延伸。

从发展趋势看，社祭的春祈秋报功能在官社中表现得比较明显，在民间，除了保有社祭的原始功能外，社神更加向百姓日常生活靠拢，其功能也延伸至社会生活的各个领域。除了大的自然灾害如祈雨止雨、日食月食、火灾地震等官府会组织百姓统一祭社之外，人们平时祭社主要为祈求福佑，“乃祀社灵，以祈福祥”[③]。在生活中遇到各种困难时都会向社神祈祷。如生病时向社神祈求康复。《太平御览》卷五三二引应璩《与阴夏书》曰：

> （应璩）从田来，见南野中，有徒步之士。怪而问之，乃知郎君，顷有微疴，告祠社神，将以祈福。

向社神盟约发誓，社神负责监督、惩罚违约不忠者。《太平御览》卷五三二引

① 《周礼·地官司徒·州长》“若以岁时祭祀州社”贾公彦疏。

② 参见宁可《汉代的社》，载《文史》第9辑，中华书局1980年版。

③ 欧阳询等：《艺文类聚》卷五引蔡邕《祝社文》。

《述异记》曰：

> 庚邈与女子郭凝通，诣社约不二心，俱不婚聘。经二年，凝忽暴亡，邈出见，凝云："前北村还遇强梁，抽刀见逼，惧死从之，不能守节，为社神所责，心痛而绝。"

甚至加害他人时也要祷祀社神，借其神力。如《汉书·刘屈氂传》曰：

> 内者令郭穰告丞相夫人以丞相数有谴，使巫祠社，祝诅主上，有恶言，及与贰师共祷祠，欲令昌邑王为帝。

这样，社神便成为百姓解决实际困难时求助的主要对象，成为乡民日常生活的"万金油"。

与官方祭祀相比，民间社神不再呈现肃穆威严令人敬畏之面目，而是日益贴近百姓的日常生活，成为乡村社会生活的庇护神。

其次，社神地位的下降。

先秦时期，人们祭祀的社神经历了由土地崇拜神到人格化社神的转变。受祭的社神是曾为氏族或部落的农业生产作出杰出贡献的始祖，如句龙、夏禹等。[①] 社神地位很高，"国中之神，莫贵于社"[②]。社祭是最隆重的祭祀典礼。秦汉以来，随着社会生产力的发展，人们对自然的依赖程度有所减弱，认识水平也不断上升，社神的神圣色彩开始逐渐消退。社神在百姓心目中不再是敬畏崇高的，而是亲切自然的，地位呈逐步下降之趋势。社神从高高在上的神坛逐渐步入民间，融入百姓的日常生活，变得日益世俗化。

汉代普遍称社神为"社公"。如许慎《五经异义》云："今人谓社神为社公。"[③]《后汉书·方术传·费长房》记费长房学道返家后，"遂能医疗众病，鞭笞百鬼，及驱使社公"。《搜神记》卷一五记载：

> 会稽贺瑀，字彦琚，曾得疾，不知人，惟心下温，死三日，复苏。云：

① 《左传·昭公二十九年》："共工氏有子曰句龙，为后土……后土为社。"蔡邕《陈留东昏库上里社碑》云："共工子句龙为后土，及其没也，遂为社祀。"（载严可均《全上古三代秦汉三国六朝文·全后汉文》卷七五）《汉书·郊祀志下》"已有官社"师古注引臣瓒曰："时又立官社，配以夏禹，所谓王社也。"

② 《礼记·郊特牲》"社祭土而主阴气也"郑玄注。

③ 《礼记·郊特牲》"社所以神地之道"孔颖达疏引。

"吏人将上天,见官府。入曲房,房中有层架。其上层有印,中层有剑,使瑀惟意所取。而短不及上层,取剑以出。门吏问何得,云:'得剑。'曰:'恨不得印,可策百神。剑,惟得使社公耳。'"疾愈,果有鬼来,称社公。

"公"是当时人们对年长男性的尊称,"社公"之称拉近了人神之间的距离,体现了社神的世俗化。

如果说人们亲切地称社神为"公"还表现了一定程度的尊重,那么"社鬼"之称则有些不恭了。《汉书・王莽传下》记王莽"遣使者分赦城中诸狱囚徒,皆授兵,杀豨饮其血,与誓曰:'有不为新室者,社鬼记之!'"《后汉书・方术传・费长房》还记载:

长房曾与人共行,见一书生黄巾被裘,无鞍骑马,下而叩头。长房曰:"还他马,赦汝死罪。"人问其故,长房曰:"此狸也,盗社公马耳。"

看来,社神不仅在称谓上变为"社公"、"社鬼",而且成为被巫觋驱使,甚至被狐魅欺辱的对象,地位每况愈下,与昔日高高在上的社神已不可同日而语。

再次,社祭的节庆化趋势。

先秦时期,人们庆祝社日的活动已具有相当的规模,而且有一定的组织形式,并伴以一定的场面与声势。如《诗经・小雅・甫田》所描述的景象是:"以社以方,我田既臧,农夫之庆,琴瑟击鼓,以御田祖。"农夫们迎神聚会,击鼓奏瑟弹琴,感谢土地神。汉代以来,随着社神地位的逐步下降,社祭时庄严肃穆的气氛越来越淡,从"作乐以祀农神"的娱神向自娱自乐转化。正如《盐铁论・散不足》所说:

今富者祈名岳,望山川,椎牛击鼓,戏倡儛像。中者南居当路,水上云台,屠羊杀狗,鼓瑟吹笙。贫者鸡豕五芳,卫保散腊,倾盖社场。

王修"母以社日亡,来岁邻里社,修感念母,哀甚。邻里闻之,为之罢社"[①]。也说明社日已成为百姓娱乐的节日,所以邻里才会顾及王修在社日丧母的悲痛心情而为之罢社。

① 陈寿:《三国志・魏书・王修传》。

社祭时“四邻并结综会社，牲醪，为屋于树下，先祭神，然后飨其胙”[①]。社祭这一天，邻里之男女老幼都结集起来，举行仪式祭祀社神，杀牛宰羊献祭酒。在社树下搭棚屋，先祭神，然后共同享用祭祀用过的酒肉。社祭时有鼓乐烘托祭祀时的热闹气氛。祭社用鼓至少在先秦时即已成为定制。《周礼·春官宗伯·大司乐》曰：“奏大蔟，歌应钟，舞咸池，以祭地亓。”郑玄注云：“地祇，所祭于北郊，谓神州之神及社稷。”《周礼·地官司徒·鼓人》亦云：“以雷鼓鼓神祀，以灵鼓鼓社祭。”秦汉时承袭，“民间祠有鼓舞乐”[②]。社祭时，社鼓咚咚，社酒香醇，社肉均分，人们尽情宴饮欢乐。即使“穷鄙之社”，也“叩盆拊瓴，相和而歌，自以为乐”[③]。社日真正成为民间娱乐的盛会。[④]

(二)司察人过的灶神

灶神是在原始社会火崇拜基础上发展而来的一种神祇崇拜。最初的火神就是自然火或人工维护燃烧的火，后来加以人格化。传说炎帝、祝融、回禄皆为司火之官，都被奉为火神。[⑤]

灶是人类把火引进居所后产生的，它有一个漫长的发展过程。原始先民所使用的火堆是灶的雏形。从火堆改进为火塘，在此基础上又发展成为后世的锅台灶。汉文“灶”字古写作“竈”，从“穴”。这也说明掘地为坑的火塘是早期的地灶形式。

火神这一自然崇拜物，随火一起进入民宅，登堂入室后，与灶发生了密不可分的关系。灶成为它的居所。久而久之，火神就逐渐演化为灶神，原为火神的炎帝和祝融、回禄演变为灶神，即是人们把自然火引进居室这一人类用火史在神灵世界中的反映。《论衡·祭意》曰：“炎帝作火，死而为灶。”《淮

---

① 宗懔：《荆楚岁时记》，岳麓书社1986年版，第23页。

② 《汉书·郊祀志上》。

③ 《淮南子·精神训》。

④ 本节的撰写参考了马新《两汉乡村社会史》第210～222页的内容。

⑤ 《左传·昭公十七年》载：“炎帝氏以火纪，故为火师而火名。”《史记·楚世家》载：“重黎为帝喾高辛居火正，甚有功，能光融天下，帝喾命曰祝融。”《左传·昭公十八年》载：“禳火于玄冥、回禄。”杜预注曰：“回禄，火神。”重黎与回禄皆曾居火正，故后人都指为火神。

南子·氾论训》亦曰:“炎帝于火而死为灶。”高诱注曰:“炎帝神农,以火德王天下,死托祀于灶神。”火神祝融亦是中国最古老的灶神之一,在周代即已被奉祀。《风俗通·祀典》云:“《周礼》说:‘颛顼氏有子曰黎,为祝融,祀以为灶神。’”许慎《五经异义》亦曰:“颛顼氏,有子曰犁,为祝融,祀以为灶神。”回禄又称“吴回”,“祝融吴回为高辛氏火正,死为火神,托祀于灶”[①]。

灶神崇拜虽然是在古代的火崇拜意识的基础上产生的,但由火神转化为灶神,入居各家各户之后,经过漫长的岁月变迁,其神性已变得与火关系不大,原先作为火神的特征已经淡化,而更多地折射出复杂的人际关系,日益世俗化、人格化。

自周代起,灶神已成为上自王公、下到庶民百姓都可以祭祀的神祇[②],并逐渐分化为官方祀典与民间信仰两种。二者在职能、祭祀时间、祭仪、发展趋势等各方面都有很大区别。

1. 功能不同

儒家所倡导的七祀之灶,其功能在主饮食。“王为群姓立七祀……七曰灶,主饮食。”[③]《礼记·礼器》认为,灶是“老妇之祭”。郑玄注曰:“老妇,先炊者。”孔颖达疏云:“言其有功于人,人得饮食,故祭报之。”汉代经学家认为,祭灶是为了报先炊之德,祭祀对象是老妇。《史记·封禅书》云:“晋巫,祠五帝、东君、云中君、司命、巫社、巫祠、族人、先炊之属。”祠先炊即老妇之祭。长安县南李王村汉墓出土的一件东汉晚期陶灶,方形火门左侧模印一斗拱,右侧有一头戴高冠的妇人,可能就是这位女神的形象。[④]

《礼记·礼器》有云:“臧文仲安知礼?燔柴于奥。夫奥者,老妇之祭也。故盛于盆,尊于瓶。”在孔子看来,七祀中的灶在儒家祀典中属于祭礼卑下的小神,只能盛食于盆,尊酒于瓶。而臧文仲以燔柴之礼祭灶,属于不知礼的

---

① 《淮南子·时则训》“其祀灶”高诱注。

② 《礼记·祭法》云:“王为群姓立七祀,曰司命,曰中霤,曰国门,曰国行,曰泰厉,曰户,曰灶。王自为立七祀。诸侯为国立五祀,曰司命,曰中霤,曰国门,曰国行,曰公厉。诸侯自为立五祀。大夫立三祀,曰族厉,曰门,曰行。适士立二祀,曰门,曰行。庶士、庶人立一祀,或立户,或立灶。”

③ 李昉等:《太平御览》卷五二九引郑驳《异义》。

④ 参见梁云《论秦汉时代的陶灶》,载《考古与文物》1999年第1期。

行为，因而受到尊礼的孔子的批评。

但在民间，灶神却受到特别重视。这主要是由于民间所祀之灶，其神性已发生了根本性的变化。早在春秋战国时代，灶神就已经以监察大员的身份入住各家，上达民情，下传神旨，司察人过，上告于天了。如《论语·八佾》曰：

> 王孙贾问曰："与其媚于奥，宁媚于灶，何谓也？"子曰："不然，获罪于天，无所祷也。"

家庭成员要尽量讨好灶神，否则他就会上天告状。灶神是天帝派驻各家各户的"专使"，每年向天帝报告该户人家的举止行为，以决定施予祸福灾祥。西汉时，已有"灶神晦日归天，白人罪"①的说法。灶神负责监督家庭中每个成员的善恶功过，并定期向天帝汇报，天帝据此作出奖惩。东汉时，灶神上天"白人罪"的说法更趋流行。郑玄注《礼记·祭法》曰："(灶神等)小神居人之间，司察小过，作谴告者也。"更进一步提出了灶神司察人过、上白于天的神性特点。②

到东晋，就明确有了灶神上天白人罪而使人损身减寿的说法。葛洪《抱朴子·微旨》曰："灶神亦上天白人罪状。大者夺纪。纪者三百日也。小者夺算。算者，三日也。"这便是后来民间所称"上天言好事，下界保平安"之所本。

汉代，灶神还能给人们带来富贵尊荣，并与家庭福运密切相关。西汉时就已有阴子方在腊月祭灶神而暴富的传说。《后汉书·阴识传》曰：

> 阴氏侯者凡四人。初，阴氏世奉管仲之祀，谓为"相君"。宣帝时，阴子方者，至孝有仁恩，腊日晨炊而灶神形见，子方再拜受庆。家有黄羊，因以祀之。自是已后，暴至巨富，田有七百余顷，舆马仆隶，比于邦君。子方常言"我子孙必将强大"，至识三世而遂繁昌，故后常以腊日祀灶，而荐黄羊焉。

《荆楚岁时记》也记：

---

① 李昉等:《太平御览》卷一八六引《淮南万毕术》。

② 参见马新《两汉乡村社会史》，第334～335页。

汉阴子方，腊日见灶神，以黄犬祭之，谓为黄羊。阴氏世蒙其福，俗人竞尚，以此故也。

阴子方因腊日祠灶而至巨富，自此之后，灶神赐福之说不胫而走，腊日祭灶也在民间成为风俗，一直沿袭至近现代。

不仅民间相信祠灶能祈福延寿，而且帝王也深信不疑。汉武帝时，有方士"李少君以祠灶辟谷却老方见上，上尊重之"[①]。李少君对武帝进言"祀灶则致物，致物而丹沙可化为黄金，黄金成以为饮食器则益寿"。武帝笃信不疑，"始亲祀灶"[②]，即亲自拜祭灶神。祭灶成为求仙的手段。

此外，灶神还可除祸。《后汉书·阴识传》李贤注引《杂五行书》曰："灶神名禅，字子郭，衣黄衣，夜被发从灶中出，知其名呼之，可除凶恶。宜市猪肝泥灶，令妇孝。"祠灶还可增强法术的威力。《汉书·息夫躬传》记其母"坐祠灶祝诅上"，借助灶神的神力祝诅皇帝，结果受到严厉制裁。

在汉代民间，灶神是上天派驻人间监视人们的行为，定期上天汇报，并主一家祸福吉凶的"特派员"。人们行为之善恶，系于灶神之口，岂不令人畏惧？岂能不讨好之哉？

2. 祭祀时间、方式不同

儒家五祀中的祀灶礼在夏天举行。《礼记·月令》说孟夏、仲夏、季夏之月"其祀灶，祭先肺"。之所以在夏季祀灶，是因为"夏，阳气盛热于外，祀之于灶，从热类也"[③]。《白虎通·五祀》亦曰："夏祭灶，灶者，火之主，人所以自养也。夏亦火王，长养万物。"夏天炎热，与火性通，适合于祭司火灶神。汉代官方祀典中仍保留了夏季祭灶之礼。《后汉书·礼仪志中》曰："立夏之日……京都百官皆衣赤，至季夏衣黄，郊。其礼：祠特，祭灶。"

而民间流行的祭灶时间却在腊月，自阴子方腊日祠灶而暴富，腊月祭灶在民间就相沿成习，传承不衰，至南北朝时期仍然沿用。宗懔《荆楚岁时记》云："十二月八日为腊日。……祭灶神。"此种风俗并一直为后世所承袭。

---

① 王充：《论衡·道虚》。

② 《史记·封禅书》。

③ 《礼记·月令》郑玄注。

祭灶的早期形式为血祭，即将动物或人血洒于地表，使其浸透至地下。《周礼·春官宗伯·大宗伯》云："以血祭祭社稷、五祀、五岳。"郑玄对汉代官方的祭灶典礼有过描述：

> 祀灶之礼，先席于门之奥，东面，设主于灶陉。乃制肺及心肝为俎，奠于主西。又设盛于俎南，亦祭黍三，祭肺、心、肝各一，祭醴三。亦既祭，彻之，更陈鼎俎，设馔于筵前，迎尸，如祀户之礼。[①]

蔡邕《独断》亦云：

> 灶，夏为太阳，其气长养，祀之于灶。其礼，在庙门外之东，先席于门奥西，东设主于灶陉也。[②]

以上祭仪是儒家礼典所规定的，实际上，民间有自己独特的祭祀方式。从文献记载来看，魏晋之前的民间祭灶为荤祭，或以犬，或以豚。汉代以犬祭灶，前引阴子方腊月以黄羊祭灶即为一例。黄羊，指黄犬。崔豹《古今注》曰："狗，一名黄耳。"[③]《荆楚岁时记》曰："汉阴子方，腊日见灶神，以黄犬祭之，谓为黄羊。"古代用狗作祭牲时，称为"黄羊"。南朝则以豚、酒祭灶神。《荆楚岁时记》曰："其日（腊日），并以豚酒祭灶神。"与官方礼制化的祭祀仪式相比，乡村社会的祭仪和祭品更为简约随意。

3. 发展趋势不一

在官方礼典中，灶神的地位并不重要。灶神的职权始终仅在主饮食一项，未见扩大。五祀之长乃是中霤，而非灶神，故有"家主中霤"之说。[④]

而在民间，灶神的信仰却呈扩大之势。春秋时代已有"宁媚于灶"之说，足见其当时的影响已不容小视。汉代，灶神已成为人们家庭中举足轻重的神祇。如御史大夫张忠署鄠陵孙宝为主簿，"宝徙入舍，祭灶请比邻"[⑤]。人们在官舍或民宅搬迁时也要祭祀灶神。尤其是灶神功能扩大以后，人们对

---

① 《礼记·月令》郑玄注。

② 班固撰、陈立疏证：《白虎通疏证·五祀》"夏祭灶"陈立注引。

③ 崔豹撰、王根林校点：《古今注》卷中，《汉魏六朝笔记小说大观》，上海古籍出版社 1999 年版，第 241 页。

④ 参见杨堃《灶神考》，载《汉学》1944 年第 1 辑。

⑤ 《汉书·孙宝传》。

灶神既敬且畏，灶神与人们的日常生活更加密不可分。其后则势力渐大，地位日高。汉代灶神称为“灶鬼”[①]，至唐时已有“灶王”、“灶君皇帝”之名：

匣中取镜辞灶王，罗衣掩尽明月光。[②]

一盏清茶一缕烟，灶君皇帝上青天。[③]

在周代与灶神并列的五祀之神，自唐宋以来渐被遗忘，而灶神在民间的影响却日益广泛，取中霤之地位而代之，由“家主中霤”一变而为“家主灶神”，成为家家奉祀的“一家之主”了。

(三)驱鬼辟邪的门神

门神信仰起源很早，最初的门户崇拜带有原始自然崇拜性质，人们崇拜的就是门户的物化形态，后来发生人格变化。“门神”一词最早见于《礼记·丧大记》“君释菜”郑玄注：“释菜，礼门神也。必礼门神者，礼，君非问疾吊丧不入诸臣之家也。”关于门神信仰传说的最早记载，则见于《山海经》佚文：

《山海经》又曰：沧海之中，有度朔之山……上有二神人，一曰神荼，一曰郁垒，主阅领万鬼。恶害之鬼，执以苇索而以食虎。于是黄帝乃作礼以时驱之，立大桃人，门户画神荼、郁垒与虎，悬苇索以御凶魅。[④]

在中国古代，两扇门称“门”，一扇称“户”。先秦门户之神各自独立，分别祭祀，均被纳入五祀之列。[⑤] 至汉代，民间只祭门神，不祭户神，盖二者已合二为一了。

自先秦时代，门神即被赋予了具体的形象和姓氏，民间普遍把能捉鬼、治鬼的神荼、郁垒二神人当作门户之神加以崇拜。除此之外，汉代也有以历史上的著名将军、武士为门神者。如广川王刘去就曾在殿门上画古勇士成

① 《史记·封禅书》云：“齐人少翁以鬼神方见上。上有所幸王夫人，夫人卒，少翁以方盖夜致王夫人及灶鬼之貌云，天子自帷中望见焉。”

② 李廓：《镜听词》，载《全唐诗》卷四七九，中华书局1960年版，第5457页。

③ 罗隐：《送灶诗》，载褚人获《坚瓠集》甲集卷二，丙寅(1926年)柏香书屋校印本。

④ 王充《论衡·订鬼》。据袁珂先生研究，此段文字不见于今本《山海经》，当属佚文。(参见《中国神话传说辞典》，上海辞书出版社1985年版，第302页)

⑤ 《礼记·月令》：“(孟冬之月)天子乃祈来年于天宗，大割祀于公社及门闾，腊先祖五祀。”郑玄注：“五祀，门、户、中霤、灶、行也。”

庆像,“短衣大绔长剑”[1],奉为门神。此为特例,信仰者并不普遍。

下面我们从三个方面论述汉代民间的门神信仰。

1. 门神的功能

门户的原始功能是“主出入”与对外防御。

古人之所以重视门户,最初主要基于其在日常生活中所起的作用,即门户是人们出入居所的必经之地,“子曰:‘谁能出不由户?何莫由斯道也?’”[2]《白虎通·五祀》曰:“五祀者,何谓也?谓门、户、井、灶、中霤也。所以祭何?人之所处出入,所饮食,故为神而祭之。”《论衡·祭意》亦曰:“五祀报门户井灶中霤之功:门户人所出入,井灶人所饮食,中霤人所托处。五者功均,故俱祀之。”古人对于门户这种沟通内外功能的认同,是门户崇拜意识得以生成的基本条件之一。

门户设置的最初意义在于防护与闭塞自固。《释名·释宫室》曰:“门,扪也,在外为人所扪摸也,障卫也。”“户,护也,所以谨护闭塞也。”《易·系辞下》云:“重门击柝,以待暴客,盖取诸豫。”亦点明了门户的防御功能。《艺文类聚》卷九四引《杂五行书》曰:“悬羊头门上,除盗贼。”其意义也在于此。

后来,随着鬼神观念的日益浓厚,门户“主出入”的原始功能逐渐淡化,而避邪疫、御凶邪的社会功能不断增强。《礼记·月令》云:“命国傩,九门磔禳,以毕春气。”孙希旦《集解》曰:“磔,磔裂牲体也。九门磔禳者,逐疫至于国外,因磔牲以祭国门之神,欲其攘除凶灾,御止疫鬼,勿使复入也。”国傩是人们在年末岁终举行的驱鬼仪式。先由“方相氏”率众搜索疫鬼,加以驱逐;在将厉鬼驱赶出城之后,人们在城门磔牲祭祀门神,以防止鬼魅卷土重来。可见在人们的观念中,门神有阻挡厉鬼疫灾进入室(城)内、护卫人身安全的功能。应劭《风俗通·祀典》曰:

> 谨按《黄帝书》:“上古之时,有神荼与郁垒昆弟二人,性能执鬼。度朔山上有桃树,二人于树下简阅百鬼,无道理妄为人祸害,神荼与郁垒缚以苇索,执以食虎。”于是县官常以腊除夕饰桃人,垂苇茭,画虎于门,

---

① 《汉书·刘越传》。
② 《论语·雍也》。

皆追效于前事，冀以御凶也。

《论衡·谢短》云："使立桃象人于门户，何旨？挂芦索于户上，画虎于门阑，何放除？"虽然是问句，但王充为我们展示了汉代民俗：腊月除夕立桃人于门户旁，在门户上图画二神及虎的造型，再垂一段苇索，目的是驱鬼辟邪。

也有把时间改在正月初一者。《战国策·齐策三》之"有土偶人与桃梗相与语"高诱注曰：

东海中有山，名曰度朔……上有二神人，一曰荼余，一曰郁雷，主治害鬼。故使世人刻此桃梗，画荼余与郁雷首，正岁以置门户，辟号之门。

虽然时间上略有差异，但在门户之上图画神荼、郁垒，并将苇索、桃人等厌胜之物装饰在门户上以镇魅御凶、保障居者平安的做法，在战国秦汉时期的民间已非常流行了。

在汉画像石墓中，也有镌神荼与郁垒于墓门口辟除邪祟的。其形象是双手执钺，面目狰狞，勇猛威武。[①] 马王堆2、3号汉墓的斜坡墓道两旁，均有两个用木块和草绳制作的偶人跪坐，头插鹿角，两手左右平伸。他们应是神荼与郁垒，其作用显然是镇守墓门，驱鬼驱疫，以保护死者灵魂升天。[②]

2. 祭祀时间

儒家祀典中门户的祭祀时间是春祭户，秋祭门。《礼记·月令》云：

(孟春之月)其祀户，祭先脾。

(仲春之月)其祀户，祭先脾。

(季春之月)其祀户，祭先脾。

(孟秋之月)其祀门，祭先肝。

(仲秋之月)其祀门，祭先肝。

(季秋之月)其祀门，祭先肝。

《礼记·祭法》郑玄注亦曰：

春，阳气出，祀之于户，内阳也。

秋，阴气出，祀之于门，外阴也。

---

① 参见南阳汉代画像石编辑委员会《南阳汉代画像石》，文物出版社1985年版。

② 参见郭学仁《马王堆汉墓葬俗研究》，载《四川文物》1995年第2期。

儒家经籍关于门户祭祀的时间主要基于阴阳五行理论，是儒家一致认同的，并作为礼仪制度纳入国家祀典。另外，也有腊月祭门户之说。《礼记·月令》云：孟冬之月，“大割祠于公社及门闾，腊先祖五祀”。孔颖达疏曰：“非但祭社，又祭门闾。”是为冬季祠祀门户。大概春秋之祭为正式祭祀，而腊祭为配祭，即祭祖先附带祭五祀。

但在民间，门户祭祀尚无固定时日。秦汉时期，民间祭祀门户更加注重选择吉日。甘肃天水放马滩1号秦墓出土《日书》乙种中，记有：“祠门良日：甲申、庚申、壬申。”[①]睡虎地《日书》也有祠门户吉日的详细规定：

> 祠户日：壬申、丁酉、癸丑、亥，吉。龙，丙寅、庚寅。
>
> 祠门日：甲申、辰、乙亥、丑、酉，吉。龙，戊寅、辛巳。
>
> 祠五祀日，丙丁灶，戊巳内中土，乙户，壬癸行，庚辛□(门)。
>
> 交日……以祭门、行，行水，吉。
>
> 害日……祭门、行，吉。[②]

《日书》所记内容反映了秦汉时期民间在祭祀门户时间上的多样性与地方性差异，同时也说明了民间对门户之祭的重视程度。

至南北朝时期，民间祭祀门户的时间基本固定在正月十五[③]，而且传承后世。

3. 祭祀仪式

《礼记·月令》郑玄注曾详细描述过儒家门户之祭的仪式规范：

> 祀户之礼：南面设主于户内之西，乃制脾及肾为俎，奠于主北，又设盛于俎西，祭黍稷，祭肉，祭醴，皆三祭，肉、脾一，肾再。既祭，彻之，更陈鼎俎，设馔于筵前迎尸，略如祭宗庙之仪。
>
> 祀门之礼：北面设主于门左枢，乃制肝及肺、心为俎，奠于主南，又设盛于俎东，其他皆如祭灶之礼。

可以看出，门户虽是小神，其祭仪仍十分繁琐。

---

① 转引自何双全《天水放马滩秦简综述》，载《文物》1989年第2期。

② 吴小强：《秦简日书集释》乙种简三四至四〇贰、甲种简四至五正贰，第198、23页。

③ 参见宗懔撰、姜彦稚辑校《荆楚岁时记》，第15页。

在民间,祭祀方式各有不同,祭仪、祭品较为随意、朴素。汉代民间认为"鸡主以御死辟恶",因此"祠鬼神皆以雄鸡",磔鸡于门以禳恶气的习俗非常盛行。[①] 应劭《风俗通·祀典》云:

俗说鸡鸣将旦,为人起居。门亦昏闭晨开,难守固。礼贵报功,故门户用鸡也。

《青史子书》说:"鸡者,东方之牲也。岁终更始,辨秩东作,万物触户而出,故以鸡祀祭也。"

鸡东方报晓,门昏闭晨开,对人类生活有功,因此民间以鸡祠祭门户。另外,在戌日腊祭时,亦"杀鸡以谢刑德。雄著门,雌著户"[②],目的是和阴阳,节风雨。

汉代也流行以犬血涂门户,辟除不祥的做法。《风俗通·祀典》曰:

俗说狗别宾主,善守御,故著四门,以辟盗贼也。

谨按《月令》:"九门磔禳,以毕春气。"盖天子之城十有二门,东方三门,生气之门也。不欲使死物见于生门,故独于九门杀犬磔禳。犬者,金畜;禳者,却也。抑金使不害春之时所生,令万物遂成其性。火当受而长之,故曰"以毕春气"。功成而退,本行终也。《太史公记》:"秦德公始杀狗磔邑四门,以御蛊灾。"今人杀白犬以血题门户,正月白犬血辟除不祥,取法于此也。

以狗血涂门户辟除不祥的习俗先秦即有。《史记·十二诸侯年表》云:秦德公二年(前676),"初作伏,祠社,磔狗邑四门"。汉代因之。《风俗通·怪神》曰:"世间多有狗作变怪,朴杀之,以血涂门户,然众得咎殃。"[③]

汉代祭祀门神的方式虽然有所不同,但门神防卫以辟除不祥的目的性却是一致的。

至南北朝时期,民间对门神的祭祀之仪逐渐固定。《荆楚岁时记》云:

正月十五日,作豆糜,加油膏其上,以祀门户。

① 参见应劭撰、吴树平校释《风俗通义校释·祀典》。
② 应劭撰、吴树平校释:《风俗通义校释·祀典》。
③ 吴树平在《风俗通义校释》中曰:"众"字,《拾补》云:"疑伪,或'众'当作'免'。"《拾补》说近是。

今州里风俗，望日祭门户。其法先以杨枝插于左右门上，随杨枝所指，仍以酒脯饮食及豆粥、糕糜插箸而祭之。

南朝东阳无疑亦曰：

今州里风俗，望日祠门，其法先以杨枝插门而祭之，其夕则迎紫姑以卜。[①]

之所以做豆粥，是因为古人认为厉鬼畏惧赤豆，赤豆可以防鬼禳病。《荆楚岁时记》云：

共工氏有不才子以冬至日死，为人厉，畏赤小豆，故作粥以禳之。

《太平御览》卷八四一引《杂五行书》曰："常以正月旦亦用月半以麻子七枚，赤豆二七枚著井中，辟温病甚神效"，"正月七日男吞赤豆七枚，女吞十四枚，竟年无病"。

后世继承南朝民俗，以豆粥祠祭门神，成为风习。《初学记》卷四引《玉烛宝典》云："正月十五日，作膏粥以祠门户。"

另外，在对门神的信仰崇拜中，人们还形成了一整套繁琐的门户禁忌，认为门户的筑作时间、方向、形式、规模与居者的富贵贫贱、吉凶祸福密切相关，因而极为重视，严格奉行。这种门户禁忌的影响直至近现代在广大农村仍盛行不衰。

(四)护佑平安的行神

先秦时期，行神作为七祀之一，受到贵族阶层的祭祀。《礼记·祭法》曰：

王为群姓立七祀，曰司命，曰中霤，曰国门，曰国行，曰泰厉，曰户，曰灶。王自为立七祀。诸侯为国立五祀，曰司命，曰中霤，曰国门，曰国行，曰公厉。诸侯自为立五祀。大夫立三祀，曰族厉，曰门，曰行。适士立二祀，曰门，曰行。庶士、庶人立一祀，或立户，或立灶。

郑玄注曰："春秋祠司命、行神、山神，门灶在旁，是必春祠司命，秋祠厉也。

---

① 东阳无疑撰、马国翰辑：《齐谐记》，《续金华丛书·子部》，民国十三年(1924)永康胡氏梦选楼刊本。

或者合而祠之。”按照儒家礼仪，行神的祭祀范围限于王、诸侯、大夫、士等统治阶层，庶人只能祠户或祠灶。祭祀行神的时间固定在春秋时节。

至战国时期，对行神的祭祀权也逐渐下移，降至民间社会。民间经常祭祀的行神是“常行”或“大常行”：

凡行，祠常行道右，左……①

民间祭祀行神的时间似无固定，但有宜忌：

祠常行，甲辰、甲申、庚申、壬辰、壬申，吉。·毋以丙、丁、戊、壬……

祠行日，甲申、丙申、戊申、壬申、乙亥，吉。龙，戊、己。②

也有出行时专门举行的祭祀仪式：

行祠，东行南（南行），祠道左；西北行，祠道右。其謞（号）曰大常行，合三土皇，耐为四席。席叕（餟）其后，亦席三叕（餟）。其祝曰：“毋（无）王事，唯福是司，勉饮食，多投福。”

出行时也经常举行各种巫术仪式，以求行路无咎：

〔出〕邦门，可□行□禹符，左行，置，右环（还），曰□□□□右环（还），曰：行邦□，令行。投符地，禹步三，曰：皋！敢告□符，上车毋顾，上□。

行到邦门困（阃），禹步三，勉壹步，謼（呼）：“皋！敢告曰：某行毋（无）咎，先为禹除道。”即五画地，掓其画中央土而怀之。③

禹须臾臾臾行得择日，出邑门，禹步三，乡北斗质画地，视之曰，禹有直五横，今利行，行毋咎，为禹前除得，吉……④

与此相关，还形成出行的时日宜忌：

庚□节（即）有急行，以此行吉。

---

① 吴小强：《秦简日书集释》乙种简一四三，第222页。

② 吴小强：《秦简日书集释》乙种简一四四、三八贰，第222、198页。

③ 吴小强：《秦简日书集释》乙种简一四五至一四六、一〇二至一〇六叁、一〇七贰，甲种简一一一至一一二背，第223、211、157页。

④ 甘肃天水放马滩秦简《日书》甲种简六十六至六十八，转引自刘乐贤《简帛数术文献探论》，第66页。

凡行者无犯其大忌，西□□□巳，北无以□□□□戌寅，南无以辰、申。·行龙戊、己……

凡且有大行、远行若饮食、歌乐、聚畜牲生及夫妻同衣，毋以正月上旬午，二月上旬亥，三月上旬申，四月上旬丑，五月上旬戌，六月上旬卯、七月上旬子，八月上旬巳，九月上旬寅，十月上旬未，十一月上旬辰，十二月上旬酉。

无以辛壬东南行，日之门也。无以癸甲西南行，白之门也。无以乙丙西北行，星之门也。无以丁庚东北行，辰之门也。[①]

另外，在先秦秦汉时期，人们出门远行时为祈求路途平安，一定要举行仪式，祭祀路(道)神，称为"祖"。杜预曰："祖，祭路神。"[②]晋嵇含《祖道赋》云："《说文》：祈请道神谓之祖。"[③]路神、道神也是行神，区别在于路(道)神是出行之祭，行则祭之，不行不祭。《史记·五宗世家》之"荣行，祖于江陵北陵"司马贞《索隐》云："祖者行神，行而祭之，故曰祖。"

祖用軷祭，称"犯軷"[④]。《诗经·大雅·韩奕》云："韩侯出祖，出宿于屠。显父饯之，清酒百壶。"郑玄笺曰："祖，将去而犯軷也。"《周礼·夏官司马·大驭》："掌驭玉路，以祀及犯軷，王自左驭，驭下祝，登，受辔，犯軷，遂驱之。"郑玄注云："行山曰軷。犯之者，封土为山象，以菩刍棘柏为神主。既祭之，以车轹之而去，喻无险难也。"贾公彦疏曰："菩刍棘柏为神主者，谓于三者之中但用其一以为神主则可也。"《说文解字·车部》释"軷"曰："出将有事于道，必先告其神，立坛四通，树茅以依神为軷，既祭軷，栎于牲而行为范軷。"祭祀时或立坛树茅，或封土为山，以菩刍棘柏为附有神灵的神主。即将远行的人向路神供奉酒和牺牲，祭后以车轮碾过牺牲或菩刍棘柏，取行道无艰险之意。軷祭用犬或羊作牺牲。《周礼·夏官司马·大驭》郑玄注云："軷……谓祖道轹軷，磔犬也。"《诗经·大雅·生民》："取羝以軷。"毛亨传曰："羝羊，牡

① 吴小强：《秦简日书集释》乙种简一三八至一三九、一四二，甲种简一二八至一二九正、一三二正，第221、222、93、95页。

② 《左传·昭公七年》杜预注。

③ 徐坚等：《初学记》卷一三《祭祀第二》，中华书局1985年版，第319页。

④ 陆德明《经典释文》曰："犯軷，道祭也。"

羊也。軷,道祭也。"

祖道作为行前的求吉之祭,在春秋战国时代已经非常流行。《左传·昭公七年》载:

楚子成章华之台,愿与诸侯落之。……公将往,梦襄公祖。梓慎曰:"君不果行。襄公之适楚也,梦周公祖而行。今襄公实祖,君其不行。"子服惠伯曰:"行。先君未尝适楚,故周公祖以道之。襄公适楚矣,而祖以道君,不行,何之?"

三月,公如楚……

《礼记·曾子问》载,孔子曰:"诸侯适天子,必告于祖,奠于祢,冕而出视朝,命祝史告于社稷、宗庙、山川,乃命国家五官而后行,道而出。告者五日而遍,过是非礼也。"郑玄注曰:"祖道也。"孔颖达疏云:"经言'道而出',明诸侯将行,为祖祭道神而后出行。"孙希旦《集解》:"道,祭行道之神于国城之外也。"《战国策·燕策三》也记荆轲刺秦王,"至易水上,既祖,取道"。

到两汉时期,祖道之祭成为各阶层的社会风尚,"祖之在于俗尚矣。自天子至庶人,莫不咸用"[①]。如汉武帝时,贰师将军李广利将出兵击匈奴,丞相刘屈氂"为祖道,送至渭桥"。师古曰:"祖者,送行之祭,因设宴饮焉。"[②]东郭先生待诏公车,后拜为郡都尉,"佩青緺出宫门,行谢主人。故所以同官待诏者,等比祖道于都门外"[③]。昭帝元凤四年(前77),汉立尉屠耆为鄯善王,为刻印章,备车骑辎重,丞相率百官送至横门外,为设祖道之礼,"祖而遣之"[④],让行神保佑行者一路平安。王莽遣使征颍川太守严诩,"官属数百人为设祖道"[⑤]。陈留吴祐举孝廉,"将行,郡中为祖道,祐越坛共小史雍丘黄真欢语移时,与结友而别"[⑥]。这种"行而祭之"的不定期的出祖仪式保留了祖祭的原始意义。

---

① 徐坚等:《初学记》卷一三《祭祀第二》引晋嵇含《祖道赋》,第319页。

② 《汉书·刘屈氂传》。

③ 《史记·滑稽列传》。

④ 《汉书·西域传上》。

⑤ 《汉书·何并传》。

⑥ 《后汉书·吴祐传》。

汉代以午日为祖祭吉日。《风俗通·祀典》云:“汉家火行,盛于午,故以午祖也。”《祖道赋序》亦曰:“汉用丙午,魏用丁未,晋用孟月之酉。”[①]

汉代祖神的人格化代表有二:一是共工之子修。应劭《风俗通·祀典》云:

谨按《礼传》:“共工之子曰修,好远游,舟车所至,足迹所达,靡不穷览,故祀以为祖神。”

二是黄帝之子纍祖。《宋书·律历志中》云:

崔寔《四人月令》曰:祖者,道神。黄帝之子曰累祖,好远游,死道路,故祀以为道神。

《古今事物考》卷八曰:

黄帝之子纍祖,好远游,而死于道,故后人祭以为行神也。祖祭因饷饮也。

与社祭一样,祖祭也是敛钱以祭。如居延汉简有关于祖道敛钱的记载:

候史褒予万岁候长祖道钱,□道钱,□道钱,出钱十付第十八候长祖道钱,出钱十付第廿三候长祖道钱,出钱十,出钱□[②]

王莽篡位,陈咸“父子相与归乡里,闭门不出入,犹用汉家祖腊”[③]。可见,即使闭门不出,人们也要在固定时间祭祀祖神。祖祭与年终大祭——腊祭一样受到人们的高度重视。在这里,祭祀祖神以期“行道无艰险”的原始意义似已淡化,“午日为祖”正向节日化、民俗化的方向发展。

(五)度人成仙的西王母

西王母本是位于西方的一个原始部族的名称。《尔雅·释地》曰:“觚竹、北户、西王母、日下,谓之四荒。”郭璞注云:“觚竹在北,北户在南,西王母在西,日下在东,皆四方昏荒之国次四极者。”《穆天子传》卷四曰:“自群玉之

---

① 载《宋书律历中》。

② 中国社会科学院考古研究所:《居延汉简甲乙编》一〇四·九,第73页。

③ 《后汉书·陈宠传》。

山以西,至于西王母之邦,三千里。”①《淮南子·坠形训》也说:“西王母在流沙之濒。”《汉书·西域传》则曰:“安息长老传闻条支有弱水、西王母。”可见,西王母本指西方一原始部落而言。其具体地理位置,众说不一。一说在昆仑山,一说在玉山。② 方诗铭、朱芳圃、徐旭生先生都认为昆仑山在今青海一带③。盖当时此部族尚处于原始社会母系氏族阶段,其首领为女性。故中原地区的人称其首领为西王母。

西王母从部落首领到女仙之宗,经历了一个发展演变的过程,其形象、身份、职能等也随之有了很大变化。

1. 形象的变化

关于西王母的初始形象,较早记录在《山海经》中:

> 又西北三百五十里,曰玉山,是西王母所居也。西王母其状如人,豹尾虎齿而善啸,蓬发戴胜,是司天之厉及五残。
>
> 西王母梯几而戴胜杖。其南有三青鸟,为西王母取食。在昆仑虚北。
>
> 西海之南,流沙之滨,赤水之后,黑水之前,有大山,名曰昆仑之丘。有神,人面虎身,有文有尾,皆白,处之。其下有弱水之渊环之,其外有炎火之山,投物辄然。有人戴胜,虎齿,有豹尾,穴处,名曰西王母。此

---

① 郭璞注:《穆天子传》,上海古籍出版社1999年版,第18页。《穆天子传》又称《周王游行记》,记述了周穆王西游昆仑而见到西王母的历史故事。其原为西晋初年魏墓所出土的大量简书中的一种,因此也可以说是最早出土的先秦简牍整理研究的成果。这批简书,绝大部分于宋代已散失,唯有这部《穆天子传》却流传至今,其学术价值长期为学术界所高度重视。《穆天子传》的制作年代问题,长期以来是学术界争论较多的问题之一,目前学术界仍有不同的观点:西周时代说、春秋末战国初说、战国时代说、西晋说。总的来说,关于《穆天子传》成书的年代,目前学术界更倾向于战国时代说。但就具体时段而论,学术界尚未达成共识。(参见周书灿《〈穆天子传〉研究述论》,载《贵州大学学报》2003年第2期)我们认为,虽然《穆天子传》在文字上可能有些夸张,有些神话传说的内容杂入,但基于事实是应该肯定的。它对中国地理学的发展有较大影响。

② 《山海经·大荒西经》云:“有大山,名曰昆仑之丘……有人……名曰西王母。”《列仙传》卷上:神农时雨师赤松子“往往至昆仑山上,止西王母石室中,随风雨上下。炎帝少女追之,亦得仙俱去”。《山海经·西山经》则曰:“玉山,是西王母所居也。”

③ 参见方诗铭《西王母传说考》,载《东方杂志》1946年第12期;朱芳圃《西王母考》,载《开封师范学院学报》1957年第2期;徐旭生《中国古史的传说时代》,文物出版社1985年版。

山万物尽有。[①]

根据《山海经》的描述,西王母的最初形象是蓬发、戴胜、虎齿、豹尾,并且善啸、穴处,是一副半人半兽的模样。据朱芳圃先生考证,西王母可能是以豹为图腾神的部族。"母"为"貘"之音假。《尔雅·释兽》云:"貘,白豹。"《穆天子传》中之"西膜",亦即西王母。[②] 大概西王母部族是以豹或虎为部落图腾,所以在装饰形态上才会给人以人兽参半的印象。

至汉代,人们将西王母纳入神灵体系,而且将其人格化、世俗化,因此西王母的形象也随之发生改变,由半人半兽变成白发老妪。司马相如在《大人赋》中刻画西王母曰:

> 低徊阴山翔以纡曲兮,吾乃今日睹西王母,暠然白首戴胜而穴处兮,亦幸有三足乌为之使。[③]

《淮南子·览冥训》则曰:"西老折胜,黄神啸吟。"高诱注曰:"西王母折其头上所戴胜,为时无法度。"西王母戴胜见于《山海经》,是"西老"之为西王母无疑。郭璞《山海经图赞》云:"请药西姥,乌得如羿。"[④]从"皓然白首"的体貌特征到"西老"的称呼,这一时期西王母给人的印象是白发苍苍的老人。形象的变化是与职能的改变相一致的。在汉人信仰中,西王母掌不死之药,能使人不死、长寿,其本身也是长生不死的仙人,故将西王母塑造成慈祥的老母,关爱民间众多儿女,这一形象与其身份及名称相符。

汉武帝十分迷恋神仙之道,在他统治期间,掀起一股求仙热潮。手握不死之药的西王母自然成为人们崇拜、向往的对象。从这一时期开始,西王母又由"皠然白首"的老人逐渐变为"视之可年三十许,修短得中,天姿掩蔼,容颜绝世"[⑤]的绝代佳人。在汉画艺术中,西王母也是以端庄、华贵的美丽女神形象出现的。如成都市郊出土的西王母画像砖,上方正中一圆形有盖之穴,左右云气围绕,为西王母所居"石室";西王母坐于龙虎座上,身着女装,头上

---

① 分见《山海经》卷三之《西山经》、《海内北经》、《大荒西经》。

② 参见朱芳圃《西王母考》,载《开封师范学院学报》1957年第2期。

③ 《汉书·司马相如传》。

④ 郭璞注、袁珂点校:《山海经校注》,第297页。

⑤ 《汉武帝内传》,文渊阁《四库全书》本。

有饰，左右仙气萦绕，道貌威严，俨然一雍容华贵的贵妇；座下左方有一只三足鸟，长喙利爪，此乃传说中为西王母取食的三足鸟。[①] 汉画像石中的西王母雍容尔雅，庄重大方，是能给人们带来幸运的吉神。至此，西王母的形象基本定型。西王母形象的发展变化，一方面缘于人们审美观念的进步，理想中的人物与美应是高度统一的，西王母既然是人们心目中的至善女神，在外形上也应集各种美于一身；另一方面，也是人们由求长生到求不老心态的自然流露。

2. 身份的变化

西王母是神话传说中居于西方的氏族部落女首领，最初是作为历史人物出现的。西王母与中国往来，大约是在西周时期。古本《竹书纪年》云："穆王十七年，西征昆仑丘，见西王母。其年来见，宾于昭宫。""穆王见西王母，西王母止之曰：'有鸟𪁉人。'"[②]《穆天子传》卷三详细记载了周穆王西征时会见西王母的历史传说：

> 吉日甲子，天子宾于西王母。乃执白圭玄璧以见西王母，好献锦组百纯，□组三百纯。西王母再拜受之。□乙丑，天子觞西王母于瑶池之上。西王母为天子谣曰："白云在天，山𨻰(陵)自出。道里悠远，山川间之。将子无死，尚能复来。"天子答之曰："予归东土，和治诸夏。万民平均，吾顾见汝。比及三年，将后而野。"西王母又为天子吟曰："徂彼西土，爰居其野。虎豹为群，於鹊与处。嘉命不迁，我惟帝女。彼何世民，又将去子。鼓笙鼓簧，中心翱翔。世民之子，唯天之望。"天子遂驱升于弇山，乃纪名迹于弇山之石，而树之槐。眉曰"西王母之山"。

《穆天子传》中的西王母完全是一位女性酋长，她与周穆王的会见也是两国国君的外交活动。胡应麟曰："盖亦外国之君。"[③]《四库全书总目提要》卷一四二曰："所谓西王母者，不过西方一国君。"可见，此时的西王母只不过是西方母系部族首领，并无神性。

---

① 参见高文《四川汉代画像石》，巴蜀书社 1987 年版。

② 方诗铭、王修龄：《古本竹书纪年辑证》，上海古籍出版社 1981 年版，第 47 页。

③ 胡应麟：《少室山房笔丛》卷三之《三坟补逸上》，中华书局 1958 年版，第 431 页。

战国时代，西王母开始被神化，由历史传说进入神话，亦即由人演化为神。《山海经·西山经》中的西王母是一位司灾厉及五刑残杀之气的瘟神和杀神。神人之说自此而起。

至汉代，随着求仙热潮的兴起，成为神灵的西王母又被渴望成仙的人们仙化。司马相如作《大人赋》，这里的“大人”即指仙人。《汉书·司马相如传》“必长生若此而不死”师古注曰：“昔之谈者咸以西王母为仙灵之最。”汉画像石中的西王母身边总是有许多羽人、神人侍者相伴。在汉人眼中，西王母成为群仙之首。

此后，被仙化的西王母也更加人格化，世俗气息亦日益浓厚。不仅在形象上与人无异，而且还配了一位对偶神——东王公。东王公比西王母晚出，完全是仿照西王母的对偶形象创造出来的。山东沂南北寨出土的汉画像石刻中有他们的形象：在石墓的墓门西侧支柱上，画有三张相连的几，一虎立于几间，端坐在中间一几上的是西王母。她背后生有一对翅膀，头上横插一笄。笄的两端就是所谓的“胜”，笄与胜相连，即《山海经·海内北经》所说的“胜杖”。在与西王母相对的墓门东侧支柱上，也有三张相连的几，一龙立于几间，端坐中间一几上的即东王公。画面上的东王公也有双翅，头上戴一胜杖，其两侧也各有一羽人捣药。[①] 东王公在形象上与西王母没有太大不同，主要根据其面部有无胡须及东王公在东、西王母在西来加以区分。[②]

《神异经·中荒经》曰：“昆仑之山有铜柱焉……上有大鸟，名曰稀有，南向，张左翼覆东王公，右翼覆西王母。背上小处无羽，一万九千里。西王母岁登翼上，会东王公也。”汉代人把他们视为对偶神。在汉代画像、石刻、壁画中有大量西王母与东王公的造型。西王母与东王公的石刻画常常处在相对的位置上。南阳出土的石刻画的最下部是玉兔捣药，中间是“豆”形几，几上有两人相对跪坐，即东王公与西王母。他俩的上方有一鸟，即《神异经》中所说的驮西王母会东王公的“稀有”。[③]

---

① 参见吴曾德《汉代画像石》，文物出版社 1984 年版，第 112～113 页。

② 参见夏超雄《汉墓壁画、画像石题材内容试探》，载《北京大学学报》1984 年第 1 期。

③ 参见吴曾德《汉代画像石》，第 112～113 页。

据记载，西王母还有子息。《焦氏易林》卷三曰："金牙铁齿，西王母子。"汉代的百姓按照人间的世俗情感为孤单的西王母配上了丈夫、儿子，使他们崇拜的理想神灵有了完整的家庭。这种世俗化的神祇往往也更加贴近百姓的生活，更能满足人们的需要。

3. 职能的变化

最初，作为历史人物的西王母，她的职能是领导族众，处理部落内部事务与对外交往，承担起一个部落首领应负的责任与义务。西王母被人们神化以后，人们赋予她的最初职能是人兽同体的司刑罚之神，是一位"司天之厉及五残"[①]的瘟神与凶神，能降灾祸于人，夺取人的生命。

战国时期，神仙观念兴起，西王母又被人们仙化，由神灵渐变而为仙人。如《庄子·大宗师》曰"夫道，有情有信，无为无形……西王母得之，坐乎少广，莫知其始，莫知其终"，把西王母描绘成得道的仙人。人们认为昆仑山上有不死树和不死药。《山海经·海内西经》描绘昆仑山曰：

> 开明北有……不死树……开明东有巫彭、巫抵、巫阳、巫履、巫凡、巫相，夹窫窳之尸，皆操不死之药以距之。

昆仑山正是西王母的居住地，于是人们便赋予了西王母掌不死之药，使人长生不死，且度人成仙的特权。西王母也由瘟杀之神一变而成为使人长生的吉神。西王母掌不死之药的说法在汉代流传甚广。如张衡《灵宪》曰：

> 羿请无死之药于西王母，姮娥窃之以奔月……遂托身于月，是为蟾蠩。[②]

《淮南子·览冥训》亦曰：

> 羿请不死之药于西王母，姮娥窃以奔月，怅然有丧，无以续之。

高诱注云："姮娥，羿妻。羿请不死之药于西王母，未及服之，姮娥盗食之，得仙，奔入月中，为月精。奔月或作坌肉药，坌肉以为死畜之药，可复生也。"西王母的威望就是建立在拥有不死药的基础上的。据说此药是从昆仑山的不死树上采摘下来，再经玉兔加工炼制而成的。汉乐府诗曰："采取神药若木

① 《山海经·西山经》。

② 《后汉书·天文志上》刘昭注引。

端，白兔长跪捣药虾蟆丸。奉上陛下一玉柈。服此药可得神仙。”[①]尽管自古以来只知后羿一人得到过不死药，但汉代人对不死药的存在还是深信不疑，梦想也能求得长生。

汉代人在墓室中常常刻画西王母的形象。如成都市新都区出土的东汉崖墓侧室陶棺外侧四面有雕刻的图像：左侧刻西王母图，西王母坐于龙虎座上，位于画面中部；西王母的右侧有一老者，持鸠杖面向西王母作跪拜状；西王母的左侧依次为鱼、朱雀、玄武。[②] 长生不死和升仙是汉代人梦寐以求的事情。在这种背景下，拥有不死药的西王母自然为人们所景仰，获得了社会上下的广泛崇拜。社会上层力求长生不死，对西王母尊奉有加，有专门的祭祀之礼：“祭西王母于石室皆在所，二千石、令、长奉祠。”[③]各地都设有西王母祠，地方行政长官亲自主持祭祀，可见西王母在人们心目中的地位和人们对她的重视程度。西王母更是民间大众崇奉的偶像。汉代民间祭祀西王母的习俗非常盛行，聚会歌舞，以求不死，颇为隆重。[④] 张华《博物志》卷九曰：“老子云：‘万民皆付西王母，唯王者、圣人、真人、仙人、道人之命上属九天君耳。’”可见，西王母掌管着芸芸众生的生命。

西王母从掌不死之药逐渐具有了长生、长寿、不老的神性特征，经常出现于汉代镜铭之中：

> 尚方作竟，明如日月不已，寿如东王公西王母，长宜子孙，位至三公，君宜高官。
>
> 宋氏作竟□有意，善时日，家大富，取妇时□，众具七子九孙，各有喜，官至公卿中尚侍，上有东王妇西王母，予天相保不知老，吏人服之带服章。
>
> 东王公西王母(内轮)；袁氏作竟真大丐，上有东王公西王母，仙人子侨赤诵子，白虎熏卢，左右为吏高升贯万，千秋万岁主长。

① 逯钦立辑校：《先秦汉魏晋南北朝诗·董逃行》，中华书局1983年版，第264页。

② 参见成都文物考古研究所、新都区文物管理所《成都市新都区东汉崖墓的发掘》，载《考古》2007年第9期。

③ 李昉等：《太平御览》卷五二六引《汉旧仪》。

④ 参见《汉书·五行志下之上》。

东汉和帝元兴元年(105)环状乳神兽镜上也有“师命长生如石，位至三公，寿如东王公西王母，仙人子立至公侯”[①]的铭文，将二神与长寿、不老联系在一起。浙江出土的汉代铜镜内区纹饰多为环状分布的神兽与神像。神像多为西王母、东王父；神兽多为龙、虎形象。[②]《焦氏易林》卷二曰：“弱水之西，有西王母。生不知死，与天相保。”扬雄《甘泉赋》亦曰：“想西王母欣然而上寿兮，屏玉女而却虙妃。”[③]汉人认为得道升天必须先拜西王母和东王公，正如汉代民谣所说：“著青裙，入天门，揖金母，拜木公。”[④]

在掌握不死之药的基础上，人们又给西王母增添了一些附加职能：

西王母是吉祥的象征。汉代铜镜铭文中常将西王母与“吉”、“大吉”、“大吉羊(祥)”联系在一起。如河南南阳市博物馆藏东汉灵帝建宁元年(168)镜铭文：

建宁元年九月九日丙午，造作尚方明镜，幽湅三商，上有东王公、西王母，生如山石，长宜子孙，八千万里，富且昌，乐未央，宜侯王，师命长，买者太吉羊，宜古市，君宜高官，位至三公，长乐央□。

盍氏作竟兮真大好，上有东王公西王母，仙人子高赤窠子，绛即云右，长保二亲兮利孙子兮吉。

龙氏作竟佳且好，明而日月世少有，刻治分守悉皆在，长保二亲宜孙子，东王公西王母，大吉羊矣兮。

龙氏作竟自□□，东王公西王母，青龙在左，白虎居右，□治□□□习左大吉。[⑤]

西王母可给人带来富贵和后嗣：

上大□，见神人，□王母，饮澧泉，驾交龙，乘浮云，宜官□，保子孙，

---

① 《古镜图录》卷中、卷上，《小校经阁金文》卷一五，转引自王子今、周苏平《汉代民间的西王母崇拜》，载《世界宗教研究》1999 年第 2 期。

② 参见霍巍《试析汉晋神兽镜中的龙虎神兽与“衔巨”图纹》，载《考古》2003 年第 5 期。

③ 转引自严可均辑《全上古三代秦汉三国六朝文》卷五一，中华书局 1958 年版。

④ 李昉等:《太平广记》卷一:“木公，亦云东壬父，亦云东壬公。……昔汉初，小儿于道歌曰:著青裙，入天门，揖金母，拜木公。”中华书局 1961 年版，第 5 页。

⑤ 《小校经阁金文》卷一五、《小檀栾金镜影》卷二、《古镜图录》卷中，转引自王子今、周苏平《汉代民间的西王母崇拜》，载《世界宗教研究》1999 年第 2 期。

贵富昌，乐未央兮。

张氏作竟大无伤，湅已银锡清且明，上有天守传相受，东王父西王母，令君□遂宜孙子，明如日月。

来言之，纪□竟，始湅铜锡去其宰，以之为镜宜孙子，长葆二亲乐毋□，寿币金石，西王母，棠安作。

尚方作竟自有真，良时日吉大赏，十子九孙各有喜，□至三公中常侍，上有西王母东王父，山人子乔大田子平。①

《焦氏易林》卷一亦曰："稷为尧使。西见王母。拜请百福，赐我善子。"卷九曰："西见王母，拜请百福，赐我喜子，乐乐富有。"卷一三曰："西逢王母，慈我九子，相对欢喜，王孙万户，家蒙福祉。""九子"指九尾狐。汉代石刻画像及砖画中，常有九尾狐与白兔、蟾蜍、三足乌之属列于西王母座旁，以示祯祥，九尾狐即象征子孙繁息昌盛。②

西王母可化险去灾，"除去不祥"，拥有助人度过灾厄的神力：

袁氏作竟兮真，上有东王公西王母，山人子侨侍左右，辟邪喜怒无央咎，长保二亲生久。

中平六年正月丙午日，吾作明竟，幽湅三商自有己，除去不祥宜孙子，东王父西王母，仙人王女大神道，长吏买竟，位至三公，古人买竟百倍，田家大吉日月。③

《焦氏易林》卷四、卷二也有"王母祝祷，祸不成灾"、"西见王母，不忧不殆"的记载。

西王母由于拥有上述神性职能而受到世俗世界人们的狂热崇拜和景仰。据日本学者冈村秀典研究，大约从西汉末起，在铜镜纹饰、器物花纹和画像砖中，西王母的图像开始大量出现，而且分布广泛，说明在西汉末期的群众性造仙运动开始后不久，西王母信仰已经迅速蔓延到全国，甚至远达朝

---

① 《奇觚室吉金文述》卷一五、《金石索·金索》卷六、《簠斋藏镜》卷下、《藤花亭镜谱》卷二，转引自王子今、周苏平《汉代民间的西王母崇拜》，载《世界宗教研究》1999 年第 2 期。

② 参见李发林《汉画考释和研究》，中国文献出版社 2000 年版，第 184 页。

③ 《古镜图录》卷中、《小校经阁金文》卷一五，转引自王子今、周苏平《汉代民间的西王母崇拜》，载《世界宗教研究》1999 年第 2 期。

鲜半岛。从西汉末开始，西王母不仅作为昆仑山仙人世界的主人公形象开始出现在祠堂画像中，并且从一出现就成为祠堂画像的不变内容而配置在祠堂西侧壁的最上部。如建于东汉桓帝元嘉元年(151)的山东嘉祥武氏祠中的武梁祠堂，东、西侧壁最上部的仙人图像，东壁为东王公图，西壁为西王母图，两位主仙双肩生翼，作为中心人物在画面中央正襟危坐，其他有翼仙人侍奉左右，九尾狐、开明兽、三足乌、蟾蜍和捣制不死之药的玉兔等昆仑山上的众多仙禽神兽配置在画面两侧。将西王母和东王公等仙人图像配置在祠堂中，绝不仅仅是为了装饰祠堂，它表达了祠堂建造者希望祠主死后升仙到昆仑山的强烈愿望。①

汉代以后，西王母又被道教吸纳，成为女仙之宗。梁代陶弘《真灵位业图》构建了七阶位的神谱体系，突出了西王母的崇高地位，西王母统领女真位，为女仙之首。唐末杜光庭《墉城集仙录》最终确立了西王母"女仙之尊"的地位。随着道教的流行，作为道教尊神的西王母也得到了民间大众更广泛的尊崇，更加盛行不衰。

三、地下鬼魂

两汉时期，人们不只为天上、地上的神灵构建了有序的神鬼祇社会，还按照人间的模式构建了一个地下神鬼世界。

(一)等级体系下的冥界

上古时代，人们相信鬼的存在。《礼记·祭法》云："人死曰鬼。"但鬼只存在于人们的想象中，不可见，不可闻，其形象十分模糊。"鬼神之为德，其盛矣乎！视之而弗见，听之而弗闻，体物而不可遗。使天下之人齐明盛服，以承祭祀，洋洋乎如在其上，如在其左右。"②

---

① 参见信立祥《汉代画像石综合研究》，文物出版社 2000 年版，第 148～156 页。

② 《礼记·中庸》。

先秦时期，地下世界被称为"黄泉"、"幽都"①。汉代人认为人死归阴，死后的去处是"蒿里"。"蒿里，死人里。"②"里"是汉代乡村社会的基本组织单位，人死后归于"下里"、"蒿里"，说明人们是按民间通行的生活模式塑造阴间一切的。人们也将世间的等级制原封不动地搬到了地下。

地下世界的最高统治者是"天孙"或"泰山府君"。《博物志》卷一云："泰山一曰天孙，言为天帝孙也。主召人魂魄。东方万物始成，知人生命之长短。"泰山府君是阴司的主宰，专门治鬼，主管鬼神的簿籍。泰山是其居住地和治所。泰山府君统领下的众鬼则居于与泰山相连的蒿里。在这里，有由地下冥吏组成的地下官僚体系，他们听命于泰山府君，统率众鬼，各司其职。泰山府君"主召人魂魄"，掌管着人们的生死大权，因而祈求泰山府君可以延长人的寿命。③ 西汉初期墓葬中曾发现墓主所在地方官吏写给地下官吏的公文，如湖北江陵凤凰山 10 号墓木牍云："平里五大夫张偃敢告地下主。"168 号墓木牍云："江陵丞敢告地下丞。"④秦汉时期居民迁徙、外出须有官府发给的凭证。人死之后前往阴间，也应持有官府文书。同时，除去阳间户籍，转入阴间户籍。汉献帝初平四年(193)王氏朱书陶瓶云："谨奉黄金千斤两，用填(镇)冢门，地下死籍，削除文，他央咎。"⑤见于汉代镇墓文的地下冥吏有：

地下二千石、冢丞冢令、丘丞墓伯

陌上游徼、主墓狱史、陌门卒史

墓皇墓主、西冢公伯、东冢侯

---

① 《左传·隐公元年》："不及黄泉，无相见也！"《管子·小匡》："应公之赐，杀之黄泉，死且不朽。"《楚辞章句·招魂》："魂兮归来，君无下此幽都些。"王逸注："幽都，地下后土所治也。地下幽冥，故称幽都。"

② 《汉书·刘胥传》载：王自歌曰："蒿里召兮郭门阅，死不得取代庸，身自逝。"师古注曰："蒿里，死人里。"《汉书·韩延寿传》：韩延寿为颍川太守，"议定嫁娶丧祭仪品，略依古礼，不得过法……百姓遵用其教，卖偶车马下里伪物者，弃之市道"。师古注引张晏曰："下里，地下蒿里伪物也。"

③ 《后汉书·方术传·许曼》记其祖父许峻"少尝笃病，三年不愈，乃谒太山请命"。李贤注云："太山主人生死，故诣请命也。"

④ 转引自吴荣曾《镇墓文所见到的东汉道巫关系》，载《文物》1981 年第 3 期。

⑤ 参见唐金裕《汉初平四年王氏朱书陶瓶》，载《文物》1980 年第 1 期。

西冢伯、墓门亭长、魂门亭长

蒿里君、蒿里父老、中蒿长①

从中我们可以看出：(1)汉代镇墓文所记载的地下冥吏基本上是按照人间的官僚体制建构的。如汉制州牧、郡守为二千石，县之令为千石的官职，就有相对应的地下二千石。汉代乡里有游徼、亭长、狱史、卒史，地下也有名称相同的冥吏管理阴间的赋税、治安、刑狱，维持地下秩序。(2)地下冥吏均仿照汉代官僚体制中的地方官僚，说明人们心目中的地下世界等级较低，仅相当于汉代的地方，其地位无法与相当于中央的天国相比。

冥吏之下就是阴间众鬼，他们聚居在泰山下的蒿里。汉代，人们按照对现实生活的理解来塑造鬼的形象和鬼的世界。鬼的造型与人无多大差别，《论衡·解除》篇曰："今解土之祭，为土偶人，像鬼之形。"可见，在汉代人们的思想观念里，鬼的形象就是人形。汉画像所表现的地下世界中"冥吏们的穿着打扮悉如世人，难分彼此……汉画像阴曹地府的官吏、奴婢、僮仆服饰打扮与现实生活中没什么两样"②。这与佛教盛行后地狱鬼官青面獠牙的恐怖形象形成了鲜明的对比，而且鬼和人一样有多方面的需求，如要穿衣、吃饭，有各种欲望等。③ 他们受制于泰山府君和地下冥吏，相当于人间的乡村百姓。

(二)召人魂魄的泰山神

我国古代的山神崇拜非常盛行，山神尤其是岳神地位很高，一直是国家祭祀的重要神灵。泰山为五岳之长，泰山神是地位最高、影响最大的山神。在官方祀典中，泰山是兴云布雨的登天之所和皇帝的封禅之地。而在民间信仰中，泰山神则主宰人的生死寿夭。人死后魂归泰山，泰山治鬼的信仰也逐渐在乡村社会流传开来，泰山神灵也日益人格化、世俗化，得到民间大众的普遍信奉。

---

① 转引自吴荣曾《镇墓文所见到的东汉道巫关系》，载《文物》1981 年第 3 期。

② 陈江风：《汉画像"神鬼世界"的思维形态及其艺术》，载《中原文物》1991 年第 3 期。

③ 参见晁福林《战国时期的鬼神观念及其社会影响》，载《中国史研究》1998 年第 2 期。

1. 山神与封禅

由于资料缺乏，夏代的山神崇拜我们不得而知，从甲骨卜辞的记载来看，商代的山神崇拜非常盛行。殷人对山神的祭祀多采用燎祭，如"癸巳贞，其燎十山，雨"，"其燎二山，有大雨"，"燎于山，雨"。[①] 殷人祭祀山神主要是求雨，说明在人们的观念中山神具有兴云布雨的功能。

在山神崇拜中，"岳"作为各地具有代表性和标志性的高山，其地位比一般山神要高。《诗经·大雅·崧高》曰："崧高维岳，峻极于天。"这里的"岳"是指嵩山。卜辞所见对于岳神的祭典有燎、取、舞、奏、代、侑、桒、饮、即、褅、既、祝、宁等。[②] 主要的祭祀方式是燎祭与埋祭。燎祭是将祭牲置于柴火之上，使烟气上达。埋祭是将祭品埋于地下。祭品有牢、珏等。总起来看，先秦时期对岳神的祭祀，礼仪隆重，祭法繁多，祭品丰富，特别是殷人还以人牲祭之，岳神还与先王一起享祭，可见地位之高。

古代泰山神属自然崇拜神，为地方性山神。《诗经·鲁颂·閟宫》曰："泰山岩岩，鲁邦所詹。"泰山以其高峻伟岸受到鲁国的尊崇。关于泰山崇拜，在《尚书·舜典》中有载：

> 岁二月，东巡守，至于岱宗，柴，望秩于山川。肆觐东后，协时月正日，同律度量衡，修五礼、五玉、三帛、二生、一死，贽，如五器，卒乃复。五月南巡守，至于南岳，如岱礼。八月西巡狩，至于西岳，如初。十有一月朔巡守，至于北岳，如西礼，归，格于艺祖，用特。

这是与古代天子巡狩活动相关的记载，亦见于《礼记·王制》。岱宗就是泰山，司马迁曰："岱宗，泰山也。"[③]在这里，泰山与其他三岳的祭祀之礼相同，地位相等，还没有形成独尊之势。

汉代，"五岳"之称就经常见于文献记载。《说苑·辨物》云：

> 五岳者何谓也？泰山，东岳也；霍山，南岳也；华山，西岳也；常山，北岳也；嵩高山，中岳也。五岳何以视三公？能大布云雨焉，能大敛云

① 郭沫若主编、中国社会科学院历史研究所编集：《甲骨文合集》33233、30454、34199。

② 参见张玉强《简论殷商多神崇拜》，载《四川大学学报》1996年第3期。

③ 《史记·封禅书》。

雨焉。云触石而出，肤寸而合，不崇朝而雨天下，施德博大，故视三公也。

《史记·封禅书》曰："天子祭天下名山大川，五岳视三公，四渎视诸侯，诸侯祭其疆内名山大川。"天下山神中，五岳地位最高，视为三公，只有天子有祭祀权。

泰山地位上升，成为五岳之首，与封禅制度密切相关。封禅是我国古代较有作为的帝王为"改制应天"和"以告太平"[①]而于名山举行的祭祀天地及山川诸神的宗教与政治活动。"此泰山上筑土为坛以祭天，报天之功，故曰封。此泰山下小山上除地，报地之功，故曰禅。言禅者，神之也。"[②]封禅的方式是在泰山上筑坛以祭天，在泰山下的小山上除地以祭地。封禅的目的是告太平于天，报天地群神之功。《史记·封禅书》曰：

齐桓公既霸，会诸侯于葵丘，而欲封禅。管仲曰："古者封泰山禅梁父者七十二家，而夷吾所记十有二焉。昔无怀氏封泰山，禅云云；虙羲封泰山，禅云云；神农封泰山，禅云云；炎帝封泰山，禅云云；黄帝封泰山，禅亭亭；颛顼封泰山，禅云云；帝俈封泰山，禅云云；尧封泰山，禅云云；舜封泰山，禅云云；禹封泰山，禅会稽；汤封泰山，禅云云；周成王封泰山，禅社首：皆受命然后得封禅。"

齐桓公欲行封禅，管仲因其为诸侯而非天子，不具备封禅的资格，所以援引古代十二家帝王封禅之事谏止桓公，使之放弃封禅。关于十二家帝王封禅之事目前无法考证，但从《史记·封禅书》的记载中可知，封禅之说应该不早于战国时期。

至于为什么要在泰山举行封禅仪式，应劭在《风俗通·山泽》中有过分析：

东方泰山。《诗》云："泰山岩岩，鲁邦所瞻。"泰山，山之尊者。一曰岱宗。岱者，始也；宗者，长也。万物之始，阴阳交代，云触石而出，肤寸而合，不崇朝而遍雨天下，其惟泰山乎。故为五岳之长。王者受命易

① 《白虎通·封禅》。

② 《史记·封禅书》张守节《正义》。

> 姓，改制应天，功成封禅，以告天地。

在阴阳五行学说中，东方为“阴阳气始动，万物始生”之地。泰山是位居东方的最高山峰，自然成为了“万物之始”的“阴阳交代”之处，被尊为五岳之长。帝王易姓受命，必祭泰山；功成封禅，以告太平。封禅成为国家的重要庆典之一。由于封禅必须是具备了受命、符瑞、功成、德洽等条件的最高统治者才能举行的最高典礼，因此，在封建时代，虽然到泰山祭天的帝王有百位之多，但真正举行封禅大典的却屈指可数，汉代也仅有汉武帝、汉光武帝两位。

《史记·封禅书》记载了元封元年(前110)汉武帝的首次封禅活动：

> 天子至梁父，礼祠地主。乙卯，令侍中儒者皮弁荐绅，射牛行事。封泰山下东方，如郊祠太一之礼。封广丈二尺，高九尺，其下则有玉碟书，书祕。礼毕，天子独与侍中奉车子侯上泰山，亦有封。其事皆禁。明日，下阴道。丙辰，禅泰山下阯东北肃然山，如祭后土礼。天子皆亲拜见，衣上黄而尽用乐焉。江淮间一茅三脊为神藉。五色土益杂封。纵远方奇兽蜚禽及白雉诸物，颇以加礼。兕牛犀象之属不用。皆至泰山祭后土。封禅祠：其夜若有光，昼有白云起封中。

举行完封禅大典后，汉武帝端坐明堂，接受百官的朝贺，大赦天下，下诏改元，并令各诸侯治邸泰山下，作为将来按古礼“天子五载一巡狩，用事泰山”的朝宿地。其后汉武帝又分别于元封五年(前106)、太初三年(前102)、天汉三年(前98)、太始四年(前93)、征和四年(前89)前后五次封禅泰山。光武帝于建武三十二年(56)举行封禅大典。《后汉书·祭祀上》云：

> 二十二日辛卯晨，燎祭天于泰山下南方，群神皆从，用乐如南郊。诸王、王者后二公、孔子后褒成君，皆助祭位事也。事毕，将升封。或曰：“泰山虽已从食于柴祭，今亲升告功，宜有礼祭。”于是使谒者以一特牲于常祠泰山处，告祠泰山，如亲耕、去刘、先祠、先农、先虞故事。至食时，御辇升山，日中后到山上更衣，早晡时即位于坛，北面。群臣以次陈后，西上，毕位升坛。尚书令奉玉牒检，皇帝以寸二分玺亲封之，讫，太常命人发坛上石，尚书令藏玉碟已，复石覆讫，尚书令以五寸印封石检。事毕，皇帝再拜，群臣称万岁。命人立所刻石碑，乃复道下。
>
> 二十五日甲午，禅，祭地于梁阴，以高后配，山川群神从，如元始中

北郊故事。

此后又有唐高宗、唐玄宗、宋真宗等帝王举行过封禅大典。泰山由于成为天子的封禅之地而受到特别的重视。

2. 魂归泰山

先秦时期，泰山作为帝王的封禅之地和兴云布雨的登天之所，其祭祀权被统治者所垄断，与百姓关系不大。自汉代开始，在乡村百姓的信仰中，泰山的神性职能发生了根本性变化，与人的寿命长短联系起来。《风俗通·正失》曰："俗说岱宗上有金箧玉策，能知人年寿修短。武帝探策得十八，因读曰八十，其后果用耆长。"《说文解字》云："岱，太山也，从山，代声。"古代"太"、"泰"相通，"太山"即"泰山"。在汉代信仰中，泰山神掌管人的寿命，如《后汉书·许曼传》记其祖父许峻"少尝笃病，三年不愈，乃谒太山请命"。李贤注曰："太山主人生死，故诣请命也。"《水经注》卷二四引《开山图》曰："泰山在左，亢父在右，亢父知生，梁父主死。"三国应璩诗亦曰："年命在桑榆，东岳与我期。长短有常会，迟速不得辞。"①在此基础上，人死后魂归泰山，泰山治鬼的信仰也逐渐在乡村社会流传开来。

在东汉陵墓出土的镇墓券中，常有"生人属西长安，死属泰山"的说法。如罗振玉《贞松堂集古遗文》卷一五《刘平伯铅券》文云：

> 刘伯平薄命……药不能治，岁月重复适与同时魅鬼尸注，皆归墓父，大山君召……相念，苦莫相思，生属长安，死属大山，死生异处，不得相防。
>
> □□西生人□□人出郭，死生异处，莫相干□，生人属西长安，死人属东太山。②

灵帝熹平四年(175)陶瓶解除文云："上天仓仓，地下茫茫，死人归阴，生人归阳，□□□里，死人有乡，生人属西长安，死人属东大山，乐无相□，□无相思。"③长安为西汉都城，繁荣、昌盛、安乐的象征。泰山是冥府所在地，是人

---

① 欧阳询等：《艺文类聚》卷二四引。

② 罗振玉：《贞松堂集古遗文》，北京图书馆出版社 2003 年版，第 358～361 页。

③ 罗振玉：《辽居杂著丙篇·古器物识小录》，《罗雪堂先生全集初编》第 7 册，台湾文华出版公司 1968 年版，第 2885～2887 页。

死后鬼魂的归宿之地。有学者据此推断，泰山与长安，一为死人里，一为生人都，长安为西汉都城，如果泰山治鬼成于东汉，则此处就不会说“长安”，而说“洛阳”（东汉都城），因此，镇墓券所反映出的泰山为鬼蜮主神的习俗应为西汉习俗，东汉只是承其余绪而已。[①]

汉代人们普遍相信人死魂归泰山，泰山神是阴间的主司。《后汉书·乌桓传》说：乌桓“死者神灵归赤山，赤山在辽东西北数千里，如中国人死者魂神归岱山也”。说明人死魂归泰山的信仰已相当流行。《三国志·管辂传》载，管辂谓其弟辰曰：“但恐至泰山，治鬼不得治生人。”晋皇甫谧《帝王世纪》也有“太山稽鬼”的说法。赵翼《陔余丛考·泰山治鬼》云：“东岳主发生，乃世间相传多治死者。”倪思宽《二初斋读书记》卷五亦云：“万物之始，阴阳交代，后世泰山治鬼之说，实造端于此。”

泰山神不仅经历了由山神变为冥神的过程，还由自然神被改造为人格神。泰山是冥界最高统治者的居住地和治所，泰山神也有名有姓。汉代纬书《龙鱼河图》曰：“东方泰山君神，姓圆名常龙。”[②]或曰“天孙”。《孝经援神契》云：“泰山一曰天孙，言为天帝孙也。”[③]汉代镇墓文中称泰山神为“泰山君”[④]，即后来的“泰山府君”。晋干宝《搜神记》卷四记载：

> 胡母班，字季友，泰山人也。曾至泰山之侧，忽于树间，逢一绛衣驺呼班云：“泰山府君召。”班惊愕，逡巡未答。复有一驺出，呼之。遂随行数十步，驺请班暂瞑，少顷，便见宫室，威仪甚严。班乃入阁拜谒，主为设食，语班曰：“欲见君，无他，欲附书与女婿耳。”班问：“女郎何在？”曰：“女为河伯妇。”班曰：“辄当奉书，不知缘何得达？”答曰：“今适河中流，便扣舟呼青衣，当自有取书者。”班乃辞出。……遂于长安经年而还。至泰山侧，不敢潜过，遂扣树自称姓名，从长安还，欲启消息。须臾，昔

① 参见吴龙安《碧霞元君信仰、传说之研究》，（台北）私立中国文化大学中国文学研究所硕士论文，1989年。

② ［日］安居香山、中村璋八辑：《纬书集成》下册《河图编》，河北人民出版社1994年版，第1151页。

③ 张华：《博物志》卷一引。

④ 参见吴荣曾《镇墓文中所见到的东汉道巫关系》，载《文物》1981年第3期。

驺出,引班如向法而进。因致书焉。府君请曰:“当别。”再报班,语讫,如厕,忽见其父着械徒,作此辈数百人。班进拜流涕问:“大人何因及此?”父云:“吾死不幸,见遣三年,今已二年矣。困苦不可处。知汝今为明府所识,可为吾陈之。乞免此役。便欲得社公耳。”班乃依教,叩头陈乞。府君曰:“生死异路,不可相近,身无所惜。”班苦请,方许之。于是辞出,还家。岁余,儿子死亡略尽。班惶惧,复诣泰山,扣树求见。昔驺遂迎之而见。班乃自说:“昔辞旷拙,及还家,儿死亡至尽。今恐祸故未已,辄来启白,幸蒙哀救。”府君拊掌大笑曰:“昔语君:死生异路,不可相近故也。”即敕外召班父。须臾至,庭中问之:“昔求还里社,当为门户作福,而孙息死亡至尽,何也?”答云:“久别乡里,自忻得还,又遇酒食充足,实念诸孙,召之。”于是代之。父涕泣而出。班遂还。后有儿皆无恙。

胡母班是东汉末人。《后汉书》卷七四上李贤注云:“《汉末名士录》曰:‘胡母班字季友,泰山人,名在八厨。’”从这段记载中我们可以看出:第一,泰山府君是阴司的主宰,“主召人魂魄”,专门治鬼,主管鬼神的簿籍。祈求泰山府君可以延长人的寿命。[①] 第二,泰山府君是完全人格化的神灵,不仅完全具备了人的喜怒哀乐等情感,而且还有了家庭和子女。他的女儿嫁为河伯妇。同书卷四“灌坛令”条还记有“泰山之女,嫁为东海妇”的说法。可以说,泰山府君的出现,使泰山神人格化的形象更加清晰,其功能也进一步向冥界主管转化,因此,两汉魏晋时期是泰山神人格化进程中的重要阶段。[②]

泰山府君统领众鬼,各司其职。有时索命之鬼由于大意还张冠李戴,弄错所拘之人。《搜神记》卷一五云:“汉献帝建安中,南阳贾偊,字文合,得病而亡。时有吏将诣太山,司命阅薄?谓吏曰:‘当召某郡文合,何以召此人?可速遣之。’”使贾偊又死而复生。

魏晋时期,道教把民间信仰的泰山府君吸收进自己的鬼神队伍。梁陶

① 《后汉书·许曼传》记其祖父许峻“少尝笃病,三年不愈,乃谒太山请命”。李贤注:“太山主人生死,故诣请命也。”

② 参见叶涛《论泰山崇拜与东岳泰山神的形成》,载《西北民族研究》2004 年第 3 期。

弘景《真灵位业图》云：泰山君荀顗字景倩，下有将军、长史、司马等鬼官，“为四镇，各领鬼兵万人，各有长马，复有小镇数百，各领鬼兵数千人”[①]。建立了鬼官系统，完善了道教的地下世界。后来，佛教的“地狱说”主动与汉民族的泰山“地府说”联姻，促进了汉民族地府观念的完善，并取代了泰山治鬼之说，很快在民间传播、兴盛开来。

四、祖先崇拜

祖先崇拜起源于鬼魂信仰，它是由灵魂观念与图腾及生殖崇拜交合而成的一种信仰形式。祖先崇拜是汉代祭祀活动的重要内容，祭祀的目的是表达对祖先的感恩之情，更重要的是祈求祖先神灵荫护子孙，祈福消灾。祖先崇拜是汉代人维系族人关系和维护宗法关系的重要纽带。

(一)人类的始祖神

作为传说中人类的始祖神，伏羲、女娲在汉代非常受人尊崇。女娲作为人类的高母，早在甲骨文中已见诸记载。甲骨文所祭女神神名为“𡚬 ”。郭沫若《卜辞通纂》从罗振玉说，释此字为“娥”，谓即“帝俊之妻娥皇”。日本学者赤冢忠也曾指出“𡚬”即“女娲”[②]。就现存文献资料来看，女娲之名，最早见于战国时期。屈原《离骚·天问》曰：“女娲有体，孰制匠之?”王逸注云：“传言女娲人头蛇身，一日七十化，其体如此，谁所制匠而图之乎?”[③]“化”即“化育”、“孕育”之意，与《说文解字》释“娲”为“古之神圣女，化万物者也”的“化”同义，应皆源自母系氏族公社时期的女性崇拜。杨堃先生认为，女娲神话来自母系氏族公社以女娲为图腾的氏族。[④] 丁山先生在《中国古代宗教与神话考》中认为：“女娲不但是开天辟地大神，而且是人类的大祖母……女娲当然是中国人类的始祖了”，“女娲氏开天辟地孕毓人类的神话，必然地产生

① 《道藏》第3册，文物出版社1988年版，第281页。

② 参见何新《诸神的起源》，时事出版社2002年版，第81～82页。

③ 王逸：《楚辞章句》，岳麓书社1989年版，第100页。

④ 参见杨堃《女娲考》，载《民间文学论坛》1986年第6期。

自殷商之世”。[①] 可见，人类很早就将神话传说中的女娲作为开天辟地、孕育人类的始祖。汉代亦视女娲为补天、化育万物的始祖：

> 女娲销炼五色石以补苍天，断鳌足以立四极。[②]
>
> 俗说天地开辟，未有人民，女娲抟黄土为人，剧务力不暇供，乃引绳絙于泥中，举以为人。[③]

在古文献记载中，伏羲是十分显赫的文化英雄和被历史化的古代帝王。传说他发明八卦，制作婚嫁礼仪，结绳为网及冶金成器，教民炮食等，是上古各种文物器用、典章制度的创造发明者：

> 古者包牺氏之王天下也，仰则观象于天，俯则观法于地，观鸟兽之文，与地之宜。近取诸身，远取诸物。于是始作八卦，以通神明之德，以类万物之情。作结绳而为罔罟，以佃以渔。盖取诸离。[④]

何新认为，伏羲的本名应作“溥曦”，即伟大的“曦”神——太阳神。上古时期曾广为流行对太阳神的崇拜，他们把太阳神看作自身的始祖。这些部落后来分化为两大系统。在北方的一系（颛顼族）称太阳神为“羲（伏羲）”，以龙为太阳神的象征。[⑤] 此说十分正确。在汉代，伏羲作为始祖神也被人们崇拜和神圣化。

在先秦文献典籍中，伏羲与女娲多分而言之，表明女娲与伏羲原本分属两个不同的神话传说系统。二名并称始见于《淮南子·览冥训》：“伏戏女娲不设法度，而以至德遗于后世，何则？至虚无纯一，而不喋喋苛事也。”表明汉代将其二人并列为至德有功的先圣先王。至东汉时，二人皆跻身“三皇”系列，“伏羲、女娲、神农是三皇也”[⑥]。伏羲、女娲之所以被人们神化，进而登上地位最高的神坛，与他们的创世之功密切相关。在对伏羲、女娲的尊奉程度不断加深的同时，人们也赋予了他们更多的神性职能。伏羲“制嫁娶，以

---

① 丁山：《中国古代宗教与神话考》，第241～243页。

② 王充：《论衡·谈天》。

③ 应劭撰、吴树平校释：《风俗通义校释·佚文》。

④ 高亨：《周易大传今注·系辞》，齐鲁书社1979年版，第558～560页。

⑤ 参见何新《诸神的起源》，第58～59页。

⑥ 应劭撰、吴树平校释：《风俗通义校释·三皇》引《春秋运斗枢》。

俪皮为礼"[①]。"女娲,伏牺之妹,祷神祇,置婚姻,合夫妇也。"[②]在人们的信仰中,伏羲、女娲进一步成为主宰人类婚姻和生育之神,而且他们也逐渐以对偶神的形象出现于汉画像石中。

作为人类始祖神,女娲的形象可能在史前时期就已出现。有专家考证,在山西吉县清水河柿子滩中石器文化遗址发现的原始时代生育女神岩画,应是中华之母——女娲的画像。[③] 辽宁牛河梁红山文化女神像也应是古史传说中的女娲[④],是5000年前的红山人模拟真人塑造的女祖先,女神庙可能就是对红山古国女娲的一种回忆、崇拜。[⑤] 也有学者认为,战国初期曾侯乙墓五弦琴上所绘的人面神为伏羲、女娲像,是目前发现最早、最精彩的伏羲和女娲像。[⑥]

汉代伏羲、女娲的形象在文献记载中是"伏羲鳞身,女娲蛇躯"[⑦]。如《白虎通·圣人》云:"伏羲龙伏(状)。"王逸注《楚辞·天问》云:"女娲人头蛇身。"曹植《女娲赞》云:"或云二皇,人首蛇形。"[⑧]作为人类的始祖神,伏羲、女娲是汉画的主要内容之一。

全国各地发现的伏羲、女娲像数量很多,据统计,在山东、四川、河南、江苏、陕北等几个主要汉画像产地有这类形象约近百幅。[⑨] 在汉画中,伏羲和女娲被刻画为人面龙身或蛇身形象,他们或交尾,或相对而立,身躯为细长的蛇状,也有带足的龙身。伏羲、女娲形象较早见于长清孝堂山郭氏墓祠,伏羲、女娲分别列于东、西二壁。伏羲位于东壁上部的三角尖顶部分,人身蛇尾,面北执矩而立。其北侧有一赤身小儿跳舞。女娲在西壁山墙的三角

① 马骕:《绎史》卷二引《古史考》,中华书局2002年版。

② 应劭撰、吴树平校释:《风俗通义校释·佚文》。

③ 参见刘毓庆《吉县女娲岩画考》,载《民间文学论坛》1997年第1期。

④ 参见陆思贤《红山文化裸体女神为女娲考》,载《北方文物》1993年第3期。

⑤ 参见包和平、黄士吉《中国女始祖神——牛河梁女神头像研究》,载《大连民族学院学报》2007年第6期。

⑥ 参见郭德维《曾侯乙墓五弦琴上伏羲和女娲图象考释》,载《江汉考古》2000年第1期。

⑦ 王延寿:《鲁灵光殿赋》,载萧统《文选》卷一一,岳麓书社2002年版。

⑧ 欧阳询:《艺文类聚》卷一一《帝王部一》引,第208页。

⑨ 参见李陈广《汉画伏羲女娲的形象特征及其意义》,载《中原文物》1992年第1期。

尖顶部分，人首蛇身，手持规状物。旁有一对男女相向而跪。其北侧亦有一裸身童子作跳跃之态。画面寓意为伏羲、女娲创造人类的象征。[①] 山东武梁祠石刻中，伏羲、女娲像作人首蛇躯，两尾相交，执规矩，举日月轮。题榜文字为"伏戏仓精，初造王业，画卦结绳，以理海内"[②]。南阳画像中，画面左刻伏羲，右刻女娲，二人皆人首蛇躯，头束发髻，身着儒服，合抱一株灵芝，相向交尾而立[③]。在大多数汉代画像中，伏羲、女娲都是两尾相交，寓意他们与人类婚配嫁娶、子孙繁衍密切相关。四川简阳鬼头山东汉崖墓 3 号石棺后端画面中，右上部刻伏羲，人首蛇身，头戴高冠，一手高举，一手前伸，榜题曰伏希"（羲）"。左上部刻女娲，人首蛇身，背部长羽毛，双手高举，榜题曰"女娃（娲）"。[④] 四川崇庆县出土的画像砖，伏羲、女娲皆人首蛇身，伏羲左手执规，右手所举圆轮中有乌，显然是"日"的象征。女娲双髻云鬟，戴耳珰，女性装扮；右手执矩，左手所举圆轮中有蟾蜍、桂树，显然是"月"的象征。[⑤] 四川璧山县发现的汉代画像石棺，其画面多为人首蛇身的伏羲、女娲图腾及双阙、朱雀、主人、侍从、武士、鼓乐伎、杂伎等形象。[⑥] 汉代的伏羲、女娲像有地区特点：山东多人首蛇身，手执规矩，意在说明他们是规天矩地、创造万物的始祖神；南阳多人首龙体，手执芝草或规矩，赋予他们庇护众生、长寿延年的功能；徐州、四川多人首蛇身，手捧日月，以表明他们是协调阴阳的日月之神。[⑦] 汉画把多种功能和神性集中到伏羲、女娲身上，说明在人们心目中，已把他们看作分掌日月、共理阴阳，分执规矩、共管乾坤的始祖神，也是人类死后的保护神，因此大都绘制或雕刻在棺前和墓室的前方，以护卫死者。伏羲、女娲形象大量出现于汉代各地画像中，表明他们作为人类的始祖神，在人们心目中已占有不可替代的神圣地位，成为人们的共同信仰及精神支柱。

---

① 参见王戈《从伏羲、女娲到东王公、西王母——山东地区汉代墓祠画像石神话题材》，载《美术研究》1993 年第 2 期。

② 朱锡禄：《武氏祠汉画像石》，山东美术出版社 1986 年版，第 103 页。

③ 参见王玉金《南阳汉画与汉史研究》，载《南都学坛》1999 年第 1 期。

④ 参见内江市文管所、简阳县文化馆《四川简阳县鬼头山东汉崖墓》，载《文物》1991 年第 3 期。

⑤ 参见刘志远等《四川汉代画像砖与汉代社会》，文物出版社 1983 年版，第 137 页。

⑥ 参见戴克学《璧山出土汉代石棺》，载《四川文物》1993 年第 1 期。

⑦ 参见李陈广《汉画伏羲女娲的形象特征及其意义》，载《中原文物》1992 年第 1 期。

(二)本宗族的祖先神

除了信奉人类共同的始祖神，汉代对本宗、本族的祖先之神也顶礼膜拜，崇敬有加。

祖先神是汉代更为重视的神灵，祭祀祖先是汉代信仰的重要内容。《汉书·郊祀志上》开宗明义地阐明了祭祀的内涵："祀者，所以昭孝事祖，通神明也。"祭祀祖先，表达对祖先的尊敬、怀念之情，是孝的体现；更重要的是通过祀祖，希望祖先能保佑、赐福后代。汉代的祖先崇拜日益规整细密，显示出扩展和深化的趋势。这是汉代社会结构中家族具有重要地位的反映。

祖先崇拜在汉代国家体制中表现为严格的宗庙制度。宗庙是封建王朝家天下的标志，与社稷一样被视为国家的象征。汉代宗庙的兴起始于汉高祖为其父太上皇建庙。高祖十年（前197）秋七月，"太上皇崩，葬万年……八月，令诸侯王皆立太上皇庙于国都"[①]。此后，"京师自高祖下至宣帝，与太上皇、悼皇考各自居陵旁立庙，并为百七十六。又园中各有寝、便殿"[②]。西汉各代皇帝死后均在陵旁立庙。如果嗣位的皇帝非嫡出，本着"亲亲"的原则，还为自己的直系亲属立寝园庙。西汉宗庙祭祀的礼仪是：

> 日祭于寝，月祭于庙，时祭于便殿。寝，日四上食；庙，岁二十五祠；便殿，岁四祠。又月一游衣冠。[③]

汉初的宗庙制度是曾任秦的待诏博士的叔孙通，"采古礼与秦仪杂就之"[④]而成，不合西周古制者甚多。元帝尊儒，大量"征用儒生，委之以政"[⑤]，宰相贡禹、薛广德、韦玄成、匡衡都是当时著名的儒家学者，他们事事"循古"、"仿古"，因为汉初以来的礼制不合古礼，要求以周礼矫正之，因而在宗庙迭毁、南北郊祀等问题上，引发旷日争辩， 些庙时毁时复。工莽扎古改制，新朝礼制受到全面修改。东汉迁都洛阳，光武帝为表示其承继刘姓天下，于建武

① 《汉书·高帝纪下》。
② 《汉书·韦贤传附子玄成传》。
③ 《汉书·韦贤传附子玄成传》。
④ 《汉书·叔孙通传》。
⑤ 《汉书·元帝纪》。

二年(26)在洛阳立高庙,并奉太宗、世宗,四时“祫祭”。建武十九年(43),又尊宣帝庙为中宗[①]。光武帝死后,明帝尊其为世祖,起世祖庙。明帝扩大寝的建筑,举行上陵朝拜祭祀之礼,死前遗诏遵从俭约,不起寝庙,把神主置于世祖庙更衣室中。此后各帝沿袭此制,均不起庙。明帝对宗庙制度的改革,“不但废除了西汉时期在‘陵旁立庙’的制度,取消了为每个祖先建立一庙的办法,而且破坏了长期以来皇帝祖庙实行‘天子七庙’之制,从此把许多祖先的神主供奉在一个祖庙(太庙)里,实行‘同堂异室’的供奉办法……实际上东汉以后,帝王对祖先的祭祀更加隆重,只是把这种隆重的祭祀典礼从宗庙迁移到了陵寝,使宗庙失去了重要作用”[②]。

虽然宗庙制度随时代不同而有所变化,但人们对于祖先崇拜的重视程度却有增无减。汉代皇家祀祖仪式隆重,规模盛大。如宣帝时每年祭祀祖先,“上食二万四千四百五十五,用卫士四万五千一百二十九人,祝宰乐人万二千一百四十七人,养牺牲卒不在数中”[③]。

在民间,祖先崇拜较之先秦更加强化。其表现为:一是墓上祠堂的出现[④]。

百姓对于祖先神的祭拜,在春秋之前,没有墓祭,只有寝祭。如《礼记·王制》言:“天子七庙:三昭三穆……庶人祭于寝。”《易·系辞下》亦曰:“古之葬者,厚衣之以薪,葬之中野,不封不树。”墓葬没有封土(坟丘),墓地中不植树。百姓祭祀祖先的活动在寝中进行。

---

① 参见《后汉书·祭祀志下》。

② 杨宽:《中国陵寝制度史研究》,上海古籍出版社1985年版,第38页。

③ 《汉书·韦贤传附子玄成传》。

④ 关于祠堂的出现时间,学界有两种不同的看法:一种意见认为先秦就已出现。东汉王逸《楚辞章句·天问章句》云:“屈原放逐,忧心愁悴,彷徨山泽……见楚有先王之庙及公卿祠堂,图画天地山川神灵,琦玮僪佹,及古贤圣怪物行事……因书其壁,呵而问之,以泄愤懑。”清赵翼据此认为“战国末已有祠堂矣”(见《陔余丛考》卷三四“祠堂条”,河北人民出版社1990年版)。杨鸿勋根据近年出土的王陵建筑遗址,认为战国时期甚至殷商中期就已经有了墓祭用的墓上祠堂或墓上祠堂性质的墓地建筑了。(参见《关于秦代以前墓上建筑问题》,载《考古》1982年第4期)另一种意见认为,墓祭用的墓上祠堂是在汉代才出现的。杨宽先生根据文献记载,认为墓上祠堂产生于西汉时期,昭帝时已经比较流行。(参见《中国古代陵寝制度史研究》,第124页)马新师也认为在西汉时代出现了专门的祭祀场所——祠堂。(参见《两汉乡村社会史》,第229页)

汉代墓祭开始盛行，“汉人以宗庙之礼移于陵墓，有人臣而告事于陵者，苏武自匈奴还，‘诏奉一大牢谒武帝园庙’是也。有上冢而会宗族故人及郡邑之官者……有上冢而太官为之供具者……有赠谥而赐之于墓者……有人主而临人臣之墓者……有庶民而祭古贤人之墓者”①。自天子至庶民都要墓祭祖先、亲友或古代圣贤。如《后汉书·章帝纪》记载，元和二年(85)“三月己丑，进幸鲁，祠东海恭王陵。……壬辰，进幸东平，祠宪王陵。甲午，遣使者祠定陶太后恭王陵”。《太平御览》卷八六〇引桓谭《新论》云：“孔子，匹夫耳，而卓然名著，至其冢墓，高者牛羊鸡豚而祭之，下及酒脯寒具，致敬而去。”

随着墓祭活动的频繁，墓祭用的祠堂也随之出现。“祠堂”名称的最早记载，见于《汉书·循吏传·文翁》：

> 文翁……景帝末，为蜀郡守，仁爱好教化……文翁终于蜀，吏民为立祠堂，岁时祭祀不绝。

地处偏僻的蜀郡为文翁立祠堂，当在汉武帝初年，而此风俗在文化先进的内地应早已实行。桓宽《盐铁论·散不足》曰：

> 古者，不封不树，反虞祭于寝，无坛宇之居，庙堂之位。及其后，则封之，庶人之坟半仞，其高可隐。今富者积土成山，列树成林，台榭连阁，集观增楼。中者祠堂屏阁，垣阙罘罳。

《汉书·霍光传》记霍光死后，“太夫人显改光时所自造茔制而侈大之。起三出阙，筑神道……盛饰祠室，辇阁通属永巷”。《汉书·龚胜传》记其临终前戒其后人：“勿随俗动吾冢，种柏，作祠堂。”《汉书·张汤传附子张安世》记载：宣帝元康四年(前62)秋，张安世死，“谥曰敬侯。赐茔杜东，将作穿复土，起冢祠堂”。可见，在汉代，祠堂的设立已较为普遍。墓上祠堂的功能就是祀奉族中已逝的祖先长辈②。墓上祠祭也成为人们敬事祖先神的主要方

① 顾炎武撰、黄汝成集释、栾保群等校点：《日知录集释》卷一五“墓祭”，上海古籍出版社2006年版，第872～873页。

② 关于墓上祠堂功能的研究，参见[美]费慰梅《汉“武梁祠”建筑原形考》，王世襄译，载《中国营造学社汇刊》7卷2期；郑岩《墓主画像研究》，载山东大学考古学系编《刘敦愿先生纪念文集》，山东大学出版社1998年版；张从军《黄河下游的汉画像石艺术》，第422～423页。

式。“古礼庙祭，今俗墓祀”①，祠堂的设立强化了人们的祖先崇拜意识。

二是祭祖活动次数频繁，仪式隆重，心情虔诚。

汉代，墓上祠祭是很重要的社会活动，受到官方和民间的高度重视。官方对官员的墓祭时间有具体规定。《后汉书·明帝纪》李贤注引《汉官仪》曰：“诸陵寝皆以晦、望、二十四气、三伏、社、腊及四时上饭。”如此一来，每月至少要有四次正规的祭祀，还有在节日的祠祭。

另外，官员在转官赴任或得封赏时也常常到墓地祭祀祖先。如汉和帝时，韩棱“迁南阳太守，特听棱得过家上冢，乡里以为荣”②。建武二年(26)，冯异被封为阳夏侯，“诏异归家上冢，使太中大夫赍牛酒，令二百里内太守都尉已下及家族会焉”③。宋均“光武嘉其功，迎赐以金帛，令过家上冢”④。这种不定期的祭祀旨在光宗耀祖。

在民间，祭祖不仅是家庭而且也是宗族最重要的事情。据崔寔《四民月令》记载，一年中正式的祭祖活动有多次，分别在正月、二月、五月、六月、八月、十一月、十二月举行。具体的祭祀方式是：

正月之旦，是谓正日。躬率妻孥，洁祀祖祢。前期三日，家长及执事，皆致齐焉。及祀日，进酒降神毕，乃家室尊卑，无小无大，以次列坐先祖之前，子、妇、孙、曾，各上椒酒于其家长，称觞举寿，欣欣如也。

百卉萌动，蛰虫启户，乃以上丁，祀祖于门，及祖祢，道阳出滞，祈福祥焉。

二月。祠太社之日，荐韭卵于祖祢。前期齐、馔、扫涤，如正祀焉。其夕又案冢薄馔祠具，厥明于冢上荐之；其非冢祀良日，若有君命他急，筮择冢祀日。

夏至之日，荐麦鱼于祖祢。厥明祠冢。前期一日，馔具、齐、扫涤，如荐韭卵。

六月。初伏，荐麦瓜于祖祢。齐、馔、扫涤，如荐麦鱼。

---

① 王充：《论衡·四讳》。

② 《后汉书·韩棱传》。

③ 《后汉书·冯异传》。

④ 《后汉书·宋均传》。

八月……以祠太社之日，荐黍豚于祖祢。厥明祀冢，如荐麦鱼。

十一月。冬至之日，荐黍羔，先荐玄冥于井，以及祖祢。齐、馔、扫涤，如荐黍豚。

十二月。腊日，荐稻雁。前期五日杀猪，三日杀羊。前除二日，齐、馔、扫涤，遂腊先祖、五祀。

其明日，是谓小新岁，进酒降神。

其明日，又祀，是谓蒸祭。

后三日，祀冢。

是月也，群神频行，大蜡礼兴；乃冢祀君、师、九族、友朋，以崇慎终不背之义。①

汉代民间的祭祖方式与《礼记·王制》所记载的"庶人春荐韭，夏荐麦，秋荐黍，冬荐稻；韭以卵，麦以鱼，黍以豚，稻以雁"礼制基本一致。但《礼记·王制》所规定为春、夏、秋、冬四时祭祀，汉代百姓祀祖次数多有增加。祭祖之前必须进行斋戒，通过沐浴、盥濯、扫涤，准备丰盛而洁净的祭品，进行虔诚而庄重的仪式，来表达对祖先神的崇敬之情。

在山东嘉祥武氏祠左石室后壁的龛室后壁画像中有祠主受祭图，画面分上下两层，下层为车马图，上层即祠主受祭图。该图正中是一座高大的二层楼阁，两侧是高耸的双阙，楼阁二层左右房间各有一名妇女凭栏正面端坐；楼阁下层是拜谒的场面，右侧一人面左而坐，身后立着一名持便面的侍者，左侧一人向右拜伏在地，楼阁内外有六名执板恭立的侍者。在被拜谒者身后的楼柱上，刻有"此斋主也"四字题记。此图是表现孝子贤孙在墓地祠堂祭祀祖先的墓祭图，组成墓祭图的各种图像因素，诸如双层楼阁、双阙、马和车、树木、射猎等，都是墓祭祖先这一中心主题的有机组成部分。其中，双阙表示茔地的大门，双层楼阁是墓地中祠堂一类的祭祀性建筑，楼阁下层的祭拜对象和祭拜者分别是祠主和他的在世子孙，楼阁二层正面端坐的妇女是祠主的妻妾，楼阁双阙旁的树木是墓地中种植的"灵木"，树下停放的车和马是祠主往来地下墓室和祠堂之间的交通工具，树木旁的射猎者是为墓祭

① 崔寔撰、缪启愉辑释：《四民月令辑释》，农业出版社1981年版，第1、25、53、68、84、104、109页。

准备牺牲的祠主子孙。各种图像因素都是围绕着墓祭祖先这一中心主题而设置和展开的。[①] 祭祀图像是汉代鬼神观念的形象诠释，寄托着人们对祖先的尊崇和期冀祖先神灵护佑的愿望。

三是厚葬之风的盛行。

汉代，人们"事死如事生"[②]，事亡如事存，因而厚葬盛行于各阶层。上层贵族"车服嫁娶葬埋过制"[③]。《潜夫论·浮侈》云：

> 今京师贵戚，郡县豪家，生不极养，死乃崇丧。或至刻金镂玉，檽梓楩柟，良田造茔，黄壤致藏，多埋珍宝偶人车马，造起大冢，广种松柏，庐舍祠堂，崇侈上僭。宠臣贵戚，州郡世家，每有丧葬，都官属县，各当遣吏赍奉，车马帷帐，贷假待客之具，竞为华观。

下层百姓也争相"慕效，寖以成俗"[④]，不少人甚至为此倾家荡产。如《后汉书·崔骃传》曰：

> 初，寔父卒，剽卖田宅，起冢茔，立碑颂。葬讫，资产竭尽，因穷困，以酤酿贩鬻为业。

汉明帝诏亦云：

> 今百姓送终之制，竞为奢靡。生者无担石之储，而财力尽于坟土。伏腊无糟糠，而牲牢兼于一奠。糜破积世之业，以供终朝之费，子孙饥寒，绝命于此，岂祖考之意哉！又车服制度，恣极耳目。田荒不耕，游食者众。有司其申明科禁，宜于今者，宣下郡国。[⑤]

对于厚葬之俗形成的原因，王充在《论衡·薄葬》中曾进行过分析：

> 世尚厚葬……以为人死辄为神鬼而有知，能形而害人，故引杜伯之类以为效验……又见病且终者，墓中死人来与相见，故遂信是，谓死如生。闵死独葬，魂孤无副，丘墓闭藏，谷物乏匮，故作偶人以侍尸柩，多藏食物，以歆精魂。积浸流至，或破家尽业以充死棺，杀人以殉葬，以快

---

① 参见信立祥《汉代画像石综合研究》，第88～102页。

② 《孔子家语》卷四，北京文史出版社2003年版。

③ 《汉书·成帝纪》。

④ 《汉书·成帝纪》。

⑤ 《后汉书·明帝纪》。

生意。非知其内无益，而奢侈之心外相慕也；以为死人有知，与生人无以异。

王充认为，厚葬之风一是出于对“神鬼而有知，能形而害人”的恐惧，二是对亲人“闵死独葬，魂孤无副”的怜悯。我们认为，更重要的还是出于希望祖先神在冥冥之中保佑子孙后代的功利目的。与皇家制度化、政治化的祖先崇拜相比，民间祀祖更多地体现出实用主义的倾向。睡虎地秦简《日书》有云：在“良日”祭祀父母，“不出三月有大得”[①]。蔡邕《祝祖文》曰：“元正令子，时惟嘉良；乾坤交泰，太簇运阳；乃祀祖灵，以祈福祥。”[②]苍山汉墓的铭文记载：“立郭（椁）毕成，以送贵亲，魂灵有知，柃（怜）哀子孙，治生兴政，寿皆万年。”[③]应劭《风俗通》亦云：“俗说曰凡祭祀先祖，所以求福。”[④]可见，“祭祀先祖，所以求福”是汉代祖先信仰的普遍心态，更加反映出世俗的心理特征。在这种实用主义鬼神观的指导下，汉代形成了“重死不顾生，竭财以事神，空家以送终”[⑤]的社会风气，造成社会财力的严重浪费，许多人被弄得倾家荡产。有鉴于此，汉成帝、光武帝、明帝、章帝、和帝、安帝、桓帝都曾多次颁布诏令，“申饬有司，以渐禁之”[⑥]。对于公然违律者也进行了处罚。如景帝时武原侯卫不害因“葬过律夺国”，明帝时桑民拟阳侯因“冢过制髡削”[⑦]。但诏令并不能消除鬼神观念对人们行为的左右，法律也无法改变人们对祖先神的信仰，汉代“殚财厚葬”之风仍盛行不衰，形成“富者奢僭，贫者单财，法令不能禁，礼义不能止”[⑧]的局面。

① 云梦睡虎地秦墓编写组：《云梦睡虎地秦墓》简 807，文物出版社 1981 年版。

② 载严可均辑《全上古三代秦汉三国六朝文・全后汉文》卷七九，中华书局 1958 年版，第 899 页。

③ 转引自米如田《汉画像石墓分区初探》，载《中原文物》1988 年第 2 期。

④ 虞世南：《北堂书钞》卷九二“以威厉鬼”引。

⑤ 王充：《论衡・薄葬》。

⑥ 王符撰、汪继培笺、彭铎校正：《潜夫论笺校正・浮侈》，中华书局 1985 年版。

⑦ 王符撰、汪继培笺、彭铎校正：《潜夫论笺校正・浮侈》。

⑧ 《后汉书・光武帝纪下》。

五、无处不在的精物妖怪

汉代，除了对日月星辰、山川河流等自然神灵以及与百姓生活关系密切的各种生活神祇顶礼膜拜外，人们还认为在现实世界中存在数量众多、形态各异的精物妖怪。它们经常侵扰、袭击人类，给人们的日常生活造成很大困扰。人们也想出了对付它们的种种办法。尽管人们对待它们的态度与神祇大有区别，但它们同样也是民间信仰的一个组成部分。

（一）汉代的精怪信仰

精物妖怪是在“万物有灵”信仰基础上产生的，是人们基于对自然界一些未知事物或异常现象畏惧不解，无法把握，又无法作出科学合理解释产生的一种原始信仰。

古人认为物老可以成精，通灵变化。司马迁在《史记·留侯世家》中说：“学者多言无鬼神，然言有物。”司马贞《索隐》曰：“物谓精怪及药物也。”精怪泛称“百物”①，又称“鬽”。《说文解字》释曰：“鬽，老物精也。”《论衡·订鬼》曰：“鬼者老物精也。夫物之老者，其精为人；亦有未老，性能变化，象人形。”

古人认为，人们日常生活的每一种事物，社会环境的每一个角落，都有精物妖怪存在。如孔子认为：“木石之怪曰夔、蝄蜽，水之怪曰龙、罔象，土之怪曰羵羊。”韦昭注曰：“或云：‘夔，一足，越人谓之山缫……或作“魈”，富阳有之，人面猴身，能言。’蝄蜽，山精，效人声而迷惑人也。”“罔象食人，一名沐腫。”②对于精怪，庄子也有过描述：“沈有履。灶有髻。户内之烦壤，雷霆处之，东北方之下者倍阿鲑蠪跃之，西北方之下者，则泆阳处之。水有罔象，丘有峷，山有夔，野有彷徨，泽有委蛇。”③履、髻、雷霆、倍阿鲑蠪、泆阳、罔象、峷、夔、彷徨、委蛇就是分别生活在泥沟、灶、户内烦壤处、东北方之下、西北

① 《周礼·春官宗伯·大宗伯》。

② 《国语·鲁语下》。

③ 《庄子·达生》。

方之下，水、丘、山、野、泽中的精怪。罔象"好食亡者肝脑"。委蛇"其大如毂，其长如辕，紫衣而朱冠。其为物也恶，闻雷车之声则捧其首而立"[①]。关于泽神委蛇，应劭在《风俗通·怪神》"世间多有见怪惊怖以自伤者"中也有过描述：

> 谨按管子书："齐公出于泽，见衣紫衣，大如毂，长如辕，拱手而立。还归，寝疾，数月不出。有皇士者见公，语惊曰：'物恶能伤公！公自伤也。此所谓泽神委蛇者也，唯霸主乃得见之。'于是桓公欣然笑，不终日而病愈。"

管子认为水中有涸泽之精庆忌、涸川之精蚼：

> 或世见，或世不见者，生蚼与庆忌。故涸泽数百岁，谷之不徙，水之不绝者，生庆忌。庆忌者，其状若人，其长四寸，衣黄衣，冠黄冠，载黄盖，乘小马，好疾驰，以其名呼之，可使千里外一日反报，此涸泽之精也。涸川之精者，生于蚼。蚼者，一头而两身，其形若蛇，其长八尺，以其名呼之，可以取鱼鳖，此涸川水之精也。是以水之精粗浊蹇，能存而不能亡者，生人与玉。伏暗能存而亡者，蓍龟与龙。或世见或不见者，蚼与庆忌。[②]

涸泽之精庆忌貌似人，涸川之精蚼形似蛇，它们与蓍龟、龙一样属于川泽所生之物。"以其名呼之"是一种厌胜术。古人普遍存在对名字的信仰，认为名字与灵魂密切相关。按商代礼俗，为死者招魂必须直呼其名[③]。在此信仰基础上也派生出了呼名驱鬼(魅)的厌胜术，直呼鬼或精怪的名字就可将其降服，摆脱灾厄，而且还可以控制操纵精怪为人所用。据后世文献记载，《白

---

① 《庄子·达生》。

② 《管子·水地》。

③ 《礼记·丧服小记》："复与书铭，自天子达于士，其辞一也。男子称名，妇人书姓与伯仲，如不知姓，则书氏。"郑玄注曰："此谓殷礼也。"

泽图》即是黄帝时记录鬼怪名称及各种制服鬼怪手段的专书①。晋葛洪在《抱朴子·登涉》中曰："论《百鬼录》，知天下鬼之名字，及《白泽图》、《九鼎记》，则众鬼自却。"干宝《搜神记》卷一二云：

吴诸葛恪为丹阳太守，尝出猎，两山之间，有物如小儿，伸手欲引人。恪令伸之，乃引去故地。去故地，即死。既而参佐问其故，以为神明。恪曰："此事在白泽图内；曰：'两山之间，其精如小儿，见人，则伸手欲引人，名曰"傒囊，"引去故地，则死。'无谓神明而异之。诸君偶未见耳。"

"白泽"是传说中的神兽，据说它能知天下鬼怪的名字、形貌及驱除之术。所以黄帝"令以图写之以示天下"。《白泽图》虽托名黄帝时所作，实则后世方士杂占家附会而成。有人认为《白泽图》成书于东汉中晚期。② 从上述记载来看，至少在三国之前，《白泽图》的确在社会上流传。

对于精物妖怪的信仰，在汉代仍盛行不衰。汉代人们普遍认为"世间多有精物妖怪百端"③。关于它们的称谓，张衡在《东京赋》中有过较为详细的记载：

尔乃卒岁大傩，殴除群厉。方相秉钺，巫觋操茢。侲子万童，丹首玄制。桃弧棘矢，所发无臬。飞砾雨散，刚瘅必毙。煌火驰而星流，逐赤疫于四裔。然后凌天池，绝飞梁，捎魑魅，斫獝狂。斩蜲蛇，脑方良。囚耕父于清泠，溺女魃于神潢。残夔魖与罔像，殪野仲而歼游光。八灵为之震慑，况魃蜮与毕方。度朔作梗，守以郁垒。神荼副焉，对操索苇。目察区陬，司执遗鬼。京室密清，罔有不韪。

薛综又对这些精物妖怪各自的职掌进行了注解：魑魅，山泽之神；方良，草泽之神；夔，木石之怪，如龙有角，鳞甲光如日月，见则其邑大旱；罔象，木石之

① 马国翰《玉函山房辑佚书》引《开元占经》卷一一六辑得的六朝梁孙柔之《瑞应图》"白泽"条云："黄帝巡于东海，白泽出，能言语，达知万物之精，以戒于民，为除灾害。贤君德及幽遐则出。"《云笈七签》卷一〇〇《纪传部》纪一云："帝巡狩，东至海，登桓山，于海滨得白泽神兽，能言，达于万物之情。因问天下鬼神之事，自古精气为物，游魂为变者，凡万一千五百二十种，白泽言之，帝令以图写之，以示天下，帝乃作祝邪之文以祝之。"

② 孙文起：《〈白泽图〉与古小说志怪渊源》，载《哈尔滨学院学报》2007年第10期。

③ 应劭撰、吴树平校释：《风俗通义校释·怪神》。

怪;毕方,老父神,如鸟两足一翼者,常衔火在人家作怪灾也。[①]

由于时代或地域的不同,人们对于各种精物妖怪的称谓略有差异,但在认识论上则是一致的,就是都承认它们的存在。与神灵给人带来福佑和幸福不同,精怪往往作祟于人的生活,带给人们的主要是困扰和灾祸。应劭在《风俗通·怪神》中列举了一些典型事例:

谨按:鲁相右扶风臧仲英为侍御史,家人作食设案,欻有不清尘土投污之;炊临熟,不知釜处。兵弩自行;火从箧簏中起,衣物烧尽,而簏故完。妇女婢使悉亡其镜,数日,堂下掷庭中,有人声言:"女镜。"女孙年三四岁亡之,求不能得,二三日乃于清中粪下啼。若此非一。

汝南有许季山者,素善卜卦,言家当有老青狗物,内中婉御者益喜与为之。诚欲绝,杀此狗,遣益喜归乡里。皆如其言,因断无纤介,仲英迁太尉长史。

"老青狗物"即狗魅,入居人家,捣乱作恶。消除祸患的方法就是杀而绝之。在人们看来,万物之老者为精怪,它们"性能变化","其精悉能假托人形,以眩惑人目而常试人"[②]。动物成精最明显的特征就是能化形为人,往往会变化为亡者形状:

世间亡者多有见神,语言饮食,其家信以为是,益用悲伤。

谨按司空南阳来季德停丧在殡,忽然坐祭床上,颜色服饰声气熟是也。孙儿妇女以次教诫,事有条贯,鞭挞奴婢,皆得其过,饮食饱满,辞诀而去。家人大哀剥断绝,如是三四,家益厌苦。其后饮醉形坏,但得老狗,便朴杀之,推问里头,沽酒家狗。[③]

有时候狗精也会做出各种怪异举动,如"狗如人立行",狗戴人冠持走,狗于灶前蓄火等[④],搅扰人们的日常生活。不仅动物出现反常现象被冠以精怪作祟,其他无法解释的异常事物和异常现象都被视为怪,"群物失其常性,古人

---

① 萧统编、李善注:《文选》卷三,上海古籍出版社1986年版,第123～124页。

② 葛洪:《抱朴子·登涉》。

③ 应劭撰、吴树平校释:《风俗通义校释·怪神》。

④ 参见应劭撰、吴树平校释《风俗通义校释·怪神》。

谓之妖怪”[①]。如植物出现非正常现象，也以精怪视之：

桂阳太守江夏张辽叔高去鄢令家居，买田，田中有大树十余围，扶疏盖数亩地，播不生谷，遣客伐之，木中血出，客惊怖，归，以其事白叔高。叔高大怒，曰：“老树汁出，此何等血？”因自严行复斫之，血大流洒。叔高使先斫其枝，上有一空处，白头公可长四五尺，忽出往赴叔高，叔高乃逆格之，凡杀四头。左右皆怖伏地，而叔高恬如也。徐熟视，非人非兽也，遂伐其木。其年司空辟侍御史，后为兖州刺史，以二千石之尊，过乡里，荐祝祖考。白日绣衣，荣羡如此，其祸安居？春秋国语曰：“木石之怪夔、魍魉。”物恶能害人乎？[②]

伐木出“血”属于植物中的异常现象，“白头公”则应是人们附会而成。虽然汉代应劭有远瞩之见，认为物不能害人，但从人们“惊怖……左右皆怖伏地”的表现来看，汉代社会的普通人对精怪还是持有很深的恐惧心理的，因为在人们的观念中，它们确实存在且给人带来的主要是灾祸和麻烦。

(二)祭祀与驱除兼行的应对手段

对于这些泛称“百物”的精怪，人们也是采取亦礼亦兵的应对手段。一方面祭祀祈祷，祈求它们不要带来祸患。对于已经降下灾祸的，则采取各种法术加以驱除。

先秦秦汉时期，在国家祀典中也有它们的一席之地。如《周礼·春官宗伯·大宗伯》云：

大宗伯之职：掌建邦之天神、人鬼、地祇之礼，以佐王建保邦国。以吉礼事邦国之鬼神祇：以禋祀祀昊天上帝，以实柴祀日月星辰，以槱燎祀司中、司命、风师、雨师。以血祭祭社稷、五祀、五岳。以狸沈祭山林川泽，以疈辜祭四方百物。

大宗伯之职是掌管对天神、人鬼、地祇的祭礼。在这里，精物妖怪被附于地祇之下，“四方百物”即指精怪鬼妖，它们的地位无法与天神、人鬼和地祇相

① 《左传·宣公十五年》“天反时为灾，地反物为妖”杨伯峻注。
② 应劭撰、吴树平校释：《风俗通义校释·怪神》。

比。对它们的祭祀也是用规格较低的副辜，即磔牲，磔裂牺牲祭祀它们。《周礼·春官宗伯·家宗人》记家宗人的职责是掌家祭祀之礼，“以冬至日致天神人鬼，以夏至日致地祇物魅”。按照阴阳五行的观念，地祇物魅为阴性，所以要在阴气方兴的夏至日祭祀。

以上是把物魅精怪作为神祇中地位较低的一类而进行的集体祭祀。但能够列入秦汉官方祀典的个体精怪则为数甚少。见于记载的主要有陈宝祠和怒特祠。陈宝是古人对陨星现象不解而产生的神秘化崇拜，前已有论，此不赘述。怒特祠是为树精青牛立祠。据《史记·秦本纪》记载：秦文公“二十七年，伐南山大梓，丰大特”。裴骃《集解》引徐广曰：“今武都故道有怒特祠，图大牛，上生树本，有牛从木中出，后见于丰水之中。”张守节《正义》的记载更为详细：

> 《括地志》云：“大梓树在岐州陈仓县南十里仓山上。《录异传》云：‘秦文公时，雍南山有大梓树，文公伐之，辄有大风雨，树生合不断。时有一人病，夜往山中，闻有鬼语树神曰：“秦若使人被发，以朱丝绕树伐汝，汝得不困耶？”树神无言。明日，病人语闻，公如其言伐树，断，中有一青牛出，走入丰水中。其后牛出丰水中，使骑击之，不胜。有骑堕地复上，发解，牛畏之，入不出，故置髦头。汉、魏、晋因之。武都郡立怒特祠，是大梓牛神也。’”

汉魏晋时武都郡的怒特祠，就是祭祀梓树精青牛所立。此后，木精是青牛的信仰也逐渐定型。如《嵩高记》曰：“（嵩）山有大松，或千岁，其精为青牛。”[①]《述异记》卷上亦云：“千年木精为青牛。”

精怪之祀主要还是在民间社会沿袭传承。人们往往对其信之有加，虔诚膜拜。如《风俗通·怪神》记载：

> 汝南鮦阳有于田得獐者，其主未往取也。商车十余乘经泽中行，望见此獐著绳，因持去。念其不事，持一鲍鱼置其处。有顷，其主往，不见所得獐，反见鲍鱼，泽中非人道路，怪其如是，大以为神，转相告语，治病求福，多有效验。因为起祀舍，众巫数十，帷幛钟鼓，方数百里皆来祷

① 李昉等：《太平御览》卷九〇〇引。

祀，号鲍君神。

对于能为人们带来某种"益处"的精怪，人们往往本着实用的原则对其顶礼膜拜，而对于带来祸患者则想方设法进行驱逐。驱逐有预防性的，如汉代宫廷年终的大傩、民间的百姓傩就是为此而设的；也有即用性的，在它们出来为患时进行反击。睡虎地秦简《日书·诘》记录了精怪妖魅作祟的表现及人们制服精怪的种种方法：

犬恒夜入人室，执丈夫，戏女子，不可得也，是神狗伪为鬼。以桑皮为□□之，烰(炮)而食之，则止矣。

对付假装成鬼入室骚扰人们的"神狗"，用可以驱邪的桑树皮烤而食之，狗精就不来了。

野兽若六畜逢人而言，是票(飘)风之气，毄以桃丈，绎(释)屦(屦)而投之，则已矣。

如果野兽或六畜向人说话，这是飘风精作怪。如果飘风精害人或入室行窃，用桃仗击之，或脱掉鞋子投向它，就会见效。

人毋(无)故一室人皆(垂)延(涎)，爰母处其室，大如杵，赤白，其居所水则乾，旱则淳，屈(掘)其室中三尺，燔豕矢(屎)焉，则止矣。

一家人无缘无故都流口涎，是因为爰母在捣乱。对付它的方法是在屋子里掘地三尺，燔烧猪屎等秽物驱除之。古人按照人类自身的好恶进行简单推理，认为邪祟也会害怕不洁之物，并由此产生出秽物驱邪法：动物的粪便、人的粪尿尤其是女人的秽物都被视为驱邪除祟的灵异之物。秽物驱邪法也在古代的乡村社会一直传承使用。

《诘》中记载的精怪还有"水亡"(罔象)，常常害死男孩，对付它的方法是在屋内洒灰密闭，悬挂茜草，就能捉住它，烹而食之，它就不为人患了；伪装成虫的"野火妖"袭击人的居室，应对的方法是点燃火把烧之；对付能说话的"鸟兽之妖"，只要身旁多增加人手，妖就会退缩；对付让人开门的"狼精"，直接杀而食之；对付在丘墟之处抱子追人的"母鼠精"，"张伞以向之，则止矣"。

可见，对于各种类型的精物妖怪，人们采取的是亦礼亦兵、先礼后兵的策略。对它们的态度也不像对待神灵那样毕恭毕敬，而是软硬兼施，甚至强行驱逐。方式多样，工具各异，投屦、张伞、燔桐、箬鞭、火烧、洒沙、燔豕矢、扬灰、桃丈毂、烧桑皮等，使用方便，方法简单易行，所用工具皆是人们生活常用之物。

可以看出，汉代民间信仰的神灵众多，上至天神，下到地祇、人鬼，以至于精物妖祥，无所不包。在人力微茫、靠天吃饭的古代小农经济社会，民间的信仰崇拜既是百姓的精神寄托，在一定程度上也是地方官吏思想和行为的指南，从而使得民间信仰渗透到地方政治中，并对其产生深厚的影响。这一点从汉代地方官吏的救灾措施中能够比较清晰地反映出来。如董仲舒为江都相十年，"治国，以《春秋》灾异之变推阴阳所以错行，故求雨，闭诸阳，纵诸阴，其止雨反是；行之一国，未尝不得所欲"①。董仲舒治理江都，主要指导思想是灾异论配合阴阳五行学说。救灾措施则是利用民间信仰的内容。在《春秋繁露》卷一六《求雨》、《止雨》中有非常具体的描述：

春旱求雨，令县邑以水日祷社稷山川，家人祀户，无伐名木，无斩山林，暴巫，聚尫，八日于邑东门之外，为四通之坛，方八尺，植苍缯八，其神共工，祭之以生鱼八、玄酒、具清酒、膊脯，择巫之洁清辩利者以为祝，祝斋三日，服苍衣，先再拜，乃跪陈，陈已，复再拜，乃起。祝曰："昊天生五谷以养人，今五谷病旱，恐不成实，敬进清酒膊脯，再拜请雨。雨幸大澍，即奉牲祷。"以甲乙日为大苍龙一，长八丈，居中央，为小龙七，各长四丈，于东方，皆东乡，其间相去八尺，小童八人，皆斋三日，服青衣而舞之，田啬夫亦斋三日，服青衣而立之，凿社，通之于闾外之沟，取五虾蟆，错置社之中，池方八尺，深一尺，置水虾蟆焉，具清酒、膊脯，祝斋三日，服苍衣，拜跪陈祝如初……

雨太多，令县邑于土日塞水渎，绝道，盖井，禁妇人不得行入市，令县乡里皆扫社，下县邑若丞合史啬夫三人以上，祝一人，乡啬夫若吏三人以上，祝一人，里正父老三人以上，祝一人，皆斋三日，各衣时衣，具处一，黍盐美酒财足祭社，击鼓三日，而祝先再拜，乃跪陈，陈已，复再拜，乃起。祝曰："嗟！天生五谷以养人，今淫雨太多，五谷不和，敬进肥牲清酒，以请社灵，幸为止雨，除民所苦，无使阴灭阳，阴灭阳，不顺于天，

① 《汉书·董仲舒传》。

天之常意在于利人，人愿止雨，敢告于社。”

董仲舒所采取的抗灾措施主要是暴巫、祝祷、舞雩等民间巫术，以及民间的信仰与崇拜，如对社稷、山川、共工、户神等民间神灵的祭祀。从“令县邑”的措辞可以看出，是政府用行政命令的方式，指挥各县遵从民间的信仰行为与仪式来具体行动。救灾活动的实施者与参与者主要有四种：一是地方长官，如丞，负责监督指挥；二是乡里主要官吏，如乡啬夫、田啬夫、史啬夫、里正、父老等，主持各乡里的祭祀活动；三是巫，巫非官非吏，主要起沟通神人的作用；四是民间百姓，听从安排，配合救灾活动。在灾害降临的情况下，信仰的力量使官民同心、团结一致，共同抗灾。根据史书的记载，虽然汉代各地的救灾措施不尽相同，但利用民间的信仰与崇拜应对灾害的指导思想却是一致的。

另外，汉代民间乡里之社的祭祀活动也是在政府的指令与监督之下进行的。地方政治中渗透和掺杂民间信仰的内容是汉代神鬼巫风盛行的表现和必然产物。地方政府通过对民间信仰与崇拜活动的干预和利用，将其控制在政府许可的范围内，以达到稳定地方秩序，加强中央集权的目的。

第三章　汉代的巫与地方政治

巫是指具有神力和法术，能与鬼神交通之人。在神灵观念盛行的古代，作为神人之间的媒介，从事巫术活动的巫觋受到社会大众的广泛崇信，他们活跃于人们社会生活的各个方面，对地方政治活动也产生过很大影响。

一、汉代巫的社会存在形态及其演变

巫的出现是一种世界性的现象，它随巫术的出现而出现。巫的起源很早，可以说有了原始宗教活动，就有了巫。随着社会分工的出现，“家为巫史”、人人皆可为巫的局面被打破，逐渐形成了一个专门服务于宗教祭祀的知识阶层——巫觋阶层。后来，医、史、祭祀（祝官、宗官）、占卜逐渐从巫觋中分离出来，使巫的职能大为缩小，重要性也随之降低。巫的一小部分成为服务于社会上层的官巫，大部分流入民间，成为为民间大众服务的民巫。

（一）先秦巫的发展演变

早在旧石器时代，巫术活动已经出现。在山顶洞遗址发现的人骨周围撒有很多赤铁矿粉末。这种巫术正是中国古代盛行的朱色辟邪术的最早源头[1]。伴随着巫术活动的出现，巫也产生了。[2]《说文解字》释“巫”云：“祝也，女能事无形，以舞降神者也。”释“觋”：“能斋肃事神明。在男曰觋，在女曰巫。”徐锴注曰：“能见神也。”[3]《国语·楚语下》云：“民之精爽不携贰者，而又能齐肃衷正，其智能上下比义，其圣能光远宣朗，其明能光照之，其聪能听彻之，如是则明神降之，在男曰觋，在女曰巫。”韦昭注曰：“巫、觋，见鬼者。”可见，巫觋是沟通神人的媒介，是伴随宗教活动的需要而产生的。

据《国语·楚语下》记载，在颛顼之前的时代，“民神杂糅，不可方物，夫人作享，家为巫史，无有要质，民匮于祀，而不知其福。烝享无度，民神同位。民渎齐盟，无有严威。神狎民则，不蠲其为。嘉生不降，无物以享。祸灾荐臻，莫尽其气”。家家有巫史，人人可通神。颛顼对宗教祭祀进行了制度化改革：“乃命南正重司天以属神，命火正黎司地以属民，使复旧常，无相侵渎，是谓绝地天通。”从而垄断了沟通神人的权力。巫的身份也随之发生了分化：一小部分巫与氏族首领的身份合而为一，氏族首领往往同时执行巫的职能。大部分巫则被挤出王廷庙堂，逐渐沦落乡野民间，成为服务于乡村大众的民间巫。

首先就上层巫进行论述。

进入阶级社会，统治者以神道设教，利用神权巩固王权。氏族首领兼任的巫作为宗教新贵与世俗新贵相结合，逐渐形成了一个新的集团——祭司集团。祭司集团也可称为巫官集团，是王权的组成部分，协助国王交通神灵及管理祭祀的各项具体事宜。一些重大的祭祀仪式仍由国王亲自主持。陈梦家先生总结这一变化是：“由巫而史，而为王者的行政官吏；王者自己虽为

---

① 参见胡新生《中国古代巫术》，第1页。

② 学术界普遍认为巫产生于原始社会。张光直先生认为，“至少在仰韶时代我们已有巫师的具体迹象了”（《考古学专题六讲》，文物出版社1986年版）。童恩正先生认为，“在中国北方原始社会的后期巫师已经正式出现”（《中国古代的巫》，载《中国社会科学》1995年第5期）。宋兆麟先生认为：辽宁东沟县后洼遗址出土的很多小型石雕刻品，如人像、猪、鸟、虎、鱼等等，都是巫觋执行巫术的手段；仰韶文化和半山文化的彩陶盆内绘有巫师形象；大汶口文化出土的獐牙钩形器可能是巫师的法具；在辽宁羊头洼等地发现的无字卜骨是巫师占卜的遗物。（参见宋兆麟《后洼遗址雕塑品中的巫术寓意》，载《文物》1989年第12期；宋兆麟《巫与巫术》，四川民族出版社1989年版）

③ 徐锴：《说文解字系传》，中华书局1987年版，第90页。

政治领袖,同时仍为群巫之长。”[1]

夏商时期,巫是专门的神职人员,是国家官吏。他们围绕在王之左右,掌握神权,参与政治,依附王权而存在。据《尚书·君奭》记载:

> 我闻在昔成汤既受命,时则有若伊尹,格于皇天。在太甲,时则有若保衡。在太戊,时则有若伊陟、臣扈,格于上帝。巫咸乂王家。在祖乙,时则有若巫贤。在武丁,时则有若甘盘。率唯兹有陈,保乂有殷。

上述七个商代名臣,至少有四个是巫,即伊尹、巫咸、巫贤、臣扈。丁山先生认为:“卜辞所见咸戊、盡戊,在《君奭》篇均称为巫咸、巫贤;《君奭》所称的伊陟、臣扈,在卜辞中也称为陟戊、学戊;然则,卜辞所见以戊为号的名臣,在当时并是巫觋之流。那么,商代中叶的政治,我敢说是神权政治了。”[2]晁福林先生则认为:“周公所列作为辅佐商王的最主要的大臣名单,从伊尹直到甘盘,都有可能是兼任商王朝之大巫者。”[3]此外,商代还有一批专职神职人员,即卜、史、祝。卜辞中三者职权混合。陈梦家先生指出:“《周礼》将古之巫事分任于若干官:舞师旄人龠师龠章鞮鞻氏等为主舞之官;大卜龟人占人筮人为占卜之官;占梦为占梦之官;大祝丧祝甸祝诅祝为祝;司巫男巫女巫为巫;大史小史为史;而方相氏为驱鬼之官:其职于古统掌于巫。”[4]巫兼容并包了一切宗教事务。

西周时期,由于“敬德保民”思想的出现,神权政治开始衰落。比之于商代,巫在统治阶层中的地位已经开始下降。随着宗教巫术事业的内部分工日趋细密,祝、宗、卜、史逐渐从巫职中独立出来,有了明确的职责划分。巫觋在祭祀活动中的主导地位已被以组织大型祭仪为主要职责的宗官和以祝祷求福为主要职责的祝官所取代。巫仅属于宗伯下的属官,只能承担事神活动中的具体事务,起辅助性的作用。据《周礼·春官宗伯·大宗伯》记载,列居卿位的大宗伯“掌建邦之天神人鬼地祇之礼”,大宗伯下设司巫,司巫

---

① 陈梦家:《商代的神话与巫术》,载《燕京学报》1936年第20期。
② 丁山:《商周史料考证》,中华书局1988年版,第64页。
③ 晁福林:《商代的巫与巫术》,载《学术月刊》1996年第10期。
④ 陈梦家:《商代的神话与巫术》,载《燕京学报》1936年第20期。

“掌群巫之政令。若国大旱，则帅巫而舞雩；国有大灾，则帅巫而造巫恒”①。司巫为群巫之首，大旱时率领群巫舞雩求雨；大灾时率领群巫行术免灾。司巫下设“中士二人。府一人，史一人，胥一人，徒十人。男巫，无数。女巫，无数”②。其中，男巫、女巫各有职掌。

男巫所管之事有“望祀、望衍、授号，旁招以茅。冬堂赠，无方无算。春招弭，以除疾病。王吊，则与祝前”③，包括望祀时以茅招神，逐疫驱鬼，招福除疾，临丧下神等。女巫所管之事有“岁时祓除衅浴。旱暵则舞雩。若王后吊，则与祝前。凡邦之大灾，歌哭而请”④，包括岁时祓除，舞雩求雨，临丧下神，遇大灾还要歌哭以请神祇庇护。主要是用法术、祝祷和祭祀来消灾祈福，为王权服务。

春秋时代，巫的职司范围继续萎缩，主要集中在求雨、占梦、祓除、降神、驱鬼等几项。同时，巫也渐趋脱离王廷，向民间滑落。战国以降，随着早期文明史的结束，巫官的特殊政治地位也一去不复返了。其主要表现是巫觋的地位越来越低，在国家祭祀中只能担任配角，做一些辅助性的具体事务；为王权服务的巫觋人数越来越少，绝大多数巫觋开始向民间流动。

下面我们再来看一下民间巫的走向。

在上层社会，巫术文化遭到礼乐文化的排斥而逐渐衰落。相反，巫术的根子仍深深扎在下层社会的深层土壤之中。在民间，传统意义上的巫一直存在，而且非常活跃，有极大的影响和市场。迟至春秋战国时代，北方的每一个邑都有自己的名巫，如范邑之巫、桑田巫、梗阳之巫⑤、邺巫⑥、卫巫⑦等。郑国的季咸，“知人之生死存亡，祸福寿夭，期以岁月旬日，若神”，被人称为“神巫”。⑧《列子·黄帝》所说的“有神巫自齐来处于郑，命曰季咸”，应该就

① 《周礼·春官宗伯·司巫》。
② 《周礼·春官宗伯·大宗伯》。
③ 《周礼·春官宗伯·男巫》。
④ 《周礼·春官宗伯·女巫》。
⑤ 参见《左传》之《文公十年》、《成公十年》、《襄公十八年》。
⑥ 参见《史记·滑稽列传》。
⑦ 参见《国语·周语上》。
⑧ 参见《庄子·应帝王》。

是此人。他们利用传统巫术降神通鬼,驱疫除病,不仅受到民间大众的信任,是人们遇到困难和灾难时的主要求助对象,而且国君、贵族也常向其咨询。如《左传·成公十年》记载:

晋侯梦大厉,被发及地,搏膺而踊,曰:"杀余孙,不义。余得请于帝矣!"坏大门及寝门而入。公惧,入于室,又坏户。公觉,召桑田巫。巫言如梦。公曰:"何如?"曰:"不食新矣。"……六月丙午,晋侯欲麦,使甸人献麦,馈人为之。召桑田巫,示而杀之。将食,张,如厕,陷而卒。

(襄公十八年)中行献子将伐齐,梦与厉公讼,弗胜。公以戈击之,首队(坠)于前,跪而戴之,奉之以走,见梗阳之巫皋。他日,见诸道,与之言,同。巫曰:"今兹主必死。若有事于东方,则可以逞。"

(文公十年)楚范巫矞似谓成王及子玉、子西曰:"三君皆将强死。"

春秋战国时代,巫在王室宫廷中承担的职责主要是舞雩、驱傩和祓除。但在民间,巫的活动范围却要宽泛得多,除了前述的预言、占梦、释梦外,其他像疗疾、驱鬼、降神、祭祀、占卜等,几乎所有与鬼神有关的活动都有他们的身影。如云梦秦简《日书》简文有:"戊已有疾,巫堪行,王母为祟。"[①]在秦人的观念中,父母、祖父母的亡灵作祟,使自己的后代有疾,需要巫医行术治疗。春秋战国时代,楚地流传着许多巫歌,《九歌》即是其中之一。巫歌的目的是降神、娱神,歌舞的主角就是巫觋。

灵偃蹇兮姣服,芳菲菲兮满堂。

鸣篪兮吹竽,思灵保兮贤姱。[②]

《说文解字》释"灵"曰:"巫,以玉事神。"楚人称巫觋为"灵"。"古之所谓巫,楚人谓之曰灵。"[③]在巫的降神过程中,歌舞、音乐是必不可少的。河南信阳楚墓出土的彩绘锦瑟上有"巫师升天图"。图中间的巫师头戴鸟首面具,两

① 云梦睡虎地秦墓编写组:《云梦睡虎地秦墓》简 801。

② 《九歌·东皇太一》、《九歌·东君》,转引自聂石樵《楚辞新注》,上海古籍出版社 1980 年版,第 31、32 页。

③ 王国维:《戏剧论文集·宋元戏曲考》,中国戏剧出版社 1983 年版,第 5 页。闻一多先生则认为,"保"就是"凭",是"神灵之所依凭附者",也就是降神之巫。(参见《九歌解诂·九章解诂》,上海古籍出版社 1985 年版,第 8 页)

首各持巨龙(蛇);巫师两侧则有细腰女子作歌舞状。整个画面表现为在歌舞声中巫师借助神兽飞升天国的情景,这与楚辞中巫觋歌舞娱神的描述是完全一致的。[①] 王逸在《楚辞章句·九歌章句序》中亦云:

> 昔楚国南郢之邑,沅、湘之间,其俗信鬼而好祠。其祠,必作歌乐鼓舞以乐诸神。屈原放逐,窜伏其域,怀忧苦毒,愁思沸郁,出见俗人祭祀之礼,歌舞之乐,其词鄙陋,因为作《九歌》之曲。

巫不仅是民间精神生活的主宰者,而且还能影响到上层贵族,使全社会形成信鬼好巫的社会风尚。如越地有专门给巫住的"巫里"和专门葬巫的"巫山"。《越绝书》卷八云:"巫里,句践所徙巫为一里,去县二十五里。其亭祠今为和公群社稷墟。""巫山者,越䰠,神巫之官也,死葬其上。去县十三里许。"

秦地民间巫风也很盛行,出土的秦简《日书》在某种程度上可以理解为民间巫书。从《日书》的记载中可以看出,巫觋大量存在于秦国社会:

> 斗,利祠及行贾,贾市吉,取妻妾为巫。
>
> 翼,利行……生子男,为见(巫)为觋。
>
> 女子为巫。[②]

巫风浓厚,使秦人出现巫术泛化现象,即人人都能驱鬼逐妖,似乎不必专待巫觋。云梦秦简中的《诘》篇就是专论驱鬼辟邪的文献。可见,巫在民间有广阔的市场。

综观先秦巫觋的发展历程,主要有以下特点:

1. 层次分化十分明显

进入阶级社会,巫觋的层次分化更加明显。按其本身的学识、能力和威望,有高低之分,地位也不同。一部分巫高居于社会上层,掌握神权,参与政治。像巫咸、巫贤、巫彭属于大巫,亦兼任商王朝的大臣。他们的名字屡见于卜辞。在文献资料《山海经·大荒西经》、《竹书纪年》卷五、《世本·作篇》、《吕氏春秋·勿躬》、《史记·殷本纪》中也有关于他们的记载。大巫的

① 参见江林昌《楚辞与上古历史文化研究》,齐鲁书社 1998 年版,第 117 页。

② 云梦睡虎地秦墓编写组:《云梦睡虎地秦墓》简 804、简 823、简 849。

知识水平高于一般人，代表鬼神发言，能指导国家政治和国王的行动。对此，晁福林先生分析道：

> 商代巫师形象在考古资料中偶有所见。属于商代后期的四川广汉三星堆遗址的二号坑出土一尊大型立人像，高级巫师头带面具、手持法物以祭神驱鬼之形……这样威武、伟岸的人像，应当是当时政治与宗教首脑合一的人物形象，其扬起的手臂和双手所持的仪仗，均与巫师驱鬼之事有关。[①]

也有的处于社会中层。如商代各地诸侯或方国之巫即属此类。甲骨文有“巫由”、“巫臾”、“巫如”等，殆兼记其出身族氏名。又有“周以巫”、“以巫”、“妥以巫”，是各地向商王朝致送巫师之语。巫可致送，则其地位应在当地上层权贵之下。在河北藁城台西商代中期遗址发现的一座墓，墓主为一名45岁左右的中年男性，随葬有不少铜、石、骨、陶器，近头部一侧有卜骨三块，脚边放着一个长方形漆匣，内装医疗用具“石砭镰”，生前应是位巫师。同墓又殉有一名20岁左右的青年女子。可见墓主生前地位不算太低，但随葬品在同批墓群中却又只能列为中等偏上，说明其应处在当地上层权贵之下，充当着巫医的专门角色。[②]

更多的处于社会下层，地位日益沦落。四川广汉三星堆遗址的2号坑出土有41件人头像，据晁福林先生研究，认为：“这些数量较多的人头像可能是当时的地位较低的巫师的形象。他们从属于大巫，为大巫所驱使而与鬼搏斗。立人像与这些人头像可以说是商代后期巴蜀地区巫师群体的形象。”[③]这一结论笔者认为十分正确。

2. 地位因地因人而异

在人类文明的早期阶段，巫在聚落中享有很高的地位。国家形成后，从事与神鬼往来的巫者仅是服务于国家政治生活和满足人们日常需要的工具，其昔日风光不复存在。从总体上看，巫觋的地位每况愈下，但也不可一

① 晁福林：《商代的巫与巫术》，载《学术月刊》1996年第10期。

② 参见宋镇豪《夏商社会生活史》，中国社会科学出版社1994年版，第431页。

③ 晁福林：《商代的巫与巫术》，载《学术月刊》1996年第10期。

概而论，不同文明地区巫的命运出现颇大差异。如春秋以来，中原各国巫风减弱，职能被分离、侵夺，整体地位日益下降，今不如昔。而在巫风盛行的楚国，作为人神媒介的巫觋就备受尊崇。楚平王时的大巫观射父，其家族以巫为世官，观射父身为大夫，被奉为国宝，其实际地位不在令尹之下，成为楚国至高无上的大巫。《国语·楚语下》载王孙圉曰："楚之所宝者，曰观射父，能作训辞，以行事于诸侯，使无以寡君为口实。"巫在楚国，享有庙堂之上的荣耀，足以令诸夏之巫相形见绌。吴越一带巫风也相当浓重，巫居于"巫里"，有神巫之官"越魑"，死后专门葬于"巫山"。越巫在国家政治生活中亦占有重要地位。

巫的地位也因人而异。齐桓公时的堂巫，其在齐国的地位与影响就不容小视。据《管子·小称》记载，齐桓公宠信易牙、竖刁、堂巫与公子开方，管仲进谏而使桓公远离四人。其云：

> 管仲死，已葬。公憎四子者，废之官。逐堂巫而苛病起，逐易牙而味不至，逐竖刁而宫中乱，逐公子开方而朝不治。桓公曰："嗟！圣人固有悖乎！"乃复四子者。处期年，四子作难，围公一室不得出。有一妇人，遂从窦入，得至公所……对曰："易牙、竖刁、堂巫、公子开方，四人分齐国，途十日不通矣。"

易牙等四人在桓公周围，各显神通。其中，堂巫是桓公宠信的巫觋，负责为桓公驱疫除病。桓公废掉堂巫后就身体不适，所以不久又将其召回。一年后，四人作乱，囚禁了桓公，瓜分了齐国。可见，至春秋战国时期，虽然巫觋的整体地位日益下降，但也不排除个别巫觋利用巫术，在精神与肉体上控制国君，从而掌握政权，参与朝政，甚至犯上作乱的可能。另外，《世本》中的巫彭，《楚辞·招魂》中的巫阳，《山海经·大荒西经》中的巫咸、巫即、巫肦、巫彭、巫姑、巫真、巫礼、巫抵、巫谢、巫罗等"十巫"，皆能在古代典籍中留下姓名，足以说明其当日地位之高，影响之大。

大部分巫的社会地位则日益衰落。其主要表现一是逐渐脱离政权核心，向民间沦落；二是人身安全无法保障。《左传·成公十年》载：晋侯梦见大厉为祟，桑田巫预言国君死期将近，恐无法吃上新麦。六月，甸人献麦，晋侯便"召桑田巫，示而杀之"。巫觋的预言或法术一旦失灵失效，等待他们的可能就是死亡的命运。据《史记·封禅书》记载：

> 苌弘以方事周灵王，诸侯莫朝周，周力少，苌弘乃明鬼神事，设射狸首。狸首者，诸侯之不来者。依物怪欲以致诸侯。诸侯不从，而晋人执杀苌弘。

在周天子权势日益衰微、诸侯不朝的情况下，巫师苌弘用"射狸首"即偶像伤害术惩罚"诸侯之不来者"，结果反而招致杀身之祸。

进入战国时代，社会结构发生重大变化，巫师的地位也迅速滑落。西门豹治邺，女巫居然可以被地方官随便扔进河里淹死，其地位之低下可想而知。秦代巫觋的社会地位也很低下。据天水放马滩秦简《日书》"亡者"章记载：

> 辰，虫也。以亡盗者……外人也。其为人：长颈，小首，小目。女子为巫，男子为祝名。①

巫祝在秦代沦为逃亡的盗贼，成为择日抓捕的对象，可见社会地位并不高。

对于巫的分化，马新师、齐涛先生曾有过专门论述，我们不妨引录如下：

> 在巫师职业化与专业化的基础上，出现了巫师的分化。一般来说，巫师分化为两种：一种是与组织群体中的权力人物合一或依附于权力的巫，一种是仍在百姓中活动的巫。后者实际上已不能正式地活动于天人之际，主要是以医卜为业。巫师的这种分化奠定了以后中国巫觋集团的发展方向，预示了这一集团的前途命运。
>
> 巫师的职业化与专业化，使他们对天地神灵以及卜祭本身的认识有了较为充分的条件；而巫术对早期权力的依附，又促使他们要建立与地上世界的社会组织与社会分层相对应的天地神灵的世界体系，促使早期宗教体系及相应的哲学观的产生。②

可见，先秦巫的发展过程是按照"家为巫史"——专职巫师——朝野两分的官巫和民间巫的趋势而演变的。与这一演变过程相伴随的是巫的地位不断

---

① 转引自何双全《天水放马滩秦简甲种〈日书〉考述》，载甘肃省文物考古研究所编《秦汉简牍论文集》，甘肃人民出版社 1989 年版，第 26 页。

② 马新、齐涛：《中国远古社会史论》，科学出版社 2003 年版，第 161 页。

下降，职能逐渐缩小。而这种发展走势又对两汉及以后巫的前途命运产生了重要影响。

（二）两汉巫的社会构成

秦汉时代的巫也有官巫和民间巫两种，这和商周时代一样。不过，在这一时期，官巫地位逐渐式微，民间巫构成了巫觋的主体。

1. 官巫

官巫是由朝廷任命的负责官方祭祀的巫师。秦代，巫觋仍参与官方祭祀。如秦始皇东游海上，行礼祠名山大川及八神，“皆各用一牢具祠，而巫祝所损益，珪币杂异焉”①。秦始皇祭祀名山大川及诸神灵，都有巫祝参与。所用祭礼规格及祭品丰俭，也由巫祝掌握。可见，秦代大型祠祀仍由帝王亲自主持，巫祝辅助，负责祭祀的具体事宜。

汉初君臣多出自社会下层，且多在巫风甚盛的楚地，他们深受民间浓厚巫风的影响，对巫术文化深信不疑。他们登上政治舞台，随即将民间巫术一起带入天子殿堂，从而使朝廷上下、乡村内外巫风弥漫，十分兴盛。汉初，巫觋仍然参与官方对天地神灵的祭祀。汉高祖初即位就在长安置祠祝官、女巫。② 高祖所立祠祝官包括巫、祝、宗，各有职掌。据《汉书·郊祀志上》记载：

> 民之精爽不贰，齐肃聪明者，神或降之，在男曰觋，在女曰巫，使制神之处位，为之牲器。使先圣之后，能知山川，敬于礼仪，明神之事者，以为祝；能知四时牺牲，坛场上下，氏姓所出者，以为宗。

另外，汉高祖在国家机构里正式设置梁巫、晋巫、秦巫、荆巫、九天巫、河巫、南山巫等“七巫”之职，隶属太祝，掌祠天地山川之神，主管各种祭礼。如《史记·封禅书》云：

> 其梁巫，祠天、地、天社、天水、房中、堂上之属；晋巫，祠五帝、东君、云中[君]、司命、巫社、巫祠、族人、先炊之属；秦巫，祠社主、巫保、族累

① 《史记·封禅书》。

② 参见《史记·封禅书》。

之属；荆巫，祠堂下、巫先、司命、施糜之属；九天巫，祠九天：皆以岁时祠宫中。其河巫祠河于临晋，而南山巫祠南山秦中。秦中者，二世皇帝。各有时。

汉高祖时所置“七巫”之官负责奉祀的神灵非常广泛，从天、地、山、河、五帝、日神、云神等大神，到司命、社神等要神，再到房中、堂上、堂下、炊母神、神巫、施糜等杂神，无所不包。

汉代各地官巫设立虽较为普遍，但巫觋已失去主持朝廷祭仪的资格，其权力已被祝、宗、史所取代。太史令司马谈与祠官宽舒一起，多次主持过汉武帝的郊祀大典；司马迁也曾“从巡祭天地诸神名山川而封禅”①。汉代官巫仅为太祝之属官。据《汉官》记载，在祠祀官的从官之中，就有“家巫八人”②，居从属地位。

汉文帝对巫觋能使“日却复中”、“人主延寿”③之类的方术同样痴迷；景帝后宫有“秘戏”，巫医周仁常常参与，“是以得幸，入卧内”④。“秘戏”应该属于一种秘而不宣、难以昭告外人的巫术活动。

汉武帝笃信神鬼迷信，在他周围聚集了无数巫师方术之士，日常生活也为其左右。他不仅对高祖时设立的官巫兼收并蓄，而且于元封二年（前109年）灭南越后，又增设了“越巫”，从而使官巫达到八种之多。自春秋以来，越国巫风极盛。至汉代，越巫与越地巫术的名气仍然很大。史称“武帝时迷于鬼神，尤信越巫”⑤，“令越巫立越祝祠，安台无坛，亦祠天神上帝百鬼”；柏梁台发生火灾，汉武帝即采纳越巫勇之推荐的“复起屋必以大，用胜服之”⑥的巫术，营造了更为高大雄伟的建章宫。《后汉书·方术传·徐登》云赵炳“能为越方”，李贤注云：“越方，善禁咒也。”葛洪《抱朴子·至理》也说：“吴越有禁咒之法。”说明汉魏时期，越地巫术广泛传播，盛极一时。

---

① 《史记·封禅书》。

② 《后汉书·百官志三》刘昭注引《汉官》。

③ 《史记·封禅书》。

④ 《汉书·周仁传》。

⑤ 应劭撰、吴树平校释：《风俗通义校释·怪神》。

⑥ 《史记·封禅书》。

另外,胡巫也活跃于汉武帝身边[①]。据《汉书·匈奴传上》载,汉武帝征和时(前 92～前 89),汉军追击匈奴至漠北“范夫人城”。师古注引张晏曰:“范氏能胡诅者。”范夫人即女胡巫。此后,胡巫逐渐进入中原地区。据《汉书·地理志下》记载,在安定郡所属的朝那县(今甘肃平凉西北)就有“端旬祠十五所,胡巫祝”。附汉的匈奴人遒侯隆强之子和容成侯唯徐卢之孙,都曾因为使用过胡巫诅咒汉帝而被削爵。[②] 胡巫最终进入了汉朝皇帝的宫廷,成为了政治斗争的工具。著名的“巫蛊之狱”就是胡巫造成的。《汉书·戾太子据传》载,太子据斩掉江充之后,“炙胡巫上林中”,在上林苑炙烧江充派来的胡巫。颜师古注曰:“胡巫受充意指,妄作蛊状,太子特忿,且欲得其情实,故以火炙之,令毒痛耳。”

虽然汉武帝重巫信鬼,但这一时期儒家学派的发展势头迅猛,逐渐取得独尊地位。与此相适应,儒家礼仪制度在官方也逐渐普及,开始抢占巫祝对国家祭典的垄断权,代替神道设教。汉成帝时期出现的对祭祀礼仪的改革,即是其表现之一。建始二年(前 31),成帝罢高祖所立梁、晋、秦、荆巫、九天、南山、莱中之属,即废除了汉高祖所立“七巫”中的六巫,只保留了河巫。但时间不长,哀帝即位,体弱多病,笃信鬼神,“博征方术士,京师诸县皆有侍祠使者,尽复前世所常兴诸神祠官,凡七百余所,一岁三万七千祠云”[③],又将成帝时罢黜的祠祀官恢复。及至汉末,“又大畅巫风,而鬼道愈炽”[④]。说明汉代围绕着宗教祭祀权的斗争是非常激烈的。大体说来,自汉武帝以后,巫觋在官方祭典中逐渐遭到排斥。

东汉时代,改变了西汉以官巫奉祀天地鬼神的状况,官方祭祀完全按照儒家礼制进行。国家祭典,都由太常所属掌握。其中,太常卿“掌礼仪祭祀。每祭祀,先奏其礼仪;及行事,常赞天子”。太祝令“凡国祭祀,掌读祝,及迎

---

① 《汉书·江充传》载:“上以充为使者治巫蛊。充将胡巫掘地求偶人……”

② 参见《史记·惠景间侯者年表》。

③ 《汉书·郊祀志下》。

④ 鲁迅:《中国小说史略》,百花文艺出版社 2002 年版,第 26 页。

送神"[①]。各地祭礼,也皆由"太守、令、长侍祠"[②]。如此一来,巫在官方祭典中基本被排斥出来,成为纯民间的一种社会阶层。[③]

2. 民间巫

民间巫是与官巫相对而言的不在政府机构中任职的巫觋。

汉代民间巫一部分生活在城市,是靠行术维持生存的专业巫觋。王莽的"贡法"将巫视为商贾,与工匠、商贩、卜祝及其他方技者并列收税,说明这部分巫觋是专门靠方技生存的群体。他们属于专业从业人员,其营业场所广布于"街巷"、"闾里"。[④] 在城镇主要是肆列、里区、谒舍,即城镇中之商业区、住宅区与客舍。

活跃于民间的、为广大百姓服务的巫觋是民间巫的主体。汉代迷信思想非常盛行,巫在民间也有广阔的市场。他们可以满足百姓的生活和心理需要,百姓在日常生活中的许多无法解决的问题都要求助于巫觋。他们已深深地植根于民间社会,是百姓生活不可或缺的重要组成部分。《汉书·晁错传》载晁错劝汉文帝募民徙塞下充实边疆时言:

> ……营邑立城,制里割宅,通田作之道,正阡陌之界,先为筑室,家有一堂二内,门户之闭,置器物焉,民至有所居,作有所用,此民所以轻去故乡而劝之新[邑]也。为置医巫,以救疾病,以修祭祀,男女有昏,生死相恤,坟墓相从,种树畜长,室屋完安,此所以使民乐其处而有长居之心也。

这段文字反映了巫觋在汉代社会生活中的普遍性。民间的许多大事如祭祀、求雨、祈年、婚丧嫁娶、相宅看地、驱灾禳病、预卜占梦等几乎都有他们到场参与和主持策划。汉武帝时,"汾阴巫锦为民祠魏脽后土营旁"[⑤],祠祭的目的是解殃咎,求福祥。祠祀时伴之以舞蹈、说唱。如赤眉军起,"军中常有

① 《后汉书·百官志二》。
② 《后汉书·祭祀志下》。
③ 参见马新《两汉乡村社会史》,第349页。
④ 参见《汉书·食货志下》。
⑤ 《史记·封禅书》。

齐巫鼓舞祠城阳景王，以求福助”[①]。会稽上虞人曹盱“能弦歌，为巫祝”，在江边婆娑迎神时溺死。[②] 顺帝时，廷尉河南吴雄“少时家贫，丧母，营人所不封土者，择葬其中。丧事趣办，不问时日，巫皆言当族灭”[③]。巫觋掌握择日之术，左右乡村的丧葬、嫁娶、起宅、动土等时日，以引导百姓趋吉避凶。社下是巫觋活动的主要场所。《墨子·号令》曰：“望气者舍必近太守，巫舍必近公社，必敬神之。”《迎敌祠》亦曰：“举巫、医、卜有所，长具药，宫之，善为舍。巫必近公社，必敬神之。”孙诒让疏云：“谓巫、医、卜居各有所。”巫的住所靠近公社，为的是方便在社下祭祀通神。说明作为乡村百姓集会之地的社下也往往是巫觋行术之所。另外，农村社祭时的具体执事者除社宰、祭尊、祭酒外，还有社祝、社巫。[④]《史记·封禅书》记：“晋巫，祠五帝、东君、云中[君]、司命、巫社、巫祠、族人、先炊之属。”“巫”与“社”联系在一起，说明它们之间的关系非常密切。

充斥汉代民间社会的巫觋也有层次之分。上层巫觋称“大巫”、“巫长”。如邺地主持为河伯娶妇的“大巫妪”，豫章万世荣“称道术，为一郡巫长”[⑤]即是。控制百姓思想，左右民间风俗的主要是他们。大巫之下还有为数众多的小巫，如“大巫妪”有“从弟子女十人所”[⑥]。他们是大巫的助手，在大巫行术过程中起辅助作用。

值得注意的是，在汉代，女子为巫之风极盛。汉初官巫中就有女巫，汉高祖时在长安“置祠祝官、女巫”[⑦]。民间女巫更为活跃。对此，王符在《潜夫论·浮侈》中有过论述：

> 今多不修中馈，休其蚕织，而起学巫祝，鼓舞事神，以欺诬细民，荧惑百姓。妇女羸弱，疾病之家，怀忧愦愦，皆易恐惧，至使奔走便时，去

---

① 《后汉书·刘盆子传》。

② 参见《后汉书·列女传·曹娥》。

③ 《后汉书·郭躬传》。

④ 参见宁可《五斗米道、张鲁政权和“社”》，载深圳大学国学研究所《中国文化与中国哲学》，三联书店 1988 年版。

⑤ 《南史·袁湛传附袁君正》。

⑥ 《史记·滑稽列传》。

⑦ 《史记·封禅书》。

离正宅，崎岖路侧，上漏下湿，风寒所伤，奸人所利，盗贼所中，益祸益祟，以至重者不可胜数。或弃医药，更往事神，故至于死亡，不自知为巫所欺误，乃反恨事巫之晚，此荧惑细民之甚者也。

可见，在广大农村，妇女不理家务，废弃纺织，自愿为巫的现象较为普遍，因此才会受到士大夫的批评。巫风浓厚的齐地甚至有“国中民家长女不得嫁，名曰‘巫儿’，为家主祠”①之俗，可谓家家有巫了。

民间巫不仅活跃在乡村，而且穿梭于宫廷。他们施法作术，或为帝王求神治病，如游水发根、上郡之巫都曾为汉武帝驱疫治病②。或为后妃求子求宠。汉武帝建元六年(前135)，陈皇后宠衰，“骄妒滋甚。女巫楚服，自言有术能令上意回。昼夜祭祀，合药服之”③。或帮助将相大臣加害仇敌，形成“巫道乱法，鬼事干政，尽汉一代，其政事皆兼循神谴”④的以巫乱政格局。

(三)两汉巫的经济基础

上至帝王将相，下到平民百姓，汉代社会各阶层都需要通过巫觋以满足其精神需求，获得心理安慰，因此，巫觋的社会地位虽然不高，但经济收入却很可观。大致说来，巫觋的财富来源主要有以下几项：

1. 营业取酬

汉代巫觋大多为专职人员，他们把巫术当作自己生存的基本技能。在城镇中的一般拥有市籍，与工、贾一样营业取利。《汉书·食货志下》记载了王莽时期制定的“贡法”：

> 工匠医巫卜祝及它方技商贩贾人坐肆列里区谒舍，皆各自占所为于其在所之县官，除其本，计其利，十一分之，而以其一为贡。敢不自占，自占不以实者，尽没入所采取，而作县官一岁。

王莽将巫视为商贾，并列收税。汉代其他时期是否也同样收税，不太确定。但不管是否收税，专业巫觋营业取酬的现象在汉代却是普遍存在的。只不

① 《汉书·地理志下》。

② 参见《史记·封禅书》。

③ 《汉武故事》，文渊阁《四库全书》本。

④ 章太炎：《驳建立孔教议》，载汤志钧编《章太炎政论选集》，中华书局1977年版，第690页。

过他们营业不需要任何本钱，靠行术即可获利，可以说是永不蚀本的买卖。汉末，“巴郡巫人张修疗病，愈者雇以五斗米，号为‘五斗米师’”[①]。五斗米应是张修行术疗病的报酬。鬼神迷信思想的泛滥，使巫觋行术拥有广阔的市场，因此，他们大多衣食无忧，家财丰饶。

2. 敛财取利

在乡村社会，巫觋出于私欲，大量造神，再假借鬼神的名义向百姓赋敛钱财。据《史记·滑稽列传》记载：

> 魏文侯时，西门豹为邺令。豹往到邺，会长老，问之民所疾苦。长老曰：“苦为河伯娶妇，以故贫。”豹问其故，对曰：“邺三老、廷掾常岁赋敛百姓，收取其钱得数百万，用其二三十万为河伯取妇，与祝巫共分其余钱持归……”

贪吏与巫觋相互勾结，欺骗百姓，榨取钱财。其中一小部分用于神事开支，大部分被巫祝与贪吏瓜分，中饱私囊。虽然西门豹革除了邺地为河伯娶妇的陋俗，但在战国秦汉时期，类似情况绝非少数。据《风俗通·怪神》记载：

> 会稽俗多淫祀，好卜筮，民一以牛祭。巫祝赋敛受谢，民畏其口，惧被祟，不敢拒逆。是以财尽于鬼神，产匮于祭祀。或贫家不能以时祀，至竟言不敢食牛肉，或发病且死，先为牛鸣。其畏惧如此。

会稽巫祝借祭祀之名，“赋敛受谢”，敛财取利。而九江逡遒巫觋以替山神娶亲为名，让人“出钱给聘男女”[②]。敛财方式几乎同出一辙，都是“依托鬼神，恐怖愚民”，打着鬼神的旗号欺骗百姓，真可谓“生财有道”了。

3. 赏赐

这主要指服务于社会上层或官方的少数巫觋。他们或为帝王祈福治病，或为达官贵人禳祸消灾，营求非分之想。如汉武帝时的上郡之巫游水发根、越巫、胡巫等，他们以其较为突出的方技博得统治者的欢心与信任，从而获得丰厚的犒赏，过着锦衣玉食的生活。汉武帝时巫医修氏“刺治武帝得二

---

① 《后汉书·灵帝纪》“巴郡妖巫张修反”李贤注引刘艾纪曰。

② 应劭撰、吴树平校释：《风俗通义校释·怪神》。

千万”[①]，这是为帝王疗疾有效而获取赏赐的；昭帝时，广陵王胥觊觎帝位，“迎女巫李女须，使下神祝诅。胥多赐女须钱，使祷巫山……数赐予钱物”[②]；汉末李傕常让女巫歌讴击鼓下神，以求神佑，后被拜为大司马，在三公之右，李傕自以为得鬼神之力，乃“厚赐诸巫”。[③] 也有为地方公共事业服务而从官府获取赏赐的。《艺文类聚》卷一〇〇云：“江都相（董）仲舒下内史承书从事，其都间吏家在百里内，皆令人故行书告县，遣妻视夫，赐巫一月租，使巫求雨。”

另外，祭品也是巫觋收入的一部分。汉代乡村社会中的各种祭祀，尤其是关乎公众利益的神事活动都少不了巫觋的主持与参与。“斋戒而祭鬼神”的祭神仪式结束后，包括“牺牲俎豆粢盛”[④]等在内的祭品有时也会归巫觋所有。

巫觋的敛财方式与后来的佛、道相比，有很大不同之处。巫觋是利用人们对鬼神的恐怖心理，对百姓进行经济欺骗，主要方式是“敛”，即索取。而佛、道多是人们发自内心的虔诚敬奉，取财方式主要是“舍”，即靠信奉者自愿捐献，有舍钱、舍物、舍宅、赎身、斋僧、立寺、修塔、造像等多种形式。如显庆四年(659)，僧智总等奏请弘护法门寺真身塔，唐高宗“即给钱五千贯、绢五千匹，以充供养”[⑤]。《剧谈录》卷下载：

> （京城坊曲）旧有迎真身社，居人长幼旬出一钱，自（文宗）开成之后迄于（懿宗）咸通，计其资积无限。于是广为费用，时物之价高，茶米载以大车，往往至于百辆，他物丰盈，悉皆称是。[⑥]

唐代长安居民为迎佛家舍利，自发成立专门的民间社团，不分长幼，长期捐钱，虔诚之心不言而喻。

另外，巫觋敛财归个人所有，佛、道财产主要归寺院、道观集体所有；官

① 《汉书·外戚传·冯昭仪》。
② 《汉书·刘胥传》。
③ 《后汉书·董卓传》。
④ 贾谊：《新书·道德说》，上海古籍出版社 1989 年版。
⑤ 释道世：《法苑珠林》卷三八《敬塔篇·故塔部》，上海古籍出版社 1991 年版。
⑥ 康骈：《剧谈录》，文学古籍刊行社 1956 年版。

方对巫觋的糜财败俗行为坚决予以打击和取缔，而对于人们礼佛尊道，在一般情况下采取支持和鼓励的态度。

在汉代，巫觋利用百姓的需求心理，摇唇鼓舌，播弄巫术，获取酬谢，蓄财取富的现象非常普遍，也带来了严重的负面影响：一是败坏了社会风气。由于巫觋敛财需要假借鬼神的名义，因此他们就蛊惑百姓大量造神，致使各地淫祀不断，助长了民间信鬼尚巫的社会风气。

二是扰乱了正常的社会秩序。由于巫觋的收入可观，致富速度快，许多人受经济利益的驱动，纷纷放弃本业，学作巫祝。对此，桓宽在《盐铁论·散不足》中有所描述：

> 世俗饰伪行诈，为民巫祝，以取釐谢，坚额健舌，或以成业致富，故惮事之人，释本相学。是以街巷有巫，闾里有祝。

许多妇女也“不修中馈，休其蚕织，而起学巫祝，鼓舞事神”[①]。这就影响了人们正常的生产和生活。

三是加重了百姓的负担，使原本就不富足的百姓更加贫困，甚至为此倾家荡产。对此，葛洪在《抱朴子·道意》中有过论述：

> 富室竭其财储，贫人假举倍息，田宅割裂以讫尽，箧柜倒装而无余……财产穷罄，遂复饥寒冻饿而死，或起为劫剽，或穿窬斯滥，丧身于锋镝之端，自陷于丑恶之行，皆此之由也。或什物尽于祭祀之费耗，谷帛沦于贪浊之师巫，既没之日，无复凶器之直，衣衾之周，使尸朽虫流，良可悼也。

葛洪认为巫觋的过度赋敛是导致人们贫穷、破产、犯罪、死亡的主要原因。虽有些夸大，却不无道理。

四是降低了自身的威信，并加速了巫觋的沦落。巫觋凭借社会鬼神迷信的泛滥，利用神权，对百姓进行精神上的欺骗、经济上的剥削。其“欺诱百姓，以规财利”[②]的行为，不仅引起社会有识之士的强烈不满与批评，而且受到官方的禁止和打击。从长远来看，这成为巫觋没落的诱因之一。

---

① 王符：《潜夫论·浮侈》。

② 葛洪：《抱朴子·道意》。

二、汉代巫的基本职能[①]

从总体发展看，巫所承担的职能呈逐步缩小之趋势。原始时代，巫是精神与文化事业的主要承担者。进入文明社会以后，随着社会分工的日趋细密，巫的职能也逐渐缩小，从通神、卜筮、祝史、巫医、占梦、星占、望气、舞雩、天文历法、文字记录等无所不包的全能型知识人才向作法行术、打鬼驱邪的低级服务型人员转变。至汉代，占梦、星占、望气等方术及文史等学术已摆脱了巫的控制，走向独立发展的道路。这样，汉代巫的职能主要限于以下几种。

（一）降神与视鬼

巫的基本功能是降神。许慎《说文解字》释“巫”曰：“祝也。女能事无形，以舞降神者也。”降神的方法是巫通过神灵附体来传达神的意旨，代表鬼神发言。《国语·周语上》云：

> （周惠王）十五年，有神降于莘，王问于内史过，曰：“是何故？固有之乎？”对曰：“有之……昔夏之兴也，融降于崇山；其亡也，回禄信于聆隧。商之兴也，梼杌次于丕山；其亡也，夷羊在牧。周之兴也，鸑鷟鸣于岐山；其衰也，杜伯射王于鄗。是皆明神之志者也。”

神明皆附体于巫而降临人间。《左传·僖公十年》曰：

> 秋，狐突适下国，遇大子（已故太子申生）。大子使登，仆，而告之曰：“夷吾无礼，余得请于帝矣，将以晋畀秦，秦将祀余。”对曰：“臣闻之：‘神不歆非类，民不祀非族。’君祀无乃殄乎？且民何罪？失刑、乏祀，君其图之！”君曰：“诺。吾将复请。七日，新城西偏将有巫者而见我焉。”许之，遂不见。及期而往，告之曰：“帝许我罚有罪矣，敝于韩。”

晋故太子与狐突的第二次交流，显然就是通过附体于巫者来完成的。

① 对于汉代的巫与巫术，马新师早有专论（详见其《两汉乡村社会史》，第347～363页；《论两汉民间的巫与巫术》，载《文史哲》2001年第3期），本部分多有参见。

汉代巫仍保有这一职能。或通过下神给人治病。如汉武帝曾得重病，"巫医无所不致。游水发根言上郡有巫，病而鬼下之"①，武帝即召之入宫。或通过下神传达神意。《论衡·实知》曰："鬼神用巫之口告人。"《论死》亦曰："巫叩元弦下死人魂，因巫口谈，皆夸诞之言也。"元弦是巫用来引魂的法器。巫弹元弦，招来死人魂，魂附于巫之身，借巫之口说话。《汉书·郊祀志上》载汉武帝在上林苑为死去的长陵女子神君立祠，"因巫为主人，关饮食，所欲言，行下"。师古注引晋灼曰："神君所言行下于巫。"即神君通过巫之口表达自己的意愿。汉昭帝时，广陵王胥有觊觎皇位之心，"迎女巫李女须，使下神祝诅。女须泣曰：'孝武帝下我。'左右皆[伏]。言'吾必令胥为天子'"②。已故的孝武帝借女巫之口，传达欲以广陵王刘胥为天子的命令。从女巫下神时"左右皆[伏]"的描述看，时人对巫的这一功能还是深信不疑的。或通过下神消灾去祸。汉武帝时，江都王刘建"专为淫虐，自知罪多，国中多欲告言者，建恐诛，心内不安，与其后成光共使越婢下神"③，希望神灵保佑，免除祸患。或通过下神求福获利。成帝时，师丹"亲[荐]邑子丞相史能使巫下神，为国求福，几获大利"④。《三国志·魏书·董卓传》裴注引《献帝起居注》言：

> (李)傕性喜鬼怪左道之术，常有道人及女巫歌讴击鼓下神。祠祭六丁，符劾压胜之具，无所不为。又于朝廷省门外为董卓作神坐，数以牛羊祠之。

李傕让女巫歌讴击鼓下神的目的是求得鬼神的帮助，故加官晋爵后厚赏下神诸巫以示酬谢。

巫还有一种与降神密切相关的功能，即视鬼。视鬼也是一种传统巫术。春秋时期鲁国宗伯夏父弗忌曾宣称"吾见新鬼大，故鬼小"；晋国桑田巫能描述晋景公梦中所见恶鬼的形象。⑤ 古人认为人得病是鬼祟所致，巫通过视鬼

---

① 《汉书·郊祀志上》。

② 《汉书·刘胥传》。

③ 《汉书·刘非传附子刘建》。

④ 《汉书·杜周传》。

⑤ 参见《左传·文公二年》、《成公十年》。

找出作祟之鬼，并将其驱赶，使之离开病者身体，患者即可痊愈。如武安侯田蚡得病，“专呼服谢罪。使巫视鬼者视之，见魏其、灌夫共守，欲杀之。竟死”①。巫通过视鬼，看到屈死之鬼魏其侯窦婴、灌夫围绕在田蚡周围，向其复仇索命。可能对于这种冤死索命之鬼，巫的法术亦作用有限，因而未能挽救田蚡性命。这与《论衡·薄葬》所说的“病且终者，墓中死人来与相见”记载一致，表达了汉代人的鬼神观。据《汉书·江充传》记载，汉武帝时，丞相江充“将胡巫掘地求偶人，捕蛊及夜祠，视鬼，染污令有处……”，师古注引张晏曰：“充捕巫蛊及夜祭祠祝诅者，令胡巫视鬼，诈以酒醊地，令有处也。”江充让胡巫视鬼是让他找出“蛊气”所在地，通过巫术手段而达到政治目的。巫觋不仅能自己视鬼，而且还有“使人见鬼之术”，可以让鬼自现其形。《后汉书·方术传·刘根》记载：

> 刘根者，颍川人也。隐居嵩山中。诸好事者自远而至，就根学道，太守史祈以根为妖妄，乃收执诣郡，数之曰：“汝有何术，而诬惑百姓？若果有神，可显一验事。不尔，立死矣。”根曰：“实无它异，颇能令人见鬼耳。”……根于是左顾而啸，有顷，祈之亡父祖近亲数十人，皆反缚在前，向根扣头曰：“小儿无状，分当万坐。”顾而叱祈曰：“汝为子孙，不能有益先人，而反累辱亡灵！可扣头为吾陈谢。”祈惊惧悲哀，顿首流血，请自甘罪坐。

刘根即是通过法术，“颇能令人见鬼”的巫术之士。

（二）祝诅与巫蛊

祝诅主要是祈求鬼神加祸于敌对之人。《尚书·无逸》曰：“否则厥口诅祝。”孔颖达疏云：“诅祝，谓告神明令加殃咎也；以言告神谓之祝，请神加殃谓之诅。”巫常常代表神灵发号施令，他们的语言体现着神灵的意志，他们的恐吓与诅咒被认为是具有超自然力的巫术咒语。其中，越巫的祝诅术最为有名。王充在《论衡·言毒》中认为：“南越之人，祝誓辄效。”“其人祝树树枯，唾鸟鸟坠。”汉武帝将越巫引进宫廷，就曾令巫祝诅董仲舒，以验其方术

① 《史记·魏其武安侯列传》。

是否有效。[①] 祝诅时往往同时祠祭，以加强效果。汉代，祝诅之术风行于上层社会，其目的有的是争权夺利，觊觎天子之位。如汉哀帝时，东平王云“贪欲上位，祠祭祝诅”[②]，使巫傅恭、婢合欢等“祠祭诅祝上，为云求为天子”[③]，欲求非分之望。昭帝时，广陵王刘胥觊觎帝位，让女巫下神祝诅：

> 会昭帝崩，胥曰：“女须良巫也！”杀牛塞祷。及昌邑王征，复使巫祝诅之。后王废，胥寖信女须等，数赐予钱物。宣帝即位，胥……复令女须祝诅如前……胥又闻汉立太子，谓姬南等曰：“我终不得立矣。”乃止不诅。后胥子南利侯宝坐杀人夺爵……弃市。相胜之奏夺王射陂草田以赋贫民，奏可。胥复使巫祝诅如前……居数月，祝诅事发觉，有司按验，胥惶恐，药杀巫及宫人二十余人以绝口。公卿请诛胥……自绞死。[④]

有的是后宫争宠，以媚道求主，“驱使医巫，外求方技”[⑤]。如汉武帝陈皇后为与卫子夫争宠，令女巫楚服等“巫蛊祠祭祝诅”[⑥]，事发被废。孝成许皇后宠衰，而后宫多新爱。后姊平安刚侯夫人谒等为媚道祝诅后宫有身孕者王美人及王凤等，事觉被废。[⑦]

有的用于战争，通过祝诅请神加祸于敌方。汉军在对西域、匈奴、越人作战时，就曾使用祝诅术。汉武帝太初元年（前104），西伐大宛，“丁夫人、洛阳虞初等以方祠诅匈奴、大宛”。应劭曰：“丁夫人，其先丁复，本越人，封阳都侯。夫人其后，以诅军为功。”[⑧]祝诅术在少数民族中也很流行。匈奴在与汉军交战时就曾使用此术。如汉武帝时与匈奴作战，匈奴闻汉军来，“使巫埋羊牛所出诸道及水上以诅军。单于遗天子马裘，常使巫祝之。缚马者，诅军事也”[⑨]。

---

① 参见应劭撰、吴树平校释《风俗通义校释·怪神》。

② 《汉书·佞幸传·董贤》。

③ 《汉书·刘宇传附子刘云传》。

④ 《汉书·刘胥传》。

⑤ 《后汉书·桓谭传》。

⑥ 《汉书·外戚传·孝武陈皇后》。

⑦ 参见《汉书·外戚传·孝成许皇后》。

⑧ 《汉书·郊祀志下》师古注。

⑨ 《汉书·西域传》。

由于祝诅属于能给别人带来危害的黑巫术，因此，汉代统治者对祝诅之术严厉禁止，有犯禁者，从重惩罚，决不姑息。这也为有些人以此陷害对手提供了机会。如汉成帝鸿嘉三年（前18），赵飞燕僭告许皇后、班婕妤"挟媚道，祝诅后宫，詈及主上。许皇后坐废"[①]。傅昭仪与中山孝王母冯太后并事元帝，争宠。哀帝时，傅氏为太后，追怨冯太后，"陷以祝诅罪，令自杀"[②]。章德窦皇后"与母比阳主谋陷（清河孝王庆母）宋氏……因诬言欲作蛊道祝诅，以菟为压胜之术，日夜毁谮，贵人母子遂渐见疏"[③]。汉武帝时，丞相公孙贺逐捕京师大侠朱安世，以赎其子敬声之罪，反被朱安世诬以"使人巫祭祠诅上，且上甘泉当驰道埋偶人，祝诅有恶言。下有司案验贺，穷治所犯，遂父子死狱中，家族"[④]，落得身死族灭的下场。东汉明帝时，有人上书告阜陵质王延与姬兄谢弇及姊馆陶主婿驸马都尉韩光"招奸猾，作图谶，祠祭祝诅。事下案验，光、弇被杀，辞所连及，死徙者甚众"[⑤]。在这里，祝诅术成为打击对手、剪除政敌的有效手段，其结果往往株连多人，家灭国除，作法之巫也往往成为统治集团内部争权夺利的牺牲品。祝诅术的普遍使用说明时人对巫的这一功能是深信不疑的。

巫蛊是一种通过埋置偶人祝诅仇敌的伤害巫术行为[⑥]。古人认为，通过破坏或毁掉敌人的偶像就能达到伤害或消灭敌人的目的。他们相信，仇人在其偶像受创伤或毁掉的同时，本人也会受到伤害或死去。先秦时期有武

---

① 《汉书·外戚传·孝成班婕妤》。

② 《汉书·外戚传·孝元傅昭仪》。

③ 《后汉书·刘庆传》。

④ 《汉书·公孙贺传》。

⑤ 《后汉书·刘延传》。

⑥ 关于巫蛊术的起源主要有三种说法：吕思勉认为"来自外国"，可能与匈奴习俗有关。（参见《秦汉史》上册，上海古籍出版社1983年版，第147页）胡新生则认为："中原地区的巫蛊术和巫蛊活动自有其久远的历史传统和很深的历史渊源，汉代巫蛊术的盛行与匈奴习俗基本上没有关系。"（《论汉代巫蛊术的历史渊源》，载《中国史研究》1997年第3期）马新认为，巫蛊术起源于原始的狩猎时代，最初只是狩猎前对猎物施引的巫术，进入文明社会后则推而广之。（参见《论两汉民间的巫与巫术》，载《文史哲》2001年第3期）

乙射天、太公射画、苌弘射狸首、宋康王射木人的记载[1]，都属于偶像伤害术。按弗雷泽的分类理论，其所依据的巫术原理是“相似律”——彼此相似的事物可以产生同样的效果，作用于一个，就可以使另一个受到同样的影响。[2]先秦时期与汉代的偶像伤害术在表现形式上有所不同：先秦偶像伤害的方式主要是箭射，较为直接。此术在汉代少数民族中还在使用。汉成帝时，夜郎王兴与句町王禹、漏卧侯俞互相攻伐，汉政府派太中大夫张匡持节和解，“兴等不从命，刻木象汉吏，立道旁射之”[3]。这应是先秦偶像伤害术的遗迹。而汉代的，主要表现形式是埋葬与祝诅，更加隐蔽与阴险，是先秦偶像伤害的发展形态。关于巫蛊的具体方法，瞿兑之先生在《汉代风俗制度史》中有过描述：“巫蛊之术，盖以桐木为人，埋地中，以针刺之，诅其死也。”[4]《礼记·王制》“执左道以乱政”孔颖达疏云：“掘得桐人六枚，尽以针刺之。”汉代巫蛊之术的过程大体如下：先以桐木削刻为仇人之形貌，再以针刺入桐人身体，然后将其埋入地下，最后由巫师念咒语，即能达到置人于死地的目的。在施蛊的过程中，巫觋的祝诅至关重要。因此，汉代巫蛊往往与祝诅之术相连并用。

汉代，蛊道巫术经常被统治者利用，成为政治斗争的工具。最为有名的便是汉武帝时期由丞相江充一手制造的“巫蛊之狱”。据史载，武帝末年，卫皇后宠衰，江充用事，与太子及卫后有隙。《汉书·江充传》曰：

> 会阳陵朱安世告丞相公孙贺子太仆敬声为巫蛊事，连及阳石、诸邑公主，贺父子皆坐诛……后上幸甘泉，疾病，充见上年老，恐晏驾后为太

---

① 《史记·殷本纪》载：商代后期帝王武乙“为偶人，谓之天神。与之搏，令人为行。天神不胜，乃僇辱之”。《六韬》载：“(周)武王伐殷，丁侯不朝。太公乃画丁侯于策，三箭射之。丁侯病困，卜者占云：‘祟在周。’(丁侯)恐惧，乃请举国为臣。太公使人甲乙日拔‘丁侯’著头箭，丙丁日拔著口箭，戊己日拔著腹箭，丁侯病稍愈。四夷闻之，各以其职来贡。”(临沂银雀山汉墓出土的竹简中有《六韬》一书，据研究属西汉初期的抄本。由此可以推定《六韬》的成书年代应在战国时期或更早)《史记·封禅书》载：“是时苌弘以方事周灵王，诸侯莫朝周，周力少，苌弘乃明鬼神事，设射狸首。狸首者，诸侯之不来者。依物怪欲以致诸侯。”《战国策·燕策二》载：“秦欲攻安邑，恐齐救之，则以宋委于齐，曰：‘宋王无道，为木人以象寡人，射其面……’”

② 参见[英]詹·乔·弗雷泽《金枝》，徐育新等译，中国民间文艺出版社1987年版，第21页。

③ 《汉书·西南夷传》。

④ 瞿兑之：《汉代风俗制度史》，上海文艺出版社1991年版，第230页。

子所诛,因是为奸,奏言上疾祟在巫蛊。于是上以充为使者治巫蛊。充将胡巫掘地求偶人,捕蛊及夜祠,视鬼,染污令有处,辄收捕验治,烧铁钳灼,强服之。民转相诬以巫蛊,吏辄劾以大逆亡道,坐而死者前后数万人。

是时,上春秋高,疑左右皆为蛊祝诅,有与亡,莫敢讼其冤者。充既知上意,因言宫中有蛊气,先治后宫希幸夫人,以次及皇后,遂掘蛊于太子宫,得桐木人。太子惧,不能自明,收充,自临斩之。骂曰:"赵虏!乱乃国王父子不足邪!乃复乱吾父子也!"太子由是遂败……后武帝知充有诈,夷充三族。

这次巫蛊之祸不仅使"京师流血,僵尸数万"①,而且斗争双方身死族灭,两败俱伤。由此可以看出,人们对于蛊道巫术是深信不疑的。正因如此,对于这种能加害他人并能置人于死地的黑巫术,统治者实行严厉打击的政策。汉武帝征和四年(前89),初置司隶校尉,其职能是"捕巫蛊,督大奸猾"②。可见,司隶校尉是在巫蛊之祸最严重时设立的,目的就是为了惩治巫蛊。行巫蛊之术者一旦事发,往往会破家灭族。如武帝时公孙敖"坐妻为巫蛊,族"③。浞野侯赵破奴"坐巫蛊,族"④。女巫楚服等"坐为(孝武陈)皇后巫蛊祠祭祝诅,大逆无道,相连及诛者三百余人。楚服枭首于市"⑤。和帝永元十四年(102),阴皇后"巫蛊事发,(显宗女沁水公主婿)乾从兄奉以后舅被诛,乾从坐,国除"⑥。

蛊道巫术的另一种方式是通过蓄养蛊虫加害他人。这种培养令人致死的蛊虫并用咒语加以控制的黑巫术先秦时期就已存在,此后广泛流传。《周礼·秋官司寇·庶氏》曰:"庶氏掌除毒蛊,以攻说襘之,嘉草攻之。"周代专门有掌除毒蛊之官"庶氏",其除蛊方法是祭祀祈祷与药物治疗相结合。郑

① 《汉书·武五子传赞》。
② 《汉书·百官公卿表上》。
③ 《汉书·公孙敖传》。
④ 《汉书·赵破奴传》。
⑤ 《汉书·外戚传·孝武陈皇后》。
⑥ 《后汉书·邓禹传》。

玄注云："攻说，祈名，祈其神求去之也。嘉草，药物，其状未闻。攻之，谓燻之。"又云："毒蛊，虫物而病害人者，《贼律》曰：'敢蛊人及教令者，弃市。'"可见，汉代是以弃市之重罪对待施蛊者及传播此术者。汉代社会上层流行的主要是偶像伤害巫蛊之术，至于毒蛊可能主要在民间传播。山东嘉祥武氏祠左石室第五石画像内容即与蛊毒、除蛊有关。第一层内容，画面中央置一瓠，柄部缠有一蛇，瓠左侧一人欲取瓠，对面一人扬手劝止。二人身后各站立两名举笏者。第三层画像中央一人侧卧于地，作痛苦挣扎状，躯体为一巨蛇所缠。其人右方立一持斧者，挥动右手似在施法术，对面一人则双手举槌，身体前倾，均作驱逐腾拿状，似要解救被蛇所缠之人。画面中部上方还刻有蜻蜓、蜥蜴和小蛇等，左上方有一翼人。第一层画像中央所置缠有长蛇的瓠，表示瓠中酒含有蛊毒，左面那人欲饮，显然不知情，右边那人急扬手劝止，示意酒不可饮。第三层画像内容比较明了，中央被巨蛇所缠之人显然是患了蛊疾，其上方所刻蜻蜓、蜥蜴、小蛇等，则表明患者致病原因正是由这些毒虫引起，也就是说他已中了蛊气或蛊毒。两侧所立举槌持斧之人应为巫祝，正在施行驱逐式巫术，解除蛊患。右上角羽人是汉画中常见的仙人形象，似在暗中协助巫祝驱赶蛊害。因巫祝有交通鬼神的本领，故能施法招致仙人助禳。这两幅画像表现的是蛊害和除蛊场面，可定名为"巫祝除蛊"或"禳解除蛊"。山东邹城也出土了一块刻有除蛊内容的东汉画像石，该石高0.45米，宽22.45米，内外两面均雕刻画像。内面画像分为两格，上格为宴乐、牛耕画面，下格为除蛊、斗牛、驯象、射猎画面，其中除蛊画像分布于下格画面最左侧。同武氏祠除蛊画像比较，该画像除了中蛊者身上未缠绕巨蛇，其上方未雕刻蜥蜴、小蛇、蜻蜓等蛊物外，其他情状二者大同小异。画像上中蛊者曲臂支首，仰卧于石板或木板之类的支垫物上，其左侧一巫人左手持符节类法器按抚患者额头，似在念咒施术，右侧一巫祝双手挥槌作驱除状。嘉祥和邹城两地相去不远，同类题材的画像石发现于这个地区，表明东汉时期除蛊术在民间已较为流行。[①]

由于毒蛊是一种损人利己的黑巫术，是政府明令禁止的，因此，对于制

① 参见李锦山《武氏祠"除蛊"画像考》，载《东南文化》1994年第5期。

蛊施蛊的基本方法,汉代史籍隐晦不书。但我们从后世史籍的记述中可以反观之。《隋书·地理志下》对此有较为详细的描述:

> 新安、永嘉、建安、遂安、鄱阳、九江、临川、庐陵、南康、宜春……数郡,往往畜蛊,而宜春偏甚。其法以五月五日聚百种虫,大者至蛇,小者至虱,合置器中,令自相啖,余一种存者留之,蛇则曰蛇蛊,虱则曰虱蛊,行以杀人。因食入人腹内,食其五脏,死则其产移入蛊主之家,三年不杀他人,则畜者自钟其弊。累世子孙相传不绝,亦有随女子嫁焉。干宝谓之为鬼,其实非也。自侯景乱后,蛊家多绝,既无主人,故飞游道路之中则殒焉。

《通志·六书略》也有记载:"造蛊之法,以百虫置皿中,俾相啖食,其存者为蛊。"可见,造蛊之法是将百虫聚于一处,令其互相噬食,最后存留之虫即为蛊。蛊集百虫之毒于一身,故能害人。蛊的种类很多,有犬蛊、蛇蛊、虱蛊等,以存留的最后之虫而定。施蛊的方法主要是通过饮食进入人体,目的是通过加害他人将其财产转移而获利。有人专门蓄蛊,以此致富:

> 荥阳郡有一家,姓廖,累世为蛊,以此致富。后取新妇,不以此语之。遇家人咸出,唯此妇守舍。忽见屋中有大缸,妇试发之,见有大蛇,妇乃作汤,灌杀之。及家人归,妇具白其事,举家惊惋。未几,其家疾疫,死亡略尽。①

一旦蓄蛊,豢养者的命运就与蛊虫紧密联系在一起。如果长时间不施蛊,或豢养不慎,蓄蛊者就会自遭其殃。

豢养者通过驱使蛊进入人体内,将其内脏糜碎,从而达到加害对方,致其死地的目的。如果不幸中蛊,就要请巫觋施术除蛊,或用草药解除②。此种"巫行邪术,损坏于人"③的巫术同样被官方严令禁止。但从后世文献记载

---

① 干宝:《搜神记》卷一二,中华书局1979年版。

② 《搜神记》卷一二载:"有佣客,得疾下血。医以中蛊,乃密以蘘荷根布席下,不使知。乃狂言曰:'食我蛊者,乃张小小也。'乃呼小,小亡云。今世攻蛊,多用蘘荷根,往往验。蘘荷或谓嘉草。""鄱阳赵寿,有犬蛊。时陈岑诣寿,忽有大黄犬六七群,出吠岑。后余伯妇与寿妇食,吐血几死,乃屑桔梗以饮之而愈。蛊有怪物,若鬼,其妖形变化,杂类殊种,或为狗豕,或为虫蛇,其人皆自知其形状。行之于百姓,所中皆死。"

③ 《礼记·王制》"执左道以乱政"孔颖达疏。

来看,这种毒蛊之术不仅盛行不衰,而且有愈演愈烈之势。

(三)解除与驱傩

解除是汉代巫觋的基本职能之一。《论衡·解除》曰:“世信祭祀,谓祭祀必有福;又然解除,谓解除必去凶。”可见,解除是通过对鬼神的祭祀驱赶而除去凶灾。

> 解逐之法,缘古逐疫之礼也。昔颛顼氏有子三人,生而皆亡,一居江水为虐鬼,一居若水为魍魉,一居欧隅之间主疫病人。故岁终事毕,驱逐疫鬼,因以送陈、迎新、内吉也。世相仿效,故有解除。

解除是从古代逐疫之礼发展而来的。汉代民间非常流行,“盛解除,驱鬼神”。解除的目的是去凶延命。使用的手段是先礼后兵之术。“解除初礼,先设祭祀。比夫祭祀,若生人相宾客矣,先为宾客设膳食;已,驱以刃杖。”解除时先由巫祝祈祷祭祀,唱祝辞。北周甄鸾《笑道论》载讥笑道士的驱鬼之文,“词义无取,有同俗巫解奏之曲”①。所谓“解奏之曲”,正是巫觋在行术时的唱奏之辞。祭祀完毕再以刃杖进行驱赶,通过软硬结合以除祸殃。与祭祀相比,解除所需时间较短,“终食之间”②,即吃顿饭的功夫即可完成。解除方法也各种各样:“解除之法,众多非一。”③如为死者安葬入土时要举行解除,其目的是“为死者解适,生人除罪过”④。即为死者解除罪谪,为生人除去殃咎。解除时由巫祝唱颂祝词,此类祝辞称“解除文”,也叫“镇墓文”,一般朱书或墨书于陶瓶上,与死者一起埋入墓中,用于镇墓,护卫死者。如汉献帝初平四年(193)王氏朱书陶瓶上镇墓文云:“谨奉黄金千斤两,用填(镇)冢门,地下死籍,消除文,他央咎。”⑤

汉代人忌讳破土,认为动土是对土神的冒犯与亵渎,有可能招致祸祟。

---

① 释道宣:《广弘明集》卷九,上海古籍出版社 1991 年版。

② 王充:《论衡·解除》。

③ 王充:《论衡·解除》。

④ 河南省博物馆:《灵宝张湾汉墓》,载《文物》1975 年第 11 期。

⑤ 唐金裕:《汉初平四年王氏朱书陶瓶》,载《文物》1980 年第 1 期。

因此，修宅治舍、凿地动土时要进行解除，以"解谢土神"[①]。如钟离意在堂邑，"出俸钱，帅人作屋……功作既毕，为解土，祝曰：'兴功役者令，百姓无事。如有祸祟，令自当之。'"[②]希望通过祝祷免除祸祟。王充在《论衡·解除》中介绍了汉代解土的具体过程："世间缮治宅舍，凿地掘土，功成作毕，解谢土神，名曰解土。为土偶人，以像鬼形，令巫祝延，以解土神。"解土时要做一个象征为祸作乱之鬼的土偶人，令巫行祝延之术，以祓不祥；并向土神祈祷祭祀，以谢动土之罪。"已祭之后，心快意喜，谓鬼神解谢，殃祸除去。"睡虎地秦简《日书》中也有以土偶代鬼怪的作法："人毋(无)故鬼昔(籍)其宫，是是丘鬼。取故丘之土，以为伪人犬，置蘠(墙)上，五步一人一犬，睘(环)其宫，鬼来阳(扬)灰毄(击)箕以喿(噪)之，则止。"[③]这也是用模拟巫术来达到驱鬼解除的目的。

驱除宅中恶鬼叫"解宅"。"索室驱疫"、"击鼓驱疫"[④]是解宅的主要方式。巫师或手执戈矛，或击鼓狂呼，入室搜索疫鬼，将其逐于室外。总之，在禁忌林立的汉代，解除可以使人们在心理上达到自我安慰的平衡状态。据刘义庆《幽明录》记载：

> 巴丘县有巫师舒礼，晋永昌元年病死，土地神将送诣太山……太山府君问礼："卿在世间，皆何所为？"礼曰："事三万六千神，为人解除祠祀，或杀牛犊猪羊鸡鸭。"[⑤]

可见，巫觋的解除功能后世一直延续不衰。

驱傩逐疫是汉代经常举行的巫术活动，属于驱赶巫术，目的是为了把危害人们生活的疫鬼赶走。其中以驱傩规模最大，仪式最为隆重。驱傩是在鬼神观念的基础上产生的，在殷周时已形成一种固定的用以驱逐疫鬼的祭祀仪式。《周礼·夏官司马·方相氏》曰：

> 方相氏：掌蒙熊皮、黄金四目、玄衣朱裳、执戈扬盾，帅百隶而时难

① 王充：《论衡·解除》。
② 《后汉书·钟离意传》"以爱利为化"李贤注引《东观记》。
③ 吴小强：《秦简日书集释》甲种简二九至三一背壹，第128页。
④ 《周礼·夏官司马·方相氏》。
⑤ 刘义庆撰、王根林校点：《幽明录》，载《汉魏六朝笔记小说大观》，第706页。

傩，以索室驱疫。大丧，先柩；及墓，入圹，以戈击四隅，驱方良。

驱傩包括为生者“索室驱疫”和为死者大丧时举行的驱鬼仪式，其主角都是方相氏，方相氏即头戴面具驱疫逐鬼的巫。

汉代继承并发展了先秦的驱傩活动。汉代驱傩有宫廷大傩，也有民间傩。宫廷大傩与先秦相比，场面更加宏大、壮观。其具体过程，《后汉书·礼仪志中》有详细记载：

> 先腊一日，大傩，谓之逐疫。其仪：选中黄门子弟年十岁以上，十二以下，百二十人为侲子。皆赤帻皂制，执大鼗。方相氏黄金四目，蒙熊皮，玄衣朱裳，执戈扬盾。十二兽有衣毛角。中黄门行之，冗从仆射将之，以逐恶鬼于禁中。夜漏上水。朝臣会，侍中、尚书、御史、谒者、虎贲、羽林郎将执事，皆赤帻陛卫。乘舆御前殿。黄门令奏曰：“侲子备，请逐疫。”于是中黄门倡，侲子和，曰：“甲作食凶，胇胃食虎，雄伯食魅，腾简食不祥，揽诸食咎，伯奇食梦，强梁、祖明共食磔死寄生，委随食观，错断食巨，穷奇、腾根共食蛊。凡使十二神追恶凶，赫女躯，拉女干，节解女肉，抽女肺肠。女不急去，后者为粮！”因作方相与十二兽舞。嚾呼，周遍前后省三过，持炬火，送疫出端门；门外驺骑传炬出宫，司马阙门门外五营骑士传火弃洛水中。百官官府各以木面兽能为傩人师讫，设桃梗、郁垒、苇茭毕，执事陛者罢。

驱傩活动在汉代壁画中也多有反映。1954 年发掘的山东沂南汉画像石墓前室北壁横额上有一大傩图。画面上刻有十几个面目狰狞、身长毛羽的神兽，正在驱逐异兽(表示疫鬼)，有的正在追杀，有的正在吞食，而异兽则作四散逃奔状。画面下部排列着类似面具的兽头装饰。这正是汉代大傩之俗中打鬼的头目方相氏及十二神兽驱鬼逐疫的具体描绘①。淮北市蒋町村出土的汉画像石，图中所描绘的形象高大魁伟，身披熊皮，手执大斧，头戴面具，巨眼獠牙，面目狰狞，无疑也是汉代驱傩的主角方相氏的形象。它既有周代的“蒙熊皮，黄金四目”的装扮特征，又有汉代“秉钺”的武装特点，比山东沂南汉墓出土的汉画像方相氏形象、山东武氏祠汉画石上的方相氏形象更接

① 参见王玉金《从汉画看汉代辟邪风俗》，载《民俗研究》2000 年第 2 期。

近人的造型。[①] 洛阳西汉壁画墓中的大傩图是迄今所见到的最完整、最系统、最生动的大傩图。后墙壁画是打鬼仪式准备图:后墙当中(偏左),有一个形体庞大的怪物:熊头、环眼、头与身皆作蓝青色,手与足有长毛,跣足,盘坐,右手持角杯,作饮酒状,左手斜放在左腿上,握长戟。他就是打鬼的主角方相氏。在他右边,还有三个人,兽足,皆手持兵器,手和腕皆有长毛,正合"方相氏狂夫四人"。在主室当中隔墙上的彩绘雕砖也是打鬼图,是打鬼的正式场面。此处长方形雕砖当中的兽头怪人,即后墙壁画当中大方相氏的再现。他着朱裳,即"玄衣朱裳",作跳舞状。在他头上,有一人掐腰,扭动身体跳舞。在方相氏左肩上,雕刻一人执圆形物,即"鼗",打鬼时摇之。在两侧的三角形彩绘雕砖中,中部有一熊,人立,作追逐状。此熊非真熊,乃人扮的熊,实即方相氏。又有一怪兽,着绿色短衣、红裤,持刀,作奔走状。在三角形雕砖的下部角端,又各有一人,露顶,浓眉大眼,露齿,有髭,作呼喊奔走状,脚部皆为兽足。此四人即后墙方相氏四人的再现。在墓门上额背面有神虎吃女魃图。此墓的主要壁画都是打鬼图,合起来成为一套连环画,是现在所能见到的最完整的一套打鬼图。[②] 在南阳汉画像石所刻大傩逐疫的场面中,有身蒙熊皮的方相氏率十二神相斗的傩舞,也有执钺的方相氏率十二神相斗的傩舞。还有一幅送恶鬼的画像,图下方刻两官吏执金吾,上刻人首兽躯、上肢高举的两鬼,正是送恶鬼至洛水的反映。由官方组织的大傩逐疫如此重要,可见傩文化在汉代已发展到鼎盛阶段。[③]

汉代贴塑中也有驱傩图。1998 年周原博物馆清理发掘的官务 1 号汉墓出土的陶彩朱雀灯,灯座四周有 28 组动物形象、人物故事的贴塑。贴塑中的 1、3、4、22 等号的形象表现的就是驱傩打鬼活动。如 3 号贴塑是一个张口龇牙瞪目、头生独角的似熊非熊的凶恶怪兽。它的右脚下弯,左腿上翘,两上肢作舞蹈状,从它那大而突出的乳房、肚子和肚脐窝的形象和生长位置看,它并不是真兽,而是头戴面具、身披兽皮的武士装扮的方相氏,是驱

① 参见孟凡玉《淮北汉画像石中的傩形象考辨》,载《艺术考古》2006 年第 4 期。
② 参见孙作云《洛阳西汉壁画墓中的傩仪图》,载《郑州大学学报》1977 年第 4 期。
③ 参见陈迪《从南阳汉画像看汉代的傩文化》,载《中原文物》2002 年第 1 期。

傩打鬼的主角。贴塑中的1、9、11、12、13、19、25等号的各种野兽的形象，即十二神的形象，应当是方相氏率领的百隶装扮的神兽。如4号贴塑，为一大耳、张口龇牙、瞪眼的凶恶怪兽，呈蹲坐状。右爪扣在右膝上，左爪上举作招手状。大乳房、肚子、脐窝特别突出。从其生长的位置看，是人非兽。这应该是头戴面具、身披兽皮、由百隶扮装的十二兽之一。傩仪进行到一定时候，方相氏要率十二神和众侲子呼喊，合唱打鬼歌。6号贴塑则是众侲子组成合唱队的形象。这组贴塑，作者采用了高度概括化、抽象化的艺术手法，把众侲子参与傩仪合唱的形象生动地表现出来。[①]

民间傩在规模上不及宫廷大傩，但也是岁终必须进行的逐疫活动。《论语·乡党》曰："乡人傩，朝服而立于阼阶。"何晏《集解》云："傩，驱逐鬼疫。恐惊先祖，故朝服而立于庙之阼阶。"孔子恭恭敬敬地穿上朝服，站在台阶上恭迎傩队，表示了对民间傩的重视。高诱注《吕氏春秋·季冬纪》曰："大傩，逐尽阴气为阳导也。今人腊岁前一日，击鼓驱疫谓之逐除是也。"又曰："傩，散宫室中区隅幽暗之处，击鼓大呼，以逐不祥之气，如今驱疫逐除是也。"[②]可知汉代民间傩称为"逐除"，是在腊岁前一天进行的逐鬼驱疫活动。鼓在逐疫中是必不可少的。《荆楚岁时记》记载："十二月八日为腊日。谚语：'腊鼓鸣，春草生。'村人并击细腰鼓、戴胡公头及作金刚力士以逐疫。"由汉代宫廷大傩及魏晋民间傩的记载，我们可以反观汉代民间驱傩的仪式：首先由巫觋戴"魌头"面具，装扮成打鬼的方相氏，由乡民跟随参加，组成驱傩队伍；然后在方相氏的带领下，逐门逐户进行搜索，击鼓呐喊以驱逐室内疫疠之鬼；最后，在门户上画神荼、郁垒两门神，门户两旁设桃梗，垂苇茭，以防止疠鬼卷土重来。在驱傩的整个过程中，巫觋始终起主导作用。

(四)疗疾与舞雩

由于思维发展水平所限，上古时期的人们认为疾病产生的原因是鬼神作祟。通过祈祷或驱赶，即可将其驱除，病者就会痊愈。因此，能够"事鬼

---

① 参见罗西章《试论汉代的傩仪驱鬼与羽化登仙思想》，载《考古与文物》2001年第5期。

② 《淮南子·时则训》"令国傩，九门磔攘"高诱注。

神”的“鬼巫”[①]就理所当然地成为驱鬼治病的主角。《吕氏春秋·勿躬》曰“巫彭作医”，可知上古巫医不分，巫是最早的医者。《广雅·释诂》亦云：“灵子、医、麓、觋，巫也。”[②]夏商周时期的医皆是由“事鬼神”的巫担任的。甲骨文就有巫觋为病人御除疾殃的记载：

> 丙申卜，巫御。不御。
>
> 贞巫妆不御。[③]

“御”是为消除病祟而举行的仪式。至周代，男巫的职能之一即是“春招弭，以除疾病”[④]。

春秋战国以来，随着人们医药知识的丰富和思维水平的进步，用针灸和草药为人治病的医逐渐摆脱了巫术的束缚，独立出来，巫医开始分离。据《左传·成公十年》记载：

> 晋侯梦大厉，被发及地……公觉，召桑田巫，巫言如梦。公曰：“何如?”曰：“不食新矣。”求医于秦，秦伯使医缓为之……公曰：“良医也。”厚为之礼而归之。

晋侯用巫释梦，用医治病，说明此时巫医已分。但在鬼神观念浓厚的古代，人们对巫觋驱鬼治病之术仍笃信有加。据《新语·资质》云：

> 卫人有病将死者，扁鹊至其家，欲为治之。病者之父谓扁鹊曰：“吾子病甚笃，将为迎良医治，非子所能治也。”退而不用，乃使灵巫求福请命，对扁鹊而咒……

病者之父所说的“良医”就是行祝祷之术的“灵巫”，说明“信巫不信医”[⑤]仍是人们的普遍心态。即使扁鹊这样真正的“天下良医”，都“不能与灵巫争用”[⑥]。汉代百姓生病时亦“弃后药而弗敢饮，而便求巫觋”。“当风卧湿，握钱问祟，饱饭厌食，斋精解祸。而病不治，谓祟不得，命自绝，谓筮不审”[⑦]，笃

① 王充：《论衡·订鬼》。
② 王念孙：《广雅疏证》卷四下，江苏古籍出版社2000年版。
③ 胡厚宣主编：《甲骨文合集释文》05651、05652。
④ 《周礼·春官宗伯·男巫》。
⑤ 《史记·扁鹊仓公列传》。
⑥ 陆贾：《新语·资质》，上海古籍出版社1990年版。
⑦ 王充：《论衡·辨祟》。

信巫祝可以疗疾。至魏晋时期，人们生病时仍然“不务药石之救，惟专祝祭之谬，祈祷无已，问卜不倦”[①]。

在人们“不肯信良医之攻病，反用巫史之纷若”[②]的情况下，许多巫觋仍然充当着医的角色。如许杨，少好术数。王莽篡位，“杨乃变姓名为巫医，逃匿它界”[③]。京兆长陵人安丘望之道德深重，成帝常宗师之。“望之不以见敬为高，愈日损退，为巫医于民间。”[④]《淮南子·说林训》曰：“战兵死之鬼憎神巫，盗贼之辈丑吠狗。”高诱注云：“兵死之鬼，善行病人，巫能祝劾杀之。”说明汉代人们普遍相信巫觋有驱鬼除病的本领。

巫觋治病的方式很多，一是祝祷祭祀。《韩诗外传》卷一〇载：

> 上古医曰茅父。茅父之为医也，以莞为席，以刍为狗，北面而祝之，发十言耳，诸扶舆而来者，皆平复如故。[⑤]

茅父治病的方式就是标准的巫术行为。《淮南子·说山训》云：“病者寝席，医之用针石，巫之用糈藉，所就钧也。”巫之用糈米享神，与医之用针石，同样具有疗疾除病的效果。古代医学中有“祝由术”，即是通过祝祷疗病。马王堆汉墓帛书《五十二病方》中就有不少“祝由术”的记载：

> 伤者血出，祝曰：“男子竭，女子截。”五画地□之。

治疗“身疕”即身体疮疡的方法为：

> 其祝曰：“浸熘浸熘虫，黄神在灶中。□□远，黄神兴□。”[⑥]

通过祝祷黄神驱赶致病之虫。

二是咒说法，即用恐吓性、威胁性的巫术语言来驱除致病鬼魅。《五十二病方》中治疗“颓”（即疝病）的方法即属于咒说法。其法为：

> 以辛巳日古（辜）曰：“贲辛巳日。”三曰：“天神下干疾，神女倚序听神吾（语），某狐叉非其处所，已；不已，斧斩若。”即操布改之二七。

---

① 葛洪：《抱朴子·道意》。

② 葛洪：《抱朴子·至理》。

③ 《后汉书·方术传·许杨》。

④ 皇甫谧：《高士传》卷中，京华出版社 2000 年版。

⑤ 韩婴：《韩诗外传》，载《两汉全书》第 2 册，山东大学出版社 1999 年版。

⑥ 马王堆汉墓帛书整理小组编：《五十二病方》，文物出版社 1979 年版，第 30、123 页。

驱“魃”即“小儿鬼”的方法为：

祝曰：“江渍者魃父魃母，毋匿□□□北□巫妇求若固得，□若四膿(体)，编若十指，投若□水，人殹(也)人殹(也)而比鬼。”每行□，以采蠡为车，以敝箕为舆，乘人黑猪，行人室家，□□□□□□□□□若□□彻胠魃□魃□□□□所。①

这里的诅咒已被认为赋予了神秘性的力量，具有制服妖鬼的神力。

三是符水疗疾，烧灵符为灰，和水饮之，即可见效。《五十二病方》也有利用符水治疗疾病的记载。如对“□蛊而病者”的治疗方法是：

燔北乡(向)并符，而烝(蒸)羊尼，以下汤敦(淳)符灰，即□□病者，沐浴为蛊者。②

汉末疾疫起，“妖巫”张角、张修等就以“符水咒说以疗病”③，从而吸收了众多信徒。《三国志·魏书·张鲁传》裴松之注引《典略》曰：

光和中，东方有张角……为太平道……太平道者，师持九节杖为符祝，教病人扣头思过，因以符水饮之，得病或日浅而愈者，则云此人信道，其或不愈，则为不信道。修法略与角同，加施静室，使病人处其中思过。

四是巫术加有神性的驱鬼工具。在先秦秦汉时期，人们认为某些东西，诸如桃杖(梗)、柏、苇(索)、桑杖、牡棘、白茅、刍矢等，本身具有驱鬼避邪的功能，皆鬼所惧之物，而且是随手可得，随处可见，所以在驱鬼时经常配合巫术使用。如《五十二病方》中用禹步、桃枝驱“小儿鬼”疗疾法：

禹步三，取桃东枳(枝)，中别为□□□之倡而笄门户上各一。

治疗“颓”用禹步、柏杵禳除法：

操柏杵，禹步三，曰：“贲者一襄胡，濆者二襄胡，濆者三襄胡。柏杵臼穿，一母一□，□独有三。贲者种(肿)，若以柏杵七，令某傎毋一。”必令同族抱□颓者，直(置)东乡(向)窗道外，改椎之。④

---

① 马王堆汉墓帛书整理小组编：《五十二病方》，第78、127页。

② 马王堆汉墓帛书整理小组编：《五十二病方》，第125页。

③ 《后汉书·皇甫嵩传》。

④ 马王堆汉墓帛书整理小组编：《五十二病方》，第126、76页。

巫医不仅在民间有广阔的市场，而且天子得病，依然笃信巫术的神力。如汉武帝病，即“巫医无所不致”[①]。

雩祭，是官方组织的求雨祭祀活动。《说文解字》释“雩”为：“夏祭乐于赤帝，以祈甘雨也。……雩，羽舞也。”《荀子·天论》“雩而雨”杨倞注：“雩，求雨之祷也。”雩祭在先秦时期即已出现，商代卜辞中有很多舞雩的记载：“贞舞岳有雨。”“贞勿舞河，亡其雨。”“贞我舞，雨。”[②]卜辞中出现的“舞”，目的几乎都是为了祈雨。

周代专门设“司巫”之职，“掌群巫之政令。若国大旱，则帅巫而舞雩”[③]。天旱时由巫觋率领群巫舞雩求雨，说明舞雩是先秦巫的基本职能之一。

汉代人从阴阳五行观念出发，认为旱灾是阳气太重，阳盛阴的结果，“天旱阳胜，故愁阳之党”，而“童巫含阳”，因此，大雩之祭，要“舞童暴巫，雩祭之礼，倍阴合阳”[④]。

雩祭分为两种：一种是定时的“正雩”，无论有旱无旱，照例在夏历四月举行一次。《礼记·月令》“大雩帝，用盛乐”郑玄注：“雩之正，当以四月。”《左传·桓公五年》“龙而见雩”服虔注：“谓四月昏，龙星体见，万物始盛，待雨而大，故雩祭以求雨也。”“正雩”带有预防旱灾的性质，其仪式比较隆重，又称“大雩”。一种是不定时的“旱雩”，遇旱则祭，不旱不祭。董仲舒《春秋繁露·精华》云：“大旱雩祭而请雨，大水鸣鼓而攻社。”

巫是雩祭活动的主角，主要通过歌舞祝祷的方式祈雨。《淮南子·泰族训》云：“祷祠而求福，雩兑而请雨。”何宁《集释》曰：“兑即说也。使巫祝以口说神，谓之兑，亦谓之说。”[⑤]汉代的雩祭是一种由官方组织、巫唱主角、百姓参加的集体性信仰行为。桓宽《盐铁论·执务》曰：“若此，虽祷祀雩祝用事百姓无时，岂能调阴阳而息盗贼矣？”据《春秋繁露·求雨》记载，春旱不雨时，做法如下：

---

① 《汉书·郊祀志上》。

② 郭沫若主编、中国社会科学院历史研究所编集：《甲骨文合集》14207、14209、5455。

③ 《周礼·春官宗伯·司巫》。

④ 王充：《论衡·订鬼》。

⑤ 何宁：《淮南子集释》，第1379页。

……择巫之洁清辨利者以为祝。祝斋三日，服苍衣，先再拜，乃跪陈，陈已，复再拜，乃起。祝曰："昊天生五谷以养人，今五谷病旱，恐不成实，敬进清酒、膊脯，再拜请雨，雨幸大澍。"即奉牲祷……

《艺文类聚》卷一〇〇《祈雨》亦云：

董仲舒曰："广陵女子诸巫，毋小大，皆相聚，其郭门外，为小坛，以脯酒祭。"……又曰："江都相仲舒，下内史承书从事。其都间吏家在百里内，皆令人故行书告县。遣妻视夫。赐巫一月租，使巫求雨。复使巫相推择洁净易教者祭。跪祝曰：'天生五谷以养人，今五谷病旱，恐不成，敬进清酒甘羞，再拜请雨。'"

董仲舒把许多传统巫术糅合到一起，按阴阳五行的模式搭配起来，从而使雩礼成为一种井然有序、杂而不乱，整齐得像现代大型团体操一样的巫术仪式。①

如果久旱不雨，也使用焚巫、暴巫等巫术手段。巫本是求雨活动的主角，然而在久旱不雨的情况下，他们往往被认定与旱灾有关，而难逃被焚或被曝的厄运。在商代，焚巫的求雨法称为"烄(烄)"。卜辞中有不少焚巫的记载："其烄䇂女又大雨。""于夫烄雨。"②甲骨文学者认为，"烄"就是焚巫的意思③。《左传·僖公二十一年》载："夏，大旱。公欲焚巫、尫。"巫指女巫，尫指有残疾的男巫。人们把巫尫看成制造旱灾的罪魁之一。最初这两种人在久旱不雨时都要被烧死，后来因遭到越来越多的反对而演变为暴巫尫求雨。《山海经》之《大荒西经》、《海外西经》都有关于暴巫尫求雨的描述④。

汉代继承了先秦时期的暴巫求雨之法。《春秋繁露·求雨》云：春旱不雨时，"令县邑以水日祷社稷山川，家人祀户。无伐名木，无斩山林。暴巫，聚尫"。秋旱不雨则"暴巫尫至九日"。巫能接神通灵，暴巫即希望天能哀而

① 参见胡新生《巫卜祈禳》，山东友谊出版社2000年版，第111～112页。

② 胡厚宣主编：《甲骨文合集释文》30172、30167。

③ 参见裘锡圭《说卜辞的焚巫尫与作土龙》，载《甲骨文与殷商史》第1辑，上海古籍出版社1983年版。

④ 《山海经·海外西经》云："女丑之尸，生而十日炙杀之。在丈夫北。以右手鄣其面。十日居上，女丑居山之上。"袁珂先生认为"炙杀""乃暴巫之象"。《大荒西经》的"有人衣青衣，以袂蔽面，名曰女丑之尸"与此意同。

雨之。

总之，与先秦时代相比，汉代巫的职能已大为缩小。这是社会分工日益细致化所致。最初的专职巫是掌握祭祀、巫术、医药、天文历法及文字记录等一切文化知识的综合性人才。后来，随着社会经济的发展，物质资料不断丰富，越来越多的人能够从生产中脱离出来，专门从事某一方面的研究。这样，就打破了巫觋垄断文化的格局。天文、历法、文字、医药等学科逐渐摆脱了巫的控制，独立发展。同时，在巫师集团内部，分工也更加细密，职责更加明确。早期官巫的职掌大部分被祝、宗、卜、史所取代，早期巫所具有的占卜、占梦释梦、预测吉凶、望气、星占等也逐渐独立，成为专门的方术之学，不复为巫所垄断。因此，汉代巫（尤其是官巫）的职能较之以前大为缩减了。但巫觋的上述基本职能仍保留下来，而且一直传承至后世。

三、汉代巫与地方政治

如前所述，自西周开始，随着人们认识水平的提高，“敬德保民”、“重民轻神”的民本思想极大地冲击了神权政治，巫的地位也每况愈下，在官府里失去宠势，从地位显赫的祭坛上下来，逐步流散民间。巫虽然从官方祭坛上被赶落下来，但他们在地方政治中仍然发挥着不可替代的作用。

（一）汉代巫在地方政治中的作用

虽然巫觋的地位日益下降，失去了昔日的辉煌与光环，但却是人们日常生活中不可缺少的，在民众中仍有广阔的市场。中国传统观念中极为普遍的鬼神信仰是巫及巫术赖以生存的思想基础。在鬼神观念十分浓厚的秦汉时代，不论是统治者还是民间百姓，都无法摆脱巫的左右与控制。秦始皇焚书时，诸子百家论著皆毁于一旦，“所不去者，医药卜筮种树之书”[①]。巫所使用的卜筮之书受到政府的保护和认可。汉代巫在民间社会生活中的活动范围很广，几乎遍及人们生活的每一个角落。巫的法律地位虽然很低，但其社

---

① 《史记·秦始皇本纪》。

会影响却很大，尤其在民间与地方政治中依然具有举足轻重的地位。

首先，巫觋作为一种政治工具，在宫廷及地方政治生活中发挥着重要作用。

与其他封建王朝一样，汉代统治阶级内部的矛盾斗争也错综复杂，十分激烈。他们利用各种手段来打击对手，以达到自己的目的。黑巫术就是他们经常使用的手法之一。这就使汉代王侯将相豢养巫觋成为一种社会风气，也为巫觋出入宫廷王府，参与统治集团的政治斗争提供了可乘之机。或者说，巫觋成为统治集团用来达到政治目的的工具。下面我们根据《史记》、《汉书》、《后汉书》的记载，列出一个巫觋参与上层贵族政治斗争的一览表：

时间	斗争双方	目的	巫者	手段	结果	出处
武帝元光五年	陈皇后与卫子夫	争宠	女巫楚服	巫蛊祠祭祝诅	陈皇后被废；相连及诛者三百余人。楚服枭首于市	《汉书·外戚传·孝武陈皇后》
武帝征和中	丞相公孙贺、子太仆公孙敬声；京师大侠朱安世	公孙贺逐捕朱安世以赎敬声之罪，朱安世从狱中上书告之	人巫	祭祠诅上，上甘泉当驰道埋偶人	父子死狱中、家族	《汉书·公孙贺传》

续表

武帝时	丞相江充；太子刘据、卫皇后等	江充欲除掉太子	胡巫	巫蛊、视鬼	江充夷三族；太子败死；坐而死者前后数万人	《汉书·江充传》
武帝征和中	宰相刘屈氂（妻）；内者令郭穰	以丞相数有谴，冀以当之；欲令昌邑王为帝	巫	祠社，祝诅主上	刘屈氂腰斩，妻枭首，灭族	《汉书·刘屈氂传》
武帝时	公孙敖（妻）			巫蛊	族	《汉书·霍去病传附公孙敖传》
武帝时	浞野侯赵破奴			巫蛊	族	《汉书·霍去病传附赵破奴传》
武帝时	太常缪侯郦终根			巫蛊	诛，国除	《汉书·郦商传》
武帝时	按道侯韩兴			巫蛊	诛	《汉书·韩（王）信传》

续表

武帝征和三年	阳河侯卞仁			祝诅	要斩	《汉书·高惠高后文功臣表》
武帝后元年四月	遒侯李则		齐少君	祠祝诅	国除	《史记·惠景间侯者年表》
武帝后元年	戴侯彭蒙			祝诅上	腰斩	《汉书·高惠高后文功臣表》
武帝后元二年三月	容成侯唯徐光			祠祝诅	国除	《史记·惠景间侯者年表表》
昭帝时	广陵王胥	觊觎皇位	女须	下神祝诅	胥药杀巫以绝口,自绞死	《汉书·刘胥传》
成帝时	许皇后、后姊平安刚侯夫人谒;王美人、大将军王凤	争宠		巫蛊祝诅	许后被废;谒等诛死	《汉书·外戚传·孝成许皇后》
哀帝时	哀帝母傅太后;冯太后	诬陷	刘吾	巫蛊、祝诅	冯太后自杀;死者数十人	《汉书·外戚传·孝元冯昭仪》

续表

哀帝时	息夫躬	怨恨朝廷	巫	祝诅	下狱死，母弃世；妻与家属徙合浦；党友谋议相连下狱百余人；同族亲属皆废锢	《汉书·息夫躬传》
哀帝时	东平炀王刘云	求为天子	傅恭	祠祭祝诅	刘云自杀	《汉书·刘云传》
明帝时	广陵思王刘荆	觊觎皇位	巫	祝诅汉明帝	自杀	《后汉书·刘荆传》
和帝永元十四年	阴皇后、后外祖母邓朱	争宠		巫蛊祠祭祝诅	邓朱子奉、毅、后弟辅考死狱中；阴后迁于桐宫；显宗女沁水公主婿乾从坐，国除	《后汉书·邓禹传》、《后汉书·皇后纪·和帝阴皇后》

从表格所列材料可以看出：巫觋参与政治斗争在西汉明显高于东汉，西汉见于记载的有 17 次，东汉仅有 2 次。西汉时尤以武帝时为多，前后共 12 次。这主要是因为西汉时承继了先秦时期信鬼尚巫的传统信仰，整个社会巫风弥漫。人们认为神鬼无处不在，主宰人类社会。而借助于巫与巫术，人们就可以与鬼神沟通，从而实现自己的愿望与目标。因此，汉代的巫与巫术

十分盛行。汉高祖不仅在长安置祠祝官、女巫，而且对信仰背景和文化渊源各不相同的各地巫觋如梁巫、晋巫、秦巫、荆巫、九天巫、河巫、南山巫等兼收并蓄，在国家机构里正式设置“七巫”之职，奉祠天帝鬼神，从而在朝廷中设立了较为完善的巫官系统，以及以太祝、太史、太卜为核心的准巫官体系。汉武帝笃信巫术，“尤敬鬼神之祀”①，又将胡巫和越巫纳入宫廷。在他执政的五十余年中，方士围绕身边，巫觋出入宫廷，京师长安成为巫风弥漫、迷信猖獗的大本营。人们笃信方术使人长生，巫蛊置人死地，因此，对巫蛊、祝诅等黑巫术充满恐惧，并严加防范，严厉打击。可以说，汉代浓厚的巫风以及帝王（尤其是汉武帝）根深蒂固的迷信思想，是巫蛊之祸不断爆发的根本原因。

武帝以后，随着儒家学说定于一尊，巫与巫术在官方舞台上逐渐受到排斥。到东汉时代，则完全按照儒家礼制确定国家祀典，改变了西汉以巫祠祭天地鬼神的状况。国家的郊、社、宗庙等大祭，都由太常所属掌握，而各地的祭祀，也是太守、令、长侍祠。这样，巫在国家的祭礼活动中，基本上被排斥了出来，主要服务于民间社会。② 与此同时，以天人感应和阴阳灾异为核心的谶纬神学替代鬼道巫术，占据官方思想信仰的主导地位。随着儒家礼仪制度的普及，东汉巫风较之西汉有所衰弱，巫的功能也进一步下移，巫觋参与统治集团内部斗争的可能性也因此大大减少了。

汉代，尤其是西汉，上至帝王将相，下到庶民百姓，大都相信巫术的神秘力量。为祈福禳灾，上层权贵往往花费重金聘请巫师。巫师或为诸王祝诅皇帝，以求非常；或用巫蛊之术置对手于死地；或为后妃祷祠作法，以博帝王宠爱；或为帝王下神治病，消灾去祸。巫觋以巫术参与政治，不仅获宠于上层社会，而且对地方政治与民间社会也产生了重要影响。

在民间，巫觋利用法术移祸他人的风气亦颇为盛行，以致汉武帝于天汉二年（前99）秋规定“止禁巫祠道中者”。师古注曰：“总禁百姓巫觋于道中

① 《汉书·郊祀志》。
② 参见马新《论两汉民间的巫与巫术》，载《文史哲》2001年第3期。

祠祭者耳。"[1]官方颁布禁令,说明了这种巫术在民间的普遍性和危害性。与上层社会埋偶人于地下伤害他人的巫蛊术不同,民间社会更为流行的是蓄养蛊虫加害他人的黑巫术。虽被官方严令禁止,但其在民间却屡禁不衰,并且一直流传下来。

在两汉时代,每一个乡村单位中都设有巫与巫家,这是当时的通例。《汉书·晁错传》记晁错向文帝建议募民徙边,在边地新建居民点,要"为置医巫,以救疾病,以修祭祀。……此所以使民乐其处而有长居之心也"。对地方百姓来说,巫的祭祀祝祷与医的疗疾同样不可或缺。作为政府官员,只有满足百姓的生活和精神需求,才能使其安心定居。近年出土了汉章帝建初四年(79)巫师祝祷、为人除病的券书,现摘录部分内容:

七月廿日癸酉,令巫下脯酒为皇母序宁下祷,皇男皇妇为祷大父母、丈人、田社、男殇、女殇、司命。皇母序宁今以头坚目官,两手以卷,脯酒下。生人不负责,死人无适,券刺明白。

七月廿四日,令巫夏脯酒为皇母序宁下祷,皇男皇妇共为祷东北官保社,皇母序宁。(下略)[2]

巫祷券书记载了田氏夫妇延请巫觋("巫夏"、"赵明"),为病重母亲祷祀神鬼、祈求除病的祝辞。巫师祷祀的神鬼有"獦(腊)君"、"外家西南"、"炊休"、"黄君"、"水上"、"大父母"、"丈人"、"田社"、"男殇"、"女殇"、"司命"、"东北官保社"、"殇君"、"官社"、"郭贵人"等,达十五种之多。这种延请巫觋祷祀疗疾的方法在汉代上层社会与民间都十分盛行。

在汉代乡村各地,"街巷有巫,闾里有祝",人们信巫鬼而重祭祀。巫成为乡村百姓的精神支柱和心理依靠。"广大的百姓部民们只有仰仗着在他们心目中唯一能为他们沟通另一个世界的巫与巫术,去乞得一点庇护,讨得一点福禄,以支撑其自身的脆弱。除此之外,别无选择。在这种情况下,巫与巫术自然充斥在两汉民间社会中,成为乡村社会生活中的一个有机组成

① 《汉书·武帝纪》。

② 连劭名:《东汉建初四年巫祷券书与古代的册祝》,载《传统文化与现代化》1996年第6期。

部分。”①

其次，巫觋的活动能量很大，可以成为鼓动百姓起事、反抗政府的民间政治首领。

生活在民间的巫比较容易把握百姓的愿望，能在短时间内迎合百姓的需要，组织大规模的反抗活动。汉代，巫往往借神的名义，用神的旨意来调动百姓的宗教热情，掀起群众运动，以推翻政府的腐朽统治。如西汉末年，赤眉军起义，众至数十万，初无政治目标。随军的“齐巫鼓舞祠城阳景王，以求福助”。齐巫利用人们对城阳景王的崇拜心理，下神宣布神意，“当求刘氏共尊立之”②，遂立刘盆子为帝，自号建世元年。使赤眉军成为有政治目标的团体，为赤眉军的发展壮大确立了方向。

东汉光武帝建武年间，“妖巫”卷人维汜“妖言称神，有弟子数百人”，对抗朝廷，被官方镇压。建武十七年(41)秋，维汜的弟子、“妖巫”李广等“宣言汜神化不死，以诳惑百姓”，聚众起事。李广攻占皖城，杀皖侯刘闵，自称“南岳大师”③。朝廷遣谒者张宗将兵数千人讨之，为其所败。后派名将马援发诸郡兵万余人才将其平息。这次起义历时两月，规模可观。至建武十九年(43)，“妖巫维汜弟子单臣、傅镇等，复妖言相聚，入原武城，劫吏人，自称将军”。朝廷派臧宫率北军及黎阳营数千人围之，数攻不下，士卒死伤无数。光武帝急召公卿诸侯王问对策。东海王刘庄曰：“妖巫相劫，势无久立，其中必有悔欲亡者。但外围急，不得走耳。宜小挺缓，令得逃亡，逃亡则一亭长足以禽矣。”④光武帝采纳刘庄的策略，敕令臧宫撤围缓之，民众分散，臧宫趁势出击，才平息此次民变。

东汉末年，政治混乱，天灾频仍，饥病之民无以为生，人心思乱。“妖巫”张修和张角以符水咒说之术疗病消灾，号召民众，组织起事，直接动摇了东汉王朝的统治。据《后汉书·皇甫嵩传》记载：

> 张角自称“大贤良师”，奉事黄老道，畜养弟子，跪拜首过，符水咒说

① 马新：《论两汉民间的巫与巫术》，载《文史哲》2001年第3期。

② 《后汉书·刘盆子传》。

③ 《后汉书·马援传》。

④ 《后汉书·臧宫传》。

> 以疗病,病者颇愈,百姓信向之。角因遣弟子八人使于四方,以善道教化天下,转相诳惑。

十余年间,徒众达数十万。中平元年(184)二月,张角率众起义,主力军坚持斗争九个月,给东汉政府以沉重打击,使之名存实亡。原始道教即是在民间巫教的基础上发展而来的。张角既是早期道教——太平道的领袖,同时也是巫师之长。其"符水咒说以疗病"的方法是汉代巫觋治病的基本方式之一。

与此同时,巴郡"巫人张修疗病,愈者雇以米五斗,号为'五斗米师'"[①]。张修亦以疗病的方式吸收信徒。中平元年(184)秋七月,"妖巫张修反"[②],在汉中组织了一个势力强大的民间宗教集团。其后继者张鲁建立了政教合一的政权,存在了二十余年。

可见,在巫风盛行的汉代,巫术所具有的左右思想、控制人心的作用,很容易使它与政治相结合,或被政治所利用。而巫觋以神的名义行事,其身份是神圣的,在由民变而引发政局根本变革的过程中,他们往往扮演举足轻重的角色,成为聚众起事的决策者和领导者。

再次,巫觋可以左右风俗,控制信仰,从而影响地方政局。

汉代的百姓对客观世界的认识仍是茫然无知的,因此,信鬼拜神、乞求神灵消灾赐福就成为他们自我安慰与心理平衡的主要方式。这就为以通神为基本技能的巫在民间的活跃提供了广阔的空间。与先秦时期相比,虽然巫的社会地位不断下降,社会职能也大为缩减,但由于其通神降神、求福消灾的基本职能没有改变,因此,他们还可以利用人们的迷信心理,"依托鬼神,恐怖愚民"[③],假借鬼神来控制百姓的思想和信仰。如长期以来,邺地巫祝欺骗百姓,使当地形成了为河伯娶妇的陋俗,造成百姓"多持女远逃亡。以故城中益空无人,又困贫"[④]的民不聊生的惨状。至战国时,西门豹为邺令,移风易俗,才将此陋俗革除。会稽多淫祀,好卜筮,巫祝经常让百姓屠牛

① 《后汉书·灵帝纪》李贤注。

② 《后汉书·灵帝纪》。

③ 应劭撰、吴树平校释:《风俗通义校释·怪神》。

④ 《史记·滑稽列传》。

祭神,“赋敛受谢”,以此聚敛财物。巫祝的愚弄和欺骗使百姓靡费大量财物,“财产以之困匮”,苦不堪言。但出于对鬼神的敬畏,“民畏其口,惧被祟,不敢拒逆”。其畏惧如此,“前后郡将莫敢禁”,连地方官也不敢制止。在巫祝的左右和控制下,会稽百姓不仅“财尽于鬼神,产匮于祭祀”,甚至形成了“不敢食牛肉”的地方禁忌。[①] 九江逡遒“有唐、居二山,名有神,众巫共为取公妪,岁易,男不得复娶,女不得复嫁,百姓苦之”[②]。九江逡遒巫觋替山神娶亲,年年更换,被选中者终生不敢嫁娶。辰阳地区“其俗少学者而信巫鬼”[③],百姓好淫祀,祭鬼神,糜财破产,但终不悔悟。

齐地巫风之盛,在汉代最为突出。据《汉书·地理志下》记载:“始桓公兄襄公淫乱,姑姊妹不嫁,于是令国中民家长女不得嫁,名曰‘巫儿’,为家主祠,嫁者不利其家,民至今以为俗。”齐地从春秋以来一直存在着妇人为巫。当家主祭的风俗。《公羊传·哀公六年》载,陈乞曰:“常之母,有鱼菽之祭。”何休注曰:“齐俗,妇人首祭事。言鱼豆者,示薄陋无所有。”徐彦疏云:“主妇设祭,礼则有之。何言齐俗者?正以主妇设祭之时,助设而已,其实男子为首……若其齐俗,则令使妇人为首。”山东曾发现一件西周晚期的“齐巫姜簋”,作器者名“齐巫姜”,即齐国以巫为业的姜姓女子。[④] 说明齐地女子为巫,为家主祠的社会风俗由来已久,至汉仍承之未改。“巫儿”在各自家中主持祭祀,其实际身份就是“家巫”。因为主祭本来就是巫师的职责所在。在巫风盛行之处,主持家祭的“巫儿”必定在家内有较高的地位,甚至存在着操持家政的可能性。[⑤] 可以说,齐地巫风对当地的社会风俗产生了非常重要的影响。

在巫觋的蛊惑下,汉代地方社会形成了“宽于行而求于鬼,怠于礼而笃于祭”的状况,浓厚的巫风弥漫整个社会,对地方政局也产生了重要影响。东汉末年,黄巾军围攻青州,“军革尚众”的青州刺史焦和“不理戎警,但坐列

① 参见应劭撰、吴树平校释《风俗通义校释·怪神》。
② 应劭撰、吴树平校释:《风俗通义校释·怪神》。
③ 《后汉书·宋均传》。
④ 参见李零《中国方术续考》,第56页。
⑤ 参见孙家洲《汉代齐地尚巫之风考实》,载《文史哲》2003年第3期。

巫史，禜祷群神”[①]，致使部众溃散。焦和作为青州最高行政长官，可谓惑于巫祝甚矣。至三国时期，巫仍然有很大的影响力。魏文帝曾下诏曰：“叔世衰乱，崇信巫史。至乃宫殿之内，户牖之间，无不沃酹，甚矣其惑也。”[②]巫与巫术仍然主导和控制着乡村社会人们的思想和信仰，也在一定程度上影响着地方官吏的政治行为。与国家法律相比，巫与巫术也有着更强的威慑力与感染力。

(二)汉代政权对巫的排斥打击

巫风过盛，往往会直接影响人们正常的生产生活，进而影响社会稳定。这是统治者不愿看到、也不能坐视不管的。因此，尽管上层贵族也会利用巫觋为自己求福禳灾，但汉代官方却对巫及其操纵的黑巫术采取打击政策。

1. 巫被排斥于良民之外，巫家不得做官为吏

汉代的巫属于贱民，已沦为不齿于齐民的卑贱人物，不能从政。《史记·李将军列传》云名将李广“以良家子从军击胡”，司马贞《索隐》引如淳言：“非医、巫、商贾、百工也。”三国去汉不远，如淳之言应真实可信。《后汉书·宋均传》记载：九江太守宋均“乃下书曰：‘自今以后，为山娶者皆娶巫家，勿扰良民。’”也说明那时已将巫排除于良民之外。《汉书·王贡两龚鲍传序》云：“(严)君平卜筮于成都市，以为‘卜筮者贱业，而可以惠众人’。”在汉代，巫祝、卜筮及其他方技同为贱业，为人所贱视。汉代祠祭官的地位也很低。司马迁曾说过“文史星历近乎卜祝之间”[③]，慨叹自己地位的低微。

汉代法令对巫家后代入仕也有严格限制。东汉南阳隐士高凤“名声著闻。太守连召请，恐不得免，自言本巫家，不应为吏”[④]，说明汉代巫身份低下，不能为官作吏。巫已失去良民身份和做官为吏的资格。

2. 惩治巫觋，移风易俗

汉代百姓对神祇抱着实用主义的态度，遇神就烧香，见庙就磕头。泛神

---

① 《后汉书·臧洪传》。

② 《三国志·魏书·文帝纪》。

③ 《汉书·司马迁传》。

④ 《后汉书·逸民传·高凤》。

崇拜很容易造成重复祭祀和随意供奉。其结果，一方面“妖妄相煽，舍正为邪”[①]，扰乱了民间正常的生活秩序；另一方面百姓“不修其行而丰其祝”[②]，为此靡费甚广，甚至贫困破产。这不能不引起统治者的重视与警惕。面对由各地巫觋操纵而形成的各种淫祀，汉代政府实行打击政策。惩治巫觋，也成为地方官移风易俗的重要内容。如东汉宋均为辰阳长，“其俗少学者而信巫鬼，均为立学校，禁绝淫祀，人皆安之”。宋均后迁九江太守，又杀掉浚遒县愚弄百姓的巫觋，革除了为当地山神娶“公妪”的陋俗。[③] 会稽多淫祀，好卜筮。百姓常以牛祭神，财产因之困匮。建武二十九年(53)，第五伦任会稽太守，禁断淫祀，“到官，移书属县，晓告百姓。其巫祝有依托鬼神诈怖愚民，皆案论之。有妄屠牛者，吏辄行罚。民初颇恐惧，或祝诅妄言，伦案之愈急，后遂断绝，百姓以安”[④]。豫章郡多山川鬼怪，百姓常破赀产以祈祷。太守栾巴“素有道术，能役鬼神，乃悉毁坏房祀，翦理奸巫，于是妖异自消。百姓始颇为惧，终皆安之”[⑤]。汉末，曹操任济南相时就曾下令禁止当地百姓祠祀，“及至秉政，遂除奸邪鬼神之事，世之淫祀由此遂绝”[⑥]。曹丕针对“叔世衰乱，崇信巫史”[⑦]的现状，继续加大打击力度，严厉禁止巫祝利用各种方术愚弄百姓。南方的孙权也“废弃淫祀”[⑧]，同样严厉禁止各种不在典籍的祭祀。

3. 巫所操纵的黑巫术受到严厉限制

以损毁他人为目的的黑巫术在汉代被视为“左道”。如《礼记·王制》“执左道以乱政”郑玄注云：“左道，若巫蛊及俗禁。”孔颖达疏曰：“右贤左愚，右贵左贱，故正道为右，不正道为左，若巫蛊及俗禁者……巫行邪术，损坏于人。”先秦时期有一种移祸他人的黑巫术，即通过巫觋作法，将本应由自己承

---

① 《晋书·礼志上》。

② 王充:《论衡·解除》。

③ 参见《后汉书·宋均传》。

④ 《后汉书·第五伦传》。

⑤ 《后汉书·栾巴传》。

⑥ 《三国志·魏书·武帝纪》“禁断淫祀”裴松之注引。

⑦ 《三国志·魏书·文帝纪》。

⑧ 释慧皎:《高僧传》卷一《魏吴建业建初寺康僧会》，汤用彤校注本，中华书局 1992 年版，第16页。

担的灾祸转嫁到他人身上。如宋景公时，荧惑在心，祸当于君。巫子韦即请通过行术，将祸患移之于相，或移之于民，或移之于岁，被景公拒绝。[①] 秦代官制，祝官下专设"祕祝"一职，其职掌是"即有灾祥，辄祝祠移过于下"[②]。即每有灾祸降临到君王头上，就让巫觋祝祷施术，将祸患移至臣民身上。汉高祖即位，"甚重祠而敬祭"，承袭秦制，"悉召故秦祀官，复置太祝、太宰，如其故仪礼"。文帝即位十三年，下诏曰："秘祝之官移过于下，朕甚弗取，其除之。"[③]才正式废除这种损人利己的巫官之制。但此种移祸巫术在民间仍盛行不衰。至汉武帝天汉二年（前 99），"止禁巫祠道中者"[④]。开始对流行于民间的移祸巫术进行限制。

汉代对巫蛊和祝诅之术的打击和限制尤为严厉。诸王大臣有敢利用巫觋行祝诅巫蛊之术以危害天子者，从重处罚，严惩不贷。如汉武帝"捕为巫蛊者，皆枭首"[⑤]。武帝末，巫蛊事起，"上以充为使者治巫蛊……民转相诬以巫蛊，吏辄劾以大逆亡道，坐而死者前后数万人"[⑥]。卫皇后、太子及丞相公孙贺父子，卫皇后之女阳石公主、诸邑公主，及皇后弟子长平侯卫伉皆坐巫蛊死。[⑦] 公孙敖坐妻为巫蛊，灭族。元光五年（前 130），陈皇后因"惑于巫祝"[⑧]被废，相连及诛者三百余人。

在汉代统治阶层利用巫术打击、陷害对手的斗争中，行术之巫往往也会被牵连致死。如"良巫"女须为广陵王胥祝诅昭帝，事发后，"药杀巫及宫人二十余人以绝口"[⑨]。为陈皇后巫蛊祠祭祝诅的女巫楚服、为冯太后祝诅哀帝及傅太后的巫刘吾[⑩]、与息夫躬同祝诅武帝的巫觋[⑪]、为炀王云祠祭诅祝

① 参见《吕氏春秋·制乐》。
② 《史记·封禅书》。
③ 《汉书·郊祀志上》。
④ 《汉书·武帝纪》。
⑤ 《汉书·武帝纪》。
⑥ 《汉书·江充传》。
⑦ 参见《汉书·刘据传》。
⑧ 《汉书传·外戚传·孝武陈皇后》。
⑨ 《汉书·刘胥传》。
⑩ 参见《汉书·外戚传·孝元冯昭仪》。
⑪ 参见《汉书·息夫躬传》。

哀帝的巫傅恭[①]、为公孙敬声祭祠诅祝武帝的"人巫"[②]等也都枭首弃市，成为政治斗争的牺牲品。

随着时代的发展，统治者对巫及黑巫术的打击力度越来越大。至三国时，魏文帝曹丕下令："自今，其敢设非祀之祭，巫祝之言，皆以执左道论，著于令典。"[③]淫祀及黑巫术被冠以"左道"之罪，受到国家法律的全面禁止。

4. 巫觋遭到有识之士的鄙视和抨击

自春秋战国以来，社会结构的重大变化使依附于王权的巫觋集团地位急剧下降。社会变革也刺激了人们理性的觉醒，天的地位发生动摇，人们对天道鬼神的信仰大为削弱，"轻天重民"、"民为神主"的思想越来越突出。依托鬼神欺骗百姓的巫觋开始遭到一些思想家的鄙视和抨击。如荀卿对当世"不遂大道而营于巫祝，信禨祥"的社会风气嫉恨不已，"序列著数万言"[④]，著书立说，进行抨击。他把"桀纣有天下，汤武篡而夺之"的世俗之说比喻为"犹伛巫、跛匡大自以为有知也"，即自以为很聪明神异，实则非常愚蠢。乱世之用国者，"百姓贱之如人匡(尪)，恶之如鬼"[⑤]。在他们看来，巫觋的作法施术再也不是崇高神圣的职业，而是愚蠢无能、心术不正之人所从事的一种下流活动。

原始时代，巫觋在氏族和部落祭祀活动中处于中心地位，他们享有很高的威信，但无任何特权。巫觋负责为全体成员祈祷、驱疫、疗疾，但那是应尽的义务，没有任何报酬。随着私有制的发展，出现了阶级分化，人们的私有观念也日益加深，到秦汉时代，巫觋已经完全职业化，靠行术来维持生存。他们已由原来无条件地为氏族成员服务演变为以神的名义向人们索取报酬，诈骗钱财，"谣歌鼓舞，酒肉是求"[⑥]。对于巫觋假借神意愚弄百姓，"狭幅短度，以伪杂真，采取奸利，诱人取物"[⑦]的做法，一些有识之士提出了尖锐的

① 参见《汉书·刘宇传附子刘云》。
② 《汉书·公孙贺传》。
③ 《三国志·魏书·文帝纪》。
④ 《史记·孟子荀卿列传》。
⑤ 《荀子·正论》、《荀子·王霸》。
⑥ 徐氏：《三天内解经》卷上，《道藏》第28册，第413页。
⑦ 葛洪：《抱朴子·微旨》。

批评。如桓宽认为巫觋“坚额健舌”,“饰伪行诈”,靠口舌与诈术欺骗乡民,其目的是“以取釐谢”,获取财物,甚至“成业致富”。而好逸恶劳之人遂纷纷仿效,“是以街巷有巫,闾里有祝”[①],巫觋遍及市井与乡村各地。王符则批评巫祝“鼓舞事神,以欺诬细民,荧惑百姓”,致使许多农村妇女“多不修中馈,休其蚕织,而起学巫祝”,扰乱了正常的生产生活秩序;对于生病时巫觋欺骗百姓,使之“弃医药,更往事神”,以致延误治疗,导致死亡之事更是痛心疾首,为百姓“不自知为巫所欺误,乃反恨事巫之晚”[②]的愚蠢之举感到惋惜;认为人们要却灾致福,应该修德,而不在祷祀。东汉王充针对汉代民间巫觋泛滥、淫祀盛行的现象,及时人“不修其行而丰其祝,不敬其上而畏其鬼”的荒唐行为,提出了“论祭祀,祭祀无补;论巫祝,巫祝无力。竟在人不在鬼,在德不在祀”[③]的观点。扬雄认为巫鬼淫祀,惑乱民心,“又以巫鼓”。对于“巫鼓”之意,李轨解释说:“巫鼓,犹妄说也。妄说伤义,甚于不言。”汪荣宝则曰:“巫读为诬。诬鼓谓诬妄鼓扇,言仅仅不实则亦已矣,又从而诬妄鼓扇焉,故其害为尤甚也。”[④]“巫”竟成了“诬”的同义词。巫觋诬妄鼓扇,对社会为害尤甚。

(三)巫的地位日趋下降的原因分析

与先秦时相比,汉代巫觋的地位呈日益下降之趋势。究其原因,主要由以下几方面的因素造成:

1. 依附王权,始终未能独立

世界各地的古代文明民族大体上都经历过从“家为巫史”到“民神异业”的巫觋职业化发展阶段。部落首领或早期国家的国王大多是由巫师演变而来的,常常兼任祭司之职,主持部落或国家的巫术性、祭祀性的仪典,甚至被赋予超自然权能,直接被奉为神明,形成“首领崇拜”。这是具有普遍性的,中国也是如此。进入文明社会之后,国家的出现和社会组织的复杂化,使许

① 桓宽:《盐铁论·散不足》。
② 王符:《潜夫论·浮侈》。
③ 王充:《论衡·解除》。
④ 扬雄撰、汪荣宝义疏、陈仲夫点校:《法言义疏·君子》,中华书局1987年版,第508～509页。

多民族从政教合一开始走向政教分立。对此，弗雷泽在《金枝》中是这样论述的：

> 从历史的角度看，这种神圣职务（国王）的授命似乎起源于为公众服务的巫师或巫医的职务……当其中最强有力者赢得首领地位并逐步发展成为神圣之王的时候，原来作为巫师的职能就越来越倒退为历史背景，而依巫术渐渐为宗教罢黜的程度相应地被祭祀或神的职务所代替。更往后些时候，王权的民事和宗教两方面开始分开，有关世俗权力归于一人，有关神权的职能归于另一人。①

在政教分立的基础上形成了专司神职的祭司阶层。祭司阶层是一批专业的宗教职业者，他们从世俗社会中脱离出来，专门研究神学理论，传布神学思想，组织宗教活动，而且在此基础上逐渐衍生出一个等级制宗教组织机构，形成一个由大小僧侣组成的教阶系统。这种宗教组织机构和教阶系统结合在一起，使人们按共同的信仰组织成一个统一的宗教社团。这样，宗教就不仅是一种精神活动，而且也表现为一定的社会力量。祭司阶层享有特权，相对于王权具有某种独立性，有的甚至可以同世俗权力分庭抗礼。②

在世界其他民族中，进入国家形态之后，国王便不再兼任祭司长，祭祀工作不再由政府负责。而在中国，家天下的国家建立之后，在"国之大事，在祀与戎"的社会里，王仍然把持祭祀上帝、祖先、百神的大权。他们既是政治领袖，又是群巫之长。一些重大的祭祀仪式仍由他们亲自主持。如夏王朝的建立者禹，本身就是一位大巫。《国语·鲁语下》云："昔禹致群神于会稽之山。"《史记·夏本纪》曰："天下皆宗禹之明度数声乐，为山川神主。"可见，史籍记载中的禹有巫所具备的降神、歌舞声乐的本领。另据《扬子法言·重黎》言："昔者姒氏治水土，而巫步多禹。"李轨注曰："俗巫多效禹步。"所谓"禹步"，就是"召役神灵之行步"③，实为一种巫步。陈梦家先生也认为："古之王即巫者，故禹步亦称巫步。"④夏后启也是一位善歌舞的巫。《山海经·

---

① ［英］詹·乔·弗雷泽：《金枝》，徐育新等译，第159页。

② 参见吕大吉《宗教学通论新编》，中国社会科学出版社1998年版，第363页。

③ 《洞神人帝元变经·禹步致灵》，《道藏》第28册，第398页。

④ 陈梦家：《商代的神话与巫术》，载《燕京学报》1936年第20期。

大荒西经》云：

有人珥两青蛇，乘两龙，名曰夏后开。开上三嫔于天，得《九辩》与《九歌》以下。此天穆之野，高二千仞，开焉得始歌《九招》。①

张光直先生认为："夏后启无疑为巫，且善歌舞。"②商的开国之君汤也是一个政治领袖兼群巫之长的君王。据《吕氏春秋·顺民》记载：

昔者汤克夏而正天下，天大旱，五年不收。汤乃以身祷于桑林，曰："余一人有罪，无及万夫；万夫有罪，在余一人。无以一人之不敏，使上帝鬼神伤民之命。"于是翦其发，磨其手，以身为牺牲，用祈福于上帝。民乃甚说，雨乃大至。

古有焚巫求雨之习，汤剪发断爪，"以身为牲"③，正是一种自任巫祝的巫术行为。另外，对于祭祀一类的事情，汤也进行干预。

可见，在中国古代，王是由群巫之长演变而成的政治领袖，而且王仍然把持祭祀大权，巫觋则是王权的附庸，既没有特权，也没有成为一种独立的社会力量。巫觋扮演的是为王权服务的角色。他们围绕在王的周围，或贞卜祭祀，或舞雩求雨，或驱除厉疫，或降神占梦。《礼记·礼运》所描述的"王前巫而后史，卜筮瞽侑，皆在左右。王中心无为也，以守至正"，正说明了巫官集团对王权的依附性。在中国，从来没有产生独立于王权之外的祭祀阶层，这是中国巫与世界其他民族的祭司阶层的不同之处。对此，有学者指出：

祭祀僧侣集团在中国政治上一直没有取得过主导地位。在文明的萌生中，中国也与西方世界一样，有祭祀和祭祀人员，有通过天人之际的'若木'与神山……但在中国社会，神职人员一直没有成为独立的政治集团，神职首领往往是世俗首领兼而领之，这种情况下的祭祀集团只能是政治的附庸。④

由于中国的祭祀阶层始终未能独立，这种身份上的从属性就决定了其社会

① 《山海经·大荒西经》载袁珂案："开即启也，汉人避景帝（刘启）讳改。"

② 张光直：《中国青铜时代》第2集，第64页。

③ 尸佼撰、李守奎、李轶译注：《尸子译注》卷上。

④ 齐涛、马新：《中国政治通史》，泰山出版社1993年版，第5页。

地位的附庸性和社会职能的不稳定性。一旦王权衰落，神权政治的格局被打破，作为依附者的巫在政治生活中的重要性必然随之降低，身份地位的下降也就在所难免。

自西周后期开始，"王道衰微"，势力强大的诸侯开始干预王位。周夷王即是诸侯所拥立的。《礼记·郊特牲》曰："觐礼，天子不下堂而见诸侯。下堂而见诸侯，天子之失礼也，由夷王以下。"郑玄注曰："时微弱，不敢自尊于诸侯也。"春秋战国时期，"周室衰微，诸侯强并弱，齐、楚、秦、晋始大，政由方伯"[1]。礼崩乐坏的现象俯拾皆是：从"礼乐征伐自天子出"到"自诸侯出"，进而到"陪臣执国命"；从天子八佾到"季氏八佾舞于庭"；从天子九鼎到楚庄王"问""鼎之轻重"；从"封建亲戚，以藩屏周"到"布衣卿相，礼贤下士"，等等。无一不是王权衰落的表征。

同时，周代结束了殷人以神为本、神权至上的时代，进入民神并重、以民为本的新时代。人的主观作用受到重视，神权政治也开始衰落。周王和诸侯等世俗的政治领袖不再担任宗教领袖，而处理政务的官员也从处理宗教事务的巫师集团中分离出来。所以，比之于商代，巫在统治阶层中的地位已经开始下降。一方面，他们往日的职能一部分已经为其他世俗的官职所取代；另一方面，在巫师集团的内部，分工也较前代更加细密，所以就每一官职而言，其权力相应地也缩小了。[2] 春秋战国时代，在重民思潮的冲击下，统治者精心建构的神权体系逐渐衰落，建立在神权基础之上的巫觋的地位自然下滑，巫术在人们精神生活中所占的比重也大大下降了。

正是巫觋集团对王权的依附性，使中国的巫没有像西方的祭祀集团那样走向独立，发展到可以与王权分庭抗礼的程度，而是随着王权与神权的衰落一并衰落了。

2. 职能萎缩，丧失文化与祭祀垄断权

上古时期，巫觋垄断文化知识。除了负责神事活动和宗教祭祀外，巫觋还掌握天文历法、文字记录、历史知识、医疗药物等，是最早脱离生产劳动的

---

① 《史记·周本纪》。

② 参见童恩正《中国古代的巫》，载《中国社会科学》1995年第5期。

知识分子。因其具有特殊技能与知识，因而地位崇高，备受尊敬。后来，随着社会的发展进步，社会分工日趋细密，巫自身也不断分化，成为专事鬼神的神职人员。巫觋独揽文化知识的权利被瓜分，其在社会生活中的重要性自然降低。

迟至春秋战国时期，巫、医已经分离，此已见前述，由此形成用针灸和草药为人治病的医与靠巫术驱鬼疗疾的巫职能两分但又同时服务于乡村医疗市场的格局。史源于巫，为学界共识。殷商时期，巫、史已分。甲骨文中的"乍册"、"大史"、"大史寮"均为史官之称[①]。先秦时期，史兼有两方面的职能：一方面掌管文化事业。自商代起，史就主管王室典册，"唯殷先人，有册有典"[②]。周代史官的分工渐趋细密，史职约有二十三种之多。[③]《周礼·春官宗伯》所记载的史职官员有大史、小史、内史、外史、御史等，拥有代王宣读文告册命、记史事、掌典籍及天文历法等文化职责。另一方面还兼掌祭祀、占卜等神事，如大史"大祭祀，与执事卜日"。《左传·闵公二年》载狄人伐卫，囚史华龙滑、礼孔。二人曰："我，大史也，实掌其祭。"《周礼·春官·占人》曰："凡卜筮，君占体，大夫占龟，史占墨，卜人占坼。"孔颖达《周易正义·巽卦》亦云："史谓祝史，巫谓巫觋，并是接事鬼神之人。"因此史在先秦时期又是事神之官，是巫官系统（祝、宗、卜、史、巫）的一个组成部分，从而形成史之职能神人两分的状况。

祭祀是一种人神之间的交流行为，而巫的基本功能就是沟通神人，因此，祭祀离不开巫的参与。巫是神事活动的主角。他们主持祭祀礼仪，记录卜兆筮辞，观察天文星象，解析梦象，预知命运，驱疫逐鬼，舞雩求雨，下神祈福，无所不包。但随着社会分工的发展和人们生产生活领域的扩大，人的社会需求也越来越多，所造神灵也日益纷繁复杂，种类各异，神事活动内部的分工日渐细微化，这就导致了神职人员的分工也越来越细，祝、宗、卜、史等神职人员应运而生，从巫中分立出来，分别承担事神活动中的不同角色，逐

① 参见陈智勇《试析商代巫、史以及贞卜机构的政治意向》，载《史学月刊》1999年第2期。

② 《尚书·多士》。

③ 参见席涵静《周代史官研究》，福记文化图书有限公司1982年版，第174～197页。

渐侵夺了早期巫的多项职掌，成为官方宗教祭祀的主角。《国语·楚语下》曰：

> 是使制神之处位次主，而为之牲器时服，而后使先圣之后之有光烈，而能知山川之号、高祖之主、宗庙之事、昭穆之世、齐敬之勤、礼节之宜、威仪之则、容貌之崇、忠信之质、禋洁之服，而敬恭明神者，以为之祝。使名姓之后，能知四时之生、牺牲之物、玉帛之类、采服之仪、彝器之量、次主之度、屏摄之位、坛场之所、上下之神、氏姓之出，而心率旧典者为之宗。

祝、宗、卜、史预测国运，预卜战争，司掌宫廷祭祀，成为天子内府的专职官员。而巫失去了大部分权力与职务，失去了在国家祀典中的主导地位，沦为大宗伯属下位卑权轻的服务性人员，只承担祭祀过程中的许多具体事神工作。如"制神之处位次主，而为之牲器时服"，"望祀、望衍、授号、旁招以茅"，"冬堂赠"，"春招弭"，"舞雩"，"歌哭而请"等①。巫对祭祀垄断权的丧失，使巫逐渐远离神权中心和政治中心，开始向民间滑落。春秋战国之际，社会体制转型，阶级关系变动很大，巫的职能和政治地位也进一步分解、下降，成为主要为乡村百姓服务的神职人员。

汉初君臣来自巫风浓厚的楚地，对民间巫术情有独钟，并将其带入天子殿堂。汉高祖设立"七巫"之职，主持官方祀典。在统治者的支持与提倡下，汉初巫的地位又一度提高，但并未维持长久，汉武帝独尊儒术，在祭祀活动中以儒家礼仪代替神道设教，给巫的政治前途以致命打击。用儒家礼仪规范国家祀典，即标志着巫开始失落官方祭祀权。大体说来，自汉武帝以后，巫逐渐从官方祭典中被排斥出来。至东汉，国家大祭皆由太常所属负责，地方官祭则由太守、令长掌握。至此，巫原有的官方祭祀权全部丧失，而完全服务于民间社会。

3. 素质下降，职业的神圣性削弱

上古时代，巫之职非常神圣、崇高，因此，对巫的选择要求极高，必须由"精爽不携贰"、"齐肃衷正"、"智能上下比义"、"圣能光远宣朗"、"明能光

---

① 参见《周礼·春官宗伯·男巫》。

照”、“聪能听彻”[①]者来担任。他们是集智、圣、明、聪于一身的综合性技术人才,地位崇高,受人尊敬。

随着巫的政治地位的降低和神权职能的缩小,巫的自身素质也在不断下降。春秋战国以来,巫已失去相当一部分“地盘”,逐渐退出许多知识领地,剩下的只有靠行术来维持生存。大量残疾人混充巫觋,极大地削弱了巫原有的神圣性,使其在人们心目中的神圣色彩和神秘性逐渐消失。至汉代,巫已被视为一种贱业。从业者主要有如下几种情况:

(1)家传者。巫觋的职业和技能许多是在亲子(女)之间传递,子(女)承父业,常有家传数代承此职业者,故有“巫家”之称。西汉名臣黄霸,早年尚未通显之时,“与善相人者共载出,见一妇人,相者言:‘此妇人当富贵,不然,相书不可用也。’霸推问之,乃其乡里巫家女也。霸即取为妻,与之终身”[②]。黄霸的妻子即是巫家之女。楚国有一个以巫为世官的家族,即观氏,有观丁父、观从等,都曾从事巫卜之职,观射父当为其后嗣。[③] “鬼道”教主张鲁,“母始以鬼道,又有少容,常往来(刘)焉家”[④]。张鲁的母亲是通“鬼道”的巫者,张鲁亦“以鬼道疗病”,用巫术为人疗疾。“汉末,张鲁居汉中,以鬼道教百姓,賨人敬信巫觋,多往奉之。”[⑤]张鲁为巫道教主即属家传。

(2)拜师学成者。《史记·滑稽列传》记载为河伯娶妇的大巫妪,“老女子也,已年七十。从弟子女十人所,皆衣缯单衣,立大巫后”。站在大巫身后的十余弟子及被西门豹投入河中的三个弟子,即属于师传为巫者。

(3)病后为巫者。如汉武帝时上郡之巫,“病而鬼神下之”[⑥],即是得病后被鬼神附体而为巫者;游水发根“本尝遇病,而鬼下之,故为巫也”[⑦]。《搜神记》卷四载:

> 豫章有戴氏女,久病不差。见一小石,形像偶人。女谓曰:“尔有人

① 《国语·楚语下》。

② 《汉书·循吏传·黄霸》。

③ 参见张正明《楚文化志》,湖北人民出版社1988年版,第112页。

④ 《三国志·蜀书·刘焉传》。

⑤ 《晋书·李特载记》。

⑥ 《史记·封禅书》。

⑦ 《汉书·郊祀志上》“游水发根言上郡有巫”师古注。

形，岂神？能差我宿疾者，吾将重汝。"其夜，梦有人告之："吾将祐汝。"自后疾渐差。遂为立祠山下。戴氏为巫，故名戴侯祠。

戴氏女也属于久病愈后而为巫者。

(4)残疾人混充巫觋者。在中国古代，腿脚残疾者充任巫觋的现象很早就有，商代有焚巫求雨的"烄"祭。从甲骨文"烄"字的字形看，被焚烧者就是两胫绞在一起行走不便的残疾人。但那时巫的政治和社会地位很高，巫的身份也要经过国家和宗族的确认，所以这时跛者充任巫觋者还不多见。春秋战国时代，随着巫觋地位的急剧滑落，无法从事正常生产的残疾人混充巫觋，"伛巫、跛击"以通神施术作为生存手段的现象日益普遍。《荀子·王制》曰："相阴阳，占祲兆，钻龟陈卦，主攘择五卜，知其吉凶妖祥，伛巫、跛击之事也。"王先谦《集解》曰："击，读为觋，男巫也。古者以废疾之人主卜筮巫祝之事，故曰'伛巫、跛觋'。"

另外，身体或智力不健全、有生理缺陷或畸形者，言行异常之人，神经敏感而富于幻觉者，皆可为巫。如闽中人徐登，"本女子，化为丈夫。善为巫术"[①]。属于变性之后而为巫觋者。

秦汉时期的巫觋还与其出生时日相关：

庚寅生，女子为巫。

翼，利行。不可臧。以祠，必有火起。取妻，必弃。生子，男为见(觋)，女为巫。

斗，利祠及行贾，贾市吉，取妻，妻为巫。[②]

庚寅出生的女子，其命运注定为巫，似有无奈之意。秦简中所记与巫有关的内容多为不吉之事，如：

其女若母为巫，其门西北出盗三人。

五丑不可以巫啻以杀巫减。[③]

可见秦人以为生子为巫为觋，亦为家门之不幸。巫觋从上古令人仰慕的崇

---

① 《后汉书·方术传·徐登》。

② 云梦睡虎地秦墓编写组：《云梦睡虎地秦墓》简1137、简989、简804。

③ 云梦睡虎地秦墓编写组：《云梦睡虎地秦墓》简1148、简756。

高职业转变成人们避之不及的贱业，大量残疾人混入其中，靠巫术骗取钱财。这在很大程度上削弱了这一职业的神圣性，造成从业者的自身素质降低；而从业者素质的低下反过来又进一步降低了巫觋在人们心目中的地位。

巫和巫术在人类社会的出现，并不是偶然的现象，它在人类氏族社会阶段逐渐发展起来，具有极大的历史必然性，那就是人类的生存和发展对它有直接的需要。巫和巫术不仅适应当时人们的思想认识状况，在人们的各种生活中起重要作用，而且成为人们争取生存、求得发展的重要精神支柱[①]。随着历史的进步、思想的发展，巫与巫术又会必然走向衰落，终至被科学所淘汰，被文明所遗弃。

① 参见张紫晨《中国巫术》，第 33 页。

第四章 汉代民间的信仰与崇拜

“两汉时代是中国古代民间信仰的繁盛时期。中国自身的道教尚未成熟，西方世界的佛教刚刚传入，民间社会充满着浓厚的原始信仰与原始崇拜的气氛，人们所崇仰、祭祀的神祇多种多样，无所不在，且深深地融入民间社会的生产、生活当中，构成了一幅民间社会的多彩画面。”①

一、民间信仰产生的心理背景

信仰属于意识形态范畴，它的产生与人们的各种心理状态密不可分。信仰心理是人们对支配自己的外部力量的感受、感情、情绪、意愿等感觉和意识活动。信仰心理并不是纯粹的内心体验，而是人们与支配自己的自然力和社会力之间的种种复杂关系的体现。也就是说，信仰心理既不是先天带来的，也不是凭空产生的，而是在人们对自然现象和社会现象的歪曲反映中产生的。

(一)恐惧心理

古代民众始终受到来自自然界和人类社会的双重威胁。恐惧感是产生神灵崇拜的重要心理根源。

---

① 马新:《两汉乡村社会史》,第 332 页。

由于自给自足的自然经济长期支配着人们的社会生活，因此中国民众的思想意识中长期保留着浓厚的原始色彩，原始社会就已产生的神灵观念和自然崇拜到汉代依然存在。自然崇拜是在"万物有灵"的观念基础上产生的，是人类对大自然依赖与畏惧心理的反映。他们把与自身生存密切相关的日月星辰、风雨雷电、山川河海、土地植物等自然现象与自然物，皆当作崇拜的对象，认为每一种自然物都有一个主宰着他的神灵。

农业社会的百姓依赖自然而生存，但自然是一种异己力量，并不完全按照人类的愿望行动，而是有自己独特的运行规律。自然界在给予人类物质资料的同时，也将各种自然灾害无情地降到毫无抵御能力的人类身上。《后汉书·五行志》所记载的影响农业生产的自然灾害有淫雨、旱、大水、大寒、雹、蝗、大风、螟等。如：

和帝永元十年、十三年、十四年、十五年，皆淫雨伤稼。

永宁元年，郡国三十三淫雨伤稼。

殇帝延平元年五月，郡国三十七大水，伤稼。

延光元年四月，郡国二十一雨雹，大如鸡子，伤稼。

顺帝永建五年，郡国十二蝗。

章帝七八年间，郡县大螟伤稼。

在农业科技不发达的古代，人们抵御天灾的能力相当微弱。一年辛苦的劳作有时在一场突如其来的自然灾害打击下会严重减产，甚至颗粒无收，从而使人们濒临饥饿与死亡，这不能不使百姓深畏于大自然的无情和恐怖。在自然灾害的严重威胁下，人们驾驭不了自然，由此产生恐惧感。神灵观念又使人们对自然灾害作出错误判断：每一种自然现象和自然物都有神灵主宰，他既可以给人们带来丰收富裕，也可以使祸患降临；使自己遭受灾祸的不是自然本身，而是凌驾于自然之上的各种神秘力量；通过虔诚祈祷、祭祀就能感动神灵，从而达到消弭灾祸、解除困厄的目的。

同时，人们对生老病死等种种苦难也非常恐惧。这种恐惧使先民产生了鬼神意识。王充在《论衡·订鬼》中分析了人们由于疾病而产生鬼神观念的心理过程：

凡天地之间有鬼，非人死精神为之也，皆人思念存想之所致也。致之何由？由于疾病。人病则忧惧，忧惧见鬼出。凡人不病则不畏惧。故得病寝衽，畏惧鬼至；畏惧则存想，存想则目虚见。何以效之？传曰："伯乐学相马，顾玩所见无非马者。宋之庖丁学解牛，三年不见生牛，所见皆死牛也。"二者用精至矣。思念存想，自见异物也。人病见鬼，犹伯乐之见马，庖丁之见牛也……病者困剧身体痛，则谓鬼持棰杖殴击之，若见鬼把椎锁绳纆立守其旁，病痛恐惧，妄见之也。初疾畏惊，见鬼之来；疾困恐死，见鬼之怒；身自疾痛，见鬼之击：皆存想虚致，未必有其实也。

由对疾病死亡的忧惧产生鬼神观念，进而导致信仰与崇拜。为了治愈疾病，摆脱死亡的威胁，人们一方面使用巫术驱除致病之鬼，另一方面向自己创造出来的能主宰人类生命的神灵，如司命、泰山府君、北斗等祈祷祭祀，希望神灵能保佑自己健康、长寿。

在阶级社会中，人们除了受自然界异己力量的支配外，还要受到国家、君主、官吏、法律等社会力量的制约。对于人们来说，这些具有社会属性的力量同样是一种难以理解、令人恐惧而又无法抗拒的异己支配力量。处于社会下层的劳苦大众，在自然力和社会的压迫下，感到恐惧，感到个人力量的渺小，感到束手无策，无能为力，难以与大自然和社会压迫的强大力量抗争，这就促使人们产生对超现实的力量即神的力量的信仰，幻想借助于神力来消除恐惧，摆脱苦难与困境，实现依靠人力难以实现的目的。

(二)依赖心理

依赖感是自己必须依赖他物和他人而生存的感觉与意识，它来源于人类对自然和社会的依赖关系。人类要生存，首先就要依赖自然物，如阳光、水、火、土地、食物等等。离开诸如此类的自然物，人就不能生存。

上古时期，人们紧紧依赖自然，一方面仰仗大自然的恩赐而生存，另一方面又对大自然的瞬息万变而恐惧无奈。两种情感交织在一起，由此产生了"万物有灵"的原始自然崇拜，成为原始蒙昧时期宗教信仰的主流。可以说，信仰是早期人类面对大自然的严酷而感到困惑和自身软弱无力的必然产物。

渊源于原始时代的自然崇拜，在以农业生产为主要生产方式和物质生活来源的社会里，其广度与强度均有增无减。如《礼记·祭法》曰：

> 燔柴于泰坛，祭天也；瘗埋于泰折，祭地也，用骍犊。埋少牢于泰昭，祭时也。相近于坎坛，祭寒暑也。王宫，祭日也。夜明，祭月也。幽宗，祭星也。雩宗，祭水旱也。四坎坛，祭四方也。山林、川谷、丘陵能出云，为风雨，见怪物，皆曰神。

在封建社会，下层百姓的日常生活得不到保障，他们常常已经竭尽了全力，却还是得不到温饱，各种各样的天灾人祸更是防不胜防。在这种情况下，他们常常会觉得人力实在太渺小、太软弱无能了。"力不足，取乎神"，生存的不易，使他们感到力不从心，难以掌握自己的命运，需要保护神，祈求神灵保佑，得以纳福禳灾，也使心灵有所寄托。因而进入文明时代以后，"面朝黄土背朝天"的百姓对自然的依赖感仍然非常强烈。他们的信仰意识正是小生产者及其他处于社会下层的人们心灵困厄的反映。同时，阶级的压迫、法律的不公、社会的不平等、秩序的混乱等社会现象也使他们感到困惑和难以理解。在无法作出科学合理解释的情况下，他们把各种自然现象、社会现象都归因于神灵意志的体现，认为是神灵在主宰和操纵人类的命运，靠人力根本无法改变现状。所以，人们塑造出众多神灵并匍匐在其脚下，幻想通过虔诚的奉祀，依赖神力来改变自己的命运。

（三）祈福避祸心理

祈福避祸是广大民众的共同愿望，中国民众奉祀各种神灵，是期待着神灵能够帮助他们解决现世问题，其目的在于借助神灵的护佑，获得人生幸福，摆脱人间苦难。为了实现其愿望，人们用祈祷和奉献祭品来求得神灵赐予长寿、富贵、丰收、健康、子嗣，目的性十分具体、明确，人和神的关系也就始终带有很浓的实用主义色彩。如人们认为司命神主宰人的寿命，所以虽为小神，但对其格外重视，"大尊重之"，不仅居者"别作小屋"，春秋之月以猪奉祠，而且出门时也随身携带，"行者檐箧中"[①]，寸步不离。阴子方腊月祭灶

① 应劭撰、吴树平校释：《风俗通义校释·祀典》。

而暴富的传说使"俗人竞尚"[①]，人们纷纷仿效，灶神赐福之说不胫而走，腊日祭灶也在民间成为风俗。

祈福避祸心理的另一种表现是各种禁忌的盛行。人们由对不洁事物的憎恶、对危险事物的畏惮、对神圣事物的崇敬而产生了禁忌。由于在人类生存的过程中，不断受到各种吉凶难卜的事情的困扰，人们往往通过遵循某种约定俗成的禁忌来达到趋吉避凶的目的，所以各种禁忌繁多，普遍存在于社会生活的各个方面。对于汉代民众迷信禁忌而不悟的情况，王充在《论衡》中有过分析：

> 凡人在世，不能不作事，作事之后，不能不有吉凶。见吉则指以为前时择日之福，见凶则刺以为往者触忌之祸……积祸以惊不慎，列福以勉畏时。故世人无愚智贤不肖、人君布衣，皆畏惧信向，不敢抵犯。
>
> 世俗既信岁时，而又信日。举事若病死灾患，大则谓之犯触岁月，小则谓之不避日禁。岁月之传既用，日禁之书亦行。世俗之人，委心信之，辩论之士，亦不能定。是以世人举事，不考于心而合于日，不参于义而致于时。时日之书，众多非一……举事曰凶，人畏凶有效；曰吉，人冀吉有验。祸福自至，则述前之吉凶以相戒惧：此日禁所以累世不疑，惑者所以连年不悟也。[②]

对于禁忌，人们之所以"累世不疑"，"连年不悟"，皆由趋吉避凶的心理所致。隆冬之月太原等地流行的寒食禁火之俗，虽使"老少不堪，岁多死者"，但畏于禁忌，百姓还是"莫敢烟爨"[③]。后来，虽经周举、曹操等地方官大力打击，也只是将禁火时间由一月缩短为三天，禁火习俗不仅没有消失，反而波及全国。应该说，百姓对于禁忌的自觉遵守以及不幸违犯后的禳解，生动地体现出趋吉避凶是汉代人的普遍心理。

(四)需求心理

从本质上来说，信仰是人类需求的心理折射，心理需求则是信仰的深层

① 宗懔：《荆楚岁时记》，第55页。

② 王充：《论衡》之《辨祟》、《讥日》。

③ 《后汉书·周举传》。

底蕴。人类依照自己的需要而创造了神灵。

人的全部发展的一个最简单的原则就是满足多层次的需要。其中最低层次的需要是生存的需要。它是人类最低级、也是最重要的需要，是人类活动的原始动力。这一需要又以获得食物和肉体的保存为基础。在原始社会，人类的生存环境极其险恶，生命常常受到饥饿和自然力的威胁。于是，求生成为那时人类的优势需要。人们对为其提供温暖和保护，同时又带来灾难和威胁的自然界顶礼膜拜。他们依靠神的威力来减轻自然界巨大的异己力量带来的威胁，平衡了心理上的恐惧感，使自身的生存需要得到了一种虚幻的满足。他们也借助对神灵的信仰克服了对死亡的畏惧。

随着社会的发展进步，人们的需要也不断增加，趋向多元化、细微化。人们的需要多种多样，就需要不同职能的神祇解决，从而形成多神崇拜。任何神灵都具有能满足信仰者某种或几种需要的职能。这些职能与百姓的日常生产、生活均有十分密切的关系，是人们根据自己的不同需要赋予不同神灵的。其职能极少是单一的，而且也不是固定不变的。一般来说，每个神灵都有一种主要职能，同时兼掌其他职能，这样才能满足民众的各种需要。神阶越高，职能越多。如：西王母从“司天之厉及五残”的瘟神变为掌不死之药、使人长生、度人成仙的吉神，且可给人带来富贵和子嗣，并拥有化险去灾、助人度厄的神力；社神从掌管百谷丰稔的自然神扩展为兼掌水旱灾害、日食月食、健康、生育等各项职能的社会神；灶神则从饮食之神成为能给人们带来富贵尊荣和天帝派驻各家录人功过、上白于天的“专使”。

人类有追求幸福生活的强烈欲望。但在现实生活中，愿望和欲望的实现并不是一回事。现实生活给人们带来的多是痛苦和失望。现实生活满足不了人们的需要，理想与现实的巨大反差只能靠对神灵的信仰来弥补。于是，人们就创造出许多神通广大的神灵，通过对神灵的虔诚祈祷和祭拜，让神灵帮助自己实现各种欲望。

民间信仰充满实用主义的色彩，一切崇拜都是为了实际的功利目的。各种实际需要和愿望是人们崇拜各色神灵的主要动因。在百姓观念中，多一个神灵，就多一层保护，神灵越多，庇护也就越多。因此，他们的崇拜不会太专一，而往往表现出多多益善、来者不拒的特点。只要能保佑自己实现愿望和要求，就对它顶礼膜拜。正因为在神灵崇拜方面缺乏理性的思辨，因此，汉代民间信仰也就不可避免地表现出庞杂、含混、重叠、不稳定的特征，带有很大的随意性。汉代民众以实用功利的心态创造出大量神灵，几乎泛滥成灾。各种神灵充斥天上、人间、地府，构成了十分庞杂的神鬼世界。

二、民间生活中的信仰

生活信仰是人们日常生活需要的产物。人们要靠信仰的力量来解决生活中的困难和精神的迷茫。汉代是一个充斥鬼神思想的社会，人们笃信神灵，相信鬼神无处不在；迷信长生，认为神仙随时可求。在鬼神观念的支配下，人们一方面创造出一系列应对鬼神的办法，另一方面也幻想出许多长生不死的法术。

（一）驱鬼辟邪

驱鬼辟邪是建立在鬼魂信仰基础上的。鬼魂信仰由来已久，可以上溯到原始社会。如自旧石器时代晚期出现的墓地，仰韶文化的有孔瓮棺，尸骨周围的赤铁矿粉末，对凶死者的割肢葬、俯身葬等都是鬼魂信仰的有力物证。[①] 甲骨文有“多鬼梦不至祸”、“贞亩鬼”、“鬼”[②]的记载。《礼记·祭法》曰：“大凡生于天地之间者皆曰命。其万物死皆曰折，人死曰鬼。”《山海经·海内北经》云有“鬼国”。直至汉代，这种鬼魂信仰仍盛行不衰。如：

> 昔颛顼氏有子三人，生而皆亡，一居江水为虐鬼，一居若水为魍魉，一居欧隅之间主疫病人。故岁终事毕，驱逐疫鬼，因以送陈、迎新、内吉也。世相仿效，故有解除。

> 鬼者物也，与人无异。天地之间，有鬼之物，常在四边之外，时往来中国，与人杂［厕］，凶恶之类也。故人病且死者，乃见之……凶祸之家，或见蜚尸，或见走凶，或见人形，三者皆鬼也。或谓之鬼，或谓之凶，或

---

① 参见宋兆麟《中国风俗通史·原始社会卷》，上海文艺出版社 2001 年版，第 429～432 页。

② 胡厚宣主编：《甲骨文合集释文》17451、24999、25014。

谓之魅,或谓之魑,皆生存实有,非虚无象类之也。①

王充认为,鬼、凶、魅、魑等疠疫之鬼都是"生存实有"的。这里所说的"虐鬼"或"魍魉鬼"与人鬼有着明显的区别。以祖先为代表的人鬼死后升格为神灵,绝大多数是与人为善,护佑后代子孙的。而魑魅魍魉则是躲在四边或阴暗角落为患人间的。《后汉书·礼仪志中》中的凶、虎、魅、不祥、咎、梦、磔死寄生、观、巨、蛊等都是人们在腊日大傩时重点逐除的疫疠之鬼。

在古人信仰中,鬼怪无时不有,无处不在。睡虎地秦简《日书·诘》篇所述鬼怪种类繁多,有刺鬼、丘鬼(故丘鬼)、肇鬼、哀鬼、棘鬼、䂂鬼、阳鬼、钦鬼、褡鬼、凶鬼、暴鬼、游鬼、不辜鬼、粲迓之鬼、饿鬼、遽鬼、夭鬼、疠鬼、幼殇之鬼、哀乳之鬼、击鼓之鬼、当道以立之鬼、屈人头之鬼等疫疠之鬼。说明在当时人们的思想观念中,鬼是无处不在的。而且人们普遍相信"人[死]为鬼,有知,能害人"②,如:

> 汝南汝阳西门习武亭有鬼魅,宾客宿止多死亡,其厉厌者皆亡发失精。寻问其故,云先时颇已有怪物。其后郡侍奉掾宜禄郑奇来,去亭六七里,有一端正妇人,乞得寄载。奇初难之,然后上车,入亭,趋至楼下,吏卒檄白:"楼不可上。"奇云:"我不恶也。"时亦昏冥,遂上楼,与妇人栖宿。未明,发去,亭卒上楼扫除,见死妇,大惊,走白亭长。亭长击鼓会诸庐吏,共集诊之,乃亭西北八里吴氏妇。新亡,以夜临殡,火灭;火至,失之,家即持去。奇发行数里,腹痛,到南顿利阳亭加剧物故,楼遂无敢复上。③

鬼会危害生人,带来死亡、疾病和灾难,故必须驱除。在此基础上,各种驱鬼逐疫的方法应运而生。

秦汉时期打鬼逐疫有集体性的方式和个体性的方式。集体性的方式主要是驱傩,已见前述。除此之外,还有不少个体性的方式:

---

① 王充:《论衡》之《解除》、《订鬼》。

② 王充:《论衡》之《解除》、《论死》。

③ 应劭撰、吴树平校释:《风俗通义校释·怪神》。

1. 利用各种工具驱鬼

最常见的就是桃木辟邪术。我国古代盛行"鬼畏桃木"的信仰。《礼记·檀弓下》曰:"君临臣丧,以巫祝桃茢执戈,恶之也。"郑玄注云:"桃,鬼所恶;茢萑苕,可扫不祥。"古代君临臣丧,先使巫以桃棒与笤帚在柩上扫除不祥。如《左传·襄公二十九年》载,襄公在楚,"楚人使公亲襚……乃使巫以桃、茢先祓殡";昭公四年,"桃弧棘矢,以除其灾"。庄子也称:"插桃枝于户,连灰其下,童子入不畏,而鬼畏之。"[①]可见,桃木辟邪、鬼畏桃木的观念由来已久。至于为什么鬼畏桃木?考之汉代史籍,其说有二:一是源于汉代流行的一则神话。夏朝初期东夷族有穷氏的首领羿是被人用桃木杖杀死的,从此一切鬼魅都惧怕桃木。《淮南子·诠言训》曰:"羿死于桃棓。"高诱注云:"棓,大杖,以桃木为之,以击杀羿,由是以来,鬼畏桃也。"二是如前《论衡·订鬼》引《山海经》所言。蔡邕在《独断》卷上中描述得更为详尽:

> 常以岁竟十二月从百隶及童儿而时傩,以索宫中,殴疫鬼也。桃弧、棘矢、土鼓,鼓旦射之,以赤丸、五谷播洒之,以除疾殃。已而立桃人、苇索、儋牙虎,神荼、郁垒以执之。【儋牙虎】神荼、郁垒二神。海中有度朔之山,上有桃木,蟠屈三千里,卑枝东北有鬼门,万鬼所出入也。神荼与郁垒二神居其门,主阅领诸鬼。其恶害之鬼,执以苇索食虎。故十二月岁竟,常以先腊之夜除之也。乃画荼、垒并悬苇索于门户,以御凶也。

张衡《东京赋》亦曰:"度朔作梗,守以郁垒。神荼副焉,对操索苇。目察区陬,司执遗鬼。京室密清,罔有不韪。"万鬼在桃枝间接受神人的检阅,恶害之鬼就会被虎食,众鬼见了桃木自然会产生畏惧之感。人们用桃木驱鬼也就是理所当然的了。

汉魏时期,人们相信桃木是"五行之精",是可以"厌服邪气,制百鬼"[②]、"杀百鬼"[③]的"仙木"。汉代,年终逐疫仪式结束后,朝廷要向百官颁赐桃杖,

① 欧阳询等:《艺文类聚》卷八六引《庄子》。

② 宗懔:《荆楚岁时记》引《典术》,第2页。《典术》托名西汉,据考可能成书于南北朝刘宋时期。但桃木压邪制鬼的信仰在先秦时期即已形成。

③ 《艺文类聚》卷八六引《神农本草经》:"枭桃在树不落,杀百鬼。"

以驱除殃咎。[①] 人们将桃木制成桃印、桃棒、桃杖、桃弧、桃符、桃梗等不同形状，用以驱鬼。袚除凶邪的方式也多种多样，如以"桃弧、棘矢、土鼓，鼓且射之，以赤丸、五谷播洒之"[②]，以除疾殃。睡虎地秦简《日书·诘》记载了不少利用桃木驱鬼的方法：

人毋（无）故鬼攻之不已，是是刺鬼，以桃为弓，牡棘为矢，羽之鸡羽，见而射之，则已矣。

大袜（魅）恒入人室，不可止。以桃更（梗）毄（击）之，则止矣。

人毋（无）故而鬼取为膠，是是哀鬼，毋（无）家，与人为徒，令人色柏（白）然毋（无）气，喜契（洁）清，不饮食。以棘椎桃秉（柄）以悳（敲）其心，则不来。

一室中卧者眯也，不可以居，是□鬼居之。取桃枱〈棓〉椯（段）四隅中央，以牡棘刀刊其宫蘠（墙），謼（呼）之曰："复疾趣（趋）出。今日不出，以牡刀皮而衣。"则毋（无）央（殃）矣。

用桃弧棘矢射击鬼魅是传统巫术的重要手法。用桃棒、桃杖、桃弓、桃枝挥击邪祟是桃木辟邪术最原始的形态，且一直非常盛行。南阳汉画像中有执桃弧棘矢之傩。此傩头戴面具，瞠目咬牙，脚踏桃弧，口衔棘矢，以驱除邪祟。[③]

马王堆帛书《五十二病方》中也有用桃枝驱鬼疗疾的方法。如治疗疝气的方法为：

以奎蠡盖其肾，即取桃枝东向者，以为弧；取□母□□□□□□□□□□□□上，晦，壹射以三矢，□□饮药。其药曰阴干黄牛胆。干即稍□□□□□□□□□□□，饮之。

治疗"魃"即"小儿鬼"的方法为：

禹步三，取桃东枝，中别为□□□之倡而笄门户上各一。

之所以取"桃东枝"或"桃枝东向者"，盖由《山海经》所言度朔山大桃木，"其

① 《后汉书·礼仪志中》云："先腊一日，大傩，谓之逐疫……百官官府各以木面兽能为傩人师讫，设桃梗、郁櫑、苇茭毕，执事陛者罢。苇戟、桃杖以赐公、卿、将军、特侯、诸侯云。"

② 《后汉书·礼仪志中》"侲子……执大鼗"刘昭注引《汉旧仪》。

③ 参见陈迪《从南阳汉画像看汉代的傩文化》，载《中原文物》2002 年第 1 期。

枝间东北曰鬼门,万鬼所出入”而起。

人们不仅在驱鬼施术时把桃木作为主要法器,而且还将桃木制品安放在门户上、墓葬里,用以辟邪。如汉代宫廷礼仪中,每到夏至阴气萌作之时,就以“桃印长六寸,方三寸,五色书文如法,以施门户”①。县官则“斩桃为人,立之户侧;画虎之形,著之门阑”,目的是“刻画效象,冀以御凶”。② 也有“作桃人梗著门,以厌邪”③者。桃木辟邪术也被用来保护死者。长沙马王堆1号汉墓有33件桃梗,全部置放在内棺盖板上的帛画右下方。桃梗长度自8厘米到12厘米不等。这些小桃梗的制作方式是:将桃树枝劈成两半,一端削成三棱形,用中间的脊做人鼻,两侧用墨点出眉目。除了桃枝的这一端粗具人形外,桃枝的其余部分未加砍削,还有少数桃梗直接用未加工的桃枝来代替。笔者认为这些小木俑应属于“辟邪物件”。这种将桃木劈开,书写符箓,称为“桃符”以“驱鬼”的习俗,后世曾流行过相当长的时间。④

人们不仅在门户上饰桃人,悬桃梗,挂桃板,而且家居、出门都带桃符。“禹符,左;行,置右环(辕),曰□□□右环。曰:行邦,令行投符地。禹步三,曰:皋! 敢告□□□符,上车,毋顾□□□□。”⑤家居时将桃符挂在房子左边,远行时将桃符挂在车辕右边,然后举行巫术仪式,祈祷平安。

用桃木制作的桃汤也具有辟邪、驱邪的功效。《汉书·王莽传下》曰:“又感汉高庙神灵,遣虎贲武士入高庙,拔剑四面提击,斧坏户牖,桃汤赭鞭,鞭洒屋壁。”后世在此基础上形成了饮桃汤的习俗。《荆楚岁时记》云:“正月一日……长幼悉正衣冠,以次拜贺,进椒柏酒,饮桃汤。”目的是厌伏邪气,趋吉避害。

桑柏驱鬼术也经常使用。古人认为桑木、柏枝也是鬼所畏惧的物品,用它们驱鬼是常用的方法。秦简《日书》多有记载:

---

① 《后汉书·礼仪志中》。

② 王充:《论衡·乱龙》。

③ 李昉等:《太平御览》卷九六七引《典术》。

④ 参见湖南省博物馆中国科学院考古研究所《马王堆一号汉墓》上册,文物出版社1973年版,第101页。

⑤ 云梦睡虎地秦墓编写组:《云梦睡虎地秦墓》简999～简1002。

鬼恒为人恶瞢(梦),瞢(觉)而弗占,是图夫。为桑丈(杖)奇(倚)户内,复(覆)䩉户外,不来矣。

人毋(无)故而鬼惑之,是夆鬼,善戏人。以桑心为丈(杖),鬼来而毄(击)之,畏死矣。

《五十二病方》中也有利用柏杵驱鬼治疗“穨”的方法:

操柏杵,禹步三,曰:“贲者一襄胡,濆者二襄胡,濆者三襄胡。柏杵臼穿,一母一□,□独有三。贲者腫,若以柏杵七,令某傎毋一。”必令同族抱□穨者,直(置)东乡(向)窗道外,攺椎之。[①]

由此还形成了“墓上树柏”的风俗。《博物志·墓植柏》云:“墓植柏,自秦始也。墓上植柏,路头石虎。”关于此风俗形成的原因,应劭《风俗通》有载:

墓上树柏,路头石虎。周礼:“方相氏葬日入圹驱罔象。罔象好食亡者肝脑,人家不能常令方相立于侧,而罔象畏虎与柏,故墓前立虎与柏。”或说秦穆公时,陈舍人掘地得物若羊,将献之,道逢二童子,谓曰:“此名为蝹,常在地中食人脑,若杀之,以柏束两枝捶其首。”由是墓侧皆树柏。

汉代,墓上植松柏盛行不衰。“京师贵戚,郡县豪家……造起大冢,广种松柏。”[②]楚人龚胜不应王莽之征,临终嘱家人丧葬之事:“衣周于身,棺周于衣。勿随俗动吾冢,种柏,作祠堂。”[③]亦说明墓上植柏已成风俗。下葬的棺椁也用柏木。《礼记·檀弓上》载:“柏椁以端,长六尺。”孔颖达疏云:“柏椁者谓之椁用柏也。”《后汉书·礼仪下》载:“诸侯王、列侯、始封贵人、公主薨,皆令赠印玺、玉柙银缕……使者治丧,穿作,柏椁,百官会送,如故事。”

正是因为松柏具有辟邪驱鬼的功能,所以汉魏时期,人们往往在“正、腊旦、门前作烟火、桃神,绞索松柏、杀鸡著门户”[④],以逐疫除鬼魅。

还有芦苇牡棘驱鬼术。芦苇属于芦类植物,在古人信仰中具有驱邪逐

① 马王堆汉墓帛书整理小组编:《五十二病方》,第76页。

② 《后汉书·王符传》。

③ 《汉书·龚胜传》。

④ 宗懔《荆楚岁时记》载魏议郎董勋云:“今正、腊旦,门前作烟火、桃神,绞索松柏,杀鸡著门户,逐疫,礼也。”(第6页)

鬼的功能。由芦苇编制而成的苇索也称“苇茭”，是古代经常使用的驱邪之物。为增强功效，常与桃木等配合使用。传说黄帝为了驱除恶害之鬼，就在门户上图画，旁立桃人，“悬苇索以御凶魅”[①]。《吕氏春秋》记载：“汤始得伊尹，祓之于庙，薰以萑苇。”[②]说明商代初期以苇索除灾的信仰已经形成。《文献通考·郊社考》卷八八云：“汉制，厉殃，祀天地、日月、星辰、四时、阴阳之神，以师旷配之。其坛常祀以禳灾，兼用三代苇茭、桃梗。”亦说明此俗形成于三代，秦汉时期仍然沿袭。东汉应劭云：“县官常以腊除夕饰桃人，垂苇茭，画虎于门，皆追效于前事，冀以御凶也。”[③]秦简《日书·诘》中也有以苇击鬼的记载：

> 鬼恒从人女，与居，曰：“上帝子下游。”欲去，自浴以犬矢，毄以苇，则死矣。
>
> 鬼恒胃(谓)人：“鼠(予)我而女。”不可辞，是上神下取(娶)妻。毄以苇，则死矣。弗御，五来，女子死矣。[④]

汉代画像中也有所反映。如陕西户县出土的辟邪陶瓶上画有两道灵符，其中一符带有☋形符号。四川长宁七个洞汉画像崖墓石壁上也多处绘有这种图形符号。考古学者认为，这个符号的形状像盘绕的绳索，就是汉代人常说的可以用来缚鬼的苇索的象征。在灵符中安插一个代表苇索的符号，与在同一灵符中画出天一星符号一样，都是为了震慑和逐除恶鬼。[⑤]

苇索可以御凶的信仰一直流传至魏晋时期。魏王肃云：“今之腊、除逐疫，磔鸡，苇茭、桃梗之属。”[⑥]梁时荆楚地区还有在正月“帖画鸡，或斫镂五采及土鸡于户上，悬苇索于其上，插桃符其旁”，以禁御百鬼的习俗。

---

① 王充：《论衡·订鬼》。

② 应劭撰、吴树平校释：《风俗通义校释·祀典》。

③ 应劭撰、吴树平校释：《风俗通义校释·祀典》。

④ 《云梦睡虎地秦墓》编写组：《云梦睡虎地秦墓》反面简 858～简 856。关于这两条资料中“毄”的含义，有的学者释为“系”(参见吴小强《秦简日书集释》，第 133 页；《睡虎地秦墓竹简》，第 215 页)；有的学者则认为“毄”应从其本义，为“击打、击刺”(参见胡新生《中国古代巫术》，第 120 页)。我们认为这两条资料都是将芦苇制成苇杖，用以击鬼。

⑤ 参见王育成《东汉道符释例》，载《考古学报》1991 年第 1 期。

⑥ 李昉等：《太平御览》卷三三引《腊议》。

棘是带刺的酸枣树枝，其刺可以伤人。通过比附联想，棘同样可以伤鬼，所以也是先秦秦汉时期常用的禳灾之物。《左传·昭公四年》曰："桃弧棘矢，以除其灾也。"桃弓棘矢是古代驱邪击鬼术的常用手法。而牡棘由于刺大锐利，在击鬼巫术中成为首选。秦简《日书·诘》中有不少记载：

夏大暑，室毋(无)故而寒，幼蠪(龙)处之。取牡棘烰(炮)室中，蠪(龙)去矣。

人妻妾若朋友死，其鬼归之者。以莎芾、牡棘枋(柄)，热(爇)以寺(持)之，则不来矣。

鬼恒责人，不可辞，是暴(暴)鬼。以牡棘之剑之，则不来矣。

鬼恒宋伤人，是不辜鬼。以牡棘之剑刺之，则止矣。①

即用牡棘草烧熏或把牡棘制成剑、锥之类的锐利之器刺之的方式防止或驱赶鬼怪。

还有白茅驱鬼术。白茅，又称"茅"、"茅草"、"灵茅"，多年生草本植物，在古代是洁白、柔顺的象征，祭祀时常用来垫托或包裹祭品。《左传·僖公四年》载：齐侯以诸侯之师伐楚，管仲所列举的理由就是："尔贡苞茅不入，王祭不共，无以缩酒，寡人是征。"苞茅是束成捆的菁茅，产于荆州。《管子·轻重》载："江淮之间，一茅三脊，名曰菁茅。"为楚纳贡物之一，是周王祭祀时不可缺少之物。祭祀时以裹束着的菁茅置于柙中用来滤去酒中渣滓。杨伯峻先生的《春秋左传注》对苞茅的用途讲得更加全面。他认为："苞即包裹之包，茅即禹贡之菁茅，茅之有毛刺者。古人拔此茅而束之，故曰包茅。缩酒者，一则用所束之茅漉酒去滓；一则当祭神之时，束茅立之，以酒自上浇下，其糟则留在茅中，酒汁渐渐渗透下流，象神饮之也。"由于菁茅产于江淮，中原地区比较难得，所以王室祭祀使用的菁茅主要靠南方国家进贡，而普通祭祀中则使用白茅。

由于茅经常与祭礼联系在一起，与神灵接触，会沾染神的灵性和威力，因此，随着这种神秘意识的发展，白茅即被灵化为通神、招神之物和辟除邪

① 吴小强：《秦简日书集释》甲种简五〇至五一背壹、六五至六六背壹、四二至四三背贰、三六背叁，第129～133页。

祟的武器。[①]《周礼·春官宗伯》中的男巫"掌望祀、望衍、授号,旁招以茅"。男巫用茅草向四方召唤所祭之神。马端临解释曰:"云'旁招以茅'者,旁谓四方,此男巫于地官祭此神时,则以茅招之于四方也。"[②]《晏子春秋·内篇杂下》云:

景公为路寝之台,成,而不踊焉。柏常骞曰:"君为台甚急,台成,君何为而不踊焉?"公曰:"然!有枭昔者鸣,声无不为也,吾恶之甚,是以不踊焉。"

柏常骞曰:"臣请禳而去。"公曰:"何具?"对曰:"筑新室,为置白茅。"公使为室,成,置白茅焉。柏常骞夜用事。明日,问公曰:"今昔闻鸮声乎?"公曰:"一鸣而不复闻。"使人往视之,鸮当陛,布翌,伏地而死。

庄子也曾经说过:"小巫见大巫,拔茅而弃,此其所以终身弗如也。"[③]可见,茅已经成为巫施术的常用工具,甚至成为人们在日常生活中对付邪祟的有效武器。秦简《日书·诘》中有这方面的记载:

人生子未能行而死,恒然,是不辜鬼处之。以庚日日始出时,濆门以灰,卒,有祭,十日收祭,裹以白茅,貍(埋)野,则毋(无)央(殃)矣。

人毋(无)故室皆伤,是粲迓之鬼处之。取白茅及黄土而西(洒)之,周其室,则去矣。

一室井血而星(腥)臭,地虫斲(斗)于下,血上扇(漏)。以沙垫之,更为井,食之以喷,饮以爽(霜)路(露),三日乃能人矣。若不,三月食之若傅之,而非人也,必枯骨也。旦而最(撮)之,苞以白茅,果(裹)以贲(奔)而远去之,则止矣。[④]

民间用白茅驱鬼的方式主要是:用白茅包裹祭品或物品,或将白茅与黄土洒在屋子周围,借白茅的灵性和威力制服鬼魅,保佑平安。

另外,睡虎地秦简《日书·诘》中还记载了当时人们应对和制服鬼怪的

---

① 参见胡新生《中国古代巫术》第2版,山东人民出版社2005年,第129页。

② 马端临:《文献通考》卷八八《郊社考》。

③ 李昉:《太平御览》卷七三五引《庄子》佚文。

④ 吴小强:《秦简日书集释》甲种简五二至五三背贰、五七至五八背贰、五三至五六背叁,第131～134页。

其他方式，如扬灰驱鬼、掘地逐鬼、秽物驱鬼、沙石水土驱鬼、箬驱鬼、解衣解发投屦驱鬼等。驱鬼方法简便易行，所使用的工具皆是人们日常生活常见常用之物。吴小强先生把秦汉社会驱鬼采用的工具主要分为五类：(1)树木野草类，如桃杖、桃梗、苇、桑杖、牡棘、白茅、刍矢等。(2)五谷中药类，如黍、糖、糠、砂仁等。(3)家禽粪便类，如犬屎、豕屎等。(4)土石沙灰类，如黄土、白石、白沙、灰等。(5)兵器水火类，如良剑、铁椎、箬鞭、人火、人鼓、铎、鞋、伞等。[①]《日书》所表现的秦汉"鬼文化"的核心就在于"驱鬼禳灾"，保障人们的生命财产安全的价值观念。

2. 符咒禁鬼

念咒语和画符箓皆属于巫术行为。咒语是指用来消除鬼魅的巫术语言。咒语起源较早，先秦时期即已出现，比较简单、质朴。如驱逐旱魃时要大喝一声："神北行！"[②]诅咒飞禽走兽曰："从天坠者，从地出者，从四方来者，皆离(罹)吾网！"[③]

西汉时期的巫术咒语仍沿袭了先秦传统。湖南长沙马王堆汉墓出土的医书《五十二病方》中记录了许多巫术疗法，其中涉及的巫术咒语都比较简短。[④] 东汉是巫术咒语趋于格式化的时期。道教的形成对巫术咒语的程式化起了很重要的推动作用。一般来说，一套格式完整的咒语主要由示威语、惩戒语和催促语三方面内容构成[⑤]。1960 年，在江苏高邮东汉遗址发现一方木牍，上面写有劾鬼的符咒文字：

> 己巳日死者鬼名为天光，天帝神师已知汝名，疾去三千里，汝不即去，南山口口令来食汝，急入律令。[⑥]

通过咒语的恐吓、威胁，让死者的灵魂远离本地，以免骚扰、作祟生者。此文

---

① 参见吴小强《秦简日书集释》，第 147～148 页。

② 《山海经・大荒北经》。

③ 《吕氏春秋・异用》。

④ 如治疗"髼"(漆疮)的方法："祝曰：'啻(帝)右(有)五兵，玺(尔)亡。不亡，泻刀为装。'即唾之，男子七，女子二七。"治疗身疕(身体疮疡)的方法："其祝曰：'浸熇浸熇虫，黄神在灶中。□□远，黄神兴□。"(马王堆汉墓帛书整理小组编：《五十二病方》，第 116、123 页)

⑤ 参见胡新生《中国古代巫术》，第 48～49 页。

⑥ 江苏省文物管理委员会：《江苏高邮邵家沟汉代遗址的清理》，载《考古》1960 年第 10 期。

已经具备了完整咒语所需的主要内容，应该是巫觋或道士为死者亲属作法施术的记录。

符箓指特殊的刻画文字或图形，用以驱鬼治病。《居延新简》有记录家长选择制日书写鬼名除鬼方法的简文，如："厌魅书，家长以制日踈魅名，魅名天牧鬼之精，即灭亡。有敢苛者，反受其央，以除为之。"[1]这种书写鬼名驱鬼的方法应是驱鬼道符的滥觞。符箓是巫觋和方士经常使用的驱疫法器之一。据《后汉书·方术传·费长房》记载：

> 费长房者，汝南人也。曾为市掾。市中有老翁卖药，悬一壶于肆头，及市罢，辄跳入壶中……长房遂欲求道……(翁)为作一符，曰："以此主地上鬼神。"……遂能医疗众病，鞭笞百鬼，及驱使社公……后失其符，为众鬼所杀。

费长房偶遇一得道老翁，因被赐以主宰"地上鬼神"的神符，遂使其能与鬼神交通，疗疾、笞鬼、驱鬼，游刃有余。后来因为丢失神符，遂失去对鬼神的驾驭能力，而被众鬼杀死。费长房的劾鬼与被杀皆由神符而起，说明汉代人们普遍认为符箓有劾鬼的功能。《后汉书·方术传》记载的具有劾鬼能力的方士还有：

> 河南有麴圣卿，善为丹书符劾，厌杀鬼神而使命之。
>
> 编盲意，亦与鬼物交通。
>
> 章帝时有寿光侯者，能劾百鬼众魅，令自缚见形。
>
> 高获素善天文，晓遁甲，能役使鬼神。

上述方士劾鬼均要借助于一定法器，否则不仅难以奏效，还可能会带来杀身之祸。至于普通百姓，则没有这种能力，均需求助于巫觋方士。

东汉时，巫觋或道士开始使用各种象征性的图像符号并逐渐创造出一种奇形怪状的专用字体，进一步推动了巫术灵符的发展。东汉时期，由神秘图形或秘密文字构成的符已被民间巫师频繁运用。据统计，已发表和见于著录的东汉灵符至少有七种[2]。这些神秘图形的大量出现，标志着巫术灵符

---

① 甘肃省文物考古研究所等：《居延新简》E. P. T49:3，第 61 页。

② 参见王育成《东汉道符释例》，载《考古学报》1991 年第 1 期。

已经不再是对实用符节的简单模仿。从此，图形符号本身就是一种巫术武器，无论它们附着在竹木片上、绢帛上、陶瓶上，还是附着在其他物品上，都被认为具有驱鬼制邪的威力。①

3．铺首衔环驱邪避鬼

门是住宅或墓室的屏障，历来受到人们的高度重视。铺首衔环，是汉代建筑物上的门饰。《说文解字》曰："铺首，附著门上，用以衔环者。"《汉书·哀帝纪》载："孝元庙殿门铜龟蛇铺首鸣。"如淳曰："门铺首作龟蛇之形而呼鸣也。"颜师古注云："门之铺首，所以衔环者也。"铺首既是一种具有守御功能的装饰物，又具有辟邪驱鬼的作用。

铺首的形制在汉代不是固定的。有作蠡状者，如《太平御览》卷一八八引《风俗通》曰："门户铺首，百家书云：输般见水上蠡，谓之曰：'开汝头，见汝形。'蠡适出头，般以足画图之。蠡引闭其户，终不可开。设之门户，欲使闭藏，当如此固密也。""蠡"即螺蛳。《后汉书·礼仪志》云："殷人水德，慎其闭塞，使如螺也，故以螺著门户。则椒图之似螺形，信矣。""菽图"即铺首的别名，形状取似螺蛳。《博物志》云："菽图形似螺狮，性好闭，故立于门上。"有作龟蛇状者，如上述《汉书·哀帝纪》所载。还有作兽吻者，作蟾状者，也有作虎形者，皆用以镇凶辟邪。②

质地有银铺。何晏《景福殿赋》："青琐银铺，是为闺闼。"李善注："银铺，以银为铺首也。"③有金（铜）铺。扬雄《甘泉赋》有："排玉户而飏金铺兮，发兰惠与穹䓖。"李奇曰："铺，门铺首也。"④司马相如《长门赋》云："挤玉户以撼金铺兮，声噌吰而似钟音。"⑤"铜"在古代被称为"吉金"，"金铺"应指铜铺首。汉代墓葬中出土青铜器上有铺首衔环的很多，如河北满城汉墓、广东西汉南越王墓、河南永城市芒砀山西汉梁王墓、广西贵县罗泊湾汉墓等出土的青铜器上都可以见到铺首衔环。西安龙首原西汉平民墓中出土的青铜器上也有

① 参见胡新生《中国古代巫术》，第 60 页。
② 参见曾传轺《铺首》，载《考古学杂志》1931 年创刊号。
③ 萧统编、李善注：《文选》卷一一，第 529 页。
④ 《汉书·扬雄传》。
⑤ 萧统编、李善注：《文选》卷一六，第 714 页。

铺首衔环[①]。

人们在门户上装置铺首，图画各类护门之神，用以镇邪御凶。护门之神多刻白虎、朱雀、神荼、郁垒等有降伏恶鬼能力的神灵，“置于门户之间，则魑魅丑类自然退伏”[②]。汉代墓葬中常见白虎、朱雀图，将朱雀或白虎与铺首衔环雕绘于墓门之上，成为保护死者的神物。在河南南阳发掘的汉代画像石墓中，大多数墓门的门扉上都刻有铺首衔环。它或与白虎组合在一起刻于门扉，或与朱雀结合在一起刻于门扉。白虎、朱雀刻于上部，铺首衔环刻于下部。这类图像称“白虎、铺首衔环”，或“朱雀、铺首衔环”。铺首衔环在汉画中比比皆是[③]。如河南方城县城关镇汉画像石墓中的两扇门扉上部分别刻应龙、白虎、铺首衔环。铺首的形象很有特点。其两角与额顶加以阴线刻镶边，刻画精致，整体犹如灿烂夺目的宝冠戴在铺首上。铺首的双眼大如桃，占据了面部和耳朵的空间，两眼的左右上端有意地勾起桃尖形状，眼内阴线刻三重圈表示眼珠。这种桃状眼睛的刻画并非汉人的随意之作，是有一定寓意的。因为桃在人们心目中是除灾避邪、治鬼驱怪的灵物。在这块铺首衔环画像石上，作者有意地强调该铺首是驱妖避邪的门神，并象征性地给它添加宽大的嘴巴。嘴巴似乎是张开的，下边显露整齐的牙齿，上边两排獠牙，使这种原本神性的东西脸谱化，成为富有喻意的桃人形象。在铺首之上，一朱雀脚踏宝冠，引颈长鸣，气宇轩昂，迥然不同。辅首之下，一武士右手执斧，左手上扬，屈膝躬身，似乎在表演驱妖避邪的动作。[④] 山东邹城卧虎山汉画像石墓 M1 北椁板的画面正中刻一个铺首衔环，铺首头呈“山”字形，圆目，长鼻，面目狰狞。M2 的东椁板外侧分为两半，各刻铺首衔环，似为两扇墓门。铺首上有两只虎相对作奔腾状，左右下角各蹲伏一犬，一门吏持杖半隐身于墓门内。[⑤] 在南阳地区出土的一墓并列两大门的画像石墓葬中，往往将二扉刻白虎铺首，另二扉刻朱雀铺首。一墓一大门的画像石墓葬的二

---

① 参见苗霞《中国古代铺首衔环浅析》，载《殷都学刊》2006 年第 3 期。

② 王嘉：《拾遗记·唐尧》，黑龙江人民出版社 1989 年版。

③ 参见王玉金《南阳汉画与汉史研究》，载《南都学坛》1999 年第 1 期。

④ 参见谭淑琴《试论汉画中铺首的渊源》，载《中原文物》1998 年第 4 期。

⑤ 参见苗霞《中国古代铺首衔环浅析》，载《殷都学刊》2006 年第 3 期。

扉,常常只刻白虎铺首。[①] 浙江海宁长安镇东汉晚期画像石刻中,东壁外每壁都刻画了朱雀,其用意即守护墓主免受厉鬼侵害。[②] 尽管各地汉画像石中的铺首衔环在艺术形象上略有差别,但铺首的基本形态是一致的,皆为面目狰狞的兽形。墓门上刻画朱雀、白虎与铺首衔环,乃用以驱鬼辟邪,为死者护墓。

另外,当时还有将羊头刻画在墓室门楣以辟邪的做法。在济南等山东北、东部地区画像石墓中,常见以羊头或卧鹿等装点墓门门楣的形式。其具体做法是,将一个或多个羊头高浮雕在墓门门楣或出入口横梁中间,用以辟邪。羊在汉代被视为吉祥的象征,《说文解字》释"羊"云:"羊,祥也。"而且,羊还可以厌疠气,东汉就流行正旦"悬羊头"于门的习俗。《艺文类聚》卷四引裴玄《新语》曰:"正朝,县官杀羊,悬其头于门,又磔鸡以覆之,俗说厌疠气。""厌疠气"实际上就是辟邪。将该习俗引入墓葬中,其作用也是辟邪。另外,"土之精为羊"[③],可以驱邪迎祥。将其刻画在墓葬之中,特别是墓门或门楣之上装点羊头的形象,也是想借助土羊的神秘力量以保障墓葬的安全。其实就是辟邪的一种手段。[④]

4. 双卯辟邪护身

双卯指刚卯和严卯,它们是佩戴在身上用作避邪护身的饰物,依等级用玉、金或桃木制成,长形,四方体,中央有孔,彩丝茸底。四面皆刻有文字,多为驱鬼避疫之辞,流行于汉代。"刚卯,以正月卯日作佩之。"[⑤]指刚卯的制作时间是正月的卯日。正月卯日于建除体系为"除日",于丛辰体系为"害日",皆为革凶除害之日。于除害日作刚卯,意在借助除日、害日所具有的刚严之气革除凶厉。文谷《备忘小抄》云:"刚卯,佩印也,其制,卯以正月卯日作,铭刻于上,以辟邪厉。"[⑥]正月卯日居岁首,于岁首革凶除害可保常年平安,故于

① 参见南阳地区文物工作队《河南方城县城关镇汉画像石墓》,载《文物》1984 年第 3 期。

② 参见岳凤霞等《浙江海宁长安镇画像石》,载《文物》1984 年第 3 期。

③ 徐坚:《初学记》卷七《地部下・井第六》引《韩诗外传》。

④ 参见张从军《黄河下游的汉画像石艺术》(下),齐鲁书社 2004 年版,第 241～242 页。

⑤ 《汉书・王莽传中》"正月刚卯"颜师古注引服虔语。

⑥ 陶宗仪编:《说郛》卷三一,宛委山堂本。

除害日之中特选正月卯日作刚卯。东汉服虔曰："刚卯，以正月卯日作佩之，长三(尺)[寸]，广一寸，四方，或用(五)[玉]，或用金，或用桃，著革带佩之。今有玉在者，铭其一面曰：'正月刚卯。'"晋灼曰："刚卯长一寸，广五分，四方。当中央从穿作孔，以彩丝(茸)[葺]其底，如冠缨头蕤。刻其上面，作两行书，文曰：'正月刚卯既央，灵殳四方，赤青白黄，四色是当。帝令祝融，以教夔、龙，庶疫刚瘅，莫我敢当。'其一铭曰：'疾日严卯，帝令夔化，顺尔固伏，化兹灵殳。既正既直，既觚既方，庶疫刚瘅，莫我敢当。'"[①]刚卯的外形与印章相似，《后汉书·舆服志下》又称其为"双印"：

> 佩双印，长寸二分，方六分。乘舆、诸侯王、公、列侯以白玉，中二千石以下至四百石皆以黑犀，二百石以至私学弟子皆以象牙。上合丝，乘舆以縢贯白珠，赤罽蕤，诸侯王以下以䋄赤丝蕤，縢䋄各如其印质。刻书文曰："正月刚卯既决，灵殳四方，赤青白黄，四色是当。帝令祝融，以教夔龙，庶疫刚瘅，莫我敢当。疾日严卯，帝令夔化，慎尔周伏，化兹灵殳。既正既直，既觚既方，庶疫刚瘅，莫我敢当。"

铭文皆为驱除鬼魅、祈求吉祥的符咒之语。汉人崇信在双卯上刻划具有神灵般威力的殳书文字，可以驱除鬼魅邪祟，化凶为吉。

刚卯又称为"毅改"。《说文解字》释"改"："毅改，大刚卯，以逐鬼魅也。"刚卯也称"射魃"。《急就篇》中有"射魃辟邪除群凶"[②]之句，颜师古注曰："射魃，谓大刚卯也。以金玉及桃木刻而为之，一名毅改，其上有铭，而旁穿孔，系以彩丝，用系臂焉，亦所以逐精魅也。"

严卯与刚卯的大小、形状、质地一致，差别在于刻写的文字。刚卯以"正月刚卯"起头，严卯以"疾日严卯"为始，但内容均为辟邪趋吉的语句，乞求神灵保佑，辟除不祥。

关于刚卯的大小尺寸，服虔认为是"长三寸，广一寸"。晋灼以为是"长一寸，广五分"。《后汉书·舆服志下》记载是"长寸二分，方六分"。众说不

① 《汉书·王莽传中》"正月刚卯"颜师古注引。

② 史游：《急就篇》，岳麓书社1989年版，第15页。

一。颜师古同意服虔之说:“今往往有土中得玉刚卯者,案大小及文,服说是也。”[①]陈直则认为:“以现时出土之刚卯证之,与晋说合。”[②]实际上,除了《后汉书·舆服志下》所载刚卯之制属于官方规定,可能比较规范外,民间使用的刚卯大多因材而作,随料而定,并无统一形制和尺寸标准,因此在大小、字数方面是不尽相同的。南京博物院藏有一件东汉时期的玉严卯,系江苏省邗江县甘泉山东汉 2 号墓出土。此卯以新疆和田白玉琢成,形状为长方形柱体,高 2.2 厘米,顶面、底面边长均为 1 厘米。器身中心琢一纵向通心小圆孔,以供系带。外壁四面,每面各琢两竖行文字,每行 4 字,计 32 字。与《后汉书·舆服志下》“疾日严卯”之文字内容完全相同。出土此卯的邗江县甘泉山汉墓,是东汉广陵王墓,使用和田白玉制严卯,符合当时的礼制。[③]1972 年 8 月在安徽亳县城南郊凤凰台 1 号东汉墓出土一对玉刚卯,阳白玉质,晶莹透亮,呈长方形四面体,中间有穿孔,可佩带。高 2.25 厘米,边长 1 厘米×0.96 厘米。每件四面有刻辞两行,除第一件第一面第一行 6 字外,其余每行 4 字,两件共 66 字。字为阴文篆书。[④] 与晋灼所说相比,铭文内容除个别字句,如“令”改为“命”,“庶疫”改为“疒蝼”和“赤疫”,“顺尔固伏”改为“填玺固状”外,其余字句完全相同,皆为避逐疫鬼之辞。

刚卯不是汉人的首创。在湖北随县擂鼓墩战国早期墓葬曾侯乙墓中就曾出土过六件三对完整的蓝白色玉刚卯[⑤]。但刚卯的名称则始见于汉代[⑥]。关于刚卯的起源,学界有不同看法。有的学者认为,它的原始形态可以上溯至新石器时代良渚文化的玉琮及琮形管,刚卯是琮的退化形式。“就刚卯的形式而言,它的祖型,应该是长柱形琮和琮形管,汉代的刚卯,则是它的退化形式。……(良渚大)墓中的琮,具有敛尸辟邪的功用,因而刚卯这样具体而微的物件,一旦施以巫术,也就有了诛鬼的灵性了。具备了灵性,虽小也能

---

① 《汉书·王莽传中》“正月刚卯”颜师古注。

② 陈直:《汉书新证》,天津人民出版社 1979 年版,第 477 页。

③ 参见欧阳摩《元侯佩之如玉之刚——南京博物院藏东汉玉严卯赏介》,载《收藏界》2008 年第 3 期。

④ 参见亳县博物馆《亳县凤凰台一号汉墓清理简报》,载《考古》1974 年第 3 期。

⑤ 参见湖北省博物馆《曾侯乙墓》,文物出版社 1989 年版,第 422 页。

⑥ 参见胡新生《中国古代巫术》第 2 版,第 225 页。

起作用。……汉代刚卯上的铭文有关神人除邪鬼的内容和良渚文化玉琮上的神人等纹饰内容，具有超世纪的联系，这是中国历史长期延续性特征在民俗方面的一个侧面。"[①]对此有的学者持怀疑态度，认为质地、外形相同的物品不见得用途、性质相同。只根据单个的大小不一的琮形管、方柱管与刚卯外形相似，就确定它是刚卯的渊源，这种结论比较可疑。认为刚卯直接来源于春秋时人佩戴的辟邪用的桃殳。[②] 我们认为佩戴刚卯的习俗可能起自春秋时人们佩戴桃殳[③]，但其信仰则源远流长，可以追溯至原始时代。

刚卯与严卯须成双佩戴。两汉之时，上至帝王，下至百姓，莫不佩戴。双卯的材质有白玉、黑犀、象牙、桃木等，依等级身份的不同而异，有严格的规定。王莽时曾一度废止。据《汉书·王莽传中》记载："今百姓咸言皇天革汉而立新，废刘而兴王。夫'刘'之为字'卯、金、刀'也，正月刚卯，金刀之利，皆不得行。……其去刚卯莫以为佩。"汉朝刘姓，王莽篡汉，顾忌"卯、金、刀"之刘，故刚卯及金刀皆禁之，责令臣民不得佩戴刚卯。东汉时又恢复使用，汉以后逐渐废除不用。

司南佩也是良渚文化玉琮的衍变形态，是汉代人们佩戴于身厌胜避邪的饰物。其形制若"工"字形，扁长方体，分上下两层。佩上端琢一把小勺，下端琢一个小盘。在中间凹细处或小勺柄处有一个横穿或竖穿的孔，是为穿绳佩戴用的。全器光素无纹。[④] 1969 年，河北省定县 43 号东汉墓出土两件司南佩，大小略有不同：一件高 3 厘米，宽 2.3 厘米；另一件高 2.5 厘米，宽 2 厘米。和阗白玉制成，细腻润泽，内孕精光。均为长方体形，腰部内凹切割成"工"字形，腰际横穿一孔，佩顶端作勺形，下承圆形小盘，系仿汉司南

---

① 马承源：《从刚卯到玉琮的探索》，载《辽海文物学刊》1989 年第 1 期。

② 参见胡新生《中国古代巫术》第 2 版，第 228～229 页。

③ 韩婴《韩诗外传》(龙溪精舍丛书)卷一〇载："齐桓公出游，遇一丈夫，褒衣应步，带著桃殳。桓公怪而问之曰：'是何名？何经所在，何篇所居？何以斥逐，何以避余？'丈夫曰：'是名二桃。桃之为言亡也。夫日日慎桃，何患之有。故亡国之社以戒诸侯，庶人之戒在于桃殳。'桓公说其言，与之共载。来年正月，庶人皆佩。"

④ 参见殷志强《汉代司南佩辨识》，载杨伯达主编《传世古玉辨伪与鉴考》，紫禁城出版社 1998 年版，第 72 页。

之形。[①] 另外，1972 年安徽省亳县凤凰台 1 号东汉墓也出土一件完整的司南佩，高 2.5 厘米，宽 1.9 厘米，和阗白玉琢成，形若扁长方体，中间切凹腰。上琢小勺，勺把中间穿一小孔，以便系佩，底出小圆盘。[②] 司南佩是汉代贵族常戴的一种玉佩，不仅具有厌胜避邪的功能，而且司南与琮组合，还蕴涵上通天、下通地，得天地之助的重要巫术内容。[③]

(二)求仙长生

《尚书·洪范》把古人的幸福观概括为："一曰寿，二曰富，三曰康宁，四曰攸好德，五曰考终命。"把长寿放在五者之首，反映了人类对生命的重视与渴求。寿的最大威胁是死亡。为了摆脱和避免死亡，人们幻想出一种能长生不死的人，即神仙。

《说文解字》释"仙"曰："长生仙去。"《释名》云："老而不死曰仙。"可见，神仙是人们想象出的一种超脱尘世，有神通变化，又长生不老之人。他们是由凡人修炼而成的。

关于神仙之说的由来，翦伯赞先生认为："神仙之说是战国末年一般没落的旧封建贵族逃避现实的一种幻想。他们因为在人的世界找不到立足的地方，因而幻想有这样一个地方，在那里，既不受上帝的统治，也不受封建领主和商人地主的压榨，让他们去重建小国寡民的庄园制度，于是出现了上不接天、下不连地之海外三山的神仙世界，从而出现了自由自在、翱翔于天人之间的神仙之说。"[④]我们认为，神仙之说与其说是战国末年没落旧贵族逃避现实的一种幻想，倒不如说是源于人们对死亡的恐惧和现世生活的留恋而生。人们出于对生的向往和死的恐惧，希望得以再生，使生命达到永恒。《楚辞·天问》曰："何所不死？长人何守？""延年不死，寿何所止？"《楚辞·远游》亦云："贵真人之休德兮，美往世之登仙。"《山海经·海外南经》有不死民，《大荒南经》有不死国，《海内经》有不死山，《海内西经》有不死药、不死树

---

① 参见定县博物馆《河北定县 43 号汉墓发掘简报》，载《文物》1973 年第 11 期。

② 参见亳县博物馆《亳县凤凰台一号汉墓清理简报》，载《考古》1974 年第 3 期。

③ 参见张明华《司南佩考》，载《故宫博物院院刊》2000 年第 21 期。

④ 翦伯赞：《秦汉史》，北京大学出版社 1999 年版，第 610 页。

等,反映了人们希望长生不死的愿望。神仙之说应是昆仑神话系统和蓬莱神话系统在新的历史条件下结合在一起形成的新的统一的神话世界的产物。[①] 燕、齐地区的方士将他们解释海市蜃楼现象而产生的神仙思想与西方传入的远古神话传说及民间巫术有机地结合起来,加以编排、组合,使之更加丰富、美妙、动人,更具有吸引力。据方士宣称,在渤海中有蓬莱、方丈、瀛洲三神山:

> 此三神山者,其传在勃海中,去人不远;患且至,则船风引而去。盖尝有至者,诸仙人及不死之药皆在焉。其物禽兽尽白,而黄金银为宫阙。未至,望之如云;及到,三神山反居水下。临之,风辄引去,终莫能至云。世主莫不甘心焉。及至秦始皇并天下,至海上,则方士言之不可胜数。始皇自以为至海上而恐不及矣,使人乃赍童男女入海求之。船交海中,皆以风为解,曰未能至,望见之焉。[②]

仙人及不死之药皆在神山之上,只要获得不死之药,"食之皆不老不死"[③],就会获得永生的权利。燕、齐方士的神仙思想正好满足了诸王权贵惧怕死亡、渴求长生的心理需要,因而首先得到了他们的推崇和支持,在社会上层流行开来。据《史记·封禅书》记载:"威、宣、燕昭使人入海求蓬莱、方丈、瀛洲。"齐宣王、齐威王和燕昭王都曾多次派人入海求仙。秦始皇"遣徐市发童男女数千人,入海求仙人",又使韩终、候公、石生求仙人不死之药。[④]

---

① 参见顾颉刚《〈庄子〉和〈楚辞〉中昆仑和蓬莱两个神话系统的融合》,载《中华文史论丛》1979年第2辑,上海古籍出版社1979年版,第31~57页。袁珂先生认为,神仙说大约起于春秋时代以至战国初年燕齐滨海的民间,起初或者是受了海市蜃楼幻变不测的影响,因而传述海岛上有仙人,仙人都快乐逍遥不死。(参见《略论〈山海经〉的神话》,载《中华文史论丛》1979年第2辑,第59~74页)而闻一多先生则另有高见:"齐人本是西方迁来的羌族,其不死观念也是从西方带来的。但西方所谓不死本来指灵魂,并主张肉体毁尽,灵魂才得永生。这观念后来又演变为肉体与灵魂并生。齐人将这观念带到东方以后,特别因为当地土著思想的影响,渐渐放弃了灵魂观念,于是又演变为纯粹的肉体不死……神仙思想是从西方来的,他只是流寓在齐地因而在那里成大的,并非生在齐地。齐地的不死思想并没有直接产生神仙思想,虽则他是使神仙思想落籍在齐地的最大吸引力。因此,海与神仙并无因果关系,三山与神仙只是偶然的结合而已。"(《闻一多全集·神仙考》,湖北人民出版社1993年版,第133~137页)

② 《史记·封禅书》。

③ 《列子·汤问》。

④ 参见《史记·秦始皇本纪》。

汉初"三杰"之一的张良也好神仙，史称：张良"性多疾，即道引不食谷，闭门不出"①，学方士的辟谷、导引、轻身羽化之术，表示"愿弃人间事，欲从赤松子游"②，渴望成仙。汉武帝认为："诚得如黄帝(升仙上天)，吾视去妻子如脱躧耳。"③为了成仙，帝王可以付出任何代价，放弃名分和妻妾。统治者的信奉和提倡，对神仙思想的普及和传播无疑起了很大的推动作用。因此，西汉中期以后，神仙思想得到社会各阶层的普遍信仰。贾谊《惜誓》曰："念我长生而久仙兮，不如反余之故乡。"④司马相如为迎合汉武帝好神仙的心理，作《大人赋》，言神仙之事以献之，"必长生若此而不死兮，虽济万世不足以喜"⑤。在帝王的提倡之下，汉代朝野上下形成一股求仙的社会风气。

汉朝鼓吹神仙方术的方士很多。他们投帝王之所好，吹嘘能求不死之药，召鬼神，访仙人，修道成仙，超世永生。"新垣平、齐人少翁、公孙卿、栾大等，皆以仙人、黄冶、祭祠、事鬼使物、入海求神采药贵幸，赏赐累千金。"⑥许多人看到少翁、栾大之流因方术而富贵尊崇，纷纷效仿，学习其术，"齐人之上疏言神怪奇方者以万数"，"海上燕齐之间，莫不扼腕而自言有禁方，能神仙矣"。⑦ "白日升天"的传说也流传开来：

俗说淮南王安招致宾客方术之士数千人，作《鸿宝苑秘》枕中之书，铸成黄白，白日升天。⑧

黄帝铸鼎于荆山鼎湖，得道而仙，乘龙而上。其臣援弓射龙，欲下黄帝不能也……于是抱弓而号，因名其弓为乌号之弓也。⑨

对不死之药的慕求也已弥漫整个社会。西王母是神话传说中掌管不死之药的女神，汉代传说"羿请不死之药于西王母"。《淮南子·览冥训》云："羿请

① 《汉书·张良传》。
② 《史记·留侯世家》。
③ 《史记·孝武本纪》。
④ 载严可均辑《全上古三代秦汉三国六朝文·全汉文》卷一五，第209页。
⑤ 《汉书·司马相如传》。
⑥ 《汉书·郊祀志下》。
⑦ 《史记·封禅书》。
⑧ 应劭撰、吴树平校释：《风俗通义校释·正失》。
⑨ 《淮南子·原道训》高诱注。

不死之药于西王母，姮娥窃以奔月。"高诱注曰："姮娥，羿妻。羿请不死之药于西王母，未及服之，姮娥盗食之，得仙，奔入月中为月精。"

传说汉武帝也曾会见西王母，以求不死之药。汉《唐公房碑》也记载了成固人唐公房遇见"真人"，得到"神药"，举家升仙的故事。[①] 在"升仙"、"不死"信仰的支配下，寻仙、求仙之举也大有人在：

> 卢敖学道求仙，游乎北海，离众远去……
>
> 河东蒲坂项曼都……好道学仙，委家亡去，三年而返……河东号之曰"斥仙"。[②]

自西汉中期以后，"化去不死"之说开始盛行，人死后并不意味着生命的终结，而是升仙的开始。如《史记·孝武本纪》曰：

> 李少君病死，天子以为化去不死也。
>
> 宋毋忌、正伯侨、充尚、羡门高最后皆燕人，为方仙道，形解销化，依于鬼神之事。[③]

出于对死亡的恐惧和现世物质生活的留恋，追求长生不老和死后升仙成为汉人摆脱死亡恐惧的重要精神支柱。

随着神仙思想的兴盛，仙界与天界也逐渐混淆融合。天界与仙界本来是两个系统，在人们心目中，天界与仙界差别很大。天界在神话中是天帝所居之处，那里有风伯、雨师、雷公等神灵，是一个庄严肃穆的威严世界。天庭的入口有天门。1988 年 1 月，简阳县鬼头山东汉崖墓出土 3 号石棺画像，在由人物建筑和祥鸟瑞兽组成的画面中，中间是一座单檐庑殿式双阙，左右阙顶有凤鸟昂首对立，阙内有一个戴冠着袍、拱手相迎的人。阙的上面极其醒目地镌刻了"天门"二字。长沙马王堆西汉墓葬出土的彩绘帛画，也表达了迎送墓主人升入天门的主题观念。[④] 阜阳出土的汉代蔡氏神人车马画像镜，圆形，圆钮及钮座，座外围连珠纹圈带。内区四乳钉将主纹分成四组。其中

---

① 参见高文《汉碑集释·唐公房碑》，河南大学出版社 1985 年版，第 521～522 页。

② 王充：《论衡·道虚》。

③ 《史记·封禅书》。

④ 参见雷健金《简阳县鬼头山发现榜题画像石棺》，载《四川文物》1989 年第 1 期；黄剑华《古蜀天门观念与蜀楚关系探讨》，载《贵州社会科学》2004 年第 4 期。

一组为天门仙人图，一人伏跪于天门前，天门由两天司把守，两主神居于天宫内。主纹外置铭文圈带，铭文为："蔡氏作竟真大巧，上有山人不知老，渴饭玉泉饥食枣，浮游天下遨四海，□□□□。"①

由虎豹镇守的天门是不易被人通过的。人们慑于天的威严、虎豹的凶猛，不敢企盼灵魂升天，而希望将灵魂由天际召回。《楚辞·招魂》王逸注云："天门凡有九重，使神虎豹执其关闭，主啄啮天下欲上之人而杀之也。"由于上天不仅高不可攀，而且过于庄严拘束，所以人们并不希望上天，且认为也不可能上天。而对距人间不远的、充满自由快乐的仙界情有独钟。仙界开始指蓬莱、方丈、瀛洲诸仙山。西汉中期以后，天界与仙界的界限逐渐模糊，差别也逐渐缩小。随着仙界范围的扩大，在人们心目中，上天不再是高不可攀的，而是与仙山一样是允许人们进入的。天门的管束已不像以前那样严格。司马相如《大人赋》的"排阊阖而入帝宫"及西汉壁画，都描绘了天门大开、迎接人们的幸福场景；而且天上的景象不再令人望而生畏，肃穆森严，而是被人们构筑得与仙界一样令人神往，这就大大激发了人们升天(仙)的热情。到东汉时期，神仙思想更盛，人们遂把仙界与天界合而为一，仙界的仙人被人们搬到天上。神仙居住地发生变化，由仙山升至天上，仙人也相应变成天神。神和仙实际上已不存在明显区别。西王母原来居住在西方昆仑山上，后来被人们搬到天上。汉初儿歌有"著青裙，入天门；揖金母，拜木公"②。西王母与东王公皆升至天上。四川巫山东汉墓出土的鎏金铜牌Ⅰ，直径23.5厘米，上有高大的双阙，两阙左右对称，形制相同，阙的形式下宽上窄，呈收分状。双阙中上部隶书"天门"二字，中坐一人，博衣右衽，双手交拱，头戴高高的方冠("胜")，丰颐大眼，安详肃穆，端庄盘坐于画面正中，背面仙光云气缭绕，十分气派。此人应是神话中的西王母。③ 人们原来主要希望生时成仙，后来则梦想死后也升入仙界。汉代出土的画像石、画像砖、帛画中有大量西王母、羽人及白鹿、仙鹤、飞廉、飞龙等仙人、仙禽、仙兽的形

① 刘建生：《丰富多彩的阜阳汉镜》，载《文物世界》2006年第2期。

② 杜光庭：《墉城集仙录·金母元君》，载《云笈七签》卷一一五。

③ 参见赵殿增、袁曙光《"天门"考——兼论四川汉画像砖(石)的组合与主题》，载《四川文物》1990年第6期。

象，反映出人们渴望死后升仙（天）的信仰。如南阳汉画像石刻中的西王母和东王公形象，皆戴冠拱手相向，坐于“悬圃”之上。上部刻仙人乘鹿和一只大鸟，下部刻一只玉兔执杵捣药。四川彭县出土的画像砖有仙人骑鹿图，一神仙骑于长角鹿上。右边一女神，头上有饰，左手握灵芝，右手执一物（亦似灵芝），正面向鹿头。① 此画像与汉代乐府诗可相互印证。《长歌行》云：

> 仙人骑白鹿，发短耳何长。导我上太华，揽芝获赤幢。来到主人门，奉药一玉箱。主人服此药，身体日康强。发白[复]更黑，延年寿命长。

《飞龙篇》曰：

> 晨游泰山，云雾窈窕。忽逢二童，颜色鲜好。乘彼白鹿，手翳芝草。我知真人，长跪问道。西登玉堂，金楼复道。授我仙药，神皇所造。教我服食，还精补脑。寿同金石，永世难老。②

在山东沂南汉墓石刻画像中有“羽人捣药图”。捣药羽人为男性，背后羽翼细长，手捧舂棒，坐着捣药。此图的上方左边为伏羲持矩，右边为女娲持规，中间绘有西王母图像。捣药图形象地表现出了羽人神仙使者的身份、地位及其与“长生药”的关系。③

有的学者将汉画像石比较集中的山东、苏北、南阳、陕北四大区的画像题材进行了比较，其中反映仙人祥瑞的题材在各区中的比例都远远高于田宅生产、车马出行、宴饮百戏、历史故事等其他题材。④ 这说明求仙长生是当时各地的普遍信仰。

作为通天桥梁的“摇钱树”在西南地区的东汉墓葬中也大量出现。据初步统计，已发现钱树的地点至少已有52处，出土单株钱树70件以上。⑤ 所谓“摇钱树”上的“钱”，并不具备任何财富观念的意义，而是天和地的象征，“摇钱树”是人们希望墓主通过神树由地面升天成仙的一种宗教性随葬用

---

① 参见周到《汉画与戏曲文物》，中州古籍出版社1992年版，第51页。

② 郭茂倩编撰：《乐府诗集》卷三〇、卷六四，中华书局1979年版，第442、926～927页。

③ 参见孙彦《汉魏南北朝羽人图像考》，载《南方文物》2006年第1期。

④ 参见米如田《汉画像石墓分区初探》，载《中原文物》1988年第2期。

⑤ 参见鲜明《再论早期道教遗物摇钱树》，载《成都钱币》1997年第3期。

品，应当定名为“升仙树”。[①]

以四川地区为主的东汉墓葬中出土的“摇钱树”，由树座和树身两部分构成。从出土的钱树树座来看，大多数为山形，上塑以神仙瑞兽。神话学上称此山为“宇宙山”，它位于大地之中央，高耸入云，通天绝地，是人神往来的枢纽。这种山在中国称为“仙山”，因为它是众神仙活动的基地。[②] 树身上有着十分繁杂的各种图像纹样，除了方孔圆钱形饰之外，还有璧形饰、西王母、仙人、佛像，以及朱雀、辟邪和其他祥禽、瑞兽、奇花、异草等。[③] 大多钱树把西王母及天庭众神表现于树的叶片上。如四川彭山双江出土的钱树，九片枝叶上均塑以西王母及天庭众神，西王母坐于华盖之下，旁有麒麟、舞人、乐人。四川西昌高草钱树残片高27厘米，西王母正襟危坐于主干上部的龙虎座上，其下有为其捣不死药的蟾蜍和玉兔，再下为一椭圆形环，上有水波纹，可能象征若水，主干上绕有一龙。最为完整地表现西王母及其天庭的是绵阳何家山2号墓出土的钱树，西王母位于一主干上部的龙虎座上，肩生翼，翼两侧饰以光芒四射的莲花，头顶一璧。西王母像下为一大玉璧，上铸凤鸟、羽人，璧上端正中为一兽头，两侧分立羽人，璧下两侧各塑一龙。下部的叶片上还铸有玉璧、朱雀、蟾蜍、龙首、怪兽、象与赶象人等。[④] 四川茂汶地区出土的钱树从下到上共有6节，每节左右两侧各有一仙人，其后各有一撒尾鸾鸟，似在卫护仙人。下3节有钱形五枚和雕刻成朱雀、羽人、天鸡及小龙首的小叶片，共3层12片。在4～5层的前后左右插孔中，分别插入主杆的叶片被雕刻成巨龙绕璧和羽人、天鸡、展翅的朱雀、神兽等，圆璧镂孔有水波纹，共2层8片。第6节以上为一大瑗，瑗上为西王母座像，像上立一大玄鸟。西王母头带胜，双手笼袖，两肩生双翼，坐于龙虎座上，下面有为其捣不死之药的蟾蜍和玉兔。大瑗两侧枝上有巨大的双阙，即金阙天门。双阙左

---

① 参见张茂华《“摇钱树”的定名、起源和类型问题探讨》，载《四川文物》2002年第1期。

② 参见贺西林《东汉钱树的图像及意义——兼论秦汉神仙思想的发展、流变》，载《故宫博物院院刊》1998年第3期。

③ 参见张茂华《“摇钱树”的定名、起源和类型问题探讨》，载《四川文物》2002年第1期。

④ 参见贺西林《东汉钱树的图像及意义——兼论秦汉神仙思想的发展、流变》，载《故宫博物院院刊》1998年第3期。

右对称，为重檐结构，明檐下部有四条仿木柱，阙顶各立一铜雀，展翅欲飞状，阙侧长有仙草或灵芝，环绕阙顶及四周。阙底的枝条各为一神龙，枝上各有一人挑着四个发出光芒的方孔钱前行。在神龙头上各有一灯盏。盏柄是一条周身鎏金的小龙，小龙张口回头呵护金阙。①

所有上述内容都表明钱树是作为一种信仰出现的，表达了人们希望长生不老、羽化成仙的美好愿望。

此外，汉代出土的铜镜文饰、铭文大多也是反映慕求神仙、渴望长生思想的。如江西铅山县博物馆有一东汉神兽镜，铜镜背面内区花纹为浮雕式四条龙纹围绕七个踞坐仙人②。阜阳尚方神人画像镜，圆形，圆钮及钮座，座外围连珠纹圈带及凸弦纹带。内区六乳钉将主纹分六组。两组为对坐神人，一为西王母，一为东王父。其余为四只怪熊、大熊长耳兽、凤鸟、青龙，空白处填衬小鸟、日月纹。主纹外为铭文圈带："尚方作竟佳且好，今君大富宜子孙，上有东王父、西王母，□□保兮。"③宝鸡市博物馆馆藏多乳四神禽兽镜（编号 417·IA9·5）间饰鸟兽羽人，外饰一周右旋铭文："巧工作竟大毋伤，孝君连出建四方。六子九孙居中央，长保二亲富贵昌，寿如金石乐未央。"外区的主体纹饰是羽人捕鱼狩猎典故。铜华连弧汉镜（编号 461·IA9·49）铭文："炼冶铜华清而明，以之为竟宜文章。延年益寿去不祥，与天无极长乐未央。"汉代铜镜铭文（编号 592·IA9·180）："尚方作镜真大好，上有仙人不知老，渴饮玉泉饥食枣，浮游天下敖四海，寿如金石为国保。"编号 569·IA9·157、编号 698·IA9·286、编号 459·IA9·47 的镜铭内容与之大体相同。④ 甘肃庆阳地区出土的汉代尚方四神规矩纹镜铭文："尚方作镜真大好，上有仙人不知老，渴饮玉泉饥食枣，浮游天下敖四海，□□□山兴芝□，寿如金石之天保侯王。"⑤新莽时的铜镜常见"尚方作镜真大巧，上有仙人不

① 参见张善熙、李清裕《"天门"图像钱树初探》，载《中华文化论坛》1999 年第 3 期。
② 参见王立斌《江西铅山县发现东汉神兽镜》，载《文物》1986 年第 4 期。
③ 刘建生：《丰富多彩的阜阳汉镜》，载《文物世界》2006 年第 2 期。
④ 参见刘明科《宝鸡市博物馆馆藏汉镜介绍》，载《考古与文物》1995 年第 2 期。
⑤ 何翔：《甘肃庆阳地区出土的汉代铜镜》，载《考古与文物》1994 年第 2 期。

知老，渴饮玉泉饥食枣，寿如金石天之保”[①]的铭文。

汉代铜镜铭文常刻的“延年益寿”、“寿敝金石乐未央”、“尚方作竟真大好，上有仙人不知老，渴饮玉泉饥食枣，浮游天下遨四海，寿如金石”[②]等语，反映出祈求长寿和永生是汉代的普遍信仰。这种信仰使人们暂时摆脱或缓解了死亡带来的恐惧，以积极向上的心态对待人生和生命。东汉后期，神仙思想被原始道教吸收、借鉴，成为道教的主要理论依据。

三、民间生产中的信仰

在原始时代，生产力水平极度低下，人对自然有着很强的依附关系。这种依赖性与原始宗教观念相结合，就产生了原始生产信仰。经过演进变化，到两汉时期，生产信仰对民间百姓的影响仍然很大。

（一）农业生产中的信仰

我国是农耕发展得较早的国家之一，早在新石器时代，河姆渡遗址出土的大量碳化稻谷和骨耜证明当时已有较为发达的耜耕农业。在陕西、河南、河北、青海、云南的新石器时代遗址中也都发现了碳化的粟粒，经碳十四测定，距今已有8000～7000年的历史。农业生产信仰即是建立在农耕文化基础上的。人们相信是各种神秘力量在控制着农作物的生长，这种力量是超自然的、无形的，于是就发明了各种有关农耕的祭祀仪式和巫术来试图与这种神秘力量沟通交流。农业生产从一开始就受到原始信仰尤其是巫术的极大影响。这种影响具有持久性，直到汉代仍普遍存在。

在“民以食为天”的汉代农业社会中，人们期盼丰收的愿望十分强烈，所以生产的每一道程序如挑选良种、精耕细作、施肥除草、浇水捉虫，都尽量做得完善。同时，普遍相信神灵存在的百姓，也把泛神论思想带入生产领域，创造了许多主宰生产的神灵，并拜倒在其脚下，以祈求神灵的护佑。这样，

① 吕品：《“盖天说”与汉画中的悬壁图》，载《中原文物》1993年第2期。

② 王福昌：《汉代江南铜镜文化》，载《南都学坛》2004年第3期。

在生产领域实行的是生产经验与神灵崇拜相结合的二元模式。在力于稼穑的同时,人们还通过占卜、巫术、祈祷、祭祀等手段来达成实现丰收的愿望。

1. 预测年成

生产信仰的主要目的是风调雨顺,五谷丰登。为此,汉代承袭了先秦以来的占卜习俗,以龟策来预测丰歉。据《史记·龟策列传》记载:

> 卜岁中禾稼孰不孰。孰,首仰足开,内外自桥外自垂;不孰,足肣首仰有外。

即根据龟策在占卜时呈现的形状,预测年成。如果"首仰足开,内外自桥外自垂"则预示着丰收;"足肣首仰有外"则意味着歉收。同样,影响农业生产的气象也受到高度重视:

> 卜天雨不雨。雨,首仰有外,外高内下;不雨,首仰足开,若横吉安。
>
> 卜天雨霁不霁。霁,呈兆足开首仰,不霁,横吉。

放马滩秦简《日书》乙种记载了战国秦根据干支排列顺序来预测下雨吉凶的占卜方式:

> 正月甲乙雨,禾不享……丙丁雨,大旱。鬼神北行,多疾。戊己雨,大有年,邦有土攻(功)。庚辛雨,有年,大作邦。
>
> 十月甲乙雨,饥。丙丁雨,小饥。戊己雨,岁中。庚辛雨,有年。[①]

这种占卜方式在汉代仍然流行。尹湾汉简中有《六甲阴阳书》,第三排将六十甲子排成菱形,菱形下书"占雨"二字。[②] 当是秦简《日书》占卜方式的延续。

睡虎地秦简《日书·稷辰》则记载了根据特定时间的天气变化预测年成的方法:

> 秀,是胃(谓)重光……正月以朔,旱,岁善,有兵。
>
> 正阳,是胃(谓)滋昌……雨,齐(霁)。亡者,不得。正月以朔,岁善,毋(无)兵。
>
> 危阳,是胃(谓)不成行。……以雨,半日。正月以朔,多雨,岁半

---

① 乙 199、乙 202,见何双全《天水放马滩秦简综述》,载《文物》1989 年第 2 期。

② 参见连云港市博物馆等《尹湾汉墓简牍》,中华书局 1997 年版。

入,毋(无)兵。

敫,是胃(谓)又(有)小逆,毋(无)大央(殃)。……正月以朔,多雨,岁善而被不产,有兵。

鬻,是胃(谓)其群不摅……虽雨,见日。正月以朔,旱,又(有)岁,又(有)小兵,毋(无)大兵。

阴,是胃(谓)乍阴乍阳,先辱而后又(有)庆。……正月以朔,多雨,岁中,毋(无)兵,多盗。旦雨夕齐(霁),夕雨不齐(霁)。

彻,是胃(谓)六甲相逆……雨,日□。正月以朔、多雨,岁善,毋(无)兵。

结,是胃(谓)利以出货……雨,日也。正月以朔,岁中,又(有)兵,又(有)雨。[①]

“稷辰”是丛辰家向人们解说吉凶福祸的卜文。根据正月初一的天气情况预测一年的收成。

除了使用龟策、干支占卜外,人们还在秋天的社祭活动中,向社神预卜明年的丰歉。这种风俗至魏晋时期依然存在。《荆楚岁时记》曰:

秋分以牲祠社,其供帐盛于仲秋之月。社之余胙,悉贡馈乡里周族。掷教于社神,以占来岁丰俭。或折竹以卜。

教以桐为之,形如小蛤。言教,教令也。其掷法则半府半仰者为吉也。

2. 祭祀神灵

汉代民间信仰的特点是泛神崇拜,与丰收有关的各种神灵都受到百姓的信仰与祭祀。人们希望通过对神灵的祈求及对超自然力的利用来达到增产、丰收、避灾的目的。

(1)祈年报功。《诗经·大雅·云汉》曰:“祈年孔夙,方社不莫。”可见,祈年于社的习俗由来已久。

土地神是农村基层中影响最广、最深的农业保护神。人们认为他能主

① 吴小强:《秦简日书集释》甲种简三二正至四六正,第35～36页。

宰农作物的收成，“封土为社，立稷而祀，皆为百姓兴利除害，以祈丰穰”[①]。因农事而作的社祭活动，通常呈现出相应的季节特色。“春祭社以祈膏雨，望五谷丰熟”，“秋祭社者以百谷丰稔，所以报功”。[②] 春天，大地复苏，田事方兴，农民举行各种迎神活动，目的在于向社神祈求农业丰收。秋天庄稼成熟收获，此时祭神旨在向神表达谢意。

先农是秦汉时期官方至民间都极为重视的农神。皇帝正月亲耕籍田，之前由执事告祠先农。《太平御览》卷五三二引《汉旧仪》曰：“春始东耕于籍田，官祠先农。先农即神农炎帝矣。祠以一牢，百官皆从。”《后汉书·礼仪志》刘昭注引贺循《藉田仪》云：“汉耕日，以太牢祭先农于田所。”地方也以时致祭，“县邑常以乙未日祠先农于乙地……用羊豕”[③]。里耶秦简也有不少这方面的记载：

> 卅二年三月丁丑朔丙申，仓是佐狗出牂一以祠先农。
>
> 卅二年三月丁丑朔丙申，仓是佐狗出黍米四斗以祠先农。
>
> 卅二年三月丁丑朔丙申，仓是佐狗杂出祠先农余彻羊头一、足四卖于城旦赫所，取钱四□……
>
> 卅二年三月丁丑朔丙申，仓是佐狗出祠[先]农余彻豚肉一斗半斗卖于城旦赫所，取钱四。令史尚视平，狗手。
>
> 卅二年三月丁丑朔丙申，仓是佐狗出祠[先]农余肉汁二斗卖于城旦□所……
>
> 卅二年三月丁丑朔丙申，仓是佐狗杂出祠先农余彻酒一斗半斗卖于城……[④]

简文中的“仓是”是“仓啬夫是”的省略，与“佐”均为地方基层职官，负责掌管祭祀先农的祭品。从简文中可知祭品有羊、豚、酒、黍米等，较为丰富。

普通农家则在正月上亥日举行祭祀先穑和祖先的仪式，以祈求丰收。如崔寔《四民月令·正月》云：“又以上亥祠先穑，以祈丰年。”缪启愉释曰：

① 高文：《汉碑集释·史辰碑》，第336页。

② 《周礼·地官司徒·州长》“若以岁时祭祀州社”贾公彦疏。

③ 《后汉书·祭祀志下》。

④ 湖南省文物考古研究所：《里耶发掘报告》，第194～196页。

“先穑谓先农之徒，始造稼穑者也。”郑玄注《礼记·郊特牲》“蜡之祭也，主先啬而祭司啬”云：“先啬，若神农者。司啬，后稷是也。”

稷神作为谷物之神，也受到民间百姓的重视。我国古代对谷神的崇拜起源很早。江苏连云港将军崖岩刻上有人面像与植物形图案，生动记载了古人认为植物有生命、有灵魂的观念。“岩刻中大多数人面像似乎是长在农作物顶端的神人同形的头像，可以解析为先民对于土地和太阳的崇拜，可以看作是先民们祈求丰收，崇拜谷物神的形象记录。”①

自先秦以来，稷作为百谷的象征而成为人们膜拜的对象。《孝经》曰：“稷者，五谷之长。五谷众多，不可遍祭，故立稷而祭之。”夏代的稷神是列山氏之子柱，据说他“能殖百谷蔬果，故立以为稷正”②，死后祀以为稷神。周之始祖弃“能播百谷”③，亦为稷正。商汤灭夏，废柱而以弃代之。

汉高祖五年（前202），初置灵星祠，祀后稷于长安城东南，为民祈农报功。④ 汉代认为龙星左角曰天田星，“天田为司马，教人种百谷为稷。灵者，神也。辰之神为灵星，故以壬辰日祠灵星于东南，金胜为土相也”⑤。所谓“灵星”，即天田星。古人认为该星主谷，为“农祥”，故以其配享后稷。《风俗通·祀典》亦曰：高祖五年，“初置灵星，祀后稷也。驱爵簸扬，田农之事也”。“驱爵”即“驱雀”，它与“簸扬”都是人们为祈求丰收而举行的祭祀灵星的舞蹈动作。关于这种象征农事的祭祀舞蹈场面，《后汉书·祭祀志下》记载得更为详细：

> 汉兴八年，有言周兴而邑立后稷之祀，于是高帝令天下立灵星祠。言祠后稷而谓之灵星者，以后稷又配食星也。旧说，星谓天田星也。一曰，龙左角为天田官，主谷。祀用壬辰位祠之。壬为水，辰为龙，就其类也。牲用太牢，县邑令长侍祠。舞者用童男十六人。舞者象教田，初为芟除，次耕种、耘耨、驱爵（雀）及获刈、舂簸之形，象其功也。

---

① 陈兆复：《中国岩画发现史》，上海人民出版社1991年版，第208页。

② 应劭撰、吴树平校释：《风俗通义校释·祀典》。

③ 《左传》杜预注。

④ 参见《史记·封禅书》张守节《正义》引《汉旧仪》。

⑤ 《史记·封禅书》裴骃《集解》引张宴曰。

汉代特别重视对灵星的祠祀，表示对农业生产的重视和祈求丰收的愿望。汉代，祈求土地丰产的农耕祭礼很受重视，祭祀仪式主要是对农神的耕作行为进行模仿。这种舞蹈属于顺势巫术，弗雷泽称之为“相似律”①，即彼此相似的事物可以产生同样的效果，通过模拟就能够实现人们想要做的事。祭祀灵星的舞蹈表演从播种到收获的全套农业生产活动，以再现并感谢农神的发明之功，同时以模拟巫术来达到增产目的。

在地方也有对稷神的祭祀。汉高祖八年(前 199)，制诏御史：“其令天下立灵星祠，常以岁时祠以牛。”②高祖十年(前 197)，规定各县每年二月和腊日两次祭祀稷神，祀以羊彘。③

与社祭一样，民间对稷神的祠祀亦受到官方的重视与监督。《居延新简》有不少这方面的记载：

八月廿六日己巳直成可祠社稷

官县以令秋祠社稷。今择吉日，如牒书到，令丞循行，谨修治社稷，令鲜明。

檄到，宪等循行，修治社稷，令鲜明。侍祠者斋戒以谨敬鲜洁约省为[故]。

农掾戎谓官县以令祠社稷。今择吉日，如牒书到，皆修治社。④

根据简文内容，可知民间的祠稷活动属于官方指令性祭祀，是与社祭一起举行的。另外，与官方程式化的祭礼相比，民间对稷神的祭祀要随意得多，“各

---

① [英]詹·乔·弗雷泽：《金枝》(上)，徐育新等译，第 19 页。

② 《汉书·郊祀志上》。

③ 《汉书·郊祀志上》云：“高祖十年春，有司请令县常以春二月及腊祠稷以羊彘，民里社各自裁以祠。制曰：‘可。’”《郊祀志下》云：平帝时，王莽奏言“‘……汉兴，礼仪稍定，已有官社，未立官稷。’遂于官社后立官稷，以夏禹配食官社，后稷配食官稷。稷种谷树”。师古注引臣瓒曰：“高帝除秦社稷，立汉社稷，《礼》所谓太社也。时又立官社……而未立官稷，至此始立之。世祖中兴，不立官稷，相承至今也。”《后汉书·祭祀志下》云：东汉光武帝“建武二年，立太社稷于洛阳，在宗庙之右，方坛，无屋，有墙门而已。二月八月及腊，一岁三祀，皆太牢具，使有司祠……郡县置社稷，太守、令、长侍祠，牲用羊豕。唯州所治有社无稷，以其使官”。

④ 甘肃省文物考古研究所等：《居延新简》E. P. F22:156、E. P. F22:153、E. P. F22:159、E. P. C:35，第 487、548 页。

自裁以祠”，供奉物品也没有统一规定，“随其祠具之丰俭”[①]。

(2)祭祀禳灾。农业收成在很大程度上要依赖气候、雨水、风力等自然因素。自然灾害会严重影响农业生产。据记载，在汉代425年间，有242个年份发生了灾害，共发生各种自然灾害419次，平均1.01年发生1次自然灾害。[②] 频繁的自然灾害给汉代的生产生活造成巨大破坏，如西汉平帝元始二年(2)发生的全国性旱灾和蝗灾，使许多地区颗粒无收，并引发大规模瘟疫，有的家庭死亡人数达到6人。[③] 这不能不使百姓深畏于大自然的无情和恐怖。在自然灾害的严重威胁下，人们驾驭不了自然，由此产生恐惧感。神灵观念又使人们对自然灾害作出错误判断：每一种自然现象和自然物都有神灵主宰，他既可以给人们带来丰收富裕，也可以使祸患降临；使自己遭受灾祸的不是自然本身，而是凌驾于自然之上的各种神秘力量；通过虔诚祈祷、祭祀就能感动神灵，从而达到消弭灾祸、解除困厄的目的。因此，每当灾害降临时，人们总是对相关神灵虔诚膜拜。

先秦秦汉时期的司雨之神是雨师。《韩非子·十过》称：“昔者黄帝合鬼神于泰山之上……蚩尤居前，风伯进扫，雨师洒道。”后来蚩尤作兵，伐黄帝，黄帝乃令应龙攻之冀州之野。蚩尤作法，“请风伯、雨师，纵大风雨”[④]。黄帝乃下天女旱魃，终于战胜蚩尤。可见在古人的观念中，雨师是具有掌控雨水的神力的。人们对雨师的奉祀采用规格较高的槱燎之祭。《周礼·春官·大宗伯》曰：“以槱燎祀司中、司命、风师、雨师。”即积柴置牲于上，燔烧以祭，扬其光炎上达于天，以祀其神。

汉代将雨神与天上的星宿结合起来，以毕星为雨师。郑玄曰：“雨师，毕也。”[⑤]《诗·小雅·渐渐之石》云：“月离于毕，俾滂沱矣。”毕星是二十八宿中的西方七宿之一。古人认为将有大雨，征气先见于天，月亮靠近毕星，就会

---

① 《汉书·郊祀志上》。

② 参见杨振红《汉代自然灾害初探》，载《中国史研究》1999年第4期。

③ 《汉书·平帝纪》载：“郡国大旱，蝗……民疾疫者，舍空邸第，为置医药。赐死者一家六尸以上葬钱五千，四尸以上三千。”

④ 《山海经·大荒北经》。

⑤ 《周礼·春官宗伯·大宗伯》郑玄注。

大雨滂沱。“是雨师毕也……西方毕星好雨。”[①]东汉蔡邕《独断》卷上则称：“雨师神，毕星也。其象在天，能兴雨。”可以说，雨师是古天文学与民间信仰相结合的产物。

汉代雨师列入国家祀典。《后汉书·祭祀志下》云：“县邑常……以己丑祠雨师于丑地，用羊豕。”《风俗通·祀典》亦曰：

> ……玄冥，雨师也。……土中之众者莫若水，雷震百里，风亦如之，至于太山不崇朝而遍雨天下，异于雷风，其德散大，故雨独称师也。丑之神为雨师，故以乙丑日祀雨师于东北，土胜水为火相也。

为防止干旱发生，汉代官方在已丑日对司雨之神定期祭拜，规格是以羊、豕二牲祭祀的少牢之礼。是为常祀，即定时定期用固定规格祭祀神灵。

古人认为高山、川谷、河流均有兴云降雨的神力，“山林、川谷、丘陵，能出云，为风雨，见怪物，皆曰神”[②]。所以旱灾出现后，山、川成为官方与民间主要的祭祀对象。卜辞中就有“河其令雨”[③]、“祈雨于岳”[④]、“奉雨于岳”[⑤]的记载，表明在人们的观念中，岳、河均有降雨的神力。

汉代沿袭并发展了先秦时期的信仰，旱灾出现时，祷祠山川成为主要的祭祀活动。如汉明帝永平十八年(75)，自春无雨。夏四月己未诏令曰：

> 二千石分祷五岳四渎。郡界有名山大川能兴云[致]雨者，长吏各洁斋祷请，冀蒙嘉澍。[⑥]

顺帝阳嘉年间，京师旱情严重，诏曰：

> 敕郡国二千石各祷名山岳渎，遣大夫、谒者诣嵩高、首阳山，并祠河、洛，请雨。[⑦]

对山川的祭祀活动分为两种：一种是定期祠祭。如《华山碑》曰：“山泽通气，云行雨施……仲宗之世，重使使者持节祀焉，岁一祷而三祠……建武之元，

---

① 《周礼·春官宗伯·大宗伯》贾公彦疏。

② 《礼记·祭法》。

③ 董作宾：《殷墟文字乙编》3121。

④ 郭沫若主编、中国社会科学院历史研究所编集：《甲骨文合集》12855。

⑤ 胡厚宣主编：《甲骨文合集释文》12855。

⑥ 《后汉书·明帝纪》。

⑦ 《后汉书·顺帝纪》。

事举其中，礼从其省，但使二千石以岁时往祠。其有风旱，祷请祈求，靡不报应。"《封龙山颂》云：封龙山"能烝云兴雨，与三公、灵山，协德齐勋。国旧秩而祭之，以为三望"①。一种是不定期的发生旱灾时进行的祭祀活动。如顺帝阳嘉三年(134)，河南、三辅大旱，"五谷灾伤，天子亲自露坐德阳殿东厢请雨，又下司隶、河南祷祀河神、名山、大泽"②。《堂溪典嵩高山石阙铭》曰："熹平四年来，请雨嵩高庙。"③在旱情严重的情况下，民间百姓也会自发组织起来，向某个山神、石神或河流神祈祷祭祀。如《祀三公山碑》云："吏民祷祀，兴云肤寸，遍雨四维。"④可见，祈雨都是集体性的祭神活动。

祭蛙求雨也是一种较为古老的祭祀习俗。古人在日常生活中，通过长期观察，发现下雨前田野里会传来蛙的鸣叫声以及"虾蟆群聚"等先兆，从而认定虾蟆和雨水之间有交感关系。如《焦氏易林·大过·升》云："虾蟆群聚，从天请雨。云雷集聚，应时辄与，得其愿所。"《渐·同人》与之略同。对于蛙与雨水之间的密切关联，杨智勇先生有过分析："青蛙肺小而薄，需要依靠皮肤帮助呼吸，天气阴晴引起空气中水蒸气浓度的变化，造成皮肤呼吸的顺当或困难，叫声也随之改变，其声音的变化，可以预知雷雨是否即将来临，天气是否大旱。雨水对农作物的丰歉关系至大，初民对雨水的依赖延展为对青蛙的依赖，便把它们幻化为'雨水的使者'、'雷公的儿子'。初民根据经验的积累，可以从直感中知道青蛙叫声的变化与天气的变化，但不知道形成这种现象的自然原因，乃产生想象，认为青蛙身上具有神秘属性，把对雨水的依赖感汇集到它身上，形成蛙崇拜。"⑤以古人实用主义的信仰态度来看，与其说是对蛙的崇拜，倒不如说把蛙作为求雨的工具更恰当些。"续《汉书·礼仪志》：'春旱求雨，取虾蟆置社中。'"⑥《坤·未济》亦曰："阴衰老极，阳建其德，履离戴光，天下昭明，功业不长，虾蟆大王。"尚秉和注："《淮南子》

---

① 高文：《汉碑集释》，第276～277、251页。

② 《后汉书·周举传》。

③ 高文：《汉碑集释》，第433页。

④ 高文：《汉碑集释》，第32页。

⑤ 杨智勇：《从青蛙骑手的诞生谈图腾艺术的演变》，载《民间文学论坛》1986年第6期。

⑥ 焦延寿：《焦氏易林·大过·升》尚秉和注。

云:‘骍牛被青紫入太庙,用以求雨,不如黑蝾。’注:黑蝾,即虾蟆,古谓虾蟆能求雨。……虾蟆大王者,如虾蟆天旱用以求雨,尊贵一时,已则弃置。”古人把雨前“虾蟆群聚”这一自然现象理解为“从天请雨”的仪式,认为虾蟆——云雷——下雨是交感反应和必然结果。因此在天旱的求雨巫术仪式上,经常用虾蟆作为求雨的“引子”和“道具”,扮演重要角色。就如同旱岁疾疫时的土龙和刍狗一样,用时尊贵一时,过后则弃之沟渠。

董仲舒《春秋繁露》卷一六《求雨》也记载了以五虾蟆置水池中求雨之术:“春旱求雨……取五虾蟆,错置社之中,池方八尺,深一尺,置水虾蟆焉……”另外,董仲舒也描写了在夏、季夏、秋、冬不同季节祭祀与巫术相结合的求雨的仪式,与此稍异,唯“五虾蟆”为不可缺少之物。

我国现今的民族民俗活动中也有这类的事象。在广西西部的东兰、巴马、凤山、河池、天娥等县的壮族,每年有欢度“蚂拐(青蛙)节”的风俗。当地壮族群众认为青蛙是雷神的儿子。通过对青蛙的祭祀,跳青蛙舞取悦雷神,祈求风调雨顺,人口繁衍兴旺。纳西族认为龙和蛙都主管雨水,祭龙时也要祭青蛙。普米族称青蛙为“舅舅”。认为青蛙有灵性,是由水龙变来的,主管雨水。人们不能伤害青蛙,遇到青蛙要敬而远之,否则会招来雷击、天旱。上述资料都说明壮族、纳西族、普米族的崇拜青蛙与祈雨有关。①

在雨水泛滥成灾时,则有宁雨、去雨、退雨之祭②,目的是使降雨减弱消退或停息,所祭对象一般是方神、土地山川或祖先神等。汉代用阴阳五行观点解释水旱之灾,“在阳为旱,在阴为水”③。阴雨过甚是由于阴盛阳衰,止雨就应该助阳抑阴。男阳女阴,女娲神为女性,故属阴,因此“雨不霁,祭女娲”。在雨水不止时祭祀女娲以求福佑。“社者,众阴之长”④,社是土地的象征,地母属阴,止雨也要祭社。《春秋繁露·止雨》记载了祭社止雨的仪式和祝词:

---

① 参见陈荣《蜡祭尸舞“四片瓦”考》,载《青海师范大学学报》2006年第2期。

② “其宁雨于方”(《合集》32992)、“宁雨于土”(《合集》34088)、“贞王□退雨”(《合集》24757)、“甲申卜,去雨于河”(《屯南》679)。

③ 桓宽撰、王利器校注:《盐铁论校注·水旱》。

④ 王充:《论衡·顺鼓》。

> 雨太多，令县邑于土日塞水渎，绝道，盖井，禁妇人不得行入市，令县乡里皆扫社，下县邑若丞合史啬夫三人以上，祝一人，乡啬夫若吏三人以上，祝一人，里正父老三人以上，祝一人，皆斋三日，各衣时衣，具处一，黍盐美酒财足祭社，击鼓三日，而祝先再拜，乃跪陈，陈已，复再拜，乃起。祝曰："嗟！天生五谷以养人，今淫雨太多，五谷不和，敬进肥牲清酒，以请社灵，幸为止雨，除民所苦，无使阴灭阳，阴灭阳，不顺于天，天之常意在于利人，人愿止雨，敢告于社。"

大河逢雨泛滥，淹没农田，因此沿河百姓都要敬奉河神——"河伯"。《楚辞·九歌·河伯》就是楚人祭河伯的乐歌。《史记·滑稽列传》记载战国时期邺地有为河伯娶妇的风俗，秦国也有为河伯娶妇的故事[①]，应是古时祭祀之遗俗。汉代仍有祭河伯之风俗。盛年要祭祀，以防不测；灾年更要祭祀，以求弥灾。据《汉书·王尊传》记载，成帝时，王尊为东郡太守，"河水盛溢，泛浸瓠子金堤，老弱奔走，恐水大决为害。尊躬率吏民，投沈白马，祀水神河伯。尊亲执圭璧，使巫策祝，请以身填金堤，因止宿，庐居堤上。吏民数千万人争叩头救止尊，尊终不肯去。及水盛堤坏，吏民皆奔走，唯一主簿泣在尊旁，立不动。而水波稍却回还"。在河水盛溢时，为防止河水决堤为害，太守王尊率领官民沉马祭祀，使巫祝祈祷，并欲以身献祭，以此来感动河伯，使不为灾。

飓风也是自然灾害之一，对农业生产起破坏作用。从很早时起，人们就对风神敬奉有加。如商代就以丰厚的祭品来奉祀风神："贞其宁风三羊三犬三豕。"商代宁风多用犬祭，甲骨文有"宁风巫九豕"、"宁风北巫犬"[②]的记载。

先秦秦汉时期的司风之神是风师（伯）。汉代以箕星为风师。郑玄曰："风师，箕也。"[③]"月离于箕，风扬沙，故知风师箕也。"[④]箕星是二十八宿中的

---

① 《史记·六国年表》载秦灵公八年，"城堑河濒，初以君主妻河"。司马贞《索隐》："谓初以此年取他女为君主，君主犹公主也。妻河谓嫁之河伯，故魏俗犹为河伯娶妇，盖其遗风。殊异其事，故云'初'。"

② 姚孝遂主编：《殷墟甲骨刻辞摹释总集》34137、34138、34140。

③ 《周礼·春官宗伯·大宗伯》郑玄注。

④ 《周礼·春官宗伯·大宗伯》贾公彦疏。

东方七宿之一，月亮靠近箕星，就会扬风起沙，“东方箕星好风”[①]。东汉蔡邕《独断》卷上云：“风伯神，箕星也。其象在天，能兴风。”汉代风伯亦列入国家祀典。《后汉书·祭祀志下》云：“县邑常……以丙戌日祠风伯于戌地……用羊豕。”《风俗通·祀典》曰：

……风师者，箕星也，箕主簸扬，能致风气。……长者伯，故曰风伯。鼓之以雷霆，润之以风雨，养成万物，有功于人，王者祀以报功也。

戌之神为风伯，故以丙戌日祀于西北，火胜金为木相也。

为防止干旱发生，汉代官方在丙戌日对司风之神以羊豕定期祭拜。民间则继承了商代犬祭宁风的习俗，磔狗祭以止风。郑玄注《周礼·春官宗伯·大宗伯》“以疈辜祭四方百物”云：“辜，披磔牲以祭，若今时磔狗祭以止风。”或用“黑犬皮毛烧灰扬之，止天风”[②]。磔狗止风的方式直到魏晋时仍普遍使用，晋郭璞注《尔雅·释天》有云：“今俗当大道中磔狗，云以止风。”

虫灾也是影响作物产量的重要因素。先秦秦汉时期，人们消除病虫害的方式有：一是向农业神灵祈求，如《诗经·小雅·大田》曰：“去其螟螣，及其蟊贼，无害我田稚。田祖有神，秉畀炎火。”即向田祖（农神）祷告，借神力达到消虫去灾的目的。二是向主“食厉”的星辰祈祷祭祀：

太白上公妻曰女媊，居南斗，食厉。天下祭之，曰明星。[③]

何敞，吴郡人。少好道艺，隐居。里以大旱……因跋涉之县，驻明星屋中。蝗蝝消死……[④]

汉人认为，“明星”是太白上公之妻，主“食厉”，祭祀可以消除虫害。

3. 巫术除害

先秦秦汉时期属于巫术时代，巫术观念占据主导地位。人们相信可以用法术控制和利用超自然的神秘力量来改变自然，进而达到自己的目的。因此，当自然灾害发生后，人们往往不是坐以待毙，而是积极行动起来，与自然灾害进行顽强的抗争。由于当时人们还不可能了解灾害产生的真正原

---

① 《周礼·春官宗伯·大宗伯》贾公彦疏。

② 李时珍：《本草纲目》卷五〇《兽部一·狗》引《淮南万毕术》，中医古籍出版社1994年版。

③ 干宝：《搜神记》卷一一汪绍楹注。

④ 干宝：《搜神记》卷一一。

因，因而在“万物有灵”观念的支配下，人们依靠对神灵的祈祷消灾，而更多的则是运用各种巫术手段以攘除灾害。

(1)饰龙祈雨。古人认为龙具有降雨的神力，饰龙祈雨属于模拟巫术的范畴，基于相似的事物可以产生相同结果的原理。正如桓谭《新论·离事》所言：“龙见者，辄有风雨兴起，以迎送之，故缘其象类而为之。”卜辞中就有作龙求雨的记载：“其乍(作)龙于凡田，又(有)雨。”[①]《山海经·大荒东经》云：

> 大荒东北隅中，有山名曰凶犁土丘。应龙处南极，杀蚩尤与夸父，不得复上。故下数旱。旱而为应龙之状，乃得大雨。

《山海经·大荒北经》云：

> 应龙已杀蚩尤，又杀夸父，乃去南方处之，故南方多雨。

汉人认为应龙是有翼的飞龙，“有翼曰应龙”[②]。汉画中，应龙的数量很多，多表现其腾云驾雾、呼风唤雨的形象。龙在祈雨时经常使用。山东沂水汉画像石中刻有人类祭龙求雨的场面。画中有一双首龙，龙头下垂，下面各有一人头顶大盆盛接由龙口中泻下的雨水。[③] 汉代，官方和民间都设土龙以招雨。如《后汉书·礼仪中》云：

> 其旱也，公卿官长以次行雩礼求雨，闭诸阳，衣皂，兴土龙。

《论衡·乱龙》曰：

> 设土龙以招雨，其意以云龙相致。《易》曰：“云从龙，风从虎。”以类求之，故设土龙。阴阳从类，云雨自至。

《淮南子·坠形训》云：“土龙致雨。”《说林训》曰：“旱则修土龙。”高诱注云：“土龙，致雨物也。”桓谭《新论·离事》曰：“刘歆致雨，具作土龙，吹律，及诸方术，无不备设。”《春秋繁露·求雨》记载春旱求雨：“以甲乙日为大苍龙一，长八丈，居中央。为小龙七，各长四丈。于东方。皆东向，其间相去八尺……”夏秋求雨，亦设土龙，夏时土龙南向，秋时土龙西向。

---

① 郭沫若主编、中国社会科学院历史研究所编集：《甲骨文合集》29990。

② 王念孙：《广雅疏证·释鱼》。

③ 参见王明丽、牛天伟《从汉画看古代雷神形象的演变》，载《中原文物》2002 年第 4 期。

古代祈雨的土龙只在祭祀过程中被视为神物，仪式结束后即会被视为尘土草芥。《淮南子·齐俗训》曰：

> 刍狗土龙之始成，文以青黄，绢以绮绣，缠以朱丝，尸祝袀袨，大夫端冕，以送迎之。及其已用之后，则壤土草芥而已。

反映出人们实用主义的神灵观。而且如果祈雨无效，人们还会“暴龙”以示惩罚。如顺帝时，朝廷因旱而“广为祷祈，荐祭山川，暴龙移市”①。可见，巫术行为本身就是人类对自身能力的一种自信和肯定。

(2)驱逐旱魃。旱魃最早见于文献记载是西周晚期周宣王初年的祷旱诗——《诗经·大雅·云汉》：“旱既太甚，涤涤山川，旱魃为虐，如惔如焚。”毛传曰：“魃，旱神也。”天旱不雨，是旱神女魃作祟的结果。女魃原为天上的旱神，在氏族社会末期的部落战争中帮助黄帝战败蚩尤，后成为人间的旱鬼。据《山海经·大荒北经》记载：

> 有人衣青衣，名曰黄帝女魃。蚩尤作兵伐黄帝，黄帝乃令应龙攻之冀州之野，应龙畜水，蚩尤请风伯雨师，纵大风雨。黄帝乃下天女曰魃，雨止，遂杀蚩尤。魃不得复上，所居不雨。

汉代之前，旱魃皆为天神，有男、女之别。《山海经·大荒北经》所记的旱神女魃为女性化的天神，而《山海经·中山经》所记的耕父则为男性化的旱神，其云：丰山“神耕父处之，常游清泠之渊，出入有光，见则其国为败”。至汉代，旱神从高高在上的天神降为“旱鬼”②，成为人们驱赶打击的对象。

托名汉东方朔所撰的《神异经》把魃的形状描绘成“长二三尺，袒身而目在顶上，走行如风”的怪兽，魃出现的地方就会有大旱。为了避免旱灾，人们想出各种对付旱魃的办法。

一是驱逐。其仪式是：“所欲逐之者，令曰：‘神北行！’先除水道，决通沟渎。”③郭璞注云：“言逐之必得雨，故见先除水道，今之逐魃是也。”通过巫术咒语驱逐旱魃是秦汉魏晋时期经常举行的求雨仪式。在南阳汉画像石中就

---

① 《后汉书·郎顗传》。

② 《后汉书·礼仪志中》刘昭注引。

③ 《山海经·大荒北经》。

有驱除旱魃的画像。[①]

二是将旱鬼溺于水中，以求免灾。张衡《东京赋》云："囚耕父于清泠，溺女魃于神潢。"注曰："耕父、女魃皆旱鬼。恶水，故囚溺于水中，使不能为害。"[②]主要是利用旱鬼怕水的特性来加以控制，使其不能为灾。周原博物馆发掘的官务1号汉墓中出土的陶彩绘朱雀灯，灯座贴塑22号为一面目似人非人、似虎非虎的怪兽。其下肢似兽足，上肢似人手。它的双手紧紧抓住一个女人架在肩上，跳跃着作舞蹈状。怪兽的乳房、肚子大而突出，生长的位置是人非兽，大腿根部长着长毛，显然是人着兽皮、头戴面具而装扮的十二神兽之一。女人头梳高髻，身着大襟长袖上衣，双脚置于怪兽胸前。它就是女魃。神兽已将旱魃牢牢地捉住、降服。等待她的要么被神兽吃掉，要么被扔进水中淹死。[③]

三是虎食。汉代人们把虎视为"执搏挫锐，噬食鬼魅"[④]的神兽，而旱魃正是给人间带来灾害的鬼魅，因此人们常常用画虎食魃的方式，希望能消除旱灾。洛阳西汉壁画墓门上额背面绘有神虎吃女魃图：此图前画树木，叶子稀疏而红，表示树叶焦枯。又有一鸟在树上飞过，表示连鸟儿也无停留之处，以着重表示天旱。树旁有一女子，头发吊在树上，脸作紫色，闭目，裸上体，乳下垂，横卧，皮肤颜色发紫。身后有一带翼老虎，瞪巨目，一脚踩踏女子之身，张口食女子之肩。此女子即女魃。[⑤] 唐河针织厂汉画像石墓中有数块画像石上雕有神虎吃女魃图[⑥]。在河南南阳独山出土的东汉驱魃耕耘画像石，画面分上中下三层，下层中间刻一白虎，其左前方刻一神态慌恐女子，白虎昂首突胸，巨口长舌，扑向该女。这位慌恐女子便是女魃——致旱的鬼祟。此画面也是虎食女魃。[⑦] 这类女魃图，还见于南阳市北郊达土营的耕耘汉画像石及山东嘉祥武氏祠画像石。达土营汉画中把虎食女魃与耕耘同刊

① 参见陈迪《从南阳汉画像看汉代的傩文化》，载《中原文物》2002年第1期。

② 《后汉书·礼仪志中》刘昭注引。

③ 参见罗西章《试论汉代的傩仪驱鬼与羽化登仙思想》，载《考古与文物》2001年第5期。

④ 应劭撰、吴树平校释：《风俗通义校释·祀典》。

⑤ 参见孙作云《洛阳西汉壁画墓中的傩仪图》，载《郑州大学学报》1977年第4期。

⑥ 参见周到、李京华《唐河针织厂汉画像石墓的发掘》，载《文物》1973年第6期。

⑦ 参见曹建强《驱魃耕耘画像石(拓片)》，载《古今农业》2000年第4期。

一石，其反映旱象之意义显而易见。[①]

(3)攻阴止雨。先秦秦汉时期阴阳五行观念盛行，人们认为阴雨过甚是由于阴盛阳衰，止雨就应该用巫术手段助阳抑阴，攻阴杀阴。社是"众阴之长"，因此成为大水时人们攻击的首选目标。

大水则鸣鼓而劫社。[②]

大水，鼓用牲于社。[③]

雨太多……令县、乡、里皆扫社下。[④]

成帝三年六月，始命诸官止雨，朱丝反萦社，击鼓攻之。[⑤]

在击鼓攻社的同时要用朱丝萦社，因为"社阴、朱阳也，水阴也，以阳色萦之，助鼓为救"[⑥]。按阴阳五行的观点，朱色被视为阳色，以朱丝萦社可以起到助阳攻阴的作用。

同时，凡是被人们认为属阴性的动物都成为攻击的对象。兔、蟾蜍、螺、蚄是属于阴性的动物，自然成为被捕斩的对象。《论衡·顺鼓》曰："雨久不霁，攻阴之类，宜捕斩兔、蟾蜍，椎被螺蚄。"在应对水涝灾害时，人们不再一味祈祷神灵，借助神力达到目的，而是以更加积极的心态，通过主动性的巫术攻击手段来减少阴气，增加阳气，从而使阴阳协调，灾害消除，表现出战胜自然灾害的信心。

(4)自罚求雨。自罚求雨术在先秦就已存在，带有惩罚巫术的性质。人们相信，干旱是人的罪过导致的。自罚可以与神灵交感，从而解除旱情。相传商汤时，大旱七年，商汤剪发断爪，以身为牲，祷于桑林之社，终得大雨。《吕氏春秋·顺民》记载：

昔者汤克夏而正天下，天大旱，五年不收。汤乃以身祷于桑林，曰："余一人有罪，无及万夫；万夫有罪，在余一人。无以一人之不敏，使上

---

① 参见赫玉建《汉代旱涝疫灾在汉画中的反映》，载《中原文物》2002年第1期。

② 刘向撰、向宗鲁校证：《说苑校证·辨物》。

③ 王充：《论衡·顺鼓》。

④ 董仲舒撰、苏舆义证：《春秋繁露义证·止雨》。

⑤ 《后汉书·礼仪志中》刘昭注引《汉旧仪》。

⑥ 王充：《论衡·顺鼓》。

帝鬼神伤民之命。”于是翦其发，磨其手，以身为牺牲，用祈福于上帝。民乃甚说，雨乃大至。

汉代继承了先秦的求雨方式，地方官在祈祷无效时往往作出自焚的样式，以此“要挟”上天，迫其降雨。《后汉书·独行传·戴封》云：戴封为西华令，“其年大旱，封祷请无获，乃积薪坐其上以自焚。火起而大雨暴至，于是远近叹服”。《后汉书·方术传·公沙穆》记载：北海胶东人公沙穆精通《河洛》推步之术，为弘农令。县界有螟虫食稼，百姓惶惧。“穆乃设坛谢曰：‘百姓有过，罪穆之由，请以身祷。’于是暴雨，既霁而螟虫自销，百姓称曰神明。”更有祠祭不灵而咒责天神者。如《后汉书·独行传·谅辅》记载：

谅辅……广汉新都人也。仕郡为五官掾。时夏大旱，太守自出祈祷山川，连日而无所降。辅乃自暴庭中，慷慨咒曰：“辅为股肱，不能进谏纳忠，荐贤退恶，和调阴阳，承顺天意，至令天地否隔，万物焦枯，百姓喁喁，无所诉告，咎尽在辅。今郡太守改服责己，为民祈福，精诚恳到，未有感彻。辅今敢自祈请，若至[日]中不雨，乞以身塞无状。”于是积薪柴聚茭茅以自环，构火其傍，将自焚焉。未及日中时，而天云晦合，须臾澍雨，一郡沾润。

“请以身祷”是先秦人祭的残余形式，演变为惩罚巫术。汉人相信，天人相互感应，天之降灾是由于人之过错，以自我为牺牲，诚心祈祷即可感动神灵，禳除灾害。

(5)埋骨祈雨。古人讲究“入土为安”，人死后须埋入地下，进行安葬，鬼魂才得安息，即所谓“鬼有所归，乃不为厉”①。如果无人埋葬，死者就会变成厉鬼，危害生人。疾病、干旱都是厉鬼作祟的结果。汉人把无人葬埋的尸骨视为致旱原因之一，因而在干旱降临时采取收葬客死骸骨的方式来祈雨。《春秋繁露·求雨》即强调求雨时须“取死人骨埋之”。如周畅为河南尹，永初二年(108年)，夏旱，“久祷无应，畅因收葬洛城旁客死骸骨凡万余人，应时澍雨，岁乃丰稔”②。对于中国古代的这种祈雨风俗，弗雷泽也有过论述：

① 《左传·昭公七年》。

② 《后汉书·独行传·周嘉附从弟周畅》。

“中国人相信当人们的尸体没有被埋葬时，他们的灵魂就将感受到雨淋的难受，正如同那些活着的人们没有栖身之所在露天之下不蔽风雨所感受到的一样。因此，这些可怜的灵魂就尽其力所能及来防止下雨，并且常常是努力过火而发生了旱灾。这在中国是一切灾祸之中最可怕的，因为歉收和饥饿致使死亡随之而来。因而当旱灾来临时，中国当权者的经常做法，是把那些未掩埋的、被风吹干了的尸骨加以埋葬，以终止这场旱灾，祈天降雨。”①

另外，人们也经常使用巫术咒语来驱除灾害。《礼记·郊特牲》所载《蜡辞》云：

土反其宅，水归其壑，昆虫毋作，草木归其泽！

人们认为通过巫术咒语，可以使自然听从人类的指挥，土堤坚固，水不要横流，害虫不要危害庄稼，草木不要在田里乱长。

尽管这些信仰行为实际上并不能起到现实的效果，也不会真正解除灾情。但它却增强了人类应对自然灾害的信心和勇气，特别是暴龙这种带有对龙进行惩罚意义的举动，更是人类对自身能力的肯定。以巫术的方式禳灾逐疫，能够给人们带来一定的精神安慰和自信力量，使人们有信心通过自己的努力，与大自然抗争，以实现禳除灾害的最终目的。

（二）纺织生产中的信仰

我国是世界上最早学会养蚕缫丝的国家。在我国新石器时代的遗址中就发现了刻印着蚕纹的黑陶和绢片、丝带、丝线等与蚕织有关的遗物。② 郑州青台遗址发现了仰韶文化晚期丝帛残片，可知黄河流域在距今五千多年前已经有了丝织业。商代早期已经有了绢纺纺锭和多种丝织品，蚕丝技术有了新的发展。手摇纺车已经出现。晚商的甲骨文中，有了丝、帛等字，“系”旁的字有一百多个。西周中期以后的蚕桑、丝绸业，在较高的起点上取得了新的成就。宝鸡茹家庄西周中期墓葬出土了平纹和提花丝织品、刺绣

① ［英］詹·乔·弗雷泽：《金枝》，徐育新等译，第108～109页。

② 参见牛天伟《汉晋画像石、砖中的“蚕马神像”考》，载中国汉画学会、北京大学汉画研究所《中国汉画研究》第1卷，广西师范大学出版社2004年版，第89页。

印痕，还出有数量较多的玉蚕。凡此种种，都说明了早在先秦时代，我国的养蚕纺织业就已经相当兴盛了。此后直至明清时期，男耕女织，农桑并重，一直是我国传统的小农经济生产模式。[①] 与此相联系，在“万物有灵”观念的支配下，人们也产生了纺织生产中的信仰——蚕神崇拜。

应该说，蚕神崇拜是伴随养蚕缫丝业的出现而产生的。商代甲骨文中已经有祭祀蚕神的卜辞。胡厚宣先生在《殷代的蚕桑织物考释》中指出，甲骨卜辞中有“蚕示三宰”、“蚕示三牛”的记录[②]。用三牛祭祀蚕，这是目前发现的有关蚕神崇拜的最早记载。说明至迟在殷商时代就有了蚕神信仰。

此后，纺织业不断兴盛，在生产中地位日益重要，不论是官方统治者还是民间百姓，都非常重视对蚕神的祭祀。因为蚕桑、缫丝生产的主要劳动者是妇女，所以官方祭祀蚕神的任务主要由王（皇）后来完成。《周礼·天官冢宰·内宰》曰：“中春，诏后帅外内命妇始蚕于北郊，以为祭服。”周代王后每年春天都要到北郊祭祀蚕神。此后，历代帝王更加重视祭祀蚕神的礼仪。《后汉书·礼仪志上》载：永平二年（59）三月，“是月，皇后帅公卿诸侯夫人蚕。祠先蚕，礼以少牢”。祭祀时不论主祭的皇后还是陪祭的公卿诸侯夫人都要衣青衣。此俗早在先秦时期就已形成，《逸周书·月令解》、《吕氏春秋·季春》、《淮南子·时则训》都有季春之月“衣青衣”、“劝蚕事”的记载。到汉代，祭蚕衣青已经成为定制。《宋书·礼志五》记汉代制度：“汉制，太后……亲蚕，青上缥下，皆深衣。”“汉制，皇后……亲蚕，青上缥下。”晋代仍遵循此制。《晋书·礼志上》记晋武帝太康六年（285）祭蚕仪云：

> 蚕将生，择吉日，皇后著十二笄步摇，依汉魏故事，衣青衣，乘油画云母安车，驾六马。女尚书著貂蝉，佩玺陪乘，载筐。公主、三夫人、九嫔、世妇、诸太妃、太夫人及县乡君、郡公侯、特进夫人、外世妇、命妇，皆步摇，衣青衣，各载筐从蚕。

为什么祭祀蚕神要衣青衣呢？这应与古代神话传说中的“青蚕”有关。《太

① 参见王迅《北京大学赛克勒考古与艺术博物馆展出的三件商周青铜器与先秦时期蚕丝业》，载《迎接二十一世纪的中国考古学国际学术讨论会论文集》，科学出版社 1998 年版。

② 参见周匡明《蚕业史论文选》，中国文史出版社 2006 年版。

平御览》卷八二五引《洞冥记》[①]载“寒青之国”云：“有蚕，色青，长一丈，亦曰青蚕。绩其丝，大如指，一丝可羁绊牛马，国人常以十丈充黄门之厩，以拘马也。巨象、师子，帝令以此一丝系之。”既然神蚕色青，与此相应，祭蚕衣青也就逐渐成为风俗了。

汉代官方祭祀的蚕神是“先蚕”，这时期的“先蚕”已经从自然神中摆脱出来，完全人格化，而且有了具体名称。《后汉书·礼仪上》刘昭注引《汉旧仪》云：“春桑生而皇后(视)[亲]桑于菀中。蚕室养蚕千薄以上。祠以中牢羊豕，(今)[祭]蚕神曰菀窳妇人、寓氏公主，凡二神。”《晋书·礼志上》亦曰：“周礼王后帅外内命妇享先蚕于北郊，汉仪皇后采桑东郊苑中，蚕室祭蚕神曰菀窳妇人、寓氏公主，祠用少牢。”中牢即少牢[②]。汉代祭蚕神的规格是少牢，即用羊豕祭祀。

民间祀奉的蚕神，则是由蚕马神话演化而来的蚕马神。其渊源是《山海经·海外北经》中的“欧丝”女子：“欧丝之野在大踵东，一女子跪据树欧丝。”郭璞注云：“言噉桑而吐丝，盖蚕类也。”这是蚕神的雏形，一开始即为女身，但尚未与马相联系。将蚕与女身马首联系在一起，见于《荀子·赋篇》：

> 有物于此：儳儳兮其状，屡化如神。功被天下，为万世文。礼乐以成，贵贱以分。养老长幼，待之焉而后存。名号不美，与暴为邻。功立而身废，事成而家败。弃其耆老，收其后世。人属所利，飞鸟所害。臣愚而不识，请占之五泰。五泰占之曰：此夫身女好而头马首者与？屡化而不寿者与？善壮而拙老者与？有父母而无牝牡者与？冬伏而夏游，食桑而吐丝，前乱而后治，夏生而恶暑，喜湿而恶雨。蛹以为母，蛾以为父，三俯三起，事乃大已。夫是之谓蚕理。蚕。[③]

言蚕身柔婉而头似马。荀子对蚕神形象的描述应根据当时的民间传说而来。汉代东方朔在描述蚕之形状时亦曰：“喙髯髯类马，色班班类虎。”[④]

关于马头蚕神的来历，一种可能是在儒家的“蚕马同气”说基础上产生

---

① 《洞冥记》四卷，旧本题后汉郭宪撰，或以为六朝人伪托，今存疑。

② 《汉书·昭帝纪》“有不幸者赐衣被一袭，祠以中牢”颜师古注曰：“中牢即少牢，谓羊豕也。”

③ 转引自《百子全书》第1册，浙江人民出版社1984年版。

④ 《太平御览》卷八二五《资产部五》引《东方朔别传》。

的。《周礼·夏官司马·马质》曰："马质，掌质马。……禁原蚕者。"郑玄注引《蚕书》解释云："蚕为龙精，月直大火，则浴其种，是蚕与马同气也。"贾公彦疏谓："蚕与马同气者，以其俱取大火，是同气也。"

儒家"蚕马同气"说的目的是为了"禁原蚕"。所谓"原蚕"，是指一年中的第二代蚕，一般是秋后以晚桑饲养。为什么要禁养"原蚕?"郑玄的解释是："物莫能两大，禁原蚕者，为其伤马也。"宋代王昭禹《周礼详解》卷四〇有更进一步的解释："物有异类而同乎一气，相为消长，相为盈虚，其势不能两盛也。以天文考之，午马为丝蚕，则马蚕其气同属于午也。辰为龙，马为龙之类，蚕为龙精，则马蚕又同资气于辰也。一岁之中苟再蚕焉，则蚕盛而马衰，故原蚕者有禁。"意谓"蚕"与"马"同居辰星，是同类，而同类相克，此长彼消，此盈彼虚，不可能同时得利，故欲养好马，必先禁蚕。官方为"禁原蚕"而附会出"蚕马同气"说，后人据此将蚕与马相糅合，创造出人身马首的蚕马神。"蚕马同气"说作为一种"天人感应"的文化思想和哲学思想，其形成时间也颇为久远，某种程度上也影响着民间的信仰。[①] 但在民间把"蚕"与"马"结合为一物并作为一种信仰崇拜，却是基于民间长期以来流传的一种神话传说。这个神话传说最早见于《太古蚕马记》[②]中。晋干宝《搜神记》卷一四有比较详细的记载：

> 旧说：太古之时，有大人远征，家无余人，唯有一女。牡马一匹，女亲养之。穷居幽处，思念其父，乃戏马曰："尔能为我迎得父还，吾将嫁汝。"马既承此言，乃绝缰而去，径至父所。父见马惊喜，因取而乘之。马望所自来，悲鸣不已。父曰："此马无事如此，我家得无有故乎?"亟乘以归。为畜生有非常之情，故厚加刍养。马不肯食。每见女出入，辄喜怒奋击。如此非一。父怪之，密以问女。女具以告父，必为是故。父曰："勿言，恐辱家门。且莫出入。"于是伏弩射杀之。暴皮于庭。父行，女与邻女于皮所戏，以足蹙之曰："汝是畜生，而欲取人为妇耶？招此屠剥，如何自苦?"言未及竟，马皮蹶然而起，卷女以行。邻女忙怕，不敢救

① 参见徐湘霖《"蚕马"杂谭》，载《西南民族大学学报》2004年第12期。

② 《太古蚕马记》据称为三国吴张俨所作，一般学者疑是魏晋人所伪托。

之。走告其父。父还，求索，已出失之。后经数日，得于大树枝间，女及马皮，尽化为蚕，而绩于树上。其茧纶理厚大，异于常蚕。邻妇取而养之。其收数倍。因名其树曰“桑”。桑者，丧也。由斯百姓竞种之，今世所养是也。言桑蚕者，是古蚕之余类也。案《天官》，辰为马星。《蚕书》曰：“月当大火，则浴其种。”是蚕与马同气也。《周礼》校人[①]职掌“禁原蚕者”。注云：“物莫能两大，禁原蚕者，为其伤马也。”汉礼，皇后亲采桑，祀蚕神，曰：“菀窳妇人，寓氏公主。”公主者，女之尊称也；菀窳妇人，先蚕者也。故今世或谓蚕为女儿者，是古之遗言也。

既是“旧说”，结合荀子蚕赋中的描述，说明至迟在战国时期，马头蚕女神的信仰已经在民间流传。

汉代画像石中也有马头蚕神的形象，如山东已发现两幅。第一幅画像中央为西王母正面凭几端坐，西王母之右为一羽人，手执两串三珠果面向西王母跪拜。西王母之左依次为：一马头神人（蚕马神）捧杯形物（内盛蚕种），一着冠神人执仙草，一狗身人首者。第二幅画像中央为东王公正面端坐，东王公之右为一鸟头人身（疑为春神句芒）和一狗头人身执笏跪拜者；东王公之左为一马头人身（即蚕马神）执笏跪拜者。另有一蟾蜍托臼，二兔捣药。江苏徐州也发现了马头神画像：画左是一座两层楼阁，楼阁下层内立一大鸟，口中衔一物，上层内西王母戴胜扶几正面端坐。楼外右侧有二神人执杵捣药，另有四位神祇面向西王母居住的楼阁列队揖拜，自前而后依次为：人首蛇身者（伏羲）、马头人身者（蚕马神）、鸟头人身者（句芒）和一着冠持长剑者。牛天伟先生认为，上述三幅画像中的马头神就是我国古代民间传说中的蚕神——马头娘的艺术形象。[②]

汉晋以后，民间信仰中的蚕神形象逐渐改变，并出现地域性的分化。在四川一带仍然长期信奉蚕马神。但这一时期的蚕神已经不再是马首人身，而是完全演变成一女子，身披马皮。《太平广记》卷四七九《蚕女》云：“今家

① 汪绍楹按：《周礼 · 夏官》“禁原蚕者”系马质职，非校人职。

② 参见牛天伟《汉晋画像石、砖中的“蚕马神像”考》，载中国汉画学会、北京大学汉画研究所《中国汉画研究》第1卷，第90～91页。

在什邡绵竹德阳三县界。每岁祈蚕者，四方云集，皆获灵应。宫观诸化，塑女子之像，披马皮，谓之马头娘，以祈蚕桑焉。”

而在荆楚地区，蚕神则另有其人。如：

《续齐谐记》曰：“吴县张成夜起，忽见一妇人立于宅东南角，谓成曰：‘此地是君家蚕室，我即此地之神。明年正月半，宜作白粥，泛膏其上，以祭我，当令君家蚕桑百倍。’言绝而失之。成如言作膏粥，自此后大得蚕。”今世人正月半作粥祷之，加肉覆其上，登屋食之，咒曰：“登高糜，挟鼠脑，欲来不来，待我三蚕老。”则是为蚕逐鼠矣。《石虎邺中记》：“正月十五日，有登高之会。”则登高又非今世而然者也。[①]

则荆楚地区民间祭祀的蚕神完全是妇人形象，而且与马没有关联，当是与蚕马神不同的另一蚕神，显示出民间信仰的地域性特色。

在神鬼观念的支配下，汉代百姓在生产生活中创造出一系列应对各种困难和灾害的法术，并勾画出死后成仙升天的美好幻想。靠着辛勤的劳作和信仰的支撑，汉代百姓在社会的底层坚强生活，艰难度日。由于民间信仰与官方信仰有着同源关系，所以二者之间又具有交叉性，形成官民双方的共同信仰与崇拜。比较典型的一是岁终的驱傩逐疫，官方的称为“宫廷大傩”，民间的称为“乡傩”或“乡人傩”。二是社神崇拜。官方的有天子之社，由皇帝主持祭祀；诸侯之社，由各诸侯王主持祭祀；郡县之社，由郡县令长主持祠祀。民间的有乡里之社，由各地里正主持祠祀；私社，民间自发组织的社祭活动。三是官民皆有的全国性祛灾祈福巫术，如上巳日的祓禊、五月五日的五彩丝系臂、伏日的闭门避鬼、九月九日的登高佩茱萸等。正是民间信仰与官方信仰的这种交叉性，使得民间信仰不仅是乡村百姓的精神支柱，在某种程度上也是官方的信仰依托，并且融入官方的行政工作当中，从而对官方政治产生了深远的影响。

---

① 宗懔：《荆楚岁时记》，第15～16页。

第五章 汉代的民间禁忌与地方政治

禁忌是一种社会心理层面上的民俗信仰，起源于灵魂观念，是人们敬畏神灵而自发地约束自己行为的产物，是人们趋利避害的本能使然，属于消极巫术的范畴。积极巫术的目的在于获得人们希望得到的结果，而禁忌则避免出现不希望得到的结果。在民间，禁忌以巨大的约束力控制着百姓的思维方式和生产生活。同时，禁忌也是官方信仰的重要内容。朝廷设太史令一人，"凡国祭祀、丧、娶之事，掌奏良日及时节禁忌"①。禁忌对官方政治也有着很大的影响。②

一、民间生产生活中的禁忌

汉代，禁忌渗透于社会生活的各个领域。《论衡·四讳》曰："宅家言治宅犯凶神，移徙言忌岁月，祭祀言触血忌，丧葬言犯刚柔，皆有鬼神凶恶之禁，人不忌避，有病死之祸。"禁忌充斥人们生活的各个方面，衣食住行、婚丧嫁娶、岁时节庆，禁忌无所不在。

---

① 《后汉书·百官志二》。

② 对于汉代民间禁忌的研究，止前还比较薄弱，马新《汉代民间禁忌与择日之术》（载《民俗研究》1996年第1期）一文及其《中国民间信仰（远古—隋唐五代）》第三章中均有较为系统的论述。本章许多问题的内容是在此基础上展开与深化的。

(一)衣食住行禁忌

1. 裁衣有书,穿衣有忌

从文献记载可知,制衣、穿衣的时日宜忌在战国时代就已非常流行。秦简《日书》甲种有"衣忌"和"衣良日":

> 衣忌,癸亥、戊申、己未、壬申、丁亥,癸丑、寅、申、亥,戊、巳、癸、甲,己卯、辛卯、癸卯,丁、戊、己、申。六月己未,不可以裚新衣,必死。己、戊、壬、癸、丙申、丁亥,必鼠(予)死者。癸丑、寅、申、亥,秋丙、庚、辛材(裁)衣,必入之。五月六日,不可为複衣。·月不尽五日,不可材(裁)衣。
>
> 衣良日,丁丑、丁巳、丁未、丁亥,辛未、辛巳、辛丑、乙丑、乙酉、乙巳、辛巳、癸巳、辛丑、癸酉。·乙丑、巳、酉,辛、巳、丑、酉,丁巳、丑,吉。丁丑材(裁)衣,媚人·入十月十日乙酉、十一月丁酉材(裁)衣,终身衣丝。十月丁酉材(裁)衣,不卒岁必衣丝。[①]

人们认为在不同的时日制衣、穿衣会导致截然不同的后果,需小心谨慎。放马滩秦简《日书》甲种也有"衣新衣良日":乙丑、丁卯、庚午、辛酉、己巳、壬子。有"利衣良日":丁丑、丁巳、乙巳、己巳、癸酉、乙亥、乙酉、乙丑、乙卯、辛亥。[②] 与睡虎地秦简《日书》略有出入。

汉代禁忌与先秦一脉相承,裁衣有专书,凶日制衣有祸,吉日有福。王充在《论衡·讥日》中写道:"裁衣有书,书有吉凶,凶日制衣则有祸,吉日则有福……裁衣有忌……裁衣独求吉日,俗人所重。"随州孔家坡汉简、敦煌悬泉汉简记载有汉代裁衣的时日禁忌:

> ……以裁衣,必衣丝。入月旬七,不可裁衣,不播(燔)乃亡。
>
> ……八月、九月、癸丑、寅、申、亥、不可裁衣常(裳),以亡死。[③]

---

① 吴小强:《秦简日书集释》甲种简一一五背至一一七背、甲种简一一三背至一一四背,第162页。

② 参见吴小强《秦简日书集释》简六九至七〇,第275页。

③ 湖北省文物考古研究所:《随州孔家坡汉墓简牍》简一九四、一九五,文物出版社2006年版。

戊子，财（裁）衣，不利出入；戊午，财（裁）衣，不吉。①

八月、九月的癸丑、寅、申、亥日及戊子、戊午是裁制衣服的忌日。武威汉简中有“申毋财（裁）衣不烦必亡”②的记载。敦煌残卷所录“裁衣”之忌亦有“春三月申不裁衣”、“申日裁衣，不死已凶”的记载，说明裁衣忌申日最多。

王充在《论衡·讥日》中说：“在身之物莫大于冠，造冠无禁，裁衣有忌，是于尊者略，卑者详也。……沐有忌，冠无讳。”似乎在汉代只有“裁衣有忌”而“造冠无禁”。但随州孔家坡汉简中也记载了有关冠的禁忌：

……及冠必燔亡。八月、九月、癸丑、寅、申、亥，不可裁衣常（裳），以之死。

……酉不可寇（冠），城，出入三岁，人必有诅明（盟）。戊不可……③

睡虎地秦简《日书》中也有多处相关记载：

凡初寇〈冠〉，必以五月庚午，吉。·凡制车及寇〈冠〉□□□□□申，吉。

甲子、乙丑，可以家（嫁）女、取（娶）妇、寇〈冠〉带、祠，不可筑兴土攻（功），命曰毋（无）后。

嬴阳之日，利以见人、祭、作大事、取（娶）妻，吉。裚（制）寇〈冠〉带，君子益事。④

毋以酉台（始）寇〈冠〉带剑，恐御矢兵，可以渍米为酒，酒美。

可见，自战国至汉代，造冠在某些地区也是有禁忌的。随州位于今湖北省北部，云梦睡虎地位于湖北省中部偏东，相距不远，民俗信仰相近。而王充是会稽上虞（今浙江上虞）人，到过京师洛阳，汉章帝元和三年（86）曾经在扬州部丹阳、九江、庐江等地短暂为官，章和二年（88）就“罢州家居”⑤。王充所居之地与湖北相隔悬远，可能当地就只有衣忌而无冠禁。两者之间记载的不

---

① 《敦煌悬泉汉简释粹》二六三，第180页。

② 甘肃省博物馆、中国科学院考古研究所编：《武威汉简》，日忌木简丙。

③ 湖北省文物考古研究所：《随州孔家坡汉墓简牍》简一九五、简三九五。

④ 吴小强：《秦简日书集释》乙种简一三〇、一二五、一五，甲种简一一二至一一三正贰，第219、217、180、85页。

⑤ 王充：《论衡·自纪》。

同，盖因民间信仰的地方性差异所致。

2. 寒食禁火

寒食禁火的原出时间已不可考，文献中最早详细记录寒食禁火的是西汉末东汉初年的桓谭："太原郡民以隆冬不火食五日，虽有病缓急，犹不敢犯。"[①]寒食禁火的地域范围主要是太原郡，时间是五天。后来禁忌时间不断延长，从五日增加到一个月。《后汉书·周举传》载：

> 太原一郡，旧俗以介子推焚骸，有龙忌之禁。至其亡月，咸言神灵不乐举火，由是士民每冬中辄一月寒食，莫敢烟爨，老少不堪，岁多死者。举既到州，乃作吊书以置子推之庙，言盛冬去火，残损民命，非贤者之意，以宣示愚民，使还温食。于是众惑稍解，风俗颇革。

顺帝时，周举为并州刺史，革除陋俗，"使还温食"。但从后世的记载来看，地方官这种以行政命令的方式干预民俗的举措，收效甚微。因此，才有汉末三国时曹操的《明罚令》：

> 闻太原上党西河雁门，冬至后百有五日，皆绝火寒食，云为介子推。且北方沍寒之地，老少羸弱，将有不堪之患。令到，人不得寒食。若犯者，家长半岁刑，主吏百日刑，令长夺一月俸。[②]

到东汉末年，寒食禁火的地域范围已从太原扩展至上党、西河、雁门等地。从时间上有所推迟，从隆冬推至冬至后105天，即初春时节。曹操加大革除陋习的力度，以对家长、主吏施以刑罚，令长夺俸的方式进一步加重惩罚，以禁绝陋俗，施惠于民，取得一定成效。虽然"人不得寒食"的命令未能彻底实行，但后世废弃了一月寒食，又恢复了三日之禁。《荆楚岁时记》曰：

> 去冬至节一百五日，即有疾风甚雨，谓之寒食。禁火三日，造饧大麦粥。

陆翙《邺中记》亦云：

> 邺俗，冬至一百五日，为介子推断火，冷食三日，作干粥，是今

① 桓谭：《新论·离事》。

② 杜台卿：《玉烛宝典》卷二，商务印书馆影印《丛书集成初编》本。

之粮。[①]

魏晋,寒食习俗已由太原流传到河北、江南地区。至隋唐时期,寒食发展为全国范围的娱乐节日,大约宋代之后才逐渐消失。

3. 讳西益宅

西益宅之讳由来已久,非汉代专有。《论衡·四讳》曰:

> 讳西益宅。西益宅谓之不祥,不祥必有死亡,相惧以此,故世莫敢西益宅,防禁所从来者远矣。传曰:鲁哀公欲西益宅,史争以为不祥。哀公作色而怒,左右数谏而弗听……遂不益宅。

从"防禁所从来者远矣"可知此忌流传已久,迟至春秋时期就已存在。汉代乡村社会非常重视此讳,认为西益宅不吉利,犯者家长有生命之虞。

秦汉时期有一整套的建筑禁忌。汉代的《图宅术》即是论述住宅宜忌的专书,认为:"宅有五音,姓有五声,宅不宜其姓,姓与宅相贼,则疾病死亡,犯罪遇祸。"[②]人们将姓氏分为宫、商、角、徵、羽五类,称为"五姓"。五姓配以五行,商属金,徵属火,宫属土,角属木,羽属水。然后根据"五姓配五行"之说推断宅门所宜方位。如"商家之宅,宜西出门"[③],而忌南向。因为商属金,而西方五行属金,五行之气相得,故吉。南方五行属火,火能克金,故凶;徵属火,宅忌向北,因为北方五行属水,水能克火,相犯者会招致祸患。王充在《论衡·诘术》中也有分析:

> 图宅术曰:"商家门不宜南向,徵家门不宜北向。"则商金,南方火也;徵火,北方水也。水胜火,火贼金,五行之气不相得,故五姓之宅门有宜向。向得其宜,富贵吉昌;向失其宜,贫贱衰耗。

宅门的朝向应该遵守"五姓配五行"的原则,遵守禁忌者富贵昌隆。犯之者则会使家道衰败,马虎不得。

破土动工、盖房筑墙的时日宜忌亦有明确规定。随州孔家坡汉简、武威汉简中有载:

---

① 陆翙:《邺中记》,商务印书馆影印《丛书集成初编》本。

② 王充:《论衡·诘术》。

③ 王符:《潜夫论·卜列》。

正月二月午、三月四月申，五月六月戌，七月八月子，九月十月寅，十一月十二月辰，不可筑室。筑室，大人死；右序，长子死；左序，中子死。①

甲毋治宅不居必荒

午毋盖屋必见火光②

在忌日治宅盖屋后果严重，重者会致人死亡，轻者也会有火灾发生，所以不能随意动土。

4. 甲子不徙

汉代的交通活动也受到来自信仰方面的严重影响。出行与归室禁忌在战国秦汉时期非常流行。睡虎地出土的《日书》甲种《行》、《归行》、《到室》及乙种《行日》、《行者》、《行忌》主要叙述出门远行和远行归家的时日宜忌。如远行、大行禁忌：

正月乙丑、·二月丙寅、·三月甲子、·四月乙丑、·五月丙寅、·六月甲子、·七月乙丑、·八月丙寅、·九月甲子、·十月乙丑、·十一月丙寅、·十二月甲子以以行，从远行归，是谓出亡归死之日也。③

凡且有大行、远行若饮食、歌乐、聚畜生及夫妻同衣，毋以正月上旬午，二月上旬亥，三月上旬申，四月上旬丑，五月上旬戌，六月上旬卯，七月上旬子，八月上旬巳，九月上旬寅，十月上旬未，十一月上旬辰，十二月上旬酉。·凡是日赤啻（帝）恒以开临下民而降其英（殃），不可具为百事，皆毋（无）所利。节（即）有为也，其英（殃）不出岁中，小大必至。④

《日书》乙种（简132～135）也有大致略同的内容。天水放马滩秦简《日书》也有相关记载：

千里之行，毋以壬戌、癸亥。徙，死。行，亡不复迹。

---

① 湖北省文物考古研究所：《随州孔家坡汉墓简牍》简二四七。

② 甘肃省博物馆、中国科学院考古研究所编：《武威汉简》日忌木简乙、日忌木简丙，第136～139页。

③ 吴小强：《秦简日书集释》简一〇九背、一一〇背，第156～157页。

④ 吴小强：《秦简日书集释》甲种简一二七正至一二九正，第93页。

凡黔首行远役，毋以甲子、戊辰、丙申，不死必亡。[①]

行船也有禁忌，如“丁卯不可以船行，·六壬不可以船行”[②]。甚至行归方向亦有严格禁忌：

凡春三月己丑不可东，夏三月戊辰不可南，秋三月己未不可西，冬三月戊戌不可北。百中大凶，二百里外必死。岁忌。

毋以辛壬东南行，日之门也。毋以癸甲西南行，曰(月)之门也。毋以乙丙西北行，星之门也。毋以丁庚东北行，辰之门也。[③]

据王子今先生统计，全年行忌日合计已达 151 日，占全年总日数的 41.3%以上，足见当时出行禁忌之苛严繁密。[④]

汉代行归禁忌与战国时期一脉相承。如《论衡·难岁》有曰：“甲子不徙。”《阴阳书·历法》云：“归忌日，四孟在丑，四仲在寅，四季在子，其日不可远行归家及徙也。”[⑤]孔家坡汉简对此亦有详细记载：

……□□不可从远行归，必死。

……亥午丙申，在行不可归，在室不可行，是胃(谓)归，死；行，亡。

千里外毋以丙丁到室，五百里外毋以壬戌、癸亥到室。

西大母以丁酉西不反(返)，纶以壬戌北不反(返)，禹以丙戌南不反(返)，女過(即“娲”)与天子以庚东不反(返)。子日忌不可行及归，归、到、行，亡。[⑥]

尹湾汉墓有《行道吉凶》竹简 23 枚，以阴阳配合各门，有三阳、三阴、二阳一阴、二阴一阳等，再结合东门、西门、南门、北门及毋门，以卜问可否出行：

行得三阳，又得其门，百事皆成，不辟执臽之日。

行得三阳，不得其门，行者忧，事亦成。

行得二阳一阴，唯得其门，以行，其物不全。

---

① 引自何双全《天水放马滩秦简综述》，载《文物》1989 年第 2 期。

② 吴小强：《秦简日书集释》简一二八背，第 163 页。

③ 吴小强：《秦简日书集释》甲种简一三一正至一三二正，第 95 页。

④ 参见王子今《睡虎地秦〈日书〉所见行归宜忌》，载《江汉考古》1994 年第 2 期。

⑤ 《后汉书·郭躬传》“还触归忌”李贤注引《阴阳书·历法》。

⑥ 湖北省文物考古研究所：《随州孔家坡汉墓简牍》一四一壹至一五〇壹。

行得二阴一阳，唯得其门，以行，必毄留束缚。

行得三阴，毋门，不可行，必死亡。[①]

在汉代，人们相信在“往亡”日不能出行，“归忌”日不能归家，否则就会带来死亡的祸患论。王充在《论衡·辨祟》中曰：“涂上之暴尸，未必出以往亡；室中之殡柩，未必还以归忌。”虽然唯物论者王充对于民间盛行的行归禁忌及其后果表示怀疑，但普通百姓对此还是深信不疑的，或者说至少是抱着宁信其有、不信其无的态度的。如汝南陈伯敬特别讲究宜忌，“行路闻凶，便解驾留止，还触归忌，则寄宿乡亭”[②]。回家适逢忌日，宁可寄宿于乡亭，也不愿触犯禁忌。《史记·日者列传》亦曰“正时日，乃后入家”，反映出汉代民众小心畏惧的普遍心态。

(二)婚丧生育禁忌

1. 嫁娶禁忌

婚姻嫁娶是人们日常生活中的重要内容，历来为人们所重视。早在战国时期，人们就对嫁娶的时日非常注意。秦简《日书》中大量内容都涉及婚嫁的宜忌。如甲种《除》、《秦除》中记载：

阴日……家(嫁)子、取(娶)妇、入材，大吉。

平日，可以取(娶)妻、入人、起事。

收日，可以入人民、马牛、禾粟、入室取(娶)妻及它物。[③]

这是建除家之言。丛辰家解说吉凶的卜文《稷辰》[④]中的相关内容更为丰富：

秀，是胃(谓)重光……可取(娶)妇、家(嫁)女……

危阳，是胃(谓)不成行……不可取(娶)妇、家(嫁)女……

敫，是胃(谓)又(有)小逆……不可取(娶)妇、家(嫁)女……取(娶)妇、家(嫁)女，两寡相当。……

① 连云港市博物馆等：《尹湾汉墓简牍》简109～简113，中华书局1997年版，第147页。

② 《后汉书·郭躬传》。

③ 吴小强：《秦简日书集释》甲种简六正贰、一七正贰、二三正贰，第23、28页。

④ 据饶宗颐先生考证，“稷辰”即“丛辰”。(参见饶宗颐、曾宪通《云梦秦简日书研究》“稷辰”，香港中文大学出版社1982年版，第11页)

结，是胃（谓）利以出货。不可以入。可以取（娶）妇、家（嫁）女……①

甲种“娶妻”还专门列举了娶妻的“龙日”是丁巳、癸丑、辛酉、辛亥、乙酉，及春之未戌，秋丑辰，冬戌亥。丁丑、己丑娶妻“不吉”，戊申、己酉娶妻会“三弃”。② 乙种《家（嫁）子□》、《不可取（娶）妻》篇则认为，出嫁月份及方向将会决定女子未来的夫妻关系及家庭幸福。③

汉代乡村社会承袭了战国时期的信仰观念，百姓对婚娶时日都非常重视，谨慎选择。嫁娶的时日禁忌亦被记载成文：

嫁女：

春三月戌，夏三月丑，秋三月辰，冬三月未，来妻，妻入必计之。丙午、寅利来人。己未之人室，必得女为妻。

圭（奎）□□、营室……牵牛日及庚辰、辛巳，不可取（娶）妇、嫁女。

庚寅取（娶）妻，妻□……夫。亥不可取（娶）妻、嫁女，炸夫之建，炸妇之日也。以之，不字，夫恐死。

壬申、癸酉，百事不吉，不可取（娶）妻。

子取（娶）妻，有□……

……□□取（娶）妇，其夫不出三岁，死。

甲午旬，嫁女，毋（无）辰。

丙申、丁酉天地相。去也，庚申、辛酉沟河相去也，壬申、癸酉参辰相。去也，凡是日，不取（娶）妻、嫁女及言事，不成。

癸丑、戊午、己未以取（娶）妻，妻死，不必弃。

甲寅旬，此□□辰，存也，不可嫁，毋（无）子。

戊戌、己亥不可嫁人，始生日，夫妻相恶，乃涂奥，乃止。④

这些记载成文的时日禁忌在某种程度上是人们行动的规范和指南。在汉

① 吴小强：《秦简日书集释》甲种简三二正至四六正，第35～36页。

② 参见吴小强《秦简日书集释》甲种简一五五正，第108页。

③ 参见吴小强《秦简日书集释》乙种简一九七至二〇一，第240～241页。

④ 湖北省文物考古研究所：《随州孔家坡汉墓简牍》简一七二至简一八〇壹、简一七六至一七八贰。

代，占家数量众多，较有代表性的有五行家、堪舆家、建除家、丛辰家、历家、天人家、太一家等。不同的术数流派对嫁娶时日之宜忌观点各异，有时候甚至相互矛盾。如何取舍，取决于人们的信仰和喜好。但不管倾向于哪家之说，人们对禁忌的笃信程度都是一致的。

2.“讳妇人乳子”

此忌先秦即已有之。《礼记·内则》曰：“妻将生子，及月辰，居侧室。夫使人日再问之，作而自问之，妻不敢见，使姆衣服而对。至于子生，夫复使人日再问之。夫斋，则不入侧室之门。”妇女在生子及月经之时，应别居侧室，以免玷污丈夫。汉代亦视此为不洁。王充《论衡·四讳》曰：

> 讳妇人乳子，以为不吉。将举吉事，入山林，远行度川泽者，皆不与之交通。乳子之家，亦忌恶之。丘墓庐道畔，逾月乃入，恶之甚也。

人们将妇人产子视为不吉之事，避而远之。甚至将妇人及乳子迁至道路旁边临时搭建的庐舍中，满月后方可回家居住。此忌主要流行于江南地区，而江北则无。“江北乳子不出房室，知其无恶也。至于犬乳，置之宅外。”[①]江北讳犬不讳人，江南讳人不讳犬，表现出民间禁忌的地方性差异。

3.“讳举正月、五月子”，生三子不举

春秋战国时代即有此禁。据《史记·孟尝君列传》记载：田婴贱妾以五月五日生子曰文，田婴以“五月子者，长与户齐，将不利其父母”为由，欲弃之不养。汉代依然承此陋俗。据载：

> 俗说五月五日生子，男害父，女害母。[②]
>
> 今俗间多有禁忌，生三子者，五月生者，以为妨害父母，服中子犯礼伤孝，莫肯收举。[③]
>
> 讳举正月、五月子。以为正月、五月子杀父与母，不得举也，已举之，父母祸死，则信而谓之真矣……世传此言久，拘数之人，莫敢犯之。[④]

---

① 王充：《论衡·四讳》。

② 应劭撰、吴树平校释：《风俗通义校释·佚文》。

③ 应劭撰、吴树平校释：《风俗通义校释·正失》。

④ 王充：《论衡·四讳》。

(河西)俗多妖忌,凡二月、五月产子及与父母同月生者,悉杀之。[①]

王凤以五月五日生,其父因"俗谚举五日子,长及户则自害,不则害其父母"[②],不欲举养。说明汉人对此禁还是信之不疑的。

婚嫁可以择日以达到趋吉避凶的目的,生育时间就不那么容易控制与掌握了。高度信仰时日的人们还可以根据孩子的出生时间来卜断其未来命运与年寿。如随州孔家坡汉简即有这方面的预测:

子生子,三日、二月五日不死,必为上君。五十八年以〔丑生子〕,……死,史。六十八年以丙寅死。女二日、一月不,必为巫,五十六年以丙寅死。

卯生子,三日、六月不死,贫,三妻。八十年以己巳死。女三日、三月不死,贫。卅一年以甲辰死。一日八十年庚寅死。

辰生子,七日、三月不死,多病。一十三年以辛卯死。女三日、五月不死,为巫,七十二年以壬午死。女复寡。[③]

另外,有关生育方面的禁忌还有"不举生鬓须子","不举寤生子","不举父同月子,俗云妨父","不宜归生,俗云令人衰"[④],妊妇讳食兔,"妊妇食兔,子生缺唇"[⑤]等等。一旦所生子女触犯了当时流行的时日禁忌,等待这些婴儿的命运也就可想而知了,这也是导致汉代"生子不举",溺婴、弃婴现象频繁发生的重要原因。

4."讳被刑为徒,不上丘墓"

触犯刑律,受到刑法惩处之人不能到先人坟墓祭拜,违者令人死亡。《风俗通》曰:"徒不上墓。[俗]说新遭刑罪原解者,不可以上墓祠祀,令人死亡。"[⑥]对于此禁忌的来源,汉代百姓"但知不可,不能知其不可之意。问其禁之者,不能知其讳,受禁行者亦不要其忌。"虽然不知道此禁忌的成因,但这

① 《后汉书·张奂传》。
② 葛洪:《西京杂记》卷二,中华书局1985年版。
③ 湖北省文物考古研究所:《随州孔家坡汉墓简牍》简三七九贰至三八三贰。
④ 应劭撰、吴树平校释:《风俗通义校释·佚文》。
⑤ 王充:《论衡·命义》。
⑥ 李昉等:《太平御览》卷六四二引。

一禁忌在民间却广为流传，人们“连相放效，至或于被刑，父母死，不送葬；若至墓侧，不敢临葬。甚失至于不行吊伤、见佗人之柩”[①]，得到汉代百姓的普遍尊奉。

汉代丧葬有专讲丧葬时日、忌讳、祸福的《葬历》：

> 《葬历》曰：“葬避九空地臽及日之刚柔、月之奇耦。日吉无害，刚柔相得，奇耦相应，乃为吉良。不合此历，转为凶恶。”……日之不害，又求日之刚柔；刚柔既合，又索月之奇耦。夫日之刚柔，月之奇耦，合于《葬历》，验之于吉，无不相得。
>
> 又曰：“雨不克葬，庚寅日中乃葬。”……衰世好信禁，不肖君好求福。春秋之时，可谓衰矣；隐、哀之间，不肖甚矣。然而葬埋之日，不见所讳，无忌之故也。[②]

九空、地臽都是《葬历》上规定的忌日名称，《三礼》未见记载，当是秦汉巫师的创造。刚日、柔日则源于周代而普及于汉代。汉代人用干支记日，凡以甲、丙、戊、庚、壬为首的称“刚日”，而以乙、丁、己、辛、癸为首的称“柔日”。刚日死者，应选柔日下葬；柔日死者，应选刚日下葬。奇月死者，应选偶月下葬；偶月死者，应选奇月下葬。如以刚日死，以己丑日葬，刚柔相等。刚柔合，则为善日或吉日。敦煌悬泉汉简也有丧葬择日的记载：“丁丑不可入丧，丧，不出三年有人三死亡。”[③]

甚至死亡时间也有禁忌。汉代忌讳戊己死人，“戊己死者，复尸有随”[④]。敦煌悬泉汉简二六二《日书·死》也有记载：

> 死：·辰死者，不幸。西南间一室必有死者，央(殃)，凶不出西井上。
>
> ·午死者，不非。西北间一室，必有死者，央(殃)，凶在□□上。
>
> 死，吉凶。酉死，大事离。东南间三室凶，或死者央(殃)，凶在北辟(壁)上。·巳□□□，死，不出二年，必有死者。

---

① 王充：《论衡·四讳》。

② 王充：《论衡·讥日》。

③ 胡平生、张德芳：《敦煌悬泉汉简释粹》二六二，第178页。

④ 王充：《论衡·辨祟》。

·亥死者,不主。西南间一室,必或死者央(殃),凶在马厩中。

·卯死,复有丧。西南间三室,有死者,央(殃),凶□□□上。[①]

因为辰日、卯日死亡,辰日哭泣、丧葬都会带来祸患,所以战国秦汉时期有"辰日不哭,哭有重丧"[②]和辰"毋治丧"的风俗。秦简《日书》甲种简有云:

葬日,子卯巳酉戌,是胃(谓)男日;午未申丑亥辰,是胃(谓)女日。女日死,女日葬,必复之,男子亦然。·凡丁丑不可以葬,葬必参。

毋〔以〕辰葬,必有重丧。

……丑、辰、申、午、未、亥为牝。牝日以葬,必复之。[③]

孔家坡汉简也有这方面的禁忌:

……辰不可举丧,出入三月,必复有丧。[④]

而且这种风俗一直流传到后世。南北朝时期"阴阳说云辰为水墓,又为土墓,故不得哭。……今无教者,辰日有丧,不问轻重,举家清谧不敢发声,以辞吊客"[⑤]。直至唐代,犹有此俗。《旧唐书·吕才传》曰:"或云辰日不宜哭泣。"《旧唐书·张公谨传》载:张公谨卒,"太宗闻而嗟悼,出次发哀,有司奏言:'准阴阳书,日子在辰,不可哭泣。'"由此可以看出民间禁忌有着强大的传承性。

(三)生产禁忌

在农业生产中,为了达到一定的生产目的,人们常以禁忌的方式来防范和制止一些行为的发生,以免对农作物的生长和收成造成不利。如睡虎地秦简《日书》甲种《门》中有"田忌":

田亳主以乙巳死,杜主以乙酉死,雨币(师)以辛未死,田大人以癸亥死。

---

① 胡平生、张德芳:《敦煌悬泉汉简释粹》二六二,第178～179页。

② 王充:《论衡·辨祟》。

③ 吴小强:《秦简日书集释》甲种简三〇至三一正贰、一〇五正贰、一一背,第43、85、113～114页。

④ 湖北省文物考古研究所:《随州孔家坡汉墓简牍》简三九三。

⑤ 颜之推:《颜氏家训·风操篇》。

田忌，丁亥、戊戌，不可初田及兴土攻(功)。[1]

因为田亳主、杜主、雨师、田大人等神灵与田地庄稼相关，所以在第一次耕田及破土时要避讳他们的忌日。

为了保证农时，人们对下种及收获极为重视。主要农作物的播种、收获都有良日、忌日。良日种者“多实”，老、恶、死日种者“收薄”，忌日种者“败伤”。[2] 而且时人认为“此非虚语也”[3]，对此笃信不疑。由于事关作物的收成，因此须认真执行，马虎不得。睡虎地秦简《日书》甲种中记载了一些关于作物栽种宜忌的内容：

禾良日，己亥、癸亥、五酉、五丑。

禾忌日，稷龙寅、秫丑。稻亥，麦子，菽、荅卯，麻辰，葵癸亥，各常□忌，不可种之及初获、出入之。辛卯不可以初获禾。[4]

五种忌，丙及寅禾，甲及子麦，乙巳及丑黍，辰麻，卯及戌叔(菽)，亥稻，不可以始种及获赏(尝)，其岁或弗食。

包含了秦汉时期农业生产中九种基本农作物的播种、收获及买卖宜忌。《日书》乙种亦有相关记载：

五谷良日，己□□□□出种及鼠(予)人。壬辰乙己，不可以鼠(予)鼠(予)。子，亦勿以种。

五谷龙日，子麦、丑黍、寅稷、辰麻、申戌叔(菽)、壬辰瓜、癸葵。[5]

“龙日”即忌日。《淮南子·要略》曰：“操舍开塞，各有龙忌。”高诱注云：“中国以鬼神之日忌，北胡、南越皆谓之请龙。”

放马滩秦简《日书》乙种也有“五种忌”，与睡虎地《日书》记载完全一致：

种忌：子麦，丑黍，寅稷，卯菽，辰□，巳□，未秫，亥稻。不可种，种，获及赏(尝)。[6]

---

① 吴小强：《秦简日书集释》甲种简一四九至一五〇背，第169页。

② 贾思勰著、缪启愉校释：《齐民要术校释》卷一“种谷”引《杂阴阳书》，中国农业出版社1998年版。

③ 万国鼎辑释：《氾胜之书辑释·禾》，农业出版社1980年版，第100页。

④ 吴小强：《秦简日书集释》甲种简一七正叁至二三正叁、一五一背至一五二背，第33、169页。

⑤ 吴小强：《秦简日书集释》乙种简六四、六五，第191页。

⑥ 引自何双全《天水放马滩秦简综述》，载《文物》1989年第2期。

秦代的五谷禁忌，在汉代相关文献中也有记载。如西汉农书《氾胜之书》中记载的关于栽种宜忌的内容，就与《日书》的记载大体一致：

> 小豆忌卯，稻麻忌辰，禾忌丙，黍忌丑，秫忌寅未，小麦忌戌，大麦忌子，大豆忌申卯。凡九谷有忌日，种之不避其忌，则多伤败，此非虚语也。
>
> 小麦忌戌，大麦忌子，除日不中种。[①]

《齐民要术》卷一、卷二也摘录了《杂阴阳书》中关于栽种宜忌的部分内容：

> 《杂阴阳书》曰：禾生于枣或杨，九十日秀，秀后六十日成。禾生于寅，壮于丁午，长于丙，老于戊，死于申，恶于壬癸，忌于乙丑。凡种五谷，以生、长、壮日种者多实，老、恶、死日种者收薄，以忌日种者败伤。又用成、收、满、平、定日为佳。
>
> 《杂阴阳书》曰：黍生于榆，六十日秀，秀后四十日成。黍生于巳，壮于酉，长于戌，老于亥，死于丑，恶于丙午，忌于丑寅卯。忌于未寅。
>
> 《杂阴阳书》曰：大豆生于槐，九十日秀，秀后七十日熟。豆生于申，壮于子，长于壬，老于丑，气(死?)于寅，恶于甲乙，忌于卯午丙丁。
>
> 《杂阴阳书》曰：小豆生于李，六十日秀，秀后六十日成。成后忌与大豆同。
>
> 《杂阴阳书》曰：麻生于杨或荆，七十日花，六十日熟。种忌四季辰戌丑未、戊己。
>
> 《杂阴阳书》曰：大麦生于杏，二百日秀，秀后五十日成。麦生于亥，壮于卯，长于辰，老于巳，死于午，恶于戌，忌于子丑。小麦生于桃，三百一十日秀，秀后六十日成。忌与大麦同。
>
> 《杂阴阳书》曰．稻生于柳或杨，八卜口秀，秀后七十日成。戊己四季日为良，习寅卯辰，恶甲乙。[②]

《氾胜之书》及《杂阴阳书》中关于农作物的栽种宜忌与秦简《日书》的“五种忌”基本相同，体现了民间信仰的继承性，说明秦汉时期的栽种宜忌至汉魏

① 万国鼎辑释：《氾胜之书辑释》，农业出版社1980年版，第100、114页。

② 贾思勰著、缪启愉校释：《齐民要术校释》，中国农业出版社1998年版。

六朝还相当流行，民间信仰具有传承关系。

秦汉时期流行的农作物种植时令宜忌，不是从农业科技的角度提出的，而是依据与作物所属五行相冲克的支辰来排出的。①

经济作物的种植也有宜忌。睡虎地秦简《日书》甲乙种都有这方面的记录：

> 木良日，庚寅、辛卯、壬辰，利为木事。·其忌，甲戌、乙巳、癸酉、丁未、癸丑、□□□□□寅、己卯，可以伐木。木忌，甲乙榆、丙丁枣、戊己桑、庚辛李、壬辰(漆)。
>
> 未不可以澍(树)木，木长，澍(树)者死。②

居延汉简也有相关记载："荆棘杏梓不吉□"(EPT65·165B)。

在生产中，人们很注意积肥。积肥也有忌日，"庚辰、壬辰、癸未不可燔粪"③。人们特为谷仓"囷"设置良日："甲午、乙未、乙巳，为囷大吉。"④说明农业社会的人们对粮食储存非常重视。粮仓方位亦有规定：

> 囷居宇西北，陋，不利。
>
> 囷居宇东南，陋，不盈，不利室。
>
> 囷居宇西南，陋，吉。
>
> 囷居宇东北，陋，吉。⑤

作为农业生产重要组成部分的畜牧业也受到秦人的重视，反映在信仰方面，就是在《日书》中也规定了六畜繁衍的良日、忌日。秦简《日书》乙种《马日》中规定的"马良日"包括甲申、乙丑、亥、己丑、酉、亥、未、庚辰、申、壬辰、戊辰、未；忌日是甲寅、午、丙辰、丁壬辰、丁巳、未、戊等。《牛日》规定的"牛良日"有甲午、寅、戊午、庚午、寅、丙寅、壬寅、丁酉、未。在甲辰日"出入牛、服之"，可以买卖牛，让牛耕地驾车。牛忌日是乙巳、未、辛丑、戊辰、壬午。《羊

① 金良年：《"五种忌"研究》，载《史林》1999年第2期。

② 吴小强：《秦简日书集释》乙种简六七、甲种简一二四正叁，第195、90页。

③ 云梦睡虎地秦墓编写组：《云梦睡虎地秦墓》简855。

④ 云梦睡虎地秦墓编写组：《云梦睡虎地秦墓》简753。

⑤ 云梦睡虎地秦墓编写组：《云梦睡虎地秦墓》反面简882、反面简881、反面简880、反面简879。

日》规定的“羊良日”有辛巳、未、庚寅、申、辰、戊辰、癸未；忌日包括甲子、辰、乙亥、酉、丙寅、丁酉、己巳。《猪日》规定的“猪良日”有壬午、戊子、寅、己亥、庚寅、辰、午、辛丑、壬辰、癸未；忌日有壬午、戊午、戌、丁等。《犬日》规定的“犬良日”有丁丑、丁未、丙辰、己巳、己亥；忌日有壬戌、癸未、辛巳等。《鸡日》规定“鸡良日”包括甲辰、乙巳、丙午、丙辰、庚辰；忌日有辛巳、卯、庚寅、丁未等。[①]

商业活动如集市贸易、商品买卖有良日、忌日：

> 市良日，戊寅、戊辰、戊申戌，利初市，吉。
>
> 金钱良日，甲申、己巳。·申不可出货。·午不可入货，货必后绝。
>
> 斗，利祠及行贾，贾市吉。
>
> 须女，祠，贾市……吉。
>
> 卯(昴)，邋(猎)、贾市、吉。
>
> 收日，可以入人民、马牛、禾粟，入室娶妻及它物。
>
> 毋以申出入臣妾、马牛、货材(财)……
>
> 毋以午出入臣妾、马[牛]，是胃(谓)并亡。[②]

居延新简中也有买卖奴婢的良日：“出入奴婢良日乙丑辛。”[③]在买卖良日，不仅马牛、禾粟，人口仍然也可以当作商品进行交易。

在秦汉时期的社会生产中，商业生产也占一定比重，商品交易已经脱离物物交换阶段，进入货币流通时期。囿于时代局限，商业生产和商品交易的时间同样受到迷信思想的控制和左右，良日、忌日规定得详细具体。

(四)择日避忌

秦汉时期笃信择日之说，认为时日与吉凶祸福紧密相连。秦代已出土

---

① 参见吴小强《秦简日书集释》乙种简六八壹至七六壹，第196～198页。另外，在六畜良日、忌日中出现相互矛盾之处，盖《日书》属于民间实用性占卜之书，非严谨的学术著作。在民间长期流传与抄袭过程中，抄录失误所致。

② 吴小强：《秦简日书集释》八九正贰、九三正贰、七五正壹、八五正壹、二三正贰、一一〇正贰、一〇八正贰，第73、72、62、63、28、85页。

③ 甘肃省文物考古研究所等：《居延新简》E. P. T65：165A，第431页。

了专讲时日占候的四种版本的《日书》[①]。而汉代"时日之书，众多非一"[②]，择日之术较之秦代更为盛行。由于时人"好信禁忌"，以致出现了"吉凶之书，伐经典之义；工伎之说，凌儒雅之论"[③]的局面。汉代专门从事占候卜筮之人，如五行家、堪舆家、建除家、丛辰家、历家、天人家、太一家等，人们统称其为"日者"。"日者"之称早见于《墨子·贵义》[④]。《史记》专列《日者列传》，记述其活动事迹。据《史记·日者列传》和《汉书·方术列传》记载，汉代的择日术有五行、堪舆、建除、丛辰、历家、天人、太一、风角、奇门、七政、元气、六日七分、逢占、日者、挺专、须臾、孤虚、六壬、禽星、禄命等二十余家。它们基本上是各成体系，互不统摄，但又大都离不开用干支纪年的天文历法，是立足于天文历法基础之上的。

秦汉时期，择日之术非常盛行，除了各种版本的《日书》外，汉代还出现了专门记载某一方面内容的择日历书，如专讲葬日吉凶刚柔的《葬历》、专载祭祀吉凶的《祭历》、专述沐浴吉凶日的《沐书》，以及专讲裁衣吉凶的裁衣之书和起造房宅、迁徙吉凶的历书。这些择日历书一般在每一干支下注有建除及反支、血忌、八魁、月杀、天李、司空、土徼等所值神煞，以方便人们趋吉避凶。

反支即十二地支相冲、相克的日子，反支日为人们生活中的禁忌之日。与睡虎地秦简《日书》中的"归行"及汉代的"往亡"、"归忌"[⑤]同为出行及归家的忌日。睡简《日书》甲种专列《反枳(支)篇》：

子丑朔，六日反枳(支)；寅卯朔，五日反枳(支)；辰巳朔，四日反枳

---

① 云梦睡虎地秦简《日书》甲、乙种，天水放马滩秦简《日书》甲、乙种。(参见何双全《天水放马滩秦简甲种〈日书〉考述》，载甘肃省文物考古研究所编《秦汉简牍论文集》，甘肃人民出版社 1989 年版)

② 王充：《论衡·讥日》。

③ 王充：《论衡·难岁》。

④ 《墨子·贵义》："子墨子北之齐，遇日者。日者曰：'帝以今日杀黑龙于北方，而先生之色黑，不可以北。'子墨子不听，遂北，至淄水，不遂而反焉。日者曰：'我谓先生不可以北。'子墨子曰：'南之人不得北，北之人不得南，其色有黑者有白者，何故皆不遂也？且帝以甲乙杀青龙于东方，以丙丁杀赤龙于南方，以庚辛杀白龙于西方，以壬癸杀黑龙于北方，若用子之言，则是禁天下之行者也。是围心而虚天下也，子之言不可用也。'"

⑤ 《后汉书·郭陈列传》李贤注引《阴阳书》。

(支);午未朔,三日反[支];申酉朔,二日反枳(支);戌亥朔,一日反枳(支);复卒其日,子有(又)复反枳(支)。一月当有三反枳(支)。[1]

敦煌汉简亦有相关记载:

廿八日癸未闭反支

十八日庚午定反支□[2]

居延新简中有关反支的残简如:

十六日己未建反支[3]

秦简《日书》一月有三反支,而汉代历法一月有五个反支日。对此,有学者推测:最早应是一月五反支,到《日书》时减为一月三反支,至汉代又恢复了传统的一月五反支;因为十二地支中只有子、午、丑、未、寅、申、卯、酉、辰、戌、巳、亥六种对立关系。临沂银雀山出土的《汉元光元年历谱》,在日干支下间书"反"字,即反支日。根据元光元年历谱反支日的推算,每隔六天有一个反支日,一月共有五个反支日。[4] 在反支日人们不能出行或归家。据汉王符《潜夫论·爱日》记载:"孝明皇帝尝问:'今旦何得无上书者?'左右对曰:'反支故。'帝曰:'民既废农,远来诣阙,而复使避反支,是则又夺其日而冤之也。'乃敕公车受章,无避反支。"此事在《后汉书·王符传》中也有记载。李贤注曰:"凡反支日,用月朔为正:戌亥朔,一日反支;申酉朔,二日反支;午未朔,三日反支;辰巳朔,四日反支;寅卯朔,五日反支;子丑朔,六日反支。见《阴阳书》。"虽然汉明帝因反支日的禁忌妨碍公务而"蠲其制",但同时也说明此忌在人们日常生活中是普遍遵守的。在反支日不能出行,出行的人也不能归家。《汉书·游侠传·陈遵》载:"王莽败,张竦为贼兵所杀。"颜师古注云:"李奇曰:'竦知有贼当去,会反支日,不去,因为贼所杀,桓谭以为通人之蔽也。'"张竦因为拘泥禁忌而丢掉了性命,何其愚而不化也!桓谭以为是"通人之蔽",说明当时普通人都为这种时日禁忌所蒙蔽,或者说是自觉自愿

① 吴小强:《秦简日书集释》简一五三背,第173页。

② 甘肃省文物考古研究所编:《敦煌汉简》1968A,中华书局1991年版,第296页。

③ 甘肃省文物考古研究所等:《居延新简》E.P.T65:425B,第448页。

④ 参见刘乐贤《睡虎地秦简〈日书〉"反支篇"及相关问题》,载《简帛研究》第1辑,法律出版社1993年版,第56~61页。

地服从遵守。

血忌、月杀是汉代杀生见血的忌日。战国秦代有“杀日”，此日不能杀六畜。[①] 汉代杀牲见血，则一定要避“血忌”、“月杀”。《论衡·四讳》云：“祭祀言血忌。”《讥日》亦曰：“祭祀之历，亦有吉凶。假令血忌、月杀之日固凶，以杀牲设祭，必有患祸。”如果在“血忌”、“月杀”之日杀生祭祀，必有祸患。居延新简、敦煌汉简中有关“血忌”、“月杀”的《日书》残简云：

> 十八日丁酉满血忌往亡
>
> 月杀　丑　戌□[②]
>
> 十一日甲午破血忌天李 廿二日己巳[③]

罗振玉、王国维《流沙坠简》考述云：“《阴阳书》‘日凶占法，血忌忌针灸、穿牛、杀马、血□、割六畜’。《宋会要》‘天历’及今历记每日所值神杀尚有血忌，知由汉迄今不改也。”[④]

“天李”、“八魁”等也是日者所定的禁忌之日。“天李”在睡虎地秦简《日书》甲种中已见：

> 天李正月居子，二月居子，三月居午，四月居酉，五月居子，六月居卯，七月居午，八月居酉，九月居子，十月居卯，十一月居午，十二月居辰。·凡此日不可入官及入室，入室必(灭)，入官必有罪。[⑤]

敦煌汉简、居延新简中的《日书》残简中也有记载：

> 十二月大　　十六日戊辰平全　　七月廿七日壬午开天李
>
> □日癸丑建大寒十七日己巳平全八魁廿八日癸未闭反支
>
> □日甲寅除八魁十八日庚午定反支□廿九日甲申建□
>
> 十一日甲午破血忌天李　　廿二日己巳[⑥]
>
> 天李　　酉[⑦]

---

① 参见吴小强《秦简日书集释》甲种简一〇〇正壹，第78页。

② 甘肃省文物考古研究所等：《居延新简》E. P. T65：425B、E. P. T43：257，第448、116页。

③ 甘肃省文物考古研究所编：《敦煌汉简》简1968B，第296页。

④ 罗振玉、王国维：《流沙坠简》，中华书局1993年版，第90页。

⑤ 吴小强：《秦简日书集释》甲种简一四五背至一四六背，第169页。

⑥ 甘肃省文物考古研究所编：《敦煌汉简》简1968A、1968B，第296页。

⑦ 甘肃省文物考古研究所等：《居延新简》E. P. T48：144，第141页。

《后汉书·苏竟杨厚传》亦云:"夫仲夏甲申为八魁。八魁,上帝开塞之将也,主退恶攘逆。"李贤注曰:"历法,春三月己巳、丁丑,夏三月甲申、壬辰,秋三月己亥、丁未,冬三月甲寅、壬戌,为八魁。"孔家坡汉简《日书》:"……申、壬辰,秋三月丁□、□□、冬三月壬戌、甲寅,此八桼,不可盖屋,不出三月。"[①]汉简残文的时日与《历法》中的完全一致,则"八桼"应为"八魁"。八魁日是盖屋的禁忌日。"八魁"见于汉简而不见于秦简。

除了上述择日历书中以所值神杀日为忌日外,汉代还流行一种根据时段占测行事吉凶的数术。尹湾汉墓出土有《刑德行时》共十一支简,六支简写时段表,五支书写占测文字。《刑德行时》就是一种根据时段占测行事吉凶的数术。它将每日划分为鸡鸣至蚤食、蚤食至日中、日中至餔时、餔时至日入、日入至鸡鸣五个时段,并根据各日天干的不同,将这五时段分别称为端时、令时、罚时、刑时、德时,然后据此五时占测各种行事的吉凶。《刑德行时》所占测之事,有请谒、见人、出行、囚系、得病、生子、亡人等,都是《日书》等古代选择书中常见的占测事项。[②] 如:

以刑时请谒见人,大凶。以行,不利。毄者有罪。亡者必得。生子死。

以端时请谒见人,小吉。以行,有喜。毄者毋罪。疾者不死。生子大吉。

以令时请谒见人,大吉。以行,莫敢禁止。疾者不死。毄者毋罪。亡人不得。生子必贵。[③]

武威第六号墓出土的汉简中,包括部分日忌简册:

1. 甲毋治宅不居必荒乙毋内财不保必亡丙毋直衣□□□□
2. 丁毋威□□多作伤戊毋度海后必死亡己毋射侯还受其央
3. [庚辛…………]壬毋□□必得□□[癸毋…………]
4. [子毋…………丑毋…………寅毋…………]

① 湖北省文物考古研究所:《随州孔家坡汉墓简牍》简二五一。

② 参见刘乐贤《尹湾汉墓出土数术文献初探》,载《尹湾汉墓简牍综论》,科学出版社1999年版,第181页。

③ 连云港市博物馆等:《尹湾汉墓简牍》简87、简83、简84,第145页。

5.［卯毋…………］［辰］毋治丧□□□□［巳毋…………］

6. 午毋盖房必见火光未毋饮药必得之毒申毋财衣不烦必亡

7. 酉毋召客不闹若伤戌毋内畜不死必亡亥毋内妇不宜姑公①

这更是秦汉时期常见的十二地支日禁忌。

择日避忌对人们日常生活影响甚大，"世人无愚智贤不肖、人君布衣，皆畏惧信向，不敢抵犯"②。上至天子，下至平民百姓，无不为其左右。《论衡·讥日》云：

世俗既信岁时，而又信日。举事若病死灾患，大则谓之犯触岁月，小则谓之不避日禁。岁月之传既用，日禁之书亦行。世俗之人，委心信之，辩论之士，亦不能定。是以世人举事，不考于心而合于日，不参于义而致于时。

人们相信，良日行事，事事顺畅，吉利。而忌日行事，则必然有祸。在此心理基础上，择日之术渗透到人们生活的方方面面。祭祀有宜忌：

阴日，利以家室。祭祀……大吉。

达日……以祭，上下皆吉。

外阴日，利以祭祀。

秀日，利以起大事。大祭，吉。③

沐浴讳卯日，"无以卯沐浴"④。沐浴有专书："《沐书》曰：子日沐，令人爱之。卯日沐，令人白头。""学书讳丙日。"工伎亦有书："工伎之书，起宅盖屋必择日。"上朔不能会客，"上朔会客必斗争"；坐不能移樽，"凡宴饮者移转樽酒，令人讼诤"；"二人共澡手，令人争斗"⑤；毋持刀刃上冢，"死人不敢近也"；"上冢不欲哭，哭者，死人不敢食，去"⑥；"往亡"不能出行；"归忌"不能还家⑦，等等。在语言方面也是禁忌颇多，如《淮南子·说山》云："祭之日而言狗生。

① 《武威汉简补述》，中华书局1980年版，第285页。

② 王充：《论衡·辨祟》。

③ 吴小强：《秦简日书集释》甲种简六至七正贰、一〇正贰、一三正贰，第23～24页。

④ 吴小强：《秦简日书集释》甲种一〇四正贰，第85页。

⑤ 王充：《论衡·讥日》。

⑥ 胡平生、张德芳：《敦煌悬泉汉简释粹》二六八，第183页。

⑦ 王充：《论衡·辨祟》。

取妇夕而言衰麻。置酒之日而言上冢。渡江河而言阳侯之波。"高诱注:"皆所不宜。阳陵国侯溺死,其神能为大波,为人作害,因号阳侯之波;舟人所不欲言。"对于这些禁忌,平时言谈时都要特别小心注意。

对于这些烦琐的禁忌规定,百姓虽然并不了解其产生的真正动因,也不一定理解其深层内涵,但趋吉避凶的心理却促使他们严格遵循,不敢越雷池一步,唯恐触犯后招致灾祸,"发病生祸,絓法入罪。至于死亡,殚家灭门"①。这就使禁忌兴盛不衰,长期传承,无形中控制了百姓的思维方式,左右了民众的日常生活。

从某种意义上说,禁忌是一种不成文的规范。它虽不是法律制度,也不是道德规范意义上的约束,但它从信仰的角度控制人们的言行,对群体及个人都有制约作用,是一种民间的、自发状态的制约。

二、民间禁忌的成因

《礼记·曲礼上》曰:"入竟(境)而问禁,入国而问俗,入门而问讳。"可见,人们无时无刻不在禁忌的包围和约束之下。人们之所以自觉恪守禁忌的种种限制,主要是出于避祸、求福的目的,对禁忌的真正成因则知之甚少。大体说来,禁忌的成因可分为以下几种:

(一)生产生活经验的总结

人们在长期的生产生活中,逐渐积累了许多经验,摸索出一些规律。它们被附以禁忌的形式得以长期流传。汉代有"正月长子解浣衣被,令人死亡"之说。源其所以,是因为"正月之时,天甫凄栗。里语:'大暑在七,大寒在一。'一谓正月也。人家不能羸袍异裳,脱着身之衣,便为风寒所中,以生疹疾,疹疾不疗,死亡必矣"②。正月天气寒冷,解浣衣被易受风寒,导致疾病死亡,故禁忌之。

① 王充:《论衡·辨祟》。

② 应劭撰、吴树平校释:《风俗通义校释·佚文》。

汉代民间禁忌枕门槛而眠，认为那样做将会被鬼神踩踏。如《风俗通》所言："俗说卧枕户砌，鬼陷其头，令人病癫。"[①]《淮南子·氾论训》分析这种观念产生的原因：

> 枕户橉而卧，鬼神履其首者，使鬼神能玄化，则不待户牖之行，若循虚而出入，则亦无能履也。夫户牖者，风气之所从往来，而风气者，阴阳相捔也，离者必病，故托鬼神以伸诫之也。

当风而卧，容易受凉患病，对身体健康不利，所以托名鬼神，为之立禁以警惕之。

关于寒食禁火的起因，汉代民间普遍认为是纪念晋文公时被烧死的介子推。蔡邕《琴操》曰：

> 晋文公与介子绥俱遯，子绥割其腓股以啗文公。文公复国，子绥独无所得。绥甚怨恨，乃作"龙蛇之歌"以感之，遂遁入山。文公惊而悟，迎之，终不肯出，令燔山求之，子绥抱木而死。文公哀之，令民五月五日不得举火。[②]

《后汉书·周举传》亦云：

> 太原一郡，旧俗以介子推焚骸，有龙忌之禁。至其亡月，咸言神灵不乐举火。

曹操《明罚令》、陆翙《邺中记》都持此说。但考其本原，实非如此。自古代起，不少学者就对寒食起因进行过探讨，如《荆楚岁时记》"寒食"条认为"禁火盖周之旧制"。罗泌《路史·发挥一》"论遂人改火"曰：

> 昔者遂人氏作观乾象，察辰心而出火；作钻燧，别五木，以改火。岂惟惠民哉？以顺天也。予尝考之。心者，天之大火；而辰、戌者，火之二墓。是以季春心昏见于辰而出火，季秋心昏见于戌而纳之。卯为心之明堂，心至是而火大壮。是以仲春禁火，戒其盛也。成周盛时，每岁仲春命司爟氏以木铎修火禁于国中，为季春将出火。而司爟掌行火之政令，四时变国火，以救时疾；季春出火，季秋纳火，民咸从之；……今之所

---

① 应劭撰、吴树平校释：《风俗通义校释·佚文》。

② 蔡邕撰、吉联抗辑：《琴操》，人民音乐出版社1990年版，第13页。

谓寒食一百五者，熟食断烟，谓之龙忌，盖本乎此。而周举之书、魏武之令，与夫《汝南先贤传》、陆翙《邺中记》等，皆以为为介子推，谓子推以三月三日燔死，而后世为之禁火。吁！何妄耶！①

可见，寒食的真正起因是上古的改火习俗。“寒食之托始于介子焚死，跟五月五日竞渡之托始于屈子沉江是同性质的，都是在一种习俗的真意已不为一般人所理解时对它的起源所作的一种附会的解释。”②

对于先秦秦汉时期流行的“生三子不举”是因为“妨父母”的说法，汉代应劭就曾表示怀疑：

俗说生子至于三，子似六畜，言其妨父母，故不举之也。谨按《春秋国语》：越王勾践令民生三子者，与之乳母，生二子者，与之饩。三子力不能独养，故与乳母。所以人民繁息，卒灭强吴，雪会稽之耻，行霸于中国者也。古陆终氏娶于鬼方，谓之女嬇，是生六子，皆为诸侯。今人多生三子，子悉成长，父母完安，岂有天所孕育而害其父母兄弟者哉！③

“生三子不举”应该是源于始民生存状况恶劣，“力不能独养”，无力同时养活三子，所以只好弃之不养，久而成忌。从越王勾践“与之乳母”、“与之饩”的举措看，“生三子不举”也是由经济因素造成的。

“不宜归生”的原因并不是“令人衰”，而是因为“妇人好以女易他男，故不许归”④。古代重男轻女，妇女为提高在家庭中的地位，以女易男也是常有之事。如汝南周霸为太尉掾，“妇于乳舍生女，自毒无男，时屠妇比卧得男，因相与私货易，裨钱数万”。周霸的妻子产女，即用数万钱换得屠妇子，养育十八年，无人知晓。后来被主簿周光揭穿。颍川有富室，兄弟同居，“两妇数月皆怀妊，长妇胎伤，因闭匿之。产期至，同到乳母舍。弟妇生男，夜因盗取之，争讼三年，州郡不能决”⑤。因此，为保持血脉的纯洁性，故作禁忌以预

---

① 罗泌：《路史》，《四部备要·史部》第44册，中华书局1989年版，第232页。

② 裘锡圭：《寒食与改火》，载《中国文化》1990年第2期。另外，近代学者李宗侗也主此说。（参见《中国古代社会史》，华冈出版有限公司1977年版，第165～167页）

③ 应劭撰、吴树平校释：《风俗通义校释·佚文》。

④ 应劭撰、吴树平校释：《风俗通义校释·佚文》。

⑤ 应劭撰、吴树平校释：《风俗通义校释·佚文》。

防之。

"雷不作酱"的起因，应劭认为："俗说令人腹内雷鸣。谨按子路感雷精而生，尚刚好勇，死，卫人醢之，孔子覆醢，每闻雷，心恻怛耳。"[①]我们认为，"雷不作酱"恐非因子路而起。夏日天气炎热，作酱容易腐坏，遂托言子路以禁忌之。

"相戏以刃者太祖軵其肘"，是恐以刃相戏，失手伤人，遭受刑戮，得不偿失。《淮南子·氾论训》云：

> 夫以刃相戏，必为过失，过失相伤，其患必大，无涉血之仇争忿斗，而以小事自内于刑戮，愚者所不知忌也，故因太祖以累其心。

其他诸如"负子而登墙，谓之不祥"，是怕"为其一人陨而两人伤"[②]；"毋承屋檐而坐"，是"恐瓦堕击人首也"；"毋以箸相受"，是"为其不固也"；"讳厉刀井上"，是因为"恐刀堕井中也"[③]；"卖牛勿握角，令不售"，是因为"恐触人"，所以"人不取也"[④]。都是为防止可能出现的危险而禁忌之。"鼠涉饭中，捐而不食"[⑤]则是从卫生角度，防止疾病而设禁忌。这些禁忌皆源于生活经验的总结。

(二)义理之禁

因行为不符合礼仪制度而被禁止，如"讳西益宅"即是。王充在《论衡·四讳篇》中分析了此忌形成的原因：

> 实说其义，不祥者义理之禁，非吉凶之忌也。夫西方，长老之地，尊者之位也。尊长在西，卑幼在东。尊长，主也；卑幼，助也。主少而助多，尊无二上，卑有百下也。西益主益，主不增助，二上不百下也，于义不善，故谓不祥。不祥者，不宜也，于义不宜，未有凶也。

应劭也持此说：

---

① 应劭撰、吴树平校释：《风俗通义校释·佚文》。

② 《淮南子·说林训》。

③ 王充：《论衡·四讳》。

④ 应劭撰、吴树平校释：《风俗通义校释·佚文》。

⑤ 王充：《论衡·累害》。

宅不西益。俗说西者为上，上益宅者，妨家长也。原其所以西益者，《礼记》曰："南向北向，西方为上。"《尔雅》曰："西南隅谓之隩。"尊长之处也。不西益者，恐动摇之耳。①

古人以西方为尊为上，西益宅是对尊长崇高地位的冒犯与亵渎，于礼于义"不宜"，因而以不祥禁忌之。"被刑为徒，不上丘墓"之讳，也是"义理之讳，非凶恶之忌也"。王充在《论衡·四讳》中写道：

孔子曰："身体发肤，受之父母，弗敢毁伤。"孝者怕入刑辟，刻画身体，毁伤发肤，少德泊行，不戒慎之所致也。愧负刑辱，深自刻责，故不升墓祀于先。古礼庙祭，今俗墓祀，故不升墓。惭负先人，一义也。墓者，鬼神所在，祭祀之处。祭祀之礼，斋戒洁清，重之至也。今已被刑，刑残之人，不宜与祭，供侍先人，卑谦谨敬，退让自贱之意也。缘先祖之意，见子孙被刑，恻怛憯伤，恐其临祀，不忍歆享，故不上墓，二义也……葬死人，先祖痛；见刑人，先祖哀。

应劭《风俗通》亦云：

谨案：《孝经》："身体发肤，受之父母。"曾子病困，启手足以归全也。今遭刑者，髡首剃发，身被加笞，新出狴犴，臭秽不洁。凡祭祀者，孝子致斋，贵馨香如亲存也。时见子被刑，心有恻怆，缘生事死，恐[神]明不歆承，当不上墓耳。②

遭受刑罚，愧对先人；先人见之，哀痛伤心，于礼不宜，于义亦违，故而以凶恶之忌避退之。

汉代的不养"服中子"也属此类。"服中子犯礼伤孝，莫肯收举。"③汉代人认为，服丧期间生子，违礼伤孝，不合传统礼法，因而不肯举养。《风俗通·正失》曰：

俗说元服父字伯楚，为光禄勋，于服中生此子。时年长矣，不孝莫大于无后，故收举之。君子不隐其过，因以"服"为字。

① 应劭撰、吴树平校释：《风俗通义校释·佚文》。
② 李昉等：《太平御览》卷六四二引。
③ 应劭撰、吴树平校释：《风俗通义校释·正失》。

之所以举养元服，是因为其父年龄偏大，从“不孝莫大于无后”的角度考虑，才有此举。这也说明当时在一般情况下，服中生子是不能举养的。

仲春之月，蛰虫咸动，雷将发声，如果“有不戒其容者，生子不备，必有大凶，喑聋跛盲。气遭胎伤，故受性狂悖”[①]。夏历二月是万物复苏时节，夫妻生活要谨慎，否则就会使胎儿受到损伤，生子残疾。所以《礼记》有胎教之法：“子在身时，席不正不坐，割不正不食，非正色目不视，非正声耳不听。”

此外，人们饮食起居也要符合礼仪，否则也会被以禁忌的形式加以禁止。如：“礼曰：‘毋抟饭，毋流歠。’”吃饭时不要将饭团成团，不要大口喝汤，也属于“礼义之禁，未必吉凶之言也”[②]。

(三)比附联想

因与不好、不吉利的事情相似而有所忌讳。“毋反悬冠”，为其似死人服。“毋偃寝”[③]，为其像死者尸。“俗五月不上屋。云五月人或上屋见影，魂便去。”[④]五月上屋，显露出自己的影子，魂魄就会失去。因为五月太阳直射北半球，人的影子最短，容易与短寿联系起来，因而忌讳。“妊妇食兔，子生缺唇”[⑤]，则因胎儿缺唇与兔唇相似而产生联想。癸丑、戊午、己未、戊申、己酉是娶妻忌日，“癸丑、戊午、己未，禹以取(娶)梌山之女日也，不弃，必以子死”[⑥]。因为癸丑、戊午、己未是禹娶涂山之女日，而禹化为熊，引起涂山女的

① 王充：《论衡·命义》。
② 王充：《论衡·四讳》。
③ 王充：《论衡·四讳》。
④ 宗懔：《荆楚岁时记》。
⑤ 王充：《论衡·命义》。
⑥ 吴小强：《秦简日书集释》甲种简二背壹，第113页。

误会，造成家庭悲剧，所以民间认为禹娶妻之日为娶妻忌日。[①]“戊申、己酉，牵牛以取（娶）织女而不果，不出三岁，弃若亡”，“戊申、己酉，牵牛以取（娶）织女，不果，三弃”[②]。牵牛与织女不能偕老，所以他们的成亲之日也为民间娶亲忌日。

古人相信，与不洁、危险的人或物接触，也会引发危险。如“帏帐车不可作衣，令人病疠”[③]。帏帐车是丧葬所用之物，用死者的东西做衣服对生者不利。“讳妇人乳子”也属此类。因为在分娩期间，孕妇身处险境，生死未卜。自身身处险境的人通过接触会危及他人，给家人带来灾难，因而产妇被普遍视为不洁、危险的人，其行动和生活会处处受到限制。此禁在古代世界许多国家都普遍存在。如澳大利亚妇女分娩期间要进行隔离，产后所有器皿都要全部毁掉。塔希提岛的妇女分娩后要在小屋中隔绝二三个星期，其间不得自己进食而由他人喂食；阿拉斯加附近的卡迪克岛上，分娩的妇女被隔绝，任何人不得靠近，食物全用棍子挑给她；南非人认为妇女流产或产下死胎不仅会威胁男人致死，整个国家乃至整个天空都会受到污染。[④]原始民族中产妇幽居“坐月”，并非为了静养休息，而是隔离防范，阻断危险，是由对接触巫术传感性的恐惧而引发的禁忌。

（四）异常现象引发为忌

由于认识水平的局限，古人对于异常、反常现象无法理解，不能作出合理解释，心存疑惑或恐惧，由此而引发禁忌。如“不举生鬓须子”的理由是：

---

① 《汉书·武帝纪》颜师古注引《淮南子》佚文：“禹治鸿水，通轩辕山，化为熊。谓涂山氏曰：‘欲饷，闻鼓声乃来。’禹跳石，误中鼓。涂山往见，禹方作熊，惭而去，至嵩山下，化为石。方生启，禹曰：‘归我子！’石破而启生。”但另一种说法则认为辛壬癸甲是禹娶涂山氏之日。《尚书·益稷》：“娶于涂山，辛壬癸甲。”《说文解字》：“嵞，会稽山也。一曰九江当涂也。民俗以辛壬癸甲之日嫁娶。”《水经注》卷三〇《淮水》引《吕氏春秋》佚文：“禹娶涂山氏女，不以私害公，自辛至甲四日，复往治水。故江、淮之俗，以辛、壬、癸、甲为嫁娶日也。”（郦道元著、陈桥驿校证：《水经注校证》，中华书局2007年版，第709页）盖民间传说与风俗的地方性差异所致。

② 吴小强：《秦简日书集释》甲种简三背壹、一五五正，第113、108页。

③ 应劭撰、吴树平校释：《风俗通义校释·佚文》。

④ 参见［英］詹·乔·弗雷泽《金枝》，徐育新等译，第312～314页。

“人四十五乃当生鬓须，今生而有之，妨害父母也。”[①]

“不举寤生子”也属此类。“俗说儿坠地未能开目视者，谓之寤生，举寤生子妨父母。谨按《春秋左氏传》：郑武公娶于申，曰武姜，生庄公及共叔段。庄公寤生，惊姜氏，因名寤生。”[②]鬓须子、寤生子皆属于生育过程中的异常情况，古人对返祖现象不理解，因恐惧而禁忌之。

星象异常也可引发禁忌。《诗经·鄘风·蝃蝀》曰：“蝃蝀在东，莫之敢指。”毛传曰：“蝃蝀，虹也。”虹蜺或彗星大都被视为妖象，故有不得随意用手指虹蜺的禁忌。汉代仍有此忌，《淮南子·天文训》云：“虹霓彗星者，天之忌也。”

晦日是农历每月月末，朔日是月初，都看不到月亮。古人认为，晦日、朔日无月，是上天对人们过失的谴责和惩罚，因此要小心行事。如晦日不能出兵打仗。《左传·成公十六年》载，五月三十晦日，楚军逼近晋军，晋之军吏忧虑。郤至曰：“郑陈而不整，蛮军而不陈，陈不违晦……以犯天忌，我必克之。”杜预注曰：“晦，月终阴之尽，故兵家以为忌。”郤至认为楚军在晦日出兵，犯了天忌，因此必败。汉人也相信这一说法。《史记·匈奴列传》曰：“举事而候星月，月盛壮则攻战，月亏则退兵。”攻战进退要根据月亮的盈缩而定，逆之必败。

在民间，忌正月朔日打坏器物。《汉书·鲍宣传》曰：“小民正月朔日尚恐毁败器物。”正月朔日毁败器物被看作不吉之举，须格外谨慎。

(五)特殊时日引申为忌

古代以每月子日、卯日为“恶日”。恶日不能作为节日，不能嫁娶、娱乐，并应该避忌。《礼记·檀弓下》曰：“子卯不乐。”春秋时有“辰在子卯，谓之疾日”[③]的说法，汉代沿袭了这一禁忌。《汉书·翼奉传》曰：“王者忌子卯也。”

---

① 应劭撰、吴树平校释：《风俗通义校释·佚文》。

② 应劭撰、吴树平校释：《风俗通义校释·佚文》。

③ 《左传·昭公九年》。

子、卯之所以为恶日的来历，众说纷纭[①]，其中一说为夏桀死于乙卯日，殷纣死于甲子日，为国君忌日，所以有子卯不娱乐的禁忌。“礼不以子卯举乐，殷、夏以子卯日亡也。重先王之亡日……凄怆感动，不忍以举事也。”[②]

癸丑、戊午、己未、戊申、己酉都是婚嫁的忌日，因为据说癸丑、戊午、己未是禹娶涂山氏女儿的日子，如果在这些日子结婚，“不弃，必以子死”。而戊申、己酉“牵牛以取(娶)织女而不果，不出三岁，弃若亡”[③]。

庚辰日不可治船远行，违之者“溺没不返”。究其原因，传说河伯以庚辰日死，故而忌之。《史记·司马相如列传》张守节《正义》云：“姓冯名夷，以庚日溺死。河常以庚日好溺死人。”《搜神记》卷四亦曰：

> 弘农冯夷，华阴潼乡隄首人也。以八月上庚日渡河，溺死。天帝署为河伯。又《五行书》曰：“河伯以庚辰日死。不可治船远行，溺没不返。”

禁忌的成因多种多样，或因其崇高神圣而不可侵犯，或由于神秘而产生敬畏，或由于不洁而加以避忌，或由于危险而必须防范。“托之神怪，若设以死亡”，目的是使“后世人信用”[④]，都是为了避免招致灾难和惩罚，对人们行为和观念的禁拘与限制。

三、民间禁忌与地方政治

禁忌作为人们社会生活中最为常见的民间宗教现象，从远古社会后期一直延续下来。至两汉时期，在阴阳五行和神仙方术泛滥的氛围中，民间禁忌得到了迅速发展，充斥着社会生活的各个方面，束缚了人们的思想，妨碍了人们的生活，但同时起到了规范人们行为、维持社会秩序的积极作用，对

---

① 贾逵曰：“桀以乙卯亡，纣以甲子丧，恶以为戒。”王充亦主此说。而李奇则从阴阳五行角度来看待此忌：“北方阴也，卯又阴贼，故为二阴，王者忌之，不举乐。《春秋》、《礼记》说皆同。”张晏则认为：“子刑卯，卯刑子，相刑之日，故以为忌。”(《汉书·翼奉传》师古注引)各有歧异，今从王充说。

② 王充：《论衡·讥日》。

③ 吴小强：《秦简日书集释》甲种简二背壹、三背壹，第113页。

④ 王充：《论衡·四讳》。

汉代地方政治也产生了重要影响。

(一)民间禁忌的控制功能

禁忌是一种不成文的社会规范,是社会控制的最原始的重要手段之一。它以制裁为前提,具有“准法律”的强制作用。卡西尔指出:

> 禁忌体系尽管有一切明显的缺点,但却是人迄今所发现的唯一的社会约束和义务的体系。它是整个社会秩序的基石。社会体系中没有哪个方面表示靠特殊的禁忌来调节和管理的。统治者和臣民的关系,政治生活,性生活,家庭生活,无不具有神圣的契约。这同样适用于整个经济生活。甚至连财产在一开始似乎也是一种禁忌制度:占有一个物或人——占有一片土地或同一个女人订婚——的最初方法,就是靠一个禁忌记号来标志他们。①

中国传统文化的主流是劝人向善积德:“积善之家,必有余庆;积恶之家,必有余殃”;“天地无亲,常与善人”。“为善者天报以德,为不善者天报以祸。”②汉代人们普遍认为:“受福祐者既以为行善所致,又谓被祸害者为恶所得。以为有沉恶伏过,天地罚之,鬼神报之。天地所罚,小大犹发;鬼神所报,远近犹至。”③人们的一切行为都在“天”的监督之下,行善可获福佑,做恶必遭祸患。

禁忌作为一种社会规范,从使人心理畏惧的制裁角度巩固了传统文化的道德观念。王充在《论衡·四讳》中阐述了禁忌所起的“劝人为善,使人重慎”的作用:

> 忌讳非一,必托之神怪,若设以死亡,然后世人信用。畏避忌讳之语,四方不同,省略举通语,令世观览。如夫曲俗微小之讳,众多非一,咸劝人为善,使人重慎,无鬼神之害,凶丑之祸。

禁忌虽然不是道德,但它具有“准法律”的强制作用,它对任何威胁文化模式

---

① [德]恩斯特·卡西尔:《人论》,甘阳译,上海译文出版社1985年版,第138页。

② 刘向:《说苑·说丛》。

③ 王充:《论衡·祸虚》。

之言行的否定作用，能够有力地维护社会的道德法则。[①] 禁忌的信仰与惩罚的强制性对犯禁者形成一种威慑力量，迫使他们回到道德和秩序中来，有利于社会秩序的整合和巩固。

作为社会心理层面的信仰，禁忌是对某种神秘力量或社会状况产生恐惧、担忧，进而采取的消极防范措施。它渗透到生产、生活的各个方面，靠了其本身特有的魔力以及社会群体趋同去异的整合力，潜移默化、无所不在地影响着、束缚着人们的行为和意志，以至于“人君布衣，皆畏惧信向，不敢抵犯”[②]。上至天子，下到百姓，都畏惧祸祟，在禁忌的束缚之下，小心翼翼，谨言慎行。久之，禁忌便转化为人们能够自觉恪守的社会礼俗规范。如《后汉书·郭躬传》记载：

> 桓帝时，汝南有陈伯敬者，行必矩步，坐必端膝，呵叱狗马，终不言死，目有所见，不食其肉，行路闻凶，便解驾留止，还触归忌，则寄宿乡亭。

随着文化形态的改变，禁忌成为一种有基础的力量；同时，也慢慢地远离了迷信而独立，它逐渐发展成为一种习惯、传统，最后则变成了法律。[③]

(二)民间禁忌与地方政治

在某种意义上说，民间禁忌是早期人类社会秩序的基础。禁忌的最大特征在于，它借助神灵等超自然的威力，实行自内心到外在行为的绝对控制。采取以神治人的方式，有时比以人制人的效果更明显，更能征服人的思想，约束人的行为。[④] 因此，民间禁忌在维护封建等级制度及儒家纲常礼教、干预和影响地方政治、稳定社会秩序等方面有着特殊的功效。

前面我们分析了禁忌产生的原因，其中之一是王充所说的“礼仪之禁”。“礼仪之禁”的范围很广，人们社会生活的方方面面都有体现。比如孔子所

① 参见李平《浅析宗教禁忌》，载《丝绸之路》2010年第10期。

② 王充：《论衡·辨祟》。

③ 参见[奥]西格蒙德·弗洛伊德《论宗教》，王献华等译，国际文化出版公司2002年版，第26页。

④ 参见万建中《论民间禁忌的功能》，载《民间文化论坛》2004年第3期。

说的“身体发肤，受之父母，弗敢毁伤”[①]之训即属于此类。而且，此忌流传时间很长，影响也很大。

早在商周时期，此类禁忌就已经存在。据《史记·吴太伯世家》记载：

> 吴太伯，太伯弟仲雍，皆周太王之子，而王季历之兄也。季历贤，而有圣子昌，太王欲立季历以及昌，于是太伯、仲雍二人乃奔荆蛮，文身断发，示不可用，以避季历。

张守节《正义》引江熙云：“断发文身，示不可用，使历主祭祀，不祭之以礼，三让也。”说明在商周时期，按照礼法，断发文身之人不能继承王位，也不能主持祭祀。所以，吴太伯用文身断发的方式让贤，将王位让与弟季历。此后，“刑余之人，不可为宗庙社稷之主”[②]的传统一直流传下来，至汉代，民间社会又扩展至“讳被刑为徒，不上丘墓”，成为四大讳之一。王充在《论衡·四讳》中认为，这是“义理之讳”并进行了分析：孝子“怕入刑辟，刻画身体，毁伤发肤”。触犯法律，犯罪判刑，毁伤身体，肢体残缺，这是对父母极大的不孝；墓地是祭祀父母祖先之处，“祭祀之礼，斋戒洁清”，按照礼法，祭祀之前应当沐浴斋戒，清洁而祭。而刑残之人，肢体毁伤，臭秽不洁，因此“不宜与祭”。祭祀祖先要卑谦谨敬。祖先如果看到子孙被刑，就会哀伤悲苦，“恐其临祀，即不忍歆享”，即不忍享受子孙的祭品供物。因此，才有“徒不上墓”之禁。

此禁在汉代流传很广，人们虽然“但知不可，不能知其不可之意”，知其然不知其所以然，但“连相仿效”，甚至进一步发展到“至或于被刑，父母死，不送葬；若至墓侧，不敢临葬。甚失至于不行吊伤、见佗人之柩”[③]。刑徒不仅不能临丧送葬、参加任何吊唁仪式，甚至不能看到他人的棺柩。王充把此忌列为汉代四讳之一，可以看出其在地方社会中的影响。

禁忌作为消极巫术，它的主要特点在于避免不希望得到的结果。犯罪受刑是人们都不愿意、也不希望得到的。在神灵观念的支配下，谨守禁忌的各种规范是每个信仰者应该遵守的行为准则。这种行为准则不单单以观

---

① 胡平生译注:《孝经译注·开宗明义章第一》，中华书局1999年版，第1页。

② 王充:《论衡·四讳》。

③ 王充:《论衡·四讳》。

念、思想的形式存在于人们的内心深处，形成一种潜意识，而且成为一种客观强大的威慑力量，犹如道德和法律，制约着每个人的行为。任何违犯信仰的行为都将受到严厉的惩罚。在社会生活中，仅靠政策法律来规范人们的思想行为，很难达到全方位控制的目的，因为法律的适用范围毕竟有限，不可能触及人们社会生活的每一个角落。但禁忌则可以从思想信仰的角度控制和规范人们的言行，从而部分地弥补政策法令在社会控制方面的缺失和不足，以达到规范人们行为、预防和控制犯罪、维护社会良好秩序的目的。

王充所说的“讳西益宅”亦属于“礼仪之禁”。因为在先秦秦汉人们的观念中，西方是“长老之地，尊者之位”，尊长在西，卑幼在东。《礼记》所言：“南向北向，西方为上。”西益宅冒犯尊长，于义不善，于义不宜，故托以禁忌预防之。

“礼仪之禁”也包括避讳，即人们在说话或行文时，用到与尊者、贤者、亲者名同或音同的字时，必须避开或改写。最早记载避讳的文献是《尚书·金縢》周公的祝词：“史乃册祝曰：‘惟尔元孙某，遘厉虐疾。若尔三王，是有丕子之责于天，以旦代某之身。’”吴元满《六书正义》曰：“某，未定之词，知其名不敢犯讳皆曰某。”周代已有掌管避讳的官吏。《礼记·王制》曰：“大史典礼，执简记，奉讳恶。”郑注：“讳，先王名。恶，忌日。”秦汉时期继承了先秦为尊长避名讳的礼俗，如秦朝将正月改称“端月”，以避始皇嬴政之讳。汉代帝王名讳有专门的代字。高祖刘邦，代以国字。刘邦为汉代开国皇帝，“讳邦，字季。邦之字曰国”[①]。汉代文献于其名讳多作回避，凡遇“邦”字，悉改为“国”。长沙马王堆汉墓出土帛书，《老子》甲本、乙本中，“邦”字皆改作“国”字；文帝刘恒，代以“常”字，汉代将姮娥改称“嫦娥”即此；武帝刘彻，代以“通”字，等等。《史记》、《汉书》于汉诸帝纪皆不书其名。

在汉代，百姓向官府上书言事，不得触犯庙讳，当为通例。[②] 百姓上书触犯避讳，就会被视为违礼不道之举，不仅不予受理，还会因此受到法律制裁。如汉宣帝元康二年（前64），诏令曰：“闻古天子之名，难知而易讳也。今百

① 《汉书·高帝纪》师古注引荀悦。

② 参见陈垣《史讳举例》卷八，上海书店1997年版，第96页。

姓多上书触讳以犯罪者，朕甚怜之。其更讳询。诸触讳在令前者，赦之。”[①]汉宣帝本名“病已”，体恤百姓上书多触讳获罪的实际情况，更讳“询”，并对之前因此而犯罪者予以赦免。但诏令同时也反映了汉代为尊长避讳的社会现实，以及避讳对百姓上书制度和社会政治所造成的消极影响。

避讳源于原始禁忌。根据原始人的哲学原理，一个人的名字，即使不等于人的灵魂，也是人的生命的一部分。“未开化的民族对于语言和事物不能明确区分，常以为名字和它们所代表的人或物之间不仅是人的思想观念上的联系，而且是实在的物质的联系，从而巫术容易通过名字，犹如通过头发指甲及人身其他任何部分一样，来为害于人。事实上，原始人把自己的名字看作是自身极重要的部分，因而非常注意保护它。”[②]说出名字就等于献出了自己的灵魂。一个人的名字只有自己说出来才有魔力，禁忌的行为仅限于自己，即被忌者与避忌者一体，这是名字禁忌的第一阶段，体现的主要是人与自然的关系。禁忌发展的第二阶段，人名禁忌不仅涉及本人，而且周围的人也要避忌。在被忌者保持不变的情况下，避忌者的范围扩大了。这种禁忌因避忌对象的身份不同而产生变化，只有那些具有一定的权力的人才能要求别人为其名字避忌，这样避忌就加入了社会成分，体现了更多的人与人之间的尊卑关系。在禁忌的第三个阶段，体现人与自然之间关系的成分逐渐趋于消失，而以体现人与人之间的社会关系为主导，禁忌发生了一个变化，就是禁忌对象与禁忌施行者的分离。君王名字的禁忌只变成臣下的事情，成为约束他们行为的一种准则，从而完全社会化。禁忌就这样变成了避忌。避忌是保持君臣之间隔离、维护其权力的一种手段[③]。此类避讳在很大程度上维护了尊卑上下的封建等级秩序。

社会等级秩序是汉王朝维护君主专制和加强中央集权所赖以生存的基础。为此，汉代统治者非常重视用儒家的伦理道德教化天下。所谓“教化不立而万民不正也。古之王者明于此，是故南面而治天下，莫不以教化为大

---

① 《汉书·宣帝纪》。

② [英]詹·乔·弗雷泽：《金枝》，徐育新等译，第 362 页。

③ 参见王新华《避讳研究》，齐鲁书社 2007 年版，第 20～25 页。

务”[1]。教化的手段和方法有多种:政府的诏令、官吏的督促引导和行为示范、各级学校教育、设置三老等等。教化的内容是以“三纲五常”为核心的儒家伦理思想。同时,纳礼入法,将封建伦理道德引入律法当中。比如触犯父权、告发尊长被视为大逆不道,要处以极刑。张家山汉简《二年律令・告律》有云:“子告父母,妇告威公,奴婢告主、主父母妻子,勿听而弃告者市。”[2]从国家法律上极力维护尊卑上下的等级秩序。

董仲舒曾经说过:“王者上谨于承天意,以顺命也;下务明教化民,以成性也;正法度之宜,别上下之序,以防欲也;修此三者,而大本举矣。”[3]统治者应该从思想信仰、道德教化、政策法律三方面控制臣民,稳定统治。通过礼刑并用,儒家孝悌尊卑的伦理纲常已经潜移默化为人们的思想信仰和行为指南。在深度迷信神鬼的汉代,“礼仪之禁”就是儒家伦理道德在信仰方面的体现。“礼仪之禁”也是汉代法律的补充。因为国家法律所针对的大多是危害国家利益和君主权威的不法者,不可能涉及人们社会生活的各个方面。而礼仪之禁恰恰是利用信仰的威慑力,对信仰者进行具体而微的伦理道德和礼仪约束。有时候这种约束比国家法律更为强大和有效。因为法律仅是外在的强制服从,而禁忌则来自于信仰者内心自觉的遵守。

战国秦汉时期,择日之术非常盛行,人们婚丧嫁娶、衣食住行等生产生活各方面都要受到择日之术的影响,都有良日、忌日。就连官吏何时入官就任、属吏何时面见上司汇报工作也有宜忌,亦要遵照执行。如睡虎地秦简《日书》中都有相关记载:

> 入官良日:丁丑入官,吉,必七徙。寅入官,吉。戌入官,吉。亥入官,吉。申入官,不计去。酉入官,有罪。卯入官,凶。未午辰入官,必辱去。己丑,以见王公,必有拜也。
>
> 春三月,丙寅、丙子,利入官。夏三月,甲申、甲辰、乙巳、乙未,利入官。秋三月,壬子、壬辰、壬申、庚子、壬寅、癸丑,利入官。冬三月,庚

---

① 《汉书・董仲舒传》。

② 张家山二四七号汉墓整理小组:《张家山汉墓竹简》,文物出版社2006年版,第27页。

③ 《汉书・董仲舒传》。

申、庚子、庚寅、辛丑，利入官。子、丑入官，久，七徙。戌入官，行。亥入官，傷〈偒〉去。申入官，不计而徙。酉入官，有罪。卯入官，凶。实〈寅〉、巳入官，吉。未、辰、午入官，辱而去。①

丁丑、寅、戌、亥、己丑是入官的良日。丁丑日入官府，必会有七次升迁。己丑日谒见国王君主，一定能得到他们的委任。而申、酉、卯、未、午、辰则是入官的忌日。申日入官，不到上计之时就会离职。酉日入官，将会犯罪。卯日入官，凶险。未、午、辰日入官，必会蒙受羞辱而离职。春夏秋冬不同季节的不同时日，入官各有宜忌吉凶。

下级官吏朝见上级，汇报事项，亦各有时日规定。甲种简《吏》章曰：

子，朝见，有告，听。晏见，有告，不听。昼见，有美言。日虒见，令复见之。夕见，有美言。

丑，朝见，有奴（怒）。晏见，有美言。昼见，禺（遇）奴（怒）。日虒见，有告，听。夕见，有恶言。

……

亥，朝见，有后言。晏见，不诒（怡）。昼见，令复见之。日虒见，有恶言。夕见，令复见之。②

在子、丑、寅、卯、辰、巳、午、申、戌、亥等地支日的不同时辰去面见上司，汇报工作或申请有关事项，所得到的结果也各不相同。放马滩秦简《日书》甲乙种也有关于晋见上司、为政者入官的时日吉凶。

在《孔家坡汉墓简牍》中，也有关于汉代官员入官到任的时日禁忌：

入官，寅、巳、子、丑，吉。申，不计徙。亥，易去。戌，行。卯，凶。午、辰、未，辱。酉，有罪。入官毋以十月戊午、十一月亥已，十二月子……二月甲、乙、辛、戌、亥、癸、庚寅、申，三月戊、甲、乙卯、戌、未，四月辰、巳，五月丙、丁亥、乙未、巳，六月申、戌、壬、癸午，七月甲、乙、丙、未、酉，八月甲、乙、甲戌、申、寅，九月酉、丑。入月四日、七日、十六日、

① 吴小强：《秦简日书集释》甲种简一五七至一六六正陆、乙种简二二四至二三五贰，第112～113、246页。

② 吴小强：《秦简日书集释》甲种简一五七正壹至一六六正伍，第111～112页。

十八日、二十六日，不可入官，不死，必庳（瘽）。戊子、庚子，不可入官，辰，不可为啬夫，必以狱事免。[①]

孔家坡汉简关于入官的良日、忌日与睡虎地秦简《日书》所载大致相同，反映了汉代禁忌基本上是承袭先秦而来。《居延新简》亦有相关记载："车祭者占牛马毛物，黄白青駠以取妇嫁女、祠祀、远行、入官、迁徙、初疾。"[②]"入官"与娶妇嫁女、迁徙远行同样列入民间祭祀之列。

入官宜忌主要是地方社会下级官吏的行为指南。对于刚刚进入仕途或者刚刚升迁的官吏来说，都希望有一个良好的开端，也希望将来能在仕途上有更好的发展。而宦海沉浮不定，地位变化莫测，这些都是他们自身所无法左右的。时人认为，如果入官时辰不好，就会影响他们的官运，甚至会影响其一生的命运。所以，选择一个良辰吉日就任对官吏来说就显得格外重要。

《说文解字》对"吏"的解释是"治人者"，在《日书》中主要指基层官吏。"晋见长官在官吏的政治活动中是相当重要的，因为在官僚体制下，与长官关系的良恶与否，往往能决定一个人在仕途宦海中的升降。而大多数的官吏都希望能够在变幻莫测的宦海中趋吉避凶，因此在晋见长官时大都希望选择个好日子，增进或改进与长官的关系，以助将来在仕途上的升迁。"[③]反映了政府基层官吏对上司诚惶诚恐、谨慎小心的心态。

以上只是地方官吏在任职入官及何时晋见上级时的时日宜忌。实际上，民间禁忌对地方政治的影响还远远不止这几方面，可以说，官吏政治活动的各个方面几乎都会受到民间禁忌或多或少的影响。如在汉代，凡是人们认为不宜出行的时日，政府部门都会关门守忌，不再处理任何政务。伏日是众鬼出行之日，需闭门躲避。和帝永元六年(94)六月己酉亲自下诏："初令伏闭尽日。"李贤注引《汉官旧仪》曰："伏日万鬼行，故尽日闭，不干它事。"[④]反支日也是禁忌之日，不能出行、归家。汉代每隔六天有一个反支日，一月

---

① 湖北省文物考古研究所：《随州孔家坡汉墓简牍》简一九六至二〇〇。

② 甘肃省文物考古研究所等：《居延新简》E. P. T40：38，第88页。

③ 许信昌：《秦简日书术数的探讨》，载《中国历史学会史学集刊》第27集，(台北)中国历史学会1995年版。

④ 《后汉书·和帝纪》。

共有五个反支日。反支日官吏也都闭门自守，不去官府办公。《后汉书·王符传》记载：汉明帝时，“公车以反支日不受章奏”。虽然汉明帝以“民废农桑，远来诣阙，而复拘以禁忌，岂为政之意乎”为由而蠲其制，但仅仅是针对中央相关部门。在地方上，官吏仍然会谨守禁忌。

人类社会的调节与控制有着不同的渠道和方式，而且每种渠道和方式都具有其他渠道和方式所不能替代的作用与效力，都是社会调节与控制中不可缺少的组成部分。禁忌对社会的调节与控制功能，主要体现在禁忌能够通过其自身所具有的并不成文的程式化规矩属性，对其信众群体的行为和意识起到一定的约束作用，并通过对社会各种关系和行为、意识等进行规范，进而达到维护信仰流行区域内民众群体利益的社会管理效应。[①] 禁忌本身所具有的这种调节与控制功能，恰恰可以规范信仰者的思想行为，进而在一定程度上干预和影响地方政治。

① 参见王存奎、孙先伟《民俗信仰与社会控制》，载《民俗研究》2005年第4期。

第六章 汉代民间信仰的基本特点[①]

汉代民间的神祇崇拜虽然与先秦时期一脉相承，但在继承和吸收的过程中又不断改造、创新，使之表现出强烈的时代特色。

一、实用性

与官方祀典重“礼”的特点不同，汉代民间崇拜注重实用。任何能“解决”现实问题的神灵都有可能成为顶礼膜拜的对象，这是汉代民众同时供奉众多神灵的心理基础。民间信仰的实用性特征主要表现在以下几个方面：

（一）信仰神灵与日常生活紧密相连

汉代的民间信仰与官方崇拜存在着很大差别，官方祭拜的主要是一些关乎国家和统治者前途命运，关乎全体成员共同利益的影响重大的“大神”、“要神”，如太一、后土、社稷、名山大川等神灵。而民间信仰的多是与普通百姓日常生活密切相关的所谓“小神”，如灶神、门神、行神等。汉代民间信仰的神祇众多，功能不一，所有神灵都是人们实用的产物，与人们的生产生活

① 对于该问题，马新师已有系统阐述，此节参考引用了马新师的著述和观点。［详见马新《两汉乡村社会史》第六章第一节；《中国古代民间信仰（远古—隋唐五代）》第三章（五）；《论两汉时代的乡村神祇崇拜》，载《山东社会科学》2004 年第 1 期］

密不可分。人们祭祀、祈祷神灵的目的也是实用性的，不外乎健康长寿、子孙繁衍、驱邪除病、平安幸福、富贵尊荣等。如人们祭祀门神主要是为了避邪疫、御凶邪，吓退鬼魅，保卫居者平安。祭祀灶神主要是为了让灶神"上天言好事"，多说好话，以祈福祥与富贵尊荣。祭祀司命是为了乞求长寿。祭祀社神主要是为了丰收及解决各种实际困难。奉祀四灵是为了生活如意，死后灵魂升天。拜祭西王母主要是为了长寿、长生和升仙。民间与官方这种信仰差别的形成，当与社会结构中等级制的产生密切相关。在原始社会，泛神崇拜，氏族成员都有平等的信仰自由和祭祀的权利。众神平等，互不统属。进入阶级社会后，出现了等级制度，人与人之间被人为划分成不同等级。与此相对应，神祇也有了等级差别和隶属关系。上层统治者为维护自己的特权和地位，垄断了神祇中的所谓"大神"、"要神"的祭祀权，不同等级只能按所在阶层祭祀规定中属于自己祭祀范围之内的神灵。"天子祭天地，祭四方，祭山川，祭五祀，岁遍。诸侯方祀，祭山川，祭五祀，岁遍。大夫祭五祀，岁遍。士祭其先……非其所祭而祭之，名曰淫祀。淫祀无福。"[①]最高等级的神灵只有最高等级的人祭祀，天帝及名山大川只有天子才能祭祀，作为社会下层的普通百姓则只能按等级祭祀自己的祖先和一些在统治者看来微不足道的"小神"。祭祀了本不应该自己祭祀的神祇叫做"淫祀"，达不到祠祀的目的，因为"神不歆非类"[②]。这种以贵祭贵、以贱祭贱的祭祀崇拜等级制经过代代相袭，基本格局逐渐固定化、规范化。久之，民众也不再关心与他们日常生活相隔遥远的、属于官方祭祀对象、被纳入国家祀典的神灵，他们只在乎与其平时生产生活息息相关的神祇。另外，汉代民众的信仰方式是重视现世，淡漠来世，一切讲究实用。生活在社会下层的百姓一向并不注重什么深远的哲学思考，而是孜孜以求眼前的实际生活，只不过是想生活得好一些，寿命长一些，如此而已。这就使他们的信仰带有强烈的功利目的和实用主义色彩，尤其注重浅近的、眼前的功利目的。

---

① 《礼记·曲礼下》。

② 《左传·僖公十年》。

(二)根据实用原则对神祇取舍淘汰

一些先秦时期地位很高的神灵,如风雪雷电等因与百姓距离较远而被人们冷落,大半已退出百姓的日常生活,逐渐被人们舍弃。另外,一些纳入国家祀典、享受官方隆重祭祀的神灵,因远离人们的日常生活,与百姓关系不大,所以民间也无兴趣。百姓只关注、信奉与他们自身生产生活有关的神灵。因此,一些虽不起眼、但与百姓生活息息相关并能给人们带来某种利益或满足人们某一方面需要的神灵则越来越被民间重视。汉代民间最受欢迎的神祇都是些贴近百姓生活的小神,祭祀的目的都是祈求福佑,禳除灾祸。不管是哪路神祇,神性大小,哪怕是一块石头、一棵树,一条鱼,只要灵验、见效、实用,就会香火旺盛。如《风俗通·怪神》记载:

> 汝南汝阳彭氏墓路头立一石人,在石兽后。田家老母到市买数片饵,暑热行疲,顿息石人下,小暝,遗一片饵,去,忽不自觉,行道人有见者。时客适会,问因有是饵,客聊调之:"石人能治病,愈者来谢之。"转语头痛者摩石人头,腹痛者摩其腹,亦还自摩,他处于此。凡人病自愈者,因言得其福力,号曰贤士。辎辇毂击,帷幛绛天,丝竹之音,闻数十里。尉部常往护视,数年亦自歇沫,复其故矣。

甚至桑中生李也会成为人们信仰、膜拜的对象:

> 汝南南顿张助于田中种禾,见李核,意欲持去,顾见空桑中有土,因殖种,以余浆溉灌。后人见桑中反复生李,转相告语。有病目痛者息阴下,言:"李君令我目愈,谢以一豚。"目痛小疾,亦行自愈。众犬吠声,因盲者得视,远近翕赫,其下车骑常数千百,酒肉滂沱。①

民众一方面根据实用性的原则,将一些失去实用价值的神灵逐步淘汰;另一方面又根据社会生活的发展变化,及时创造出一些新的神灵,以满足不断增长的需要。如被汉武帝请进皇宫的神君,本是"长陵女子,以乳死,见神于先后宛若。宛若祠之其室,民多往祠。平原君亦往祠,其后子孙以尊显。及上

① 应劭撰、吴树平校释:《风俗通义校释·怪神》。

即位，则厚礼置祠之内中”①。神君本来是民间一普通女子，因死后“显灵”，得到百姓的信奉。尤其是平原君祭拜后子孙通显，得到了实惠和好处，更使人们趋之若鹜，连皇帝也笃信不已，将其纳入宫中，尊称神君。

秦汉时期，人们为历史和当代人物立祠的风气甚盛。如伍子胥死后，“吴人怜之。为立祠于江上，因命曰胥山”②。为当代人立祠更为常见。其目的是为求福避灾，仍体现了实用性的原则。汉明帝时，尚书郎河东王乔迁为叶令，“乔有神术……百姓为立祠，号叶君祠。牧守班录，皆先谒拜。吏民祈祷，无不如意；若有违犯，立得祸”③。羌人家家为邓训立祠，“每有疾病，辄此请祷求福”④。朱虚侯刘章“有神明，其谴问祸福立应”⑤，齐地百姓大为崇信。只要其神性灵验，百姓就会趋之若鹜。即使遭到官方的反对，也会禁而不止，势不可挡。对刘章的祠祀就是如此，东汉后期及末年，乐安太守陈蕃与济南相曹操曾先后两次予以取缔，但百姓对他的祭祀“历载弥久”，因而“莫之匡纠”，随后又“稍复如故”⑥。

可见，随着时代的前进，信仰也不断发生变迁，人们从对神灵的绝对敬畏变为实际利用，对神灵的信奉也从仰视变为对等交易。我奉献祭品给你，你降福于我。祭祀的目的是求福、去病、消灾。如果神灵不能起到应有的作用或失去实用价值，就会被人们淘汰、舍弃。

二、地方性

古人安土重迁，聚族而居，不同区域间交往较少，有十分强烈的地缘观念，反映在民间信仰上就产生了不同区域间的明显差异，“百里而异习，千里而殊俗”⑦。各地区、各民族有不同的习俗和信仰。《礼记·王制》云：“广谷

① 《汉书·郊祀志上》。
② 《史记·伍子胥列传》。
③ 应劭撰、吴树平校释：《风俗通义校释·正失》。
④ 《后汉书·邓禹传附子训》。
⑤ 应劭撰、吴树平校释：《风俗通义校释·怪神》。
⑥ 应劭撰、吴树平校释：《风俗通义校释·怪神》。
⑦ 《晏子春秋·内篇问上》，上海古籍出版社 1989 年版。

大川异制，民生其间者异俗。”特定的环境造就、培养出各地信仰的鲜明个性特征。不仅不同时代民间信仰有所变化，就是同一时代，不同地区之间人们崇祀的对象、对神祇的笃信程度也有很大区别。至汉代，“百里不同风，千里不同俗”，甚至于“户异政，人殊服”[①]的现象十分突出。反映在宗教信仰上，就是各地信仰呈现出明显的地方性差异。

(一)南北地区信仰的差异

从地域上看，长江流域和岭南地区的巫鬼信仰甚为浓厚。《列子·说符》曰：“楚人鬼而越人禨。”张湛注云：“禨，祥也。信鬼神与禨祥。”禨祥就是指祈禳，祈求鬼神赐福保佑的民俗活动。自春秋以来，楚地巫风极盛。《太平御览》卷七三五引桓谭《新论》曰：“昔楚灵王骄逸轻下，信巫祝之道，躬舞坛前，吴人来攻，其国人告急，而灵王鼓舞自若。”后来的楚怀王也“隆祭祀，事鬼神”[②]，与灵王一脉相承。王锡荣先生曾对楚王族信鬼好巫的风习进行过概述：

> 巫风在古代社会是很普遍的现象。但是，随着社会的发展，到春秋以后，巫风在北方各国就大大地减弱了。就在这时，南方的楚国巫风却很流行。楚国统治阶级，迷信巫术是有传统性的。远在楚成王时，就曾以大神巫咸为质，与秦穆公“齐盟”(见秦《诅楚文》)；共王时甚至立太子之事都要卜之于神；灵王不但信巫，他本人恐怕就是一名大巫；楚昭王还曾经跟他的大夫观射父讨论过巫祀之事。这都发生在战国以前。及其楚怀王信之更笃，简直成了迷信巫术的“专家”。[③]

上有所好，下必从之。楚人“信巫鬼，重淫祀”[④]之风至汉仍畅行不衰。如淮阳，“好祭祀，用史巫，故其俗巫鬼”[⑤]。九江风行巫者为山神选取民间男女作“公妪”的习俗。“九江逡遒有唐、居山，名有神，众巫共为取公妪，岁易，男不

---

① 《汉书·王吉传》。
② 《汉书·郊祀志下》。
③ 参见王锡荣《〈离骚〉的浪漫手法与古代巫术》，载《吉林大学学报》1962年第4期。
④ 《汉书·地理志下》。
⑤ 《汉书·地理志下》。

得复娶，女不得复嫁，百姓苦之。"[①]豫章郡则"多山川鬼怪"，百姓不惜"破赀产以祈祷"[②]。辰阳"其俗少学者而信巫鬼"[③]。越地巫风也很盛行。《史记·封禅书》曰："越人俗鬼。"会稽地区受越风所染，最大特点是多淫祀。《风俗通·怪神》曰：

> 会稽俗多淫祀，好卜筮，民以一牛祭。巫祝赋敛受谢，民畏其口，惧被祟，不敢拒逆。是以财尽于鬼神，产匮于祭祀。或贫家不能以时祀，至竟言不敢食牛肉，或发病且死，先为牛鸣。其畏惧如此。

人们为神灵奉献丰厚的祭品，耗费大量财物，常常出现不顾财力祭神事鬼而贫困破产的状况。巴蜀地区也是"俗妖巫，惑禁忌，多神祠"[④]。

由于南方信巫重鬼风气盛行，因此南方巫觋非常活跃。王充在《论衡·订鬼》中运用阴阳五行学说，把南方巫风畅行的原因归结为"巫为阳党"，"巫含阳气，以故阳地之民多为巫"。从方位上看，南为阳，北为阴，故南方之人多为巫。汉代越巫及巫术名扬天下。汉武帝"迷于鬼神，尤信越巫"[⑤]，将越巫正式纳入宫廷，"祠天神上帝百鬼"[⑥]。越巫围绕在汉武帝周围，为其驱邪除鬼，排忧解难，甚受宠信。

另外，南方（尤其是淮南与南阳地区）神仙崇拜思想也非常浓重。这种思想从汉画像石内容中清晰地反映出来。南阳地区本为楚地，楚俗信鬼好祀。东汉时期，由于汉光武帝的提倡，谶纬之风极盛。因此，南阳地区汉画像石中大量流行用以驱邪避害的珍禽异兽和方相氏驱鬼怯妖的大傩图[⑦]。南阳十里铺汉墓中"以龙、虎、山神和灵怪为题的刻画占全部汉画的五分之二，如盘尾单龙、虎鹿相间、人兽相伴，表现一种田园牧歌式的仙界景象，很难从这里看出现实的影子。山东汉画石中此类所占比例极小，所见的西王母亦形象端庄。而南阳地区常见的大量升仙气氛烘托下的西王母，实际上

---

① 应劭撰、吴树平校释：《风俗通义校释·怪神》。

② 《后汉书·栾巴传》。

③ 《后汉书·宋均传》。

④ 常璩：《华阳国志·南中志》，上海古籍出版社1987年版。

⑤ 应劭撰、吴树平校释：《风俗通义校释·怪神》。

⑥ 《史记·封禅书》。

⑦ 参见米如田《汉画像石墓分区初探》，载《中原文物》1988年第2期。

是楚风好鬼神的产物"[①]。天文星象是南阳画像石中另一有特色的题材。我国古代的天文研究和迷信思想是密切相关的，占星术就是为了沟通天人之间的联系而发展起来的。南阳地区占星术非常发达，这与该地区浓厚的迷信习俗是不无关系的。

与南方相比，北方受儒家文化影响至深，神鬼观念相对淡薄。如山东是孔子故乡，崇儒之风甚浓，与之邻近的苏北地区也受其影响。山东一带汉画像石主要以效法先王、吹捧孔子、宣扬儒家伦理道德、鼓吹"杀身成仁"、图象祥瑞和粉饰太平等为常见题材。如山东嘉祥纸坊和五老洼汉画石刻中就有孔子见老子、泗水取鼎、周公辅成王等画像。另外，在山东嘉祥宋山、江苏邳县白山故子、泗洪曹庙、徐州青山泉白集等地汉墓画像中，均有大量宴飨、出行和游猎刻石，场面浩大，人物庞杂，"对于威仪的炫示，成为表现高贵和荣誉的方式，以此来区分尊卑、贵贱，勉励有道行的人"，表现出儒家浓厚的讲求功名、注重形式的功利特点。"尊礼近人而远鬼神的思想观念具有十分强烈的入世性。苏鲁汉画中反映墓主宴飨、车马出行、庄园生活的场景，给人以更多的人间盛世的感觉……儒家文化所关心的是人生、社会和伦理道德，而忽略了对宇宙问题的探讨和对自然的认识。因而其星象图几乎不见，鬼神虚幻的刻石数量亦不常见。"[②]总起来看，北方对神祇的笃信程度远不如南方狂热，但也不能一概而论，如齐地亦笃信鬼神，有长女不嫁，为家主祠之俗。

（二）不同环境信仰的差异

我国古代民间崇拜与居住环境有密切关系，如山区居民多崇拜山神。我国山神信仰起源很早，《礼记·祭法》曰："山林川谷丘陵能出云，为风雨，见怪物，皆曰神。"在古人看来，山具有兴云布雨的神奇功能，而且"山无大小，皆有神灵。山大则神大，山小则神小"[③]，所以都十分崇拜山神。但居住

---

① 张新斌：《汉代画像石所见儒风与楚风》，载《中原文物》1993年第1期。
② 张新斌：《汉代画像石所见儒风与楚风》，载《中原文物》1993年第1期。
③ 葛洪：《抱朴子·登涉》。

地不同，所见山峰不一，因此山神崇拜有明显的地区性和民族性。古代的申、吕诸国崇拜嵩山[①]，赵人崇拜霍太山[②]，楚人崇拜巫山[③]，齐人、鲁人崇拜泰山。汉代，五岳四渎等名山大川被纳入国家祀典，由政府统一祭祀。在民间，各地居民仍祭祀当地山神，山神崇拜的地方特点非常突出。如唐、居二山山神只是九江民众崇拜的对象[④]。增城、博罗二县居民祭祀罗、浮二山山神。越巂郡青岭县"有禺同山，俗谓有金马碧鸡"[⑤]。汉宣帝遣谏议大夫王褒"持节而求之"[⑥]。金马碧鸡是西南夷信奉的地方性山神，宣帝时被纳入国家祀典。汉安帝元初四年(117)，常山相冯君到官后祭祀当地的三公山，并立碑述其事云："三公悳(德)广，其神尤灵。"[⑦]封龙山神、白石神君是元氏县奉祀的山神[⑧]；"人先"是陇西人祭祀的山神[⑨]。楚地则祠祀湘山神。赵翼《陔余丛考》卷一九说："湘君、湘夫人，盖楚俗所祠湘山神。"[⑩]

另外，蓝田有虎候山祠，华阴有太华山祠，谷口有五床山祠，武功有垂山祠，蒲反县有尧山、首山祠，庐江郡灊县有天柱山祠，钜平县有亭亭山祠，蒙阴县有蒙山祠，齐郡临朐县有逢山祠，东莱郡腄有芝罘山祠，黄县有莱山祠，曲成县有参山祠，朱虚县有三山祠，长广有莱山莱王祠，昌有环山祠，金城郡临羌县有昆仑山祠，上郡肤施县有五龙山祠，即墨县有天室山祠[⑪]，鲁阳有尧山祠，零陵郡营道南九疑山有舜祠。[⑫] 皆属于地方崇拜的山神。

水乡居民则多崇拜水神。由于各地各民族居住在不同的水域，所崇拜

---

① 《诗经·大雅·崧高》："崧高惟岳，峻极于天。惟岳降神，生甫及申。"

② 参见《史记·赵世家》。

③ 参见《越绝书》卷八。

④ 参见应劭撰、吴树平校释《风俗通义校释·怪神》。

⑤ 《后汉书·郡国志五》。

⑥ 《汉书·郊祀志下》。

⑦ 高文：《汉碑集释·祀三公山碑》，第 32 页。

⑧ 高文：《汉碑集释·封龙山颂》、《白石神君碑》，第 251、471 页。

⑨ 《史记·封禅书》"作畤畤栎阳而祀白帝"司马贞《索隐》引《汉旧仪》云："祭人先于陇西西县人先山，山上皆有土人，山下有畤。"

⑩ 赵翼：《陔余丛考》，商务印书馆 1957 年版，第 367 页。

⑪ 参见《汉书·地理志》。

⑫ 参见《后汉书·郡国志》。

的水神也大不相同。居住在大江附近的人一般信仰江神，居住在河边的人则信仰河神，居住在沿海一带的人往往信仰海神和潮神。就是同样的河神或江神，各地也有不同的崇拜对象。

河流崇拜同山岳崇拜一样，地方性很强，并无统一的河流神。古代民间一般只祭祀自己居住区域的河流神。由于黄河是北方第一大河，所以黄河神就受到北方沿河居住的人们最隆重的祭祀。而南方，由于相隔悬远，自楚地开始就不祭拜黄河。如《左传·哀公六年》记载：

> 初，昭王有疾，卜曰："河为祟。"王弗祭。大夫请祭诸郊。王曰："三代命祀，祭不越望。江、汉、睢、漳，楚之望也。祸福之至，不是过也。不谷虽不德，河非所获罪也。"遂弗祭。

楚人对江、汉、睢漳实行望祭，黄河在地理位置上超过了楚人望祭的范围，因而楚昭王不祭黄河神。戴震《屈原赋注》据之而云："楚人不祭河，昭王之事是其证。"[①]邛都县"多恶水，水神护之，不可污秽及沉乱发，照面则使人被恶疾"[②]。邛都县的水神也应是当地崇拜的地方性神祇。另外，武功有斜水、(淮)水祠，郁夷有汧水祠，临朐有海水祠，汶水有五帝祠，临淮郡海陵有江海会祠，金城郡临羌县有弱水祠，安定郡朝那县有湫渊祠，上郡肤施县有原水祠，江都有江水祠[③]，临晋有河水祠，广陵郡江都有江水祠[④]。可见，不同地方信奉的水神也各不相同。

(三)同一信仰因地而异

即使是同一神灵，各地奉祀对象也因地而异。以江神为例，蜀地以奇相为江神。《史记·封禅书》"江水，祠蜀"司马贞《索隐》曰："《广雅》云'江神谓之奇相'。《江记》云'帝女也，卒为江神'。"蜀太守李冰曾于彭门阙立江神祠三所。楚地以湘江二夫人为江神："有虞二妃者，帝尧之二女也。长娥皇，次

① 戴震：《屈原赋注》卷二《九歌》，商务印书馆1930年版，第21页。

② 常璩：《华阳国志·蜀志》。

③ 参见《汉书·地理志》。

④ 参见《后汉书·郡国志》。

女英……二妃死于江、湘之间,俗谓之湘君。"[①]扬州奉伍子胥为江神。《后汉书·张禹传》记东汉前期扬州刺史张禹在赴任途经长江时,"中土[人]皆以江有子胥之神,难于济涉。禹将度,吏固请不听"。吴郡则把伍子胥奉为钱塘江江神。《艺文类聚》卷八引谢承《后汉书》曰:"吴郡王闳,渡钱塘江,遭风,船欲覆。闳拔剑斫水,骂五(伍)子胥,水息得济。"

又如社神,是汉代民间普遍信奉的神祇,但不同地区有不同的社神。如朝廷以大禹、句龙为社神,民间则往往把当地知名人士或有政绩的地方官奉为社神。如栾布"吴楚反时,以功封为鄃侯,复为燕相。燕齐之间皆为立社,号曰栾公社"[②]。栾布是燕地、齐地人们的社祭对象。齐人在祭祀栾布的同时,也将石庆作为社神,史载"(石)庆为齐相,齐为立社"[③]。阳武则因陈平"少为社下宰,今民祀其位"[④]。北海相孔融将当地名人甄子然、临孝存"配食县社"[⑤]。颍川太守宋登"政为明能",号称"神父",甚有政绩,"汝阴人配社祠之"[⑥]。江淮地区则信奉社母。《淮南子·说山训》云:"东家母死,其子哭之不哀。西家子见之,归谓其母曰:'社何爱速死,吾必悲哭社。'"高诱注云:"江淮谓母为社。"可见,汉代江淮流域仍保留着远古时期地母崇拜的遗迹。而同时代的北方,土地神早已变为"社公"、"社鬼"等男性神灵。

(四)各地名人的神灵化

汉代民间造神运动兴盛,表现之一就是对地方名人的尊崇神化。如西

---

① 刘向:《列女传·有虞二妃》。另据《史记·秦始皇本纪》记载:始皇出巡,归途"浮江,至湘山祠,逢大风,几不得渡。上问博士曰:'湘君何神?'博士对曰:'闻之:尧女,舜之妻,而葬此。'"湘君即湘江之神。

② 《汉书·栾布传》。

③ 《汉书·叙传下》"庆社于齐,不言动民"师古注引邓展曰。

④ 李昉等:《太平御览》卷五三二《社稷》。

⑤ 《后汉书·孔融传》。

⑥ 《后汉书·宋登传》。

汉时期，琅琊、青州、渤海一带为朱虚侯刘章立祠。桐乡人祠祀啬夫朱邑[①]。上蔡、南阳祭祀召信臣[②]。王涣则是洛阳百姓的祭祀对象[③]。和帝时，许荆为桂阳太守，"为设丧纪婚姻制度，使知礼禁……桂阳人为立庙树碑"[④]。祭肜在辽东近三十年，为官清廉，衣无兼副，"辽东吏人为立祠，四时奉祭焉"[⑤]。侯霸为淮平大尹，政理有能名。建武十三年(37)，"霸薨……临淮吏人共为立祠，四时祭焉"[⑥]。周嘉为零陵太守七年，"零陵颂其遗爱，吏民为立祠焉"[⑦]。姜诗为江阳令，治理有方，卒于官，"乡人为立祠"[⑧]。岑彭为益州牧，破荆门，驱武阳，持军整齐，秋毫无犯。"谥曰壮侯。蜀人怜之，为立庙武阳，岁时祠焉。"[⑨]渭城为县令胡建立祠[⑩]。有的地方甚至为生人立祠。东海郯人于定国，其父于公为县狱史，"郡决曹，决狱平，罗文法者于公所决皆不恨。郡中为之生立祠，号曰于公祠"[⑪]。东汉王堂治蜀有绩，"巴、庸清净，吏民生为立祠"[⑫]。更始元年，任延为会稽都尉，"静泊无为，唯先遣馈礼祠延陵季子"[⑬]。延陵季子即春秋时期吴王寿梦之子季札，封于延陵，故称。任延到官后先礼祠季札，说明吴越之民对季札的信仰在汉代还是非常普遍的。

---

① 《汉书·循吏传·朱邑》载："(朱邑)少时为舒桐乡啬夫，廉平不苛，以爱利为行……迁北海太守，以治行第一入为大司农……神爵元年卒……初邑病且死，属其子曰：'我故为桐乡吏，其民爱我，必葬我桐乡。后世子孙奉尝我，不如桐乡民。'及死，其子葬之桐乡西郭外，民果共为邑起冢立祠，岁时祠祭，至今不绝。"

② 《汉书·循吏传·召信臣》载：召信臣"九江寿春人也……迁上蔡长。其治视民如子……迁南阳太守，其治如上蔡……元始四年，诏书祀百辟卿士有益于民者，蜀郡以文翁，九江以召父应诏书。岁时郡两千石率官属行礼，奉祠信臣冢，而南阳亦为立祠"。

③ 《后汉书·循吏传·王涣》曰：王涣为洛阳令，清正爱民，"民思其德，为立祠安阳亭西，每食辄弦歌而荐之……延熹中，桓帝事黄老道，悉毁诸房祀，唯特诏密县存故太傅卓茂庙，洛阳留王涣祠焉"。

④ 《后汉书·循吏传·许荆》。

⑤ 《后汉书·祭遵传附从弟祭肜传》。

⑥ 《后汉书·侯霸传》。

⑦ 《后汉书·独行传·周嘉》。

⑧ 《后汉书·列女传·姜诗妻》。

⑨ 《后汉书·岑彭传》。

⑩ 参见《汉书·胡建传》。

⑪ 《汉书·于定国传》。

⑫ 《后汉书·王堂传》。

⑬ 《后汉书·循吏传·任延》。

人们奉祀地方名人，一方面是对其生前政绩的肯定；另一方面也是希望神灵继续护佑一方乡民，亦体现出实用主义的倾向。在汉代，这种为名人或地方官立祠的风俗非常盛行，具有普遍性。但被立祠祭祀者往往仅限于原籍或任职地，属于一地或部分区域的信仰，很难形成全国规模的信仰与崇拜活动，各地有本地区不同的信奉对象，也就体现出不同区域信仰的地方性差异。

民间信仰所具有的地方性色彩是汉代社会地域发展不均衡的产物。不同的地理与人文环境往往孕育出不同的信仰内容与仪式活动。一方面，它是隔绝和文化封闭的产物，越是在官方意识形态难以传递得到的地方，它的存在就越持久，它的地方性色彩就越丰富。另一方面，它又是各地方强化其社区传统或地方文化传统的产物。一旦各种社会集团，无论是地缘集团（如乡社城镇）、血缘集团（如家族宗族），还是职业集团或性别集团，需要强化各自的凝聚力，往往会在本地的民间信仰上下工夫。与此相关的是，在安土重迁的传统农业社会中，民众的乡土感情很重，本地的民间信仰往往成为维系乡土渊源的纽带，是抵御外部力量的象征，因此不会被轻易放弃，反而在特定的情况下会得到强化。① 民间信仰的地域性差别一直延续至封建时代中后期，但较之秦汉时期已大有不同。

三、多元性

发端于原始社会末期的民间信仰与崇拜，经过漫长岁月的传承和发展，到两汉时期，已具有鲜明的时代特色。由天神、地祇、人鬼和精怪等数量众多的神祇共同构成了汉代民间信仰的神祇体系。汉代多神崇拜的形成是社会历史、文化、心理等各方面因素造成的，也是民间信仰不断继承与创新的必然结果。

① 参见赵世瑜《狂欢与日常——明清以来的庙会与民间社会》，三联书店 2002 年版，第 31 页。

(一)继承前代信仰

先秦时期的信仰活动是以多神崇拜为特征的。见于甲骨卜辞记载的就有日、月、雨、风、云、虹、雪、寒、煖、雹、东母、西母、门示、土、山、岳、河等自然神灵,还有高祖亥、大甲、大丁、祖乙等祖先神以及具有较大权威的“帝”。①《礼记·祭法》曰:“山林、川谷、丘陵,能出云、为风雨、见怪物,皆曰神,有天下者祭百神。”民间百姓则祭祀与之生产生活密切相关的各种神灵。人们相信神灵越多,人世间就能得到更多的保障。随着社会分工的日益细化以及人们需求的不断增加,相关的神灵也被不断创造出来,以满足不同层次、不同行业人们的不同需求。这就使得民间信仰的多神崇拜色彩越来越浓厚。这一特性从出土的战国楚墓竹简的记载中可以看得非常清楚。

包山二号墓主是楚国主管司法的左尹邵陀,位居大夫行列,其祭祀的神祇有:天神有太(蚀太)司命、司禄、日、月、岁;地祇有后土、宫、宫室、宫地主、宫后土、野地主、地主、行、社、夕山、五山、高丘、下丘、大水、南方、户、灶、室、门;人鬼有人禹、老僮、鬻熊、祝融、自熊绎至武王的楚国君主、二天子、明祖、没人、无后者、不歺古、兵死、昭王、文坪夜君、郚公子春、司马子音、蔡公子家、夫人、邵良、邵辣、县貉公东陵连嚣等。望山一号墓出土一批记录占卜祭祀的竹简,祭祀的神祇数量众多:天神有太、司命;地祇有大水、宫、宫地主、宫主、宫室、社、行、北方、南方;人鬼最多,包括祖先神灵、同辈或晚辈的亲友神灵及非正常死亡的殇鬼,如老僮、祝融、鬻熊、简王、声王、悼王、哲王、二王、明祖、亲父、北宗、北子、王孙巢、王孙喿、栽陵君、逨、不辜、不壮死等。②天星观一号墓出土记录祭祀、占卜情况的竹简存有 2700 余字,祭祀的神祇有司命、司祸、云君、大水、东城未人 等,祷告的祖先有卓公、惠公。③

虽然三座楚墓的主人皆是战国中期的楚国贵族,但竹简所记录的主要

---

① 参见宋镇豪《夏商社会生活史》,中国社会科学出版社 1994 年版,第 633～658 页;张玉强《简论殷商多神崇拜》,载《四川大学学报》1996 年第 3 期。

② 参见王泽强《楚墓竹简所记神祇与〈九歌〉神祇之异同及其在楚辞学上的意义》,载《天水师范学院学报》2006 年第 4 期。

③ 参见湖北省荆州地区博物馆《江陵天星观 1 号楚墓》,载《考古学报》1982 年第 1 期。

是他们卜问自身疾病能否好转，迁居新屋是否能长久居住，有无灾祸以及侍奉楚王是否顺利等有关他们自身健康、生活、仕途等内容，祭祀、占卜属于他们日常生活中的个人信仰行为，而不是代表官方的信仰，所以也应该视为民间信仰的范畴。从楚墓竹简祭祀的神祇可以看出，楚人信奉的神灵众多，天神、地祇、人鬼无所不包。而且楚人特别重视祭祀人鬼，包括祖先、亲友及非正常死亡的殇鬼等神灵。楚墓祭祀竹简向我们展示了战国时期楚国人祭祀的神祇体系，也清晰地表明了楚人多神崇拜的信仰特征。

西汉建立后，来自楚地、深受楚风影响的汉高祖刘邦实行开明的宗教政策，对全国各地的鬼神信仰采取兼容并包的办法。在长安置祠祝官、女巫，分别祭祀各地具有代表性的神祇。据《史记·封禅书》记载：

> 梁巫，祠天、地、天社、天水、房中、堂上之属；晋巫，祠五帝、东君、云中[君]、司命、巫社、巫祠、族人、先炊之属；秦巫，祠社主、巫保、族纍之属；荆巫，祠堂下、巫先、司命、施糜之属；九天巫，祠九天：皆以岁时祠宫中。其河巫祠河于临晋，而南山巫祠南山秦中。秦中者，二世皇帝。各有时(月)[日]。

荆巫即指楚地的巫师，作为官方信仰，不可能把民间信奉的众多神祇全部纳入其祭祀范围，只能进行筛选取舍，选择其中具有代表性的几种，所以其祭祀的神祇只有“堂下、巫先、司命、施糜”等。但楚地民间信仰的神祇却是庞杂丰富的，其他各地的情况也都类此。与官方信仰相比，民间百姓的信仰则不受此限制，仍然遵循着多神信仰的特性继承、发展。

另外，神灵信仰祭祀权的下移也使汉代民间信仰的神祇日益增多。虽然统治者继续把持着神祇体系中“大神”、“要神”的祭祀权，但与先秦时期相比，民众可以信奉、有权祭祀的神祇大量增加。随着神灵人格化、世俗化、社会化趋势的发展及神性职能的改变，不少神灵降至民间，成为百姓可以奉祀的对象。如先秦时期，“七祀”之祭有严格的等级规定。据《礼记·祭法》记载：

> 王为群姓立七祀，曰司命，曰中霤，曰国门，曰国行，曰泰厉，曰户，曰灶。王自为立七祀。诸侯为国立五祀，曰司命，曰中霤，曰国门，曰国行，曰公厉。诸侯自为立五祀。大夫立三祀，曰族厉，曰门，曰行。适士

立二祀，曰门，曰行。庶士、庶人立一祀，或立户，或立灶。

按《礼记》规定，“七祀”之中，庶人只能立一祀。春秋战国以降，民间对于“七祀”则可以随意信奉，自由选择。如秦简《日书》中就有：“祠五祀日，丙丁灶，戊己内中土，乙户，壬癸行，庚辛□”[①]荆门包山战国楚墓中也出土了写有“室、门、户、行、灶”五字的五祀神牌，说明五祀也是楚地人们的信仰。[②] 汉代民间“春秋祠司命，行神，山神，门灶在旁，是必春祠司命，秋祠厉也。或者合而祠之”[③]。可见，随着世袭贵族等级制的瓦解，神祇的信仰、祭祀权也逐渐下移，从而使民间信仰的神灵范围大大扩展，这就丰富、充实了民间信仰的内涵。

(二)创造新型神灵

随着社会的发展进步，人们的需要也不断增长，原有的神灵已远远不能满足人们的现实需求，因此，除继承前代外，人们根据自己的实际要求，不断创造出形形色色、职能各异的新神祇。人们在现实生活中产生了什么需求，就创造出一个能职司某一方面的神灵出来，加以崇拜。

两汉时期掀起一场声势浩大的造神运动，鬼神迷信弥漫着整个社会。《风俗通·祀典》云：“自高祖受命，郊祀祈望，世有所增。武帝尤敬鬼神，于时盛矣。至平帝时，天地六宗已下及诸小神凡千七百所。”据《汉书·郊祀志下》记载，成帝时，由国家派专官祠祀的诸神之庙已有 683 所，民间的神庙，尚不在内。其中，有 203 所是秦代原有的神庙，其余 480 所则为新兴的诸神。面对如此繁杂的神灵体系，在匡衡、张谭等人的建议下，汉成帝对国家宗教祭祀制度进行了全面清理，但此次清理整顿并未坚持多久，哀帝即位，体弱多疾，遂多方求医、问神，“博征方术士，京师诸县皆有侍祠使者，尽复前世所常兴诸神祠官，凡七百余所，一岁三万七千祠云”。王莽称帝后也迷恋神仙方术，国家奉祀的祠庙，达到 1700 所。史称：王莽“遂崇鬼神淫祀，至其

① 云梦睡虎地秦墓编写组：《云梦睡虎地秦墓》简 935。

② 参见胡雅丽《楚人宗教信仰刍议》，载《江汉考古》2001 年第 3 期。

③ 《礼记·祭法》“王为群姓立七祀”郑玄注。

末年，自天地六宗以下至诸小鬼神，凡千七百所，用三牲鸟兽三千余种。后不能备，乃以鸡当鹜雁，犬当麋鹿"[①]，比武、宣之世更甚。至东汉光武时，仅就郊祀五帝的神坛守卫神灵而言，就已达 1514 位之多。[②] 卫宏《汉旧仪补遗》卷下亦曰："汉制：天地以下，群臣所祭凡一千五百四十。新益为万五千四十。"由此可知，两汉时代的神灵，已经是盛极一时了。其中除了少数继承前代外，大部分为汉代新兴诸神。

史书记载的列入国家祀典的神灵，已十分庞杂。至于民间祭祀的神祇，更是难计其数。一般说来，人们所崇拜的神灵虽有神力，却不是万能的，各种神灵的职能只体现在某个特定的范围之内或某一方面，超越了这个范围，神也就不灵了。每个神都只能替人解决一方面或一两个问题而没有万能的神力。有什么事要办，就得去找相应的神灵，一切从个人的功利目的[illegible]。汉代民众造神、信神的原则是实用，有用的就拿来，没用的就舍弃，或是按照自己的要求再作适当改造，一切概不深究，但求眼前实用。结果，神越造越多，十分庞杂。为了求得神灵的保佑，中国民众常常将"有求必应"作为最佳效应，只要"灵验"有效，就会趋之若鹜。如《风俗通·怪神》记载：西汉时，莒县为城阳景王刘章立祠，青州诸郡转相仿效：

> 自琅琊、青州六郡及渤海都邑、乡亭、聚落皆为立祠，造饰五二千石车，商人次第为之，立服带绶，备置官属，烹杀讴歌，纷籍连日，转相诳曜，言有神明，其谴问祸福立应，历载弥久，莫之匡纠。唯乐安太傅陈蕃、济南相曹操一切禁绝，肃然政清。陈、曹之后，稍复如故。

汉代民间信仰的神灵众多，上至天神，下到地祇、人鬼，无所不包。由于民间信仰具有传承性和创新性的特点，因此崇拜对象总在不断扩大、丰富，使民间神灵信仰呈现多元化发展趋势。不仅先秦时期创造出来的地方神绝大多数流传下来，同时，随着人们需要的增多，大量新的地方神也被塑造出来，与原有的神灵一起，构成了庙宇林立、庞杂而几乎无处不有的民间鬼神世界。乡村社会对于神祇始终是敞开大门的，只要你能显灵，便可轻易地登堂入

---

① 《汉书·郊祀志下》。

② 参见《后汉书·祭祀志上》。

室，受人膜拜，神祇只是可资利用的工具。费孝通先生在比较中美两国的信仰方式后曾写道："我们对鬼神也很实际，供奉他们为的是风调雨顺，为的是免灾逃祸。我们的祭祀很有点像请客、疏通、贿赂。我们的祈祷是许愿、哀乞。鬼神在我们是权力，不是理想；是财源，不是公道。"①可谓一语中的。

汉代民间信仰的这一特征被后世所继承，一直贯穿于整个古代社会。需要指出的是，汉代处于神祇崇拜的转型时期，这一时期民间信仰中所表现出的泛神崇拜的特点至魏晋以后已趋于淡化，以佛教的观音菩萨、如来佛祖及道教的玉皇大帝、碧霞元君为代表的宗教神替代了自然神的位置，成为民间信仰的主体性神灵。虽然魏晋以后的民间信仰也属于多神崇拜，但人们对神祇的崇拜具有了更多理性化成分，神祇中也有了大小、主次之分。另外，由于魏晋南北朝时期战乱不已，北方少数民族大量内迁，中原人民则大量向南流动，出现了历史上规模空前的人口流动及迁移，从而导致了思想文化交流的空前频繁与扩大，使得原来各地区之间长期保持的封闭、隔绝状态被逐一打破，民间信仰的地域性差异逐渐减小，各地神灵出现相互吸收、融合的趋势，对同一神灵的信仰范围也在逐步扩展。中国古代的民间信仰也就进入了另一个发展时期。

另外，汉代民间信仰也出现了组织化的发展趋势。先秦时期，官方信仰存在着较强的组织性，而民间信仰以分散性和家庭性为特点，尚未出现以信仰为纽带的民间社会组织。至秦汉时代，尤其是东汉，在官方信仰仍保持着较强的组织性的同时，民间信仰组织也开始出现。最具代表性的当属汉代私社。在汉代，社的设置是受官方控制的。他们要求以里立社，不能随意立社。然而，在民间却出现了于传统里社之外的私社，而且其发展呈现出不可遏止的势头。另外，到东汉后期，出现了因信仰而结成的民间宗教化组织②。如"妖巫"钜鹿人张角利用巫术信仰，"符水咒说以疗病，病者颇愈，百姓信向之"。张角以符水咒说为民治病，"蓄养弟子"，发展徒众，"遣弟子八人使四

① 费孝通：《美国与美国人》，三联书店 1985 年版，第 110 页。

② 参见马新、贾艳红、李浩《中国古代民间信仰（远古—隋唐五代）》，第 207 页。

方，以善道教化天下，转相诳惑。十余年间，众徒数十万，连接郡国”[1]，遍及青、徐、幽、冀、荆、扬、兖、豫八州。张角对信众按照军事编制建立组织系统，划分为三十六方，大方万余人，小方六七千，各立渠帅。于灵帝中平元年(184)，三十六方同时起事，提出“苍天已死，黄天当立，岁在甲子，天下大吉”的起义口号，张角自称“天公将军”，弟张宝为“地公将军”，弟张梁为“人公将军”。起义军攻城夺邑，焚烧官府，震撼了东汉王朝的统治基础。与此同时，张修也在汉中创立了五斗米教。《三国志·张鲁传》裴松之注引《典略》曰：“熹平中，妖贼大起，三辅有雒嚁。光和中，东方有张角，汉中有张修。……修法略与角同，加施静室，使病人处其中思过。又使人为奸令祭酒，祭酒主以《老子》五千文。使都习，号为奸令。为鬼吏，主为病者请祷。请祷之法，书病人姓名，说服罪之意。作三通，其一上之天，著山上，其一埋之地，其一沉之水，谓之三官手书。使病者家出米五斗以为常，故号曰五斗米师。”张修也是利用民间信仰发展徒众，建立组织，并于张角起义的同年七月在巴郡起义，占领汉中。其后继者张鲁在汉中建立政教合一的地方政权，在汉末军阀割据的夹缝中存在了二十余年。

民间信仰的组织化发展趋势使官方对乡村社会的控制和管理大为减弱，信仰者很容易演变成为一种与官方相抗衡的政治力量，从而引发骚乱，甚至在时机成熟时聚众起事，公开武装反抗，对地方社会乃至整个政治格局都会产生深远的影响。

---

① 《后汉书·皇甫嵩传》。

第七章 汉代民间信仰与社会文化

在中国古代，未受教育的普通百姓占了人口的绝大多数，他们虽然通过各种形式接受了一些主流文化的教化，但仅仅是浅层次的，真正影响他们生活的是民间特有的信仰。民间信仰是中国俗文化的根基所在，只有了解了中国民间信仰，才可能真正理解普遍意义的中国文化。民间信仰源远流长，对普通百姓的价值观念、行为准则、思维方式产生了深刻的影响。

一、民间信仰与民间习俗

民间信仰是民俗的重要组成部分。民间信仰经过长期延续，日益渗透到民间文化生活之中，逐渐演变成种种习俗。它以习俗的形式潜伏在人们的意识里，又通过各种仪式活动体现出来，不断得到强化和巩固。民间信仰与习俗相结合，成为人们生产生活中必不可少的组成部分。

(一)民间信仰与岁时节日

民间信仰与岁时节日关系最为直接，有许多节日即是在民间信仰基础上演变而来的，都带有民间信仰的特色和内涵。

1. 上巳节

上巳节源于古代祓除之仪。《周礼·春官宗伯·女巫》曰："女巫：掌岁时祓除、衅浴。"郑玄注云："如今三月上巳如水上之类。"关于"祓除"的含义，

《说文解字》释“祓”曰：“除恶祭也。”《初学记》卷四引《韩诗》曰：“郑国之俗，三月上巳，于溱洧两水上，执兰招魂续魄，祓除不祥也。”应劭《风俗通·祀典》云：“谨按《周礼》：‘……女巫掌岁时以祓除衅浴，禊者，洁也……疗生疾之时，故于水上衅洁之也。”可见，祓除是一套在水边洗濯污垢、祛除凶邪之气与疾病、祈求健康长寿的巫事程序。汉代已发展成为官民同尊的节日民俗。《汉书·外戚传·孝武卫皇后》曰：

> 武帝即位，数年无子……帝祓霸上，还过平阳主。

师古注引孟康曰：“祓，除也。于霸水上自祓除，今三月上巳祓禊也。”

> （平帝时）太后……率皇后列侯夫人桑，遵霸水而祓除。[①]

《晋书·礼志下》亦云：

> 汉仪，季春上巳，官及百姓皆禊于东流水上，洗濯祓除去宿垢。而自魏以后，但用三日，不以上巳也。

汉代祓除的时间在三月上巳日，官民同到水边，洁濯祈祷，除恶去凶。魏以后定为三月三日，而不问逢巳与否。《荆楚岁时记》曰：“三月三日，士民并出江渚池沼间，临清流为流杯曲水之饮。”魏晋以后，上巳节由最初的“拂除不祥”[②]，对疾病和夭亡的禁忌，演变为“流杯曲水之饮”，踏青春浴，增加了节日的欢乐成分。

2. 寒食节

源于古代的改火习俗，由此导生而成的禁忌，已见前述。魏晋隋唐时期，寒食节发展为人们外出踏青游玩的全国范围的娱乐节日。

3. 端午节

“端午”之名源于先秦时期就已成熟的天文历法。端午节本是午月午日节，午月为斗柄指午之月，即农历五月。午日即农历五月十二支纪日的第一个午日。据黄石考证，自先秦至两汉，端午的日子每年变动。随干支纪日而定在五月的第一个午日。大约魏晋以后，由于用干支表示的节日不便记忆，

---

① 《汉书·元后传》。

② 李昉等：《太平御览》卷三〇引《韩诗》注。

形成代之以数字日期的趋势。于是上巳定在三月三日，端午定在五月五日。① 在汉代民间信仰中，五月是百毒并生的恶月，五月五日更是恶中之恶。为了除邪、驱瘟、止恶气，民间便在五月五日以五彩丝系臂，名之“长命缕”、“续命缕”：

> 五月五日以五彩丝系臂，名长命缕……
>
> 五月五日续命缕，俗说以益人命。②

汉人相信，五彩丝可以避邪驱鬼，五月五日以五彩丝系臂，可以预防病瘟，增加寿命，“辟兵及鬼”，“以益人命”。关于端午节的起源，学术界众说纷纭，有纪念屈原说③、纪念伍子胥说④、恶日说⑤、夏至说⑥、龙图腾祭祀说⑦、祭天祈年说⑧和祈求生育说⑨等。其中纪念屈原说流传最广。汉代五月五日已经开始附会屈原，“五月五日以五彩丝系臂者，辟兵及鬼，令人不病温，亦因屈原”⑩。魏晋以后此说更加流行。南梁吴均《续齐谐记》载：“屈原五月五日投汨罗水，楚人哀之，至此日，以竹筒贮米投水以祭之。”宗懔《荆楚岁时记》又有竞渡祭祀屈原之说：“五月五日竞渡，俗为屈原投汨罗日，人伤其死，故并

---

① 参见高丙中《端午节的源流与意义》，载《民间文化论坛》2004 年第 5 期。

② 应劭撰、吴树平校释：《风俗通义校释 · 佚文》。

③ 参见饶学军《龙舟竞渡：民族精神的史诗——兼论“纪念屈原说”历史的和心理的成因》，载《殷都学刊》1996 年第 4 期；孟修祥、陈亮军《端午文化意义的淘汰与选择》，载《荆州师范学院学报》1999 年第 3 期。

④ 宗懔《荆楚岁时记》载：“（东汉）邯郸淳《曹娥碑》云：‘五月五日，时迎伍君。逆涛而上，为水所淹。’斯又东吴之俗，事在子胥，不关屈平也。”（第 36 页）戈春源认为：伍子胥比屈原早两百多年，端午节最常见的竞渡活动是勾践为纪念伍子胥所创，伍子胥的殉难日与端午节接近，斗百草、采杂药、食粽、饮雄黄酒等端午习俗很多起源于伍子胥所在的吴地，屈原被重视只是“流”，而非“源”。（参见戈春源《端午节起源于伍子胥考》、《从屈原与伍子胥的关系看端午节的起源》，载《苏州科技学院学报》2004 年第 4 期、2006 年第 2 期）

⑤ 参见钟敬文《民俗学概论》，第 142 页；乌丙安《中国民俗学》，辽宁大学出版社 1985 年版，第 304 页；张心勤《端午非因屈原考》，载《齐鲁学刊》1982 年第 1 期。

⑥ 参见刘德谦《端午起源又一说》，载《文史知识》1983 年第 5 期；萧放《“岁时”——传统中国民众的时间生活》，中华书局 2002 年版。

⑦ 参见闻一多《端午考》，载《闻一多全集》（五），第 31～46 页。

⑧ 参见范红《端午节起源新考》，载《广西民族学院学报》2003 年第 3 期。

⑨ 参见关童《端午新考》，载《杭州师范学院学报》（自然科学版）2003 年第 6 期。

⑩ 应劭撰、吴树平校释：《风俗通义校释 · 佚文》。

命舟楫以拯之，至今竞渡是其遗俗。”至此，端午节的含义由避鬼长命发展为纪念屈原，形式也由五彩丝系臂变为龙舟竞渡。

4. 乞巧节

乞巧节源于古代的星辰崇拜。汉人认为，织女、河鼓星均为天上星座，在南斗之北。《史记·天官书》曰：

> 南斗为庙，其北建星。建星者，旗也。牵牛为牺牲。其北河鼓。河鼓大星，上将；左右，左右将。婺女，其北织女。织女，天女孙也。

织女是天女，主果蓏、丝帛、珍宝。张守节《正义》云：“织女三星，在河北天纪东，天女也，主果蓏丝帛珍宝。”河南洛阳西汉晚期壁画墓，在前室顶脊上绘有牵牛、织女星。① 山东长清县孝堂山郭氏墓石祠中有一幅织女图，织女坐在机杼前操机织锦，在织女头上画了Λ形的三星，以示人物的身份。② 织女是天帝之女，所主皆日常生活所需，因此得到民间百姓尤其是妇女的广泛尊崇。汉代民间有织女、河鼓二星神七夕渡河相会的传说：

> 织女七夕当渡河，使鹊为桥。③

河鼓星又名牵牛星，《尔雅·释天》阮元校勘云：“何（河）鼓谓之牵牛。”视二者为一。汉代盛行每年七夕妇女祈愿祭。据崔寔《四民月令》记载：七月七日，“设酒脯时果，散香粉于筵上，祈请于河鼓、织女”。注曰：“言此二星神当会，守夜者咸怀私愿。或云，见天汉中有奕奕正白云，如地河之波，辉辉有光曜五色，以此为征应，见者便拜乞愿，三年乃得。”④每年七夕，妇女各许私愿，设酒脯祭拜河鼓、织女星，祈请如愿。到南北朝时期，妇女七夕祈愿祭演变为妇女的七夕乞巧风俗。《荆楚岁时记》曰：

> 七月七日，为牵牛、织女聚会之夜。
>
> 是夕，妇人结彩缕，穿七孔针，或以金、银、鍮石为针，陈瓜果于庭中以乞巧。有喜子网于瓜上，则以为符应。

这种乞巧风俗到近代一直流行不衰。

---

① 参见汤池《西汉石雕牵牛织女辨》，载《文物》1979年第2期。

② 参见周到《汉画与戏曲文物》，中州古籍出版社1992年版，第68页。

③ 应劭撰、吴树平校释：《风俗通义校释·佚文》。

④ 载严可均辑《全上古三代秦汉三国六朝文·全后汉文》卷四七，第731页。

5. 重阳节

我国古代重视阴阳五行，九为阳数，九月九日即为重阳。早在战国时就有了“重阳”之名。《楚辞·远游》云：“集重阳入帝宫兮，造旬始而观清都。”这里的“重阳”意指天。迟至汉代，重阳就已积淀成为一个固定节日，有佩茱萸，食蓬饵，饮菊花酒等俗。《西京杂记》卷三曰：

(汉高祖)戚夫人侍儿贾佩兰，后出为扶风人段儒妻，说在宫内时，……九月九日，佩茱萸，食蓬饵，饮菊华酒，令人长寿……

戚夫人死后，侍儿皆嫁到民间，宫中之俗由此传至民间，逐渐流行。

在汉代民间，人们认为茱萸有驱邪避病、增年益寿的功能。《齐民要术》卷四“种茱萸”引《杂五行书》曰：“舍东种白杨、茱萸三根，增年益寿，除患害也。”又引《术》曰：“井上宜种茱萸，茱萸叶落井中，饮此水者，无温病。”“悬茱萸子于屋内，鬼畏不入也。”可见，在人们日常生活中，茱萸作为辟邪祛病的灵物经常使用。“蓬是御乱之草。”[①]《西京杂记》卷三谓食蓬饵“以祓妖邪”。故知九月初九食蓬饵的本意是驱邪祓妖。《四民月令·九月》云：“九日，可采菊花，收枳实。”[②]人们在九月九日“菊华舒时，并采茎叶，杂黍米酿之，至来年九月九日始熟，就饮焉，故谓之菊华酒”[③]。节俗中蕴涵了人们祈生求寿的愿望。这在三国时魏文帝曹丕《与钟繇九日送菊书》中也有体现：“岁往月来，忽复九月九日。九为阳数，而日月并应，俗嘉其名，以为宜于长久，故以享宴高会。”[④]“九”为“久”之谐音，寓意“长久”，因而受到人们重视，并形成重阳饮宴的习俗。

关于重阳节的来历，《荆楚岁时记》有记载：

按杜公瞻云：九月九日宴会，未知起于何代，然自汉至宋未改。今北人亦重此节。佩茱萸，食饵，饮菊花酒，云令人长寿。近代皆宴设于台榭。又《续齐谐记》云：“汝南桓景随费长房游学，长房谓之曰：‘九月九日，汝南当有大灾厄。急令家人缝囊，盛茱萸系臂上，登山饮菊花酒，

---

① 《礼记·内则》“射人以桑弧、蓬矢六，射天地四方”孔颖达疏。

② 崔寔撰、缪启愉辑释：《四民月令辑释》，第94页。

③ 《西京杂记》卷三。

④ 载严可均辑《全上古三代秦汉三国六朝文·全三国文》卷七，第1088页。

此祸可消。'景如言,举家登山。夕还,见鸡犬牛羊一时暴死。长房闻之曰:'此可代也。'"今世人九日登高饮酒,妇人带茱萸囊,盖始于此。[①]

此说虽有附会之嫌,但源于消灾避祸的民间禁忌当属无疑。至唐代,重阳已经成为一个重要的民俗节日,登高、插茱萸、饮菊花酒之俗已成为重阳佳节的主要内容。

(二)民间信仰与饮食起居

国以民为本,民以食为天。饮食和饮食民俗是人民生活中不可缺少的有机组成部分。饮食民俗深受民间信仰的控制和影响,形成食俗信仰。食俗信仰具有"准法律性",信奉者都虔诚奉行。其突出表现是特别讲究宜忌。如孕妇不能食兔,"妊妇食兔,子生缺唇"[②];发生日食、月食时不能食饮,"日月薄食不饮,饮者将蚀口"[③];吃饭时要讲究礼仪,不要将饭团成团,不要大口喝汤,"毋抟饭,毋流歠";关中居民不食鹤,犯之者会引起雷击[④]等。

从属性上看,因信仰而产生的食俗禁忌有良俗、陋俗之分。良俗即有利于人们身体健康、对人们生活有积极影响的习俗。如"鼠涉饭中,捐而不食"[⑤],以禁忌的形式使人们讲究卫生,可以有效预防疾病。《四民月令·五月》云:"先后日至各十日,薄滋味,勿多食肥醲;距立秋,无食煮饼及水溲饼。"注曰:"夏日饮水时,此二饼得水,即坚强难消,不幸便为宿食,作伤寒矣。试以此二饼置水中即见验;唯酒溲饼入水即烂也。"[⑥]夏至前后"阴阳争,血气散",天气转热,饮食应以清淡为主,勿暴饮暴食,不要吃难以消化和变质之物,以免引起疾病。

也有陋俗,如会稽百姓禁食牛肉即属此类。据《风俗通·怪神》记载:

会稽俗多淫祀,好卜筮,民一以牛祭。巫祝赋敛受谢,民畏其口,惧

---

① 宗懔:《荆楚岁时记》,第49页。

② 王充:《论衡·命义》。

③ 应劭撰、吴树平校释:《风俗通义校释·佚文》。

④ 参见李昉等《太平御览》卷一三引桓谭《新论》:"天下有鹤鸟,郡国皆食之。三辅俗独不敢取之,或雷霹雳起。原夫天下不独左彼而右此,杀鸟适与雷遇耳。"

⑤ 王充:《论衡·累害》。

⑥ 崔寔撰、缪启愉辑释:《四民月令辑释》,第54页。

被祟，不敢拒逆。是以财尽于鬼神，产匮于祭祀。或贫家不能以时祀，至竟言不敢食牛肉，或发病且死，先为牛鸣。其畏惧如此。

会稽百姓不敢食牛肉的习俗纯粹是巫祝蛊惑所致，毫无积极意义。再如太原等地流行的寒食禁火之俗也属于陋俗，隆冬之月，禁火冷食，严重影响人们的身体健康，致使"老少不堪，岁多死者"，但出于对禁忌的恐惧心理，百姓还是"莫敢烟爨"[①]。可见，信仰对食俗的影响是根深蒂固的。

秦汉的居住习俗也深受信仰的影响。秦汉住宅的主体建筑是"宇"，周围有"垣"、"囷"、"圈"、"厕"、"困"等环绕。秦简《日书·相宅篇》以"宇"为中心，认为房屋的结构、形制和周围环境都能对居住者的命运产生影响。

圈居宇正北富。

庑居东方，乡井，日出炙其乾，其后必肉食。

为池正北，不利其母。

水窦西出，贫，有女子言。水窦北出，毋臧货。水窦南出，利家。[②]

起土兴功的时间宜忌尤其受重视。《日书》对兴土动工及建房造室都有特别规定，睡虎地甲种简规定癸巳、乙巳、甲戌为土良日，凡这几日动土者"必果"。甲午、乙未、乙己为囷良日，修建粮仓者"大吉"。"春三月，毋起东乡(向)室，夏三月，毋起南乡室，秋三月，毋起西乡室，冬三月，毋起北乡室。以此起室，大凶，必有死者。"[③]敦煌悬泉汉简也有关于穿土的记载：

辰不可穿。穿，不出三月有五丧。

卯、戌、寅不可穿。

二月卯不可穿。

六月未不可穿。穿，不出三月，有三丧。[④]

如果按《日书》规定起宅盖屋、凿地动土，则"富贵吉昌"，否则会"贫贱衰

① 《后汉书·周举传》。

② 云梦睡虎地秦墓编写组：《云梦睡虎地秦墓》反面简 876、反面简 874～875、反面简 881、反面简 878～880。

③ 云梦睡虎地秦墓编写组：《云梦睡虎地秦墓》反面简 767、简 753、反面简 755、反面简 756。

④ 胡平生、张德芳：《敦煌悬泉汉简释粹》二六二，第 178～179 页。

耗”①。

汉代起土兴功，除了笃信时日外，还要考虑太岁的移动方位。《论衡·讕时》、《难岁》对于人们惧怕触犯太岁招致祸患的情况有过描述：

世俗起土兴功，岁月有所食，所食之地必有死者。假令太岁在子，岁食于酉，正月建寅，月食于巳，子、寅地兴功，则酉、巳之家见食矣。

《移徙法》曰：“徙抵太岁凶，负太岁亦凶。”抵太岁名曰岁下，负太岁名曰岁破，故皆凶也。假令太岁在甲子，天下之人皆不得南北徙，起宅嫁娶亦皆避之。

人们建房造屋要考虑太岁的移动方位。如果不小心触犯太岁，就要作起厌胜，悬挂金木水火等五行之物进行禳解：

见食之家，作起厌胜，以五行之物悬金木水火。假令岁月食西家，西家悬金，岁月食东家，东家悬炭。设祭祀以除其凶，或空亡徙以辟其殃。连相仿效，皆谓之然。②

（三）民间信仰与婚丧嫁娶

汉代，鬼神观念潜伏于社会意识深层，不仅使人对根本就不存在的鬼神顶礼膜拜，谈鬼色变，而且制约着人的观念，规范着人的行为，对鬼神的信仰渗透到人类生活的各个层面，在丧葬方面主要有以下三方面表现：

一是厚葬之风的盛行，已见前论，不再赘述。

二是择地而葬，即迷信风水。

战国时期已经出现风水观念。《史记·樗里子甘茂列传》记载：秦昭王七年，樗里子卒，葬于渭南章台之东，并留下预言：“后百岁，是当有天子之宫夹我墓。”后来汉代的长乐宫建其墓东，未央宫建其墓西。预言的实现，使其获得了“风水祖师”的称号。

汉代，风水渐为人重视。《史记·淮阴侯列传》曰：

韩信虽为布衣时，其志与众异。其母死，贫无以葬，然乃行营高敞

① 王充：《论衡·诘术》。
② 王充：《论衡·讕时》。

地，令其旁可置万家。余视其母冢，良然。

按司马迁的观点，韩信之所以能封王封侯，富贵尊显，名扬后世，与其母的葬地是一块风水宝地有关。说明西汉时已形成风水观念。东汉时，风水已流行于民间，人们都非常重视墓地的选择。《后汉书·袁安传》曰：

初，安父没，母使安访求葬地，道逢三书生，问安何之，安为言其故，生乃指一处，云："葬此地，当世为上公。"须臾不见，安异之。于是遂葬其所占之地，故累世隆盛焉。

人们相信墓葬的位置、朝向、地形及周围的自然环境都可主宰生者的祸福吉凶。选择一块吉地做父母的墓地，可以使后代富贵昌隆，家族兴旺。

三是丧葬重视时日。

汉时人们认为，时日与人的命运紧密相连。丧葬的时间能决定一家或一族的兴衰祸福。如顺帝时，廷尉河南吴雄季高，"少时家贫，丧母，营人所不封土者，择葬其中。丧事趣办，不问时日，巫皆言当族灭，而雄不顾"[①]。虽然吴雄并未按照风俗选择葬日，但在一般人的观念中，如果不问时日，就会有灭族之灾。对犯禁后祸患的恐惧驱使人们自觉遵守禁忌的规定，并约定成俗。在此基础上，汉代出现了专门讲究丧葬时日的《葬历》，其规定："葬避九空地臽及日之刚柔、月之奇耦。日吉无害，刚柔相得，奇耦相应，乃为吉良。不合此历，转为凶恶。""雨不克葬，庚寅日中乃葬。"[②]《葬历》是人们丧葬行为的指南，也是民间信仰对丧葬习俗深刻影响的体现。

秦汉时期，嫁娶也非常重视时日。秦简《日书》把壬辰、癸巳、戊申、己酉、癸丑、戊午、己未七个时辰视为婚娶的"大败日"，不宜婚嫁。否则，就会出现"不出三岁，弃若亡"、"取妻，不死、弃"，甚至"不弃，必以子死"的严重后果。[③] 汉代社会各阶层都十分相信择日之术。《史记·日者列传》记载，汉武帝时，就某日是否可以娶妇，汉代的时日专家们曾进行过激烈的争论：

聚会占家问之，某日可取妇乎？五行家曰可，堪舆家曰不可，建除

---

① 《后汉书·郭躬传》。

② 王充：《论衡·讥日》。

③ 参见云梦睡虎地秦墓编写组《云梦睡虎地秦墓》反面简 891、反面简 893、反面简 894。

家曰不吉，丛辰家曰大凶，历家曰小凶，天人家曰小吉，太一家曰大吉。辩讼不决，以状闻。制曰："避诸死忌，以五行为主。"人取于五行者也。

可见，随着择日之术的普及，其内部分工也日益细致化，各家各派对行为宜忌的解释也颇多歧义，甚至截然相反。武帝偏好五行，最后采纳了五行家的观点。可见，上至天子，下到百姓，对婚娶时日都非常重视，谨慎选择。这是民间信仰对民俗影响深化的表现。

二、民间信仰与主流思想

在中国传统文化的发展过程中，民间信仰与主流思想分别代表着下层文化与上层文化，但二者有着同源关系，皆发端于原始的信仰与崇拜，因而具有相当大的一致性与交叉性。

(一)汉代的官方思想意识

西汉建立后，鉴于秦王朝举措暴众、二世而亡的教训，采取了清静无为、与民休息的宽松政策，以黄老清静之术治理天下。黄是指黄帝，老指老子。先秦著作中并无"黄老"一词，二者连称始于汉代。黄老之学起源于战国时期齐国的稷下学宫，与老子的道家思想学说既有联系又有所区别。黄老之学融汇道法，吸收其他诸子学派的某些思想因子，主要发展了《老子》中提出的一系列君人南面之术及有关政治、战争的诸多思想，致力于研究国家的祸福成败、兴亡得失。黄老之学力倡刑德并用，提倡法制前提下的清静无为，提倡循名责实，这一系列思想正适应了汉初社会现实的需要；而且，由于它的治术简便易行，很容易被缺乏文化渊源背景的汉初统治集团所接受，所以黄老之学就被汉初统治者选中，盛行朝野上下，一时间蔚然成风，并取得了较好的社会效果，出现了"文景之治"的社会局面。[①] 可以说，汉初盛行的黄老之术是对秦王朝极端暴力政治路线的纠正和改良。黄老政治思想也是由秦王朝的法家路线向西汉中期以后的儒家政治思想路线的过渡。

① 参见梁宗华《汉初社会对黄老之学的选择和应用》，载《管子学刊》1995 年第 2 期。

经过汉初七十余年的休养生息和发展生产，到汉武帝时，社会生产力有了大幅度的提高，政治稳定，经济繁荣，国力空前强盛。据《史记·平准书》记载：

> 至今上（汉武帝）即位数岁，汉兴七十余年之间，国家亡事，非遇水旱之灾，民则人给家足，都鄙廪庾皆满，而府库余货财，京师之钱累巨万，贯朽而不可校。太仓之粟陈陈相因，充溢露积于外，至腐败不可食。众庶街巷有马，阡陌之间成群。[①]

在此基础上，汉武帝采取了一系列旨在加强中央集权的措施：政治上，建立中朝，抑制相权；打击地方割据势力，进一步削弱诸侯王权。军事上，北击匈奴，解除边患；经略西南夷，扩大帝国版图；派张骞两次出使西域，打通丝绸之路。经济上，将铸币权收归中央；盐铁官营；均输平准；算缗告缗。思想上，改变“师异道，人异论，百家殊方，指意不同”[②]的混乱状况，“罢黜百家，独尊儒术”，从此确立了儒家思想的正统地位。

随着大一统帝国的确立，以董仲舒为代表的新儒家也顺应集权政治的需要而对策顾问，著书立说，提出天人感应、君权神授的神学思想理论，给君权披上一层神秘的外衣，为皇权神学化和政治神学化寻找理论依据。经他改造的神学化宗教思想成为汉代占主导地位的思想意识和官方信仰。

董仲舒把自然界的天神秘化为超自然的人格神，是众神之长，是有意志、有情感的至上神。“天者，百神之大君也。事天不备，虽百神犹无益也。”[③]百神既包括各种自然神，也包括祖先神等社会神。天不仅是神灵世界的主宰者，也是宇宙万物的创造者。“天者万物之祖。万物非天不生。”[④]天按照自己的构造创造了人：

> 人之（为）人本于天。天亦人之曾祖父也。此人之所以乃上类天也。人之形体，化天数而成；人之血气，化天志而仁；人之德行，化天理而义。人之好恶，化天之暖清；人之喜怒，化天之寒暑；人之受命，化天

---

① 《史记·货殖列传》。
② 《汉书·董仲舒传》。
③ 董仲舒撰、苏舆义证：《春秋繁露义证·郊语》。
④ 《春秋繁露·顺命》。

之四时。[①]

天与人一样,亦有喜怒之气、哀乐之心。因此,天与人相副。人在万物之中,最为高贵。“天地之精所从生物者,莫贵于人。人受命于天也,故超然有以倚。”[②]

人受命于天,应按天的意志行事。人君是天之子,是天在人间的代表,是天的化身。“受命之君,天意之所予也。故号为天子者,宜视天如父,事天以孝道也。”[③]天子的统治权是天赋予的,具有天然的合理性:

天令之谓命,命非圣人不行;质朴之谓性,性非教化不成;人欲之谓情,情非度制不节。是故王者上谨于承天意,以顺命也;下务明教化民,以成性也。正法度之宜,别上下之序,以防欲也:修此三者,而大本举矣。[④]

君王是上承天命来统治人民的。这样,君权神授说就得到了理论根据。对民而言,皇权是至上的,是不容怀疑的。臣民应该绝对服从天子的统治,不能反抗,只能俯首听命。

作为人类命运的最终主宰者,天把治理万民的统治权授予了天子。天子需谨承天命,依上天的道德原则办事,实行仁政,所谓“王者以道配天”。天子如果违背了天的旨意,天就会震怒,从而制造出种种灾异以“谴告”之:

天地之物有不常之变者,谓之异,小者谓之灾。灾常先至而异乃随之。灾者,天之谴也;异者,天之威也。谴之而不知,乃畏之以威。《诗》云:“畏天之威。”殆此谓也。凡灾异之本,尽生于国家之失。国家之失乃始萌芽,而天出灾害以谴告之;谴告之而不知变,乃见怪异以惊骇之,惊骇之尚不知畏恐,其殃咎乃至。以此见天意之仁而不欲陷人也。[⑤]

国家将有失道之败,而天乃先出灾害以遣告之,不知自省,又出怪异以警惧之,尚不知变,而伤败乃至。以此见天心之仁爱人君而欲止其

① 《春秋繁露·为人者天》。

② 《春秋繁露·人副天数》。

③ 《春秋繁露·深察名号》。

④ 《汉书· 董仲舒传》。

⑤ 《春秋繁露·必仁且智》。

乱也。[①]

如果君主秉承天意，尊贤安民，治理天下太平，天也会降下各种祥瑞，以示褒奖。董仲舒借天的名义，“将封建道德置于君权之上，借以约束君主的行为，即以神权限制君权”[②]。这种建立在天人感应基础上的灾异祥瑞理论对笃信天命的统治者也有一定程度的震慑和约束作用。

董仲舒发展了西周以来“以德配天”的神学思想，进一步提出了“天人相与”、天人感应论，将神权政治系统化，构建了天—天子—民等级神统体系：

> 唯天子受命于天，天下受命于天子，一国则受命于君。君命顺，则民有顺命；君命逆，则民有逆命。故曰：“一人有庆，兆民赖之。”此之谓也。

> 天子受命于天，诸侯受命于天子，子受命于父，臣妾受命于君，妻受命于夫。诸所受命者，其尊于天也……[③]

各种受命都是尊天的表现，都受天命所支配。天子受命于天，是天的神圣代表。而民不能直接与天沟通，只能受命于天子，服从天子就等于服从于天。这样就使天子的权威得到提升。董仲舒的君权神授说给皇权披上一层神秘的外衣。君权与神权相结合，更加强了皇权不可侵犯的神圣性，更加适合专制政体和独裁君主的需要。

董仲舒天人感应、君权神授的神学理论使汉代儒学走向神秘主义，到西汉后期形成谶纬神学。作为汉代思想领域占主导地位的神学世界观，谶纬综合了古代的祖先崇拜、天子诸侯的祭祀及民间世俗信仰的诸神，构成一个错综复杂的神系。主要包括：最高的人格神——天；社稷之神；五岳四渎河海山川之神；风伯雨师及诸星辰之神；其余杂神等，都是沿袭古代祭祀诸神而来的。谶纬中的天即上帝，其实是人间帝王的反映。其余诸神都与封建社会的政治、生产、生活有着密切的关系。祭祀诸神是为了现实政治及生产、生活需要。谶纬里的神系和祭祀信仰与封建政治和封建伦理道德密切

---

① 《汉书·董仲舒传》。

② 黄朴民：《天人合一——董仲舒与汉代儒学思潮》，岳麓书社 1999 年版，第 90 页。

③ 《春秋繁露》之《为人者天》、《顺命》。

联系，与整个封建意识及民俗混在一起，还未形成独立的宗教意识。它是为现实世界服务的，而并不追求灵魂的超生，也没有一个彼岸世界。它主要受儒家的“神道设教”和“民德归厚”的思想指导和影响，所以谶纬并不是现代意义的宗教，可以说只是民俗神道或广义范围的自发宗教。[①]

继董仲舒之后，方士化的儒生如昭、宣时期的眭孟、夏侯胜，元、成时期的京房、翼奉、刘向、谷永，哀、平时期的李寻、田终术等皆“推阴阳言灾异”[②]，并用阴阳五行、天人感应、灾异祥瑞等神学思想对儒家经典进行解释和阐发，出现了像《易纬》、《乐纬》、《诗纬》、《礼纬》、《书纬》、《春秋纬》、《孝经纬》和《论语谶》等纬书。他们把原有的六经视为反映天心、天意的经典之作，同时对圣王和圣人进行神化。谶纬之学在董仲舒君权神授观念的基础上又向前迈进了一步，认为受命的帝王都是天帝的子孙，依照五行的次序，轮流下凡登基。帝王既是受天之命而兴起的，因之当他们在人间崛起时，便会出现一系列神灵显示的预兆，这就是纬书中的感生、异貌、受命、符瑞。天神导演下的祥瑞灾异与现实政治之间也存在某种神秘关系。纬书搜集了一些先秦至汉代的历史内容，并掺入了神秘的、来自天命的、有关得失的传说，把它们归类为祥瑞和灾异，为当下的政治提供借鉴。如：舜受命时凤凰来仪；白帝精以星感生禹；夏桀无道天下血雨，地吐黄雾；姬昌受命而“赤雀丹书止于其门户”等。这些祥瑞与灾异预示国家的兴亡，为统治者提供警示和借鉴。[③]如此一来，朝廷上下都信奉阴阳灾异之说。遇有灾变，皇帝以为是天之谴告，就下罪己之诏，同时还让丞相当罪。如永光元年（前 43），“春霜夏寒，日青无光”。元帝令丞相于定国上书自劾，辞官去职。[④] 绥和二年（前 7），“荧惑守心”，及皇帝将死之兆，成帝就逼丞相翟方进自杀当罪。[⑤] 可见，阴阳灾异之说已渗透至国家政治生活之中。谶纬神学也成为统治者证明“天命所归”和政权合法性的工具。如王莽在控制了朝廷大权后，托古改制，利用纬

---

① 参见钟肇鹏《谶纬论略》，辽宁教育出版社 1995 年版，第 189～194 页。

② 《汉书·眭两夏侯京翼李传》。

③ 参见朱玉周《儒学神化历程探析》，载《北方论丛》2008 年第 2 期。

④ 参见《汉书·于定国传》。

⑤ 参见《汉书·翟方进传》。

书篡汉自立。刘秀利用所谓“赤伏符”谶语而起，光复汉室，并于中元元年(56年)“宣布图谶于天下”[①]，使谶纬合法化。其后儒生“言五经者，皆凭谶为说”[②]，纬书亦被称为“内学”[③]。

东汉章帝时召开了旨在调和经学内部矛盾的白虎通会议，形成了统一的官方经学——《白虎通义》。《白虎通义》中包含着神化儒学的思想。因为《白虎通义》上承董仲舒天人关系的思路，下采当时流行的纬书中对儒学的神化内容，在其内容中始终贯穿着一根儒家政治神学的主线，政治制度、政治等级和礼仪活动等各方面都被神化了。[④] 神学化的儒学思想遂成为汉代统治思想的核心，对政治制度走向专制集权起了一定的推动作用，并对汉代社会生活、思想信仰及学术均产生了十分重大的影响。

(二)民间信仰对主流思想的影响

民间信仰具有强大的附着力与渗透力，能深入到人类思维的深处，沉淀下来，成为传统文化的重要组成部分。在汉代，民间信仰不仅在下层文化中占有举足轻重的地位，制约着人的生老病死、婚丧嫁娶，规范着人的行为，形成各色节日和风俗习惯。而且又以一种潜移默化的巨大力量，进入上层文化之中，形成一整套以孝和道德伦理为核心，尊卑分明、长幼有序的礼俗制度。

民间信仰包括自然崇拜、祖先崇拜等。其中，对祖先鬼魂的崇拜占有重要地位。古人认为自己与祖先有血缘关系，只要定期祭祀，祖先的鬼魂就会保佑后人。进入阶级社会，祖先崇拜被统治者利用，形成了一整套与严密的宗法制度相结合的祭祀礼制，进而成为主流文化的精髓与核心。《礼记·祭法》有云：“有虞氏禘黄帝而郊喾，祖颛顼而宗尧；夏后氏亦禘黄帝而郊鲧，祖颛顼而宗禹；殷人禘喾而郊冥，祖契而宗汤；周人禘喾而郊稷，祖文王而宗武王。”一些靠神话传说流传下来的有影响的祖先，如黄帝、炎帝、尧、舜、禹等

---

① 《后汉书·光武帝纪下》。

② 《隋书·经籍志一》。

③ 《后汉书·方术传·序》。

④ 参见朱玉周《儒学神化历程探析》，载《北方论丛》2008年第2期。

不仅受到本宗族的高度重视与顶礼膜拜，而且被进一步神化，进而被儒家吸收、改造，纳入了古史谱系，从而转化为超越宗族界限的宗教神。如夏的始祖禹被后世统治者奉为社神，周的始祖稷被奉为谷神，长期受到官方祠祭。

汉代的主流文化，实质上是儒家学说同传统巫术文化自上而下相互结合的产物。阴阳五行在政治领域中的运用，灾异说和神仙说的系统化，以及谶纬神学的四处泛滥，都是这种结合的明证。上古时代的巫术文明，经过两汉的封建化改造，又借大一统帝国的躯体得到了再生和延续。①

汉代儒生和占社会主流思想的儒学受到民间信仰的深刻影响。不少名儒精通方技：

> 费直……长于卦筮，亡章句，徒以彖象系辞十篇文言解说上下经。②
>
> 高相……治《易》与费公同时，其学亦亡章句，专说阴阳灾异，自言出于丁将军。③
>
> 任安……受《孟氏易》，兼通数经。又从同郡杨厚学图谶，究极其术。④
>
> 景鸾……能理《齐诗》、《施氏易》，兼受《河洛》图纬，作《易说》及《诗解》……又抄风角杂书，列其占验，作《兴道》一篇……数上书陈救灾变之术。⑤

《周易》被视为凝聚着最高智慧的神圣经典，在汉代为"五经"之首，并在以后也受到历朝政府和知识分子的重视和推崇。但究其根本，是一部讲筮占方法和理论的书，它的宗旨在于通过神秘手段预知吉凶祸福。在巫术鬼神风气极为盛行的汉代，易学研究特别兴盛。当时的知识分子——儒者多学《易》占卜，且深得皇帝信任。如《汉书·儒林传》记载：

> 自鲁商瞿子木受《易》孔子，以授鲁桥庇子庸……及秦禁学，《易》为筮卜之书，独不禁，故传授者不绝也。汉兴，田何以齐田徙杜陵，号杜田

---

① 参见郭净《中国面具文化》，上海人民出版社 1992 年版，第 107 页。

② 《汉书·儒林传·费直》。

③ 《汉书·儒林传·高相》。

④ 《后汉书·儒林传上·任安》。

⑤ 《后汉书·儒林传下·景鸾》。

生,授东武王同子中、洛阳周王孙、丁宽、齐服生,皆著《易传》数篇。同授淄川杨何,字叔元,元光中征为太中大夫。齐即墨成,至城阳相。广川孟但,为太子门大夫。鲁周霸、莒衡胡、临淄主父偃,皆以《易》至大官。

梁丘贺……从太中大夫京房受《易》……宣帝时,闻京房为《易》明,求其门人,得贺……待诏黄门数入说教侍中,以召贺。贺入说,上善之,以贺为郎。会八月饮酎,行祠孝昭庙,先驱旄头剑挺堕地,首垂泥中,刃向乘舆车,马惊。于是召贺筮之,有兵谋,不吉。上还,使有司侍祠。是时霍氏外孙代郡太守任宣坐谋反诛,宣子章为公车丞,亡在渭城界中,夜玄服入庙,居郎间,执戟立庙门,待上至,欲为逆。发觉,伏诛。故事,上常夜入庙,其后待明而入,自此始也。贺以筮有应,由是近幸。

许多儒家学者热衷于钻研易学,主要是为了掌握这种神秘的预测方法。"易学的兴盛意味着中国古代人心目中最高的智慧是一种既能通晓天地万物之理又能洞彻'鬼神之情状'的巫师式的智慧,是一种与神秘观念和互渗律保持着密切联系的智慧。"①

中国民众在认识自然的过程中,发现了阴阳相互作用的规律,于是就用阴阳五行来解释自然现象和社会生活,希望通过顺应自然,建立一种较为和谐的生活。因此,凡行事如婚丧、出行、建房等都要遵循阴阳五行的原则。中国的民间信仰内容丰富,"而其源流大多出于阴阳五行说。如风水、占卜诸数术以及历书上种种宜忌,无不起源于阴阳五行说。所以阴阳五行说,可算是中国迷信的根本"②。汉代大儒董仲舒以阴阳五行说改造儒学,迎合了汉武帝加强君主集权的需要。其阴阳化了的儒学被立为官学,以阴阳五行为宗的神学目的论因此而大兴,弥漫于整个思想界。神仙方术、谶纬迷信盛行;天人感应、天瑞天谴直接影响国家政治。迷信与学术合一,儒生和方士合一,出现了许多造神高手。上至国家政治权力的运作,下至民间宗教信

---

① 胡新生:《中国古代巫术》,第 87 页。

② 费鸿年:《迷信》,台湾商务印书馆 1982 年版,第 5 页。

仰，无不打上阴阳五行的烙印①。

董仲舒还将阴阳五行思想与民间巫术有机结合起来，设计了求雨止雨的巫术仪式。《春秋繁露》有《求雨》、《止雨》篇，专述求雨、止雨之术。

应该说，董仲舒的求雨止雨方法在汉代民间早已存在、实行和应用，但较为杂乱、零散。董仲舒综合各种方式，并将其凝固化，系统化。董仲舒不仅设计了这套繁杂的仪式，而且身体力行。他在为江都王国相时，"以《春秋》灾异之变推阴阳所以错行，故求雨，闭诸阳，纵诸阴，其止雨反是；行之一国，未尝不得所欲"②。受民间神灵鬼怪的影响，董仲舒的思想和行动中掺杂了太多巫术成分。章太炎先生对此曾有过论述：

> 及燕、齐怪迂之士，兴于东海，说经者多以巫道相糅。故《洪范》，旧志之一篇耳，犹相与抵掌树颊，广为䌷绎。伏生开其源，仲舒衍其流，是时适用少君、文成、五利之徒，而仲舒亦以推验火灾，救旱止雨，与之校胜。以经典为巫师豫记之流，而更曲傅《春秋》，云为汉氏制法，以媚人主，而棼政纪。昏主不达，以为孔子果玄帝之子，真人尸解之伦。谶纬蜂起，怪说布彰……则仲舒为之前导也。③

董仲舒以后的儒生和方士在很大程度上难以区分，习儒者莫不习阴阳五行之术，无论是今文经还是古文经，概莫能外。东汉章帝时，由班固编纂的白虎观会议的讨论记录《白虎通》一书，实际是董仲舒的阴阳五行化的儒学的发展。儒生们为发挥阴阳五行之学以媚人主，一方面制造符瑞图谶以献上；另一方面则制造大量的纬书，用阴阳五行之学发挥儒经，使汉代谶纬之学大盛，成为占统治地位的主流文化。而谶纬之学正是庸俗经学与民间迷信相结合的产物。这正如李泽厚先生所说："巫的特质在中国大传统中，以理性化的形式坚固保存、延续下来，成为了解中国思想和文化的钥匙所在。"④

---

① 参见刘锋《阴阳五行说对道教的影响》，载《文史哲》1997年第6期。

② 《汉书·董仲舒传》。

③ 章太炎：《驳建立孔教议》，载《章太炎全集》(四)，上海人民出版社1985年版，第196页。

④ 李泽厚：《己卯五说》，中国电影出版社1999年版，第40页。

三、民间信仰与汉画艺术

在中国绘画史上，汉代是一个承前启后的重要时期，画像石、画像砖、壁画、帛画、漆画、瓦当等一起构成了色彩鲜明、自成体系的绘画艺术宝库。其中，数量最多的绘画样式是画像石。在东至海滨，西到四川、甘肃，南抵浙江、云南，北达榆林、包头的广阔地域内，都有大量汉画像石遗存。其中以山东南部、河南南阳和四川等地发现最多，全国各地汉画像石总数已超过10000块；[①]同时汉代发现的墓室壁画也有50余座，数百幅作品，以及大量的帛画作品，如马王堆的"T"型帛画等；漆画作品在汉代也是数量众多的美术作品，还有大量的瓦当、汉砖上的图画。这些作品内容丰富，体裁多样，有神话传说、奇禽异兽、历史故事、社会生活等等，反映了汉代社会生活的各个方面，为我们研究汉代绘画艺术提供了丰富的实物资料。

汉代是中国画的形成与发展时期，它深深地扎根于社会现实生活的土壤，其审美意蕴不仅受到儒家文化、黄老学说等主流思想的影响，而且受到民间信仰的浸染。民间信仰对艺术的影响突出地表现在汉代画像石的内容上。

汉画像石、壁画的题材内容大体可分五类：天上神灵类；田宅生产类；出行经历类；家居生活类；古人典范类。其中，以反映民间信仰为主要题材内容的占有相当大的分量。这主要包括以升仙信仰和打鬼逐疫为主题的两方面的内容。

（一）以升仙信仰为主题

汉人追求长寿、长生，渴望成为长生不死的神仙。他们认为西王母手中有不死之药，掌握令人不死的大权，是能度人成仙的吉神，因而对其狂热崇拜。这种崇拜反映到绘画中，就是西王母形象的大量出现。

西汉时期，《山海经》中"蓬发戴胜"、"虎齿、豹尾、穴处"、"司天之厉及五

---

① 参见刘太祥《汉代画像石研究综述》，载《南都学坛》2002年第3期。

残”的可怕刑神已被人们改换成端庄、美丽、雍容华贵的幸福女仙。如成都昭觉寺画像砖墓，画面上端刻有一云气围绕的瓶形之龛，用以象征西王母的石室，其中有头戴方胜、双袖笼手、坐于龙虎座上的西王母。龙虎座下刻有一直立而舞的大蟾蜍，其左有三足鸟，其右有拿着灵芝的玉兔，九尾狐在玉兔之上，狐身有翼，尾翅九歧。三足鸟之后，一人张口蓬发，双手捧戟而立。砖的下端右边有一男一女端坐在案前，案前一人峨冠博带，双手执板，俯伏于地，似在拜祷。[①] 东汉时期，与西王母对应的另一男仙——东王公也被创造出来。西王母与东王公的形象一般被安置在画像石墓、祠堂壁面或立柱的最高位置上，东西或左右对称。其两侧不仅有仙人侍奉，还有三青鸟、九尾狐等环立四周。人们梦寐以求的不死之药则由活泼的玉兔和笨拙的蟾蜍不停地捣制着[②]。由此可以看出，汉代人对升仙的迷信和美好的幻想。

羽人是战国秦汉时期神仙思想的产物，是指长羽毛、有翅膀的仙人，可以自由自在地在空中飞行。《楚辞·远游》曰：“仍羽人于丹丘兮，留不死之旧乡。”丹丘在东方，是仙人所居之地，羽人就是仙人。汉人认为，得道之人，身生羽毛，可以飞升。《论衡·道虚》曰：

> 好道学仙，中生毛羽，终以飞升。
>
> 好道之人，恐其或若等之类，故谓人能生毛羽，毛羽具备，能升天也。
>
> 为道学仙之人，能先生数寸之毛羽，从地自奋，升楼台之陛，乃可谓升天。

汉代人希望能“体生毛，臂变为翼”，飞升成仙。羽人也成为仙人的象征。汉武帝痴迷求仙，封方士栾大为五利将军，刻“天道将军”的玉印，使者衣羽衣，夜立白茅上，栾大亦衣羽衣，夜立白茅上受印，示不敢臣。[③] 汉画中常见羽人的形象，他们或侍奉西王母和东王公，或饲凤、戏虎、乘龙、乘鹿车，或在空中自由飞翔。如武梁祠石刻画像，刻有飞行云中的小仙人，均生有翅翼。[④] 洛

① 参见魏崴《四川汉代西王母崇拜现象透视》，载《四川文物》2001 年第 3 期。

② 参见蒋英炬《汉代画像石与画像砖》，文物出版社 2001 年版，第 63 页。

③ 参见《史记·封禅书》。

④ 参见朱锡禄《武氏祠汉画像石》，山东美术出版社 1986 年版，第 117 页。

阳西汉壁画墓的三角形空心砖上，雕绘有有翼的飞龙，曲身向上腾跃，身上蹲有戴笠的羽人。① 河南南阳县十里铺画像石墓中的羽人体态轻盈，背及臂上毛羽蓬松②，与《论衡·无形》中所说“图仙人之形，体生毛，臂变为翼，行于云则年增矣，千岁不死”的记载完全一致。

有的学者根据造型将汉魏时期的羽人图形分为五大类：(1)跽坐类羽人图像。如西安汉长城遗址出土的青铜羽人像，男性，跽坐，锥形发髻，耳出于顶，耳面颈部羽毛丛集，着圆领紧袖长衣，背后的双翼长伸，下着羽裳，双手前伸作捧物状，跣足，两膝盖上有一半圆形的小洞，底部有一小孔。在洛阳东汉中晚期墓葬中也出土有相似的鎏金铜羽人像。(2)持节类羽人图像。最早见于西汉中期的《升仙图》：羽人须发飘扬，身披蓑衣状羽翼，袒胸露腹，著红色羽衣，双手持长柄节，节上缀有毛饰物，伫立于云头。睢宁九女墩出土的东汉画像石、陕北汉代画像石中也有类似的羽人形象。羽人手中之节为天帝之信物。(3)骑乘类羽人图像。按骑乘之物种可划分为乘麟羽人、乘龙羽人、骑(驾)虎羽人、乘朱雀羽人、乘玄武羽人、乘(驾)鹿羽人、骑马羽人、骑鹤羽人八种图像。如河南鄢陵出土的“羽人乘麟”砖画，图中羽人为男性，背生两个三角形的羽翅，身材细长，骑于麒麟之上，麒麟踯躅不前，羽人呈驱赶状。(4)戏兽类羽人图像。所戏之兽主要有：龙、虎、凤凰、飞廉、异兽等。如长沙马王堆一号汉墓漆棺画“神仙羿戏龙图”，羿须发飘扬，上身赤裸，裤短及膝，在肘、腋、后腰、膝盖上下以及小腿前后却长有三角形毛羽，羿左手紧握龙躯，右手舒展向后，强健的身体向前弯曲，目视龙躯，表情刚毅。山东沂南汉墓石刻画像、河南南阳溧河十里铺汉墓石刻画像、唐河湖阳辛店汉墓石刻画像都有羽人戏龙图。辽宁旅顺营城子东汉砖室墓壁画则有羽人戏凤凰图。(5)飞翔类羽人图像。如甘肃酒泉下河清农场一号东汉墓砖画中，一女性羽人展开双臂徐徐飞行于祥云之中，头发飘扬，裤短及膝，裤腿宽大，跣足。③ 羽人在汉代的神仙谱系中具有两重象征意义：一是作为天堂仙界的神

① 参见孙作云《洛阳西汉壁画墓中的傩仪图》，载《郑州大学学报》1977 年第 4 期。

② 参见南阳地区文物工作队《河南南阳县十里铺画像石墓》，载《文物》1986 年第 4 期。

③ 参见孙彦《汉魏南北朝羽人图像考》，载《南方文物》2006 年第 1 期。

灵,其自身具有长生不朽的功能,这种功能象征生命的永恒;二是羽人又具有升天降凡的本领,且拥有不死之药,所以他又充当着天堂仙的使者,成为人类生命的拯救者和魂的引导者。①

人们不仅希望生时羽化飞升,而且向往死后成仙,得以长生。这种思想在汉画中表现得非常突出,死者的墓室中出现了大量表现升仙思想的壁画——墓室升仙图。如湖南长沙马王堆一号、三号汉墓出土的覆盖在内棺上的铭旌,帛画画面由上至下分为天上、人间、地下三部分:上部绘着虎豹与司命守卫的双阙,即天门。天门是升仙者必经之地。中部,“介于人间与天上之间,正表示墓主人已死,正在上天,在天路历程之中”②。洛阳西汉壁画墓有男女墓主人骑龙升天图:此图为梯形画面。图中间为天门,雕绘有棂格和五个玉质的圆璧,两侧三角形中有男女二人,应为墓主人夫妇。二人戴斗笠乘羽龙正在凌空飞腾,向天门方向奔去。洛阳卜千秋壁画墓,顶部有墓主升仙图,画面后部绘有伏羲、太阳、黄龙。卜千秋夫妇分别立于腾蛇及三头鸟之上,在前部持节方士、青龙、枭羊、朱雀、白虎等的导引下,向前行进。辽宁营城子东汉壁画墓北壁有墓主升仙图,在上方画着云气,其中有一遍体生毛、有翼鸟足、手持三株草作导引状的羽人,与其前面的一只朱雀相呼应,朱雀下有一头戴方巾、手持羽扇、立于云端的人物,一望可知是一个引导死者升仙的方士。和方士相对的有一个头戴长帻、身佩长剑、形体高大的人,是墓主人。其身后一童子侍立,童子后为一苍龙。下面有三人以不同姿势向空中膜拜。应为死者家属祈求墓主人早日成仙的写真。嘉祥武氏祠左石室顶部前坡东段有一祠主升仙图,画面下部是祠主墓地,右面有阙,阙左侧为三座馒头状坟丘,坟丘中墓主人正在准备随云气飞升到上部的仙人世界。从坟丘升起的云气充满整个天空,云气中有众多的羽人和准备让墓主人乘坐的两驾仙车,上部为驾临墓地上空迎接墓主人的东王公和西王母。③

就像日常出行要乘坐车马一样,升仙也要借助各种仙兽作接引工具。

① 参见贺西林《古墓丹青》,陕西人民美术出版社 2001 年版,第 34 页。

② 孙作云:《长沙马王堆一号汉墓出土画幡考释》,载《考古》1973 年第 1 期。

③ 参见孟强《关于汉代升仙思想的两点看法》,载《中原文物》1993 年第 2 期。

因此，在汉画的墓室升仙图中有许多灵禽神兽同时出现，充当运载仙人的坐骑。

龙是理想的运载工具之一。屈原《离骚》说升天时，“为余驾飞龙兮，杂瑶象以为车”。又云：“驾八龙之蜿蜿兮，载云旗之逶蛇。”汉代传说黄帝乘龙升仙，“黄帝采首山铜，铸鼎于荆山下。鼎既成，有龙垂胡须下迎黄帝。黄帝上骑”[①]。在汉画像石上刻绘大量龙的图像。长沙马王堆汉墓帛画用龙贯通整个画面，洛阳汉代壁画墓中也有应龙飞腾，关于各地汉画像石墓和砖墓中的龙更是不计其数。据不完全统计，南阳汉画像石已发表的图像资料，龙约占总数的1/10，所发掘的30余座汉画像石墓，每墓都有龙的形象。表现升仙思想的龙占有很大比重。如南阳汉画像石所见——人骑龙背上，前有猛兽开道，仙人引导，悠然上升。[②] 郑州新通桥画像砖墓有东王公驾龙图：左为一只昂首展翅飞翔于云气之中的龙，右有二人乘在上面，前为御人，执鞭驾辔；后面冠冕长袖者为东王公。[③] 可见，龙的飞升功能在升仙思想中得到充分发挥。

另一理想的运载工具是鹤。仙鹤在古代被认为是瑞禽，是长寿的象征。人们升天时所伴从，或骑乘。汉代以鹤为护送人们升天的神鸟。《列仙传》记有王子乔乘鹤升天的传说。汉代经常把鹤刻在建筑物的屋顶。吉林省辑安县(今集安市)通沟高句丽古墓“四神冢”主室西南部壁画上，画一仙人，有翼，骑鹤，在云中飞升。喻以鹤为仙禽，人乘之可以飞升成仙之意。[④]

鹿也是仙兽之一，以白鹿为贵。据说白鹿的寿命有千年，满五百岁后毛色才会变得纯白。[⑤] 在神话传说里，白鹿是仙人的坐骑。汉人认为白鹿既可为仙人坐骑，同样也可把人载入仙境。长沙马王堆一号汉墓漆棺画上就有仙人骑鹿图。

---

① 《史记·封禅书》。

② 参见李陈广《浅析汉画龙的艺术形象及其影响》，载《中原文物》1988年第4期。

③ 参见唐杏煌《郑州新通桥汉代画像空心砖墓》，载《郑州文物考古与研究》(一)上册，科学出版社2003年版。

④ 参见孙作云《说丹朱——中国古代鹤氏族研究》，载沈阳博物馆专刊《历史与考古》第1号，1946年，第76～95页。

⑤ 参见葛洪《抱朴子·对俗》。

飞廉是人们升仙时所骑的四脚兽，也是传说中的风伯。“飞廉”的最早记载，见于屈原《离骚》：升天时，“前望舒使先驱兮，后飞廉使奔属。”到了汉代，飞廉成为仙人所骑乘之物。《淮南子·俶真训》云：“若乎真人则动溶于至虚，而游于灭亡之野，骑蜚廉而从敦圄。”高诱注曰：“蜚廉，兽名，长毛有翼。”汉武帝好神仙，听信方士之言，于元封二年（前 109），在长安作“飞廉馆”，以求升仙。师古注引应劭曰：“飞廉，神禽能致风气者也。”[①]飞廉也常见于汉代画像石。长沙马王堆一号汉墓出土画幡中，有飞廉的形象，有角，头似鹿，向上作奔驰状。在此飞廉身上，各骑一小熊，向下作招引状。[②] 本图的熊骑飞廉像，熊表示打鬼，飞廉表示求仙。二者结合在一起，打鬼是求仙的前提和基础，求仙是目的和愿望。凡表现神仙思想的地方，常有飞廉形象，它是神仙思想中极为重要的一个神物。

（二）以打鬼逐疫为主题

汉代人认为灾难、疾病是鬼魅作祟的结果。为了避免灾难，就想出一系列打鬼逐疫的办法，塑造了能够打鬼、吃鬼、辟邪的物体，这种物体在画像中屡见不鲜。如“率百隶而时难（傩），以索室驱疫”[③]的方相氏。山东嘉祥县武家山东汉晚期的武氏祠画像中也刻有打鬼图：画面右端，刻有三个怪人，皆头戴熊头假面具，蒙兽皮，全体作兽像而人立，执兵器；当中之人，头戴弓，右手持剑，左手持戟，左脚执钩盾，右脚执矛，共执“五兵”；右有怪人持小鬼食之；左一怪人持刀。右下方有一熊，仰头向上视，作舞蹈状，合起来是四人。[④]与《周礼·夏官司马·方相氏》“方相氏狂夫四人”，“掌蒙熊皮、黄金四目、玄衣朱裳，执戈扬盾，率百隶而时难（傩），以索室驱疫”的记载完全一致。

河南南阳十里铺东汉末年画像石墓共有画像 57 幅，第 16 幅在南壁上部内侧，刻辟邪逐疫。画中云气簇拥，左边一神兽奔驰，右边两人似戴魌头（古时打鬼驱疫时用的面具），前面的侧弓箭步，后面的右手持杖。第 44 幅

---

① 《汉书·武帝纪》。

② 参见孙作云《长沙马王堆一号汉墓出土画幡考释》，载《考古》1973 年第 1 期。

③ 《周礼·夏官司马·方相氏》。

④ 参见孙作云《洛阳西汉壁画墓中的傩仪图》，载《郑州大学学报》1977 年第 4 期。

在北壁中柱南侧，中间刻一兽，垂头蹲坐，两个戴魌头的人作搏击状，左边一人似执剑。第51幅在北壁上部东石南侧，刻辟邪逐疫图。画左一牛，耸肩翘尾，挺角疾冲，殆为精怪；中间一人，戴魌头，奋力搏牛；右边一怪兽，垂首夹尾。第52幅在上部东石北侧，刻虎扑精怪。南壁西柱南侧，刻一熊直立或为方相。皆用以驱鬼辟邪①。

"性能执鬼……缚以苇索，执以食虎"②的神荼和郁垒也屡见不鲜，它们大多被雕绘在墓门之上，用以驱鬼辟邪。南阳汉画像石墓墓门上常见两个面目狰狞、勇猛威武的神人形象，即神荼、郁垒。二门神均着短衣、大裤，手握刀、钺，下蹲亮掌作喝拒状。③

汉人认为虎能"击鸷牲食魑魅"④，是众鬼畏惧的神物。因此，常常将虎绘刻于墓门上，用以护卫死者。如南阳汉画像石墓墓门上有白虎、铺首衔环图，画面的上部刻绘一斑斓猛虎，虎口露利齿，昂首怒吼，尾巴上翘，凶猛之状，令人望而生畏。⑤ 长沙砂子塘西汉早期木椁墓的外棺足部挡板上画有神虎图像。画面正中，是用绶带悬挂着的很大的玉磬，玉磬上部左右对称各卧一只神虎，神虎背上各坐一位有翼神人，即度朔山上统领万鬼的神荼和郁垒。这幅漆棺画的作用与徐州沛县栖山一号墓石椁内面所画的虎形神兽图相同，都是为了驱逐魍象等恶鬼，保护墓主尸体。同样主题的石刻图像在保存于山东曲阜孔庙内的"东安汉里"石椁画像石上也可以看到：头部、足部挡板上画的手执绳索、桃枝和刀的神人应该就是神荼和郁垒二神，他们的作用也是驱逐恶鬼，守卫墓室。另外，在石椁内的四壁上刻画有青龙、白虎、朱雀、玄武四神形象，也是为了让它们守卫墓室，驱逐恶鬼，保护墓主的尸体。⑥

这些画像多安置在墓门和墓门两侧，看守着门户，有鬼敢来扰乱墓主，不是被赶跑，就是被吃掉，这是汉人神鬼迷信思想的最好图解。

---

① 参见南阳地区文物工作队《河南南阳县十里铺画像石墓》，载《文物》1986年第4期。

② 应劭撰、吴树平校释：《风俗通义校释·祀典》。

③ 参见吴曾德《汉代画像石》图73，文物出版社1984年版，第120页。

④ 《后汉书·礼仪志中》刘昭注引《风俗通》。

⑤ 参见王玉金《南阳汉画与汉史研究》，载《南都学坛》1999年第1期。

⑥ 参见信立祥《汉代画像石综合研究》，第214～216页。

受民间信仰实用性特点的影响，汉画像石的题材是很现实的，不是为单纯审美的需要，而是一种实用艺术，反映了时人的世界观和现实生活。透过这些想象力丰富的夸张的艺术形象，可以探察汉代普通民众的日常生活和内心世界。可以说，汉墓画像是人们祛邪避鬼、长寿长生、吉祥如意之思想信仰在艺术中的形象反映。

四、民间信仰与原始道教

民间信仰虽然不同于宗教，但却与之有着密不可分的联系，对宗教的形成与发展也有着非常重要的影响。东汉末期出现的原始道教就是在对民间信仰的吸收改造基础上产生的。

（一）道教对民间巫术的吸收

在“万物有灵”信仰的基础上，人们创造出各种法术，运用超自然力控制自然和人类社会。这些人为创造出来的法术就是巫术。人们相信通过实施一定的仪式和手段，就能控制超自然力，实现自己的某种愿望。

汉初君臣多来自巫风甚盛的楚地，对巫术文化信之不疑。如汉高祖在国家机构里正式设置“七巫”之职，掌祠天地山川之神。汉武帝亦“迷于鬼神，尤信越巫”[①]。而广大乡村巫风更浓，“街巷有巫，闾里有祝”[②]。甚至很多女子“不修中馈，休其蚕织，而起学巫祝，鼓舞事神”。由于鬼神迷信思想的泛滥，巫觋行术拥有广阔的市场，降神、祝祷、解除、巫蛊、卜筮、驱疫除病、舞雩求雨等巫术活动就成为百姓化解灾厄、消除迷茫的主要方式。

道教是中国土生土长的、具有浓厚巫觋色彩的宗教。神鬼观念使它建立了道家神祇谱系，原始崇拜和思维观念使它发展了道教理论系统中关于天地人鬼的理念，巫觋文化又使它发展了祈咒与符箓以及医疗保健炼性等长生之道。在道教的完整体系中，继承和发展了中国民间巫术的巫技、巫

① 应劭撰、吴树平校释：《风俗通义校释·怪神》。

② 桓宽撰、王利器校注：《盐铁论·散不足》。

法。巫觋的祀神仪式、巫术中的法器，均为道教所发展和运用。特别是驱鬼避邪、捉妖治蛊、呼风唤雨、招魂送亡，更成为道家极常见的活动。因此，中国巫术与中国的道教有其天然的亲缘关系①。

道教一开始就包含了大量巫术因素，东汉末无论是道教著述，还是道士的宗教活动，都带有浓厚的巫术特点。道教早期经典《太平清领书》"其言以阴阳五行为家，而多巫觋杂语"②。巫觋的法术诸如符水疗疾、符咒驱鬼、祈祷降神等都是早期道教特别是符箓派的重要内容。《抱朴子·杂应》有云："古之初为道者，莫不兼修医术，以救近祸焉。"可见，学道必须先明医术，也就是符水疗疾之术。早期道教的代表人物都是靠符水疗疾吸引徒众，进而成为宗教领袖的。据《后汉书·皇甫嵩传》记载：

> (张角)奉事黄老道，畜养弟子，跪拜首过，符水咒说以疗病，病者颇愈，百姓信向之。角因遣弟子八人使于四方，以善道教化天下，转相诳惑。

《后汉书·刘焉传》李贤注引《典略》云：

> (张)修法略与角同，加施静室，使病人处其中思过。又使人为奸令祭酒，主以《老子》五千文，使都习，号"奸令"。为鬼吏，主为病者请祷……使病者家出米五斗以为常，故号"五斗米师"也……小人昏愚，竞共事之。

道士于吉亦"烧香读道书，制作符水以治病"③。在早期道教中，巫术成分颇多。太平道和五斗米道的宗教内容主要是祷祝和驱鬼，以符水咒说疗病，假借鬼神符箓来"聚徒惑众"。

在道教早期阶段，符箓就已被汇集为专书。《抱朴子·遐览》述及晋代道教的各种典籍，而涉及符箓者，达五六十种之多。后来《隋书·经籍志》在论述道教经典时，符箓之书成为其中一大项目。大约从东汉时出现的符箓，在汉以后的千余年中，始终成为道教法术中不可缺少的重要内容。④

---

① 参见张紫晨《中国巫术》第269～270页。

② 《后汉书·襄楷传》。

③ 《三国志·吴书·孙策传》"策阴欲袭许，迎汉帝"裴松之注引《江表传》。

④ 参见吴荣曾《镇墓文中所见到的东汉道巫关系》，载《文物》1981年第3期。

“禹步”是巫觋作法的基本方式之一。秦简《日书》、《五十二病方》等都有关于禹步的记载。如秦简《日书》记有远行除咎时使用的法术：

行到邦门困，禹步三，勉壹步，呼：“皋！敢告曰：某行，毋咎，先为禹除道。”即五画地，掓其画中央土而怀之。

禹符，左；行，置右环（辕），曰□□□右环。曰：行邦，令行投符地。禹步三，曰：“皋！敢告□□□符”，上车，毋顾□□□□。[①]

至汉代，禹步已经成为巫医作法的基本步法。马王堆汉墓帛书《五十二病方》记载巫医治病时经常使用咒语和禹步。如一种治疗“阴癀”即阴囊肿大的医方：

令癀者北首卧北乡（向）庑中，禹步三，步嘑（呼）曰“吁！狐麃！”三，若智（知）某病狐□。[②]

敦煌悬泉汉简也有关于禹步的记载：

入厕，禹步三。祝曰：入则谓厕哉，阳谓天大哉，辰，病与恶入，疾去毋顾。[③]

巫术中常用的禹步也被纳入道教法术体系，成为道士作法施术的基本步伐。葛洪曰：“凡作天下百术，皆宜知禹步。”[④]他在《抱朴子》中介绍过两种禹步之法。《仙药》云：“前举左，右过左，左就右。次举右，左过右，右就左。次举右，右或左，左就右。”《登涉》中介绍的禹步与此不同：“正立，右足在前，左足在后，次复前右足，以左足从右足并，是一步也。次复前右足，次前左足，以右足从左足并，是二步也。次复前右足，以左足从右足并，是三步也。”葛洪介绍的禹步比起汉代巫觋作法时的“禹步三”要复杂、规整，应是在民间巫术基础上加工而来的。

解除是汉代巫觋的主要职能之一，即通过对鬼神的祭祀、驱赶而除去凶灾。汉代人忌讳动土，常在“缮治宅舍，凿地掘土”[⑤]后举行解除仪式。道教

① 云梦睡虎地秦墓编写组：《云梦睡虎地秦墓》反面简 784～785、简 999～1002。

② 马王堆汉墓帛书整理小组编：《五十二病方》，第 79 页。

③ 胡平生、张德芳：《敦煌悬泉汉简释粹》二六六，第 182 页。

④ 葛洪：《抱朴子·登涉》。

⑤ 王充：《论衡·解除》。

兴起后,道士也从事此类的巫术活动。北周释道安曾作《二教论》,攻讦当时的道士,认为他们不过是继汉末三张之余绪,并列出"三张之鬼法"十一事,其中就有"左道余气,墓门解除"①。"墓门解除"应是为死者安葬入土时举行的解除仪式。

另外,民间巫术中的驱鬼、占卜、通神之术也都被道士吸收,如柳津"常请道士上章驱鬼"②。梁昭明太子"遣人求得善墓地……葬(丁贵嫔)毕,有道士善图墓,云:'地不利长子,若厌服或可申延。'乃为蜡鹅及诸物埋墓侧长子位"③。

由于道教在兴起和确立的过程中,吸收了民间信仰尤其是民间巫术的基本内容,因而在初期,人们常常将道士与巫觋等而视之。如张修与张角等原始道教代表人物被官方蔑称为"妖巫",五斗米道的道徒则被称为"米巫"。西晋时赵王伦信用天师道的重要人物孙秀,"伦、秀并惑巫鬼"④,道士李脱"以鬼道疗疾"⑤。从中都可看出巫术与道教的渊源关系。

(二)道教对民间神祇的吸收

道教是多神宗教,信奉的神祇很多,大都是承袭民间信仰的神灵而来。如在汉代民间信仰中掌长生不死之药、能度人成仙、为人解厄的西王母在道教神谱中成为"九光玄女",号太真西王母,为女仙之宗,是仅次于玉皇大帝的尊神;东王公称"扶桑大帝",与西王母共为道教的尊神。⑥《集说诠真》曰:

> 东王公为男仙之主,西王母为女仙之宗。此二元尊,乃阴阳之父母,天地之本源,化生万物,育奉群品,长生飞化之士,升天之初,先观西王母,后谒东王公,然后升三清朝太上也。⑦

早期道教在创立伊始就吸收了传统的三官信仰,奉天、地、水三官为主宰人

① 载严可均辑《全上古三代秦汉三国六朝文·全后周文》卷二三《释氏》,第4003页。

② 《南史·柳元景传附柳津》。

③ 《南史·萧统传》。

④ 《晋书·赵王伦传》。

⑤ 《晋书·周勰传》。

⑥ 参见葛洪《枕中书》,《增订汉魏丛书》本。

⑦ 黄伯禄辑:《集说诠真》,台湾学生书局1989年版。

间祸福的大神。三官信仰源于古代民间对天、地、水的自然崇拜。东汉末年，张道陵在四川鹤鸣山创五斗米道，就曾利用三官信仰为百姓请祷治病：

> 请祷之法，书病人姓名，说服罪之意。作三通，其一上之天，著山上，其一埋之地，其一沉之水，谓之三官手书。[①]

三官之名，实始于此。三官神在道教中地位较高，能为人解厄、赐福、赦罪，因而历来为人崇祀不绝，影响很大。

汉代民间有关泰山治鬼的信仰也被道教所吸收。据《南史·沈僧昭传》记载：

> 沈僧昭别名法朗，少事天师道士，常以甲子及甲午日，夜著黄巾衣褐醮于私室……自云为泰山录事，幽司中有所收录，必僧昭署名。

在道教经典《灵宝隐书》中也说："太极真人，治赤城玉洞之府，司校太山死生之录。"[②]民间信仰中"主召人魂魄"的泰山神被道教徒奉为"东岳天齐仁圣大帝"，成为道教的重要神祇之一。《云笈七签》卷七九《五岳真形图序》曰："东岳泰山君，领群神五千九百人，主治死生，百鬼之主帅也，血食庙祀所宗者也。世俗所奉鬼祠邪精之神，而死者皆归泰山受罪考焉。"东岳大帝泰山神成为道教阴神中的尊神。

汉代民间普遍崇信青龙、朱雀、白虎、玄武四灵。道教产生以后，吸收了民间的四灵信仰。如《抱朴子·杂应》记道教祖师老君"从黄童百二十人，左有十二青龙，右有二十六白虎，前有二十四朱雀，后有七十二玄武"，四灵成为老君的护卫和仪从。《太上说玄天大圣真武本传神咒妙经》称玄武为"太上紫皇天一真人，玄天上帝"。唐代尊崇道教，出现专门祠祭玄武的宫观，"紫宸殿之北面曰玄武门，其内又有玄武观"[③]。北宋为了避宋真宗讳，改"玄武"为"真武"。宋真宗时，真武加号为"镇天真武灵应佑圣真君"。明代，由于统治者的大力提倡，真武信仰迅速遍及全国，香火极盛，成为仅次于三清、玉皇的道教大神。

---

① 《三国志·魏书·张鲁传》裴松之注引《典略》。

② 《太平御览》卷六六〇《道部二》引。

③ 《太上玄灵北斗本命长生妙经》，《道藏》第11册，上海书店出版社1996年版，第349页。

汉人认为天上的斗星和人的生死有关，把北斗看作掌人生死的神灵。如宝鸡出土的陶瓶上，都写有“黄神北斗”。有的镇墓文中有“死人北，生人南”之语，即人死后归北斗管属。[①] 汉以后，人们认为：“南斗注生，北斗注死。凡人受胎，皆从南斗过北斗。所有祈求，皆向北斗。”[②]因此，常向北斗祈祷以求延命[③]。道藏中有《北斗七元星灯仪》、《北斗本命延寿灯仪》[④]等。向北斗祈禳以延寿成为道教中一项传统的重要宗教仪式。

作为文昌宫第四星的司命神，由于其职能主“督察人命”，掌人生死，因而成为汉代民间最为重视的神祇之一。唐代，司命神也被道教吸收，道书中称之为“文昌星神君”，至宋真宗时封为“司命天尊”，几乎与道教教主老君有了相同的地位。《云笈七签》卷四二《存思部》有“司命丈人”、“日中司命”和“存司命法”。

六丁神即六甲中丁神，是汉代民间信仰的神祇之一。若甲子旬中，则丁卯为神；甲寅旬中，则丁巳为神；依此类推。役使之法，“先斋戒，然后其神至，可使致远方物及知吉凶也”[⑤]。据《后汉书·梁节王畅传》记载，梁节王畅的从官卞忌“自言能使六丁，善占梦，畅数使卜筮”。汉末，六丁神也被道教吸收。献帝时，李傕“性喜鬼怪左道之术，常有道人及女巫歌讴击鼓下神，祠祭六丁，符劾压胜之具，无所不为”[⑥]。六丁神是道士及巫觋共同祭祀的神灵，神通广大。在《抱朴子·杂应》中有利用六丁神诸法。如令牛马不饥法：

> 召六甲六丁玉女，各有名字，因以祝水而饮之，亦可令牛马皆不饥也。

不寒之法：

> 或以立冬之日，服六丙六丁之符……则十二月中不寒也。

预知吉凶安危法：

---

① 参见吴荣曾《镇墓文中所见到的东汉道巫关系》，载《文物》1981年第3期。

② 《搜神记》卷三。

③ 《魏书·崔浩传》载：浩在庭中“乡祷斗极，以延父命”。

④ 《道藏》第3册，上海书店出版社1996年版，第567、569页。

⑤ 《后汉书·梁节王畅传》“自言能使六丁”李贤注。

⑥ 赵彦卫撰、傅根清点校：《云麓漫钞》卷九，中华书局1996年版。

以三皇天文，召司命司危五岳之君，阡陌亭长六丁之灵，皆使人见之，而对问以诸事，则吉凶昭然。

在巫觋或道士看来，六丁神在实际生活中的作用还是非常广泛的。

此外，神话传说中开天辟地的创世神盘古被道教奉为“元始天尊”，在陶弘景的《真灵位业图》中列为道教第一级的中位尊神；二十八宿与干支配合，神皆有真实名姓：“甲从官，阳神也，角星神主之。阳神九人。姓宾，名远生，衣绿玄单衣，角星宿主之。乙从官，阴神也，亢星神主之。阴神四人，姓扶，名司马……”[①]太岁在道教中被称为“大将军”。如《神枢经》曰：“大将军者，岁之大将也。”[②]汉代民间信奉的社神在魏晋以后称为“土地”，被列入道教地祇之列。在举行斋醮仪式时，“作法者”常念《土地咒》，召令“土地”奉敕行令，以供役使。[③] 另外，民间信仰中的众多神灵，诸如日月星辰、风雨雷电、河岳山川、灶神门神等等，皆被道教兼收并蓄，构成庞大的道教神谱体系。

（三）道教对神仙信仰及修炼方法的吸收

道教不仅在手段和内容上吸收民间巫术，而且其基本教义也是从民间信仰中提炼而来，是上古民间信仰的整合与发展。道教的基本教义是追求长生不老，最终目标是成仙，使个人的肉体和生命永恒不灭。这种信仰，在道教形成以前，早已流行于民间。传说彭祖寿八百岁，安期生寿千岁等[④]，被作为上古成仙的范例。巫觋是最早研究祛病延年、长生不死法术之人。《山海经·海内西经》云：“开明东有巫彭、巫抵、巫阳、巫履、巫凡、巫相，夹窫窳之尸，皆操不死之药以距之。”郭璞注云：“皆神医也”，“为距却死气，求更生”。说明在时人眼中，巫觋有使人不死的神药和使人复活的法术。秦汉时期颇为活跃的方士就是从中分化出来，专门从事求仙长生活动的巫觋。如汉武帝宠信的少翁、栾大、公孙卿等方士，皆来自齐地的民间。方士的神仙学说与求仙活动成为道教尤其是丹鼎派道教的直接来源。

① 张君房纂辑、蒋力生等校注：《云笈七签》卷二四，华夏出版社1996年版，第137页。

② 允禄等：《钦定协纪辨方书》卷三引，《四库全书》本。

③ 参见李养正《道教概说》，中华书局1989年版，第256页。

④ 参见刘向《列仙传》之《彭祖》、《安期先生》。

神仙思想的流行和方士的活跃带动了汉代养生保健理论与方法的发展，如马王堆汉墓竹简即有养生方，《天下至道谈》就包括房中导引和“七损八益”的保健理论。[①] 张家山汉墓竹简中有112枚为《引书》，全书由三部分组成：第一部分阐述四季的养生之道；第二部分记载导引术式及用导引术治疗疾病的方法；第三部分着重说明导引养生的理论。该书认为，人之所以得病，“必于暑湿风寒雨露，奏（腠）理启阖，食歓（饮）不和，起居不能与寒暑相應（应），故得病焉”。要预防疾病，就需导引养生，“必治八经之引，炊（吹）昫（呴）虖（呼）吸天地之精气，信（伸）复（腹）折要（腰），力信（伸）手足，軵蹱（踵）曲指，去起宽亶，偃治巨引，以与相求也，故能毋病”[②]。

王充在《论衡·道虚》中也介绍了汉代流行的“修道”方法：

> 道家相夸曰：真人食气。以气而为食，故传曰：“食气者寿而不死，虽不谷饱，亦以气盈。”
>
> 道家或以导气养性，度世而不死，以为血脉在形体之中，不动摇屈伸，则闭塞不通。不通积聚，则为病而死。
>
> 道家或以服食药物，轻身益气，延年度世。
>
> 世或以辟谷不食为道术之人，谓王子乔之輩以不食谷，与恒人殊食，故与恒人殊寿，逾百度世，遂为仙人。
>
> 世或以老子之道为可以度世，恬淡无欲，养精爱气。夫人以精神为寿命，精神不伤则寿命长而不死。成事，老子行之，逾百度世，为真人矣。

王充所说的道家指的是修道寻仙的方士，是后来道士的前身。方士的绝粒食气、导气养性、服食药物、辟谷不食、养精爱气，后来也为道教吸收，成为其修炼的主要方式。

早期道教的太平道和五斗米道吸收了民间信仰中的神仙思想，并把它与先秦道家哲学思想有机结合在一起，认为只要达到了人道合一的玄同境

---

① 参见周世荣《马王堆竹简养生方与中国古代养生学》，载《考古与文物》1986年第6期。

② 张家山二四七号汉墓竹简整理小组：《张家山汉墓竹简》，文物出版社2001年版，第285、298页。

界，就可成仙。如太平道称《太平经》是大道神人为拯救世人而传播到人间的，“精学可得神仙”。《太平经》说：“人无道之时，但人耳，得道则变易成神仙；而神上天，随天变化，即是其无不为也。”[①]人通过修炼得道就可变成神仙。具体修炼方法是：“三气共一，为神根也。一为精，一为神，一为气。此三者，共一位也……故人欲寿者，乃当爱气尊神重精也。”[②]提倡精、气、神三者合为一体，就可以长生不死。

早期道教的另一派别五斗米道认为：“欲求仙寿天福，要在信道，守诚守信，不为贰过。”普通人只要注重自身的道德修养，也可修道成仙。《老子想尔注》还提出了宝精爱气的修炼方法。“身为精车，精落故当载营之。神成气耒（来），载营人身，欲全此功无离一。”身是精的载体，精是体的根本。保精即能延年益寿。“仙士与俗人异，不贵荣禄财宝，但贵食母者，身也，于内为胃，主五藏气。俗人食谷，谷绝便死；仙士有谷食之，无则食气。”[③]食气也是长生修炼的重要方法。《想尔注》中提出的这些宝精爱气的修炼方法为后世道教所继承发展，演变为内丹修炼之术。

道教本来就是一个在中国古代社会底层流传的民间教派。它以修道成仙的思想为核心，在民间信仰的基础上逐渐形成。早期主要在民间流传，并与当时的农民斗争相结合，因此被朝廷视作“妖道”，遭到镇压。魏晋以后，道教开始分化，一部分继续流行于民间，为广大百姓信奉；一部分经寇谦之、陆修静等上层道士改造，即除去“三张伪法”，大道清虚为本，专以礼度为首，而加以服食闭练，完善科戒、仪式和组织制度，受到帝王及上层贵族的信奉与扶植，成为维护封建统治的御用工具。

当然，作为能与儒、佛鼎足而立的大型宗教，道教的来源也并不仅仅局限于民间信仰，而是民间信仰与道家哲学及阴阳五行化的儒家经学等多方面融会而成的。在发展过程中，道教也逐步形成了系统的理论体系，建构了层次分明、等级森严，神、仙、鬼无所不包的神祇谱系，整合、发展、完善了修

① 王明：《太平经合校》，中华书局 1960 年版，第 222 页。

② 王明：《太平经合校》，第 728 页。

③ 饶宗颐：《老子想尔注校笺》，上海古籍出版社 1991 年版，第 31、12、26～27 页。

道方法。这些都是缺乏理论基础的民间信仰所无法企及的，也是宗教与民间信仰之间的主要区别。但道教从一开始就深受民间信仰的浸染，它的发展壮大也是积极吸收民间信仰及其他思想意识的结果。从这个角度来说，民间信仰，尤其是它的鬼神观念、神仙思想、巫术、方术等为道教的形成与发展奠定了基础。

五、民间信仰与初传佛教

佛教是世界三大宗教之一。公元前6世纪，佛教在古印度创立。至公元前3世纪阿育王统治时期，将佛教定为国教，并派僧人到境外传教。两汉时期，佛教逐渐传入中原地区，依托中原固有的传统信仰，继续扩散蔓延，并对汉地民间信仰也产生了一定影响。

(一)汉代佛教的传播

据史籍记载，汉地奉佛最早者是楚王刘英。刘英是光武帝刘秀之子，建武十七年(41)封为楚王，二十八年(52)就国，都彭城。据《后汉书·楚王刘英传》记载：

> (楚王)英少时好游侠，交通宾客，晚节更喜黄老，学为浮屠斋戒祭祀。(永平)八年，诏令天下死罪皆入缣赎。英遣郎中令奉黄缣白纨三十匹诣国相曰："托在蕃辅，过恶累积，欢喜大恩，奉送缣帛，以赎愆罪。"国相以闻，诏报曰："楚王诵黄老之微言，尚浮屠之仁祠，洁斋三月，与神为誓，何嫌何疑，当有悔吝？其还赎，以助伊蒲塞桑门之盛馔。"

秦汉时期神仙思想弥漫整个社会。佛教初传，并不是作为一种真正意义上的宗教来信奉，而是被当作神仙方术之一种，楚王英在宫中立黄老浮屠祠，定期斋戒祭祀，显然把佛教当作黄老神仙之类而信仰。此后又有明帝遣使求法之事："世传明帝梦见金人，长大，顶有光明，以问群臣。或曰：'西方有神，名曰佛，其形长丈六尺而黄金色。'帝于是遣使天竺问佛道法，遂于中国图画形象焉。楚王英始信其术，中国因此颇有奉其道者。”[①]佛教传入中原，首先是从像楚王刘英之类的贵族阶层信仰开始的。明帝遣使奉法只是表明了最高统治者对佛教的关注，并没有真正信奉，而且明帝还对汉人奉佛采取限制政策。据《高僧传·佛图澄传》记载：“汉明感梦，初传其道，惟听西域人得立寺都邑，以奉其神；其汉人皆不得出家。”永平十三年(70)，刘英因牵涉嫌谋逆之罪被废自杀，牵连死徙者上千人。彭城一带的佛教活动亦受到打击。此后近百年时间，史书鲜见佛教流传及信徒活动的记载。

至东汉后期，佛教的发展渐趋兴盛，其一以桓帝信佛作为标志。史称：“桓帝好神，数祀浮屠、老子，百姓稍有奉者，后遂转盛。”[②]桓帝以帝王之身而崇佛，必然会产生风过草偃的社会效应，带动社会各层的信仰。其二以传经、译经为标志。东汉末年以前有《四十二章经》译本的流传。桓、灵之时，随着印度与西域僧人陆续来华，佛经传译日益兴盛，先后出现了安清、支谶、竺佛朔、安玄、严佛调等早期著名译经家。著名僧人安世高于桓帝初年来华，在洛阳弘法近半个世纪，翻译了《安般守意》、《阴持入》、《十二门》等早期汉文佛经。[③] 僧佑赞曰：“汉世像教，而妙典方流。法待缘显，信有征也。至汉末安高，宣译转明。”[④]“其先后所出经凡三十五部，义理明析，文字允正，辩而不华，质而不野，凡在读者，皆亹亹而不倦焉。”[⑤]桓帝时严佛调，“是汉地第一个出家者”[⑥]。史称佛调“本临淮人，绮年颖悟，敏而好学。世称安侯、都尉、佛调三人，传译号为难继。调又撰《十慧》，亦传于世。安公称佛调出经，省而不烦，全本巧妙。又有沙门支曜、康巨、康孟详等，并以汉灵、献之间，有慧学之誉，驰于京洛”[⑦]。佛经的大量翻译客观上推动了佛教的传播。

此后崇佛最著者是丹阳笮融。据《后汉书·陶谦传》载：

同郡人笮融，聚众数百，往依于(陶)谦，谦使督广陵、下邳、彭城运

① 《后汉书·西域传》。据袁宏《后汉纪》，汉明帝遣使求法之事在永平十三年(70)。

② 《后汉书·西域传》。

③ 参见刘红梅《东汉佛教传播特点探析》，载《合肥学院学报》2008年第4期。

④ 释僧佑：《出三藏记集》卷一《出三藏记集序》，中华书局1995年版，第1页。

⑤ 释僧佑：《出三藏记集》卷一三《安世高传第一》，第508页。

⑥ 任继愈：《中国佛教史》第1卷，中国社会科学出版社1993年版，第145页。

⑦ 释慧皎撰、汤用彤校注：《高僧传》卷一《译经上》，中华书局1992年版，第11页。

粮。遂断三郡委输，大起浮屠寺。上累金盘，下为重楼，又堂阁周回，可容三千许人，作黄金涂像，衣以锦彩。每浴佛，辄多设饮饭，布席于路，其有就食及观者且万余人。

汉末军阀混战，笮融率众依附徐州牧陶谦，被任命为下邳相，督管三郡粮运，趁乱盗用漕运财物，从事建寺、造塔、铸像、浴佛等佛事活动，规模可观，影响甚大。笮融在广陵、下邳、彭城一带大肆崇佛，并且下令说，凡是愿意信奉佛教者，都可以免除徭役。笮融用信佛免役的方法招引民户，前后招致民户五千多。[①] 说明这时的佛教信仰主体已由上层贵族向下扩展，并在民间社会广泛传播。

下邳相笮融崇佛，"作黄金涂像"，在20世纪70年代出土的邳州东汉鎏金铜佛造像也可以得到印证。邳州即汉代下邳。该鎏金铜佛像出土于邳州燕子埠乡尤村汉画像石墓中，以铜作人，衣以锦彩，右手示无畏，左手触地，高肉结，眉毛上翘，嘴角古月，都显示出佛教造像的特征。造像出自东汉桓帝元嘉元年(151)的彭城相缪宇墓中，应属墓主生前拥有物；其发髯、髯须、服饰皆为汉人所崇尚。由此推断，造像应为东汉时铸造，缪宇当时应是佛教的信徒无疑。在邳州八义集镇过满山汉画像石墓也曾出土"两圆雕力士像门柱"，并在画像石上发现莲花纹饰，说明尤村汉墓出土的鎏金铜佛造像绝不是孤立的物象[②]，而是这一地区佛教兴盛的表现。因为东汉佛教的传播，主要集中在以洛阳、徐州为中心的黄淮中下游地区，所以在这一区域出土的汉画像石中多有反映。如徐州汉画像石馆收藏的三号石，为僧侣骑象图，四周刻边框。框内画面分为上下两格。上格刻六个瑞兽，曼舞相戏。其下刻五人，头戴巾帻，衣着长袍，骑在大象背上。四号石为伎人骑象图，四周刻边框。画面分上、中、下三格。上格刻两个瑞兽，翻转相戏。中格刻一人，躺卧在象背上，右手托着面颊。象首坐一象奴，手持长钩。在象身下刻一鸟首。据《修行本起经菩萨降身品第二》记载，六牙白象为佛的化身，大象即是佛国

① 参见任继愈《中国佛教史》第1卷，第152页。

② 参见陈永清、张浩林《邳州东汉纪年墓中出土鎏金铜佛造像考略》，载《东南文化》2000年第3期。

的象征物。僧侣和大象的出现，在一定程度上反映了佛教文化在这一区域的盛行。①

（二）民间信仰与佛教的初次互动

佛教作为一种外来宗教，要在汉地传播并得到人们的认可信奉，最简便易行且有效的方式就是依托本地的传统信仰。两汉时期，神仙思想与神仙信仰非常盛行，人们创造了能飞升上天的羽人，也将“司天之厉及五残”的凶神西王母改造成为手握不死之药、可以使人长生成仙的吉祥之神。在汉代的神仙信仰中，西王母是最为重要、影响最大的神灵，受到社会上下各阶层的追捧。而佛教也正是依附于中原本土神仙信仰而开始传播的，在发展过程中，又对本土传统信仰产生影响，形成两者之间的初步互动。这在出土的汉代画像石刻中表现得非常明显。

所见东汉时期的考古材料中，早期佛教图像主要分布在两大区域：以山东、苏北为中心的北方中原地区和以四川为中心的西南地区。如山东沂南画像石墓中的佛像、内蒙古和林格尔壁画墓中的“仙人骑白象图”、四川地区佛饰摇钱树和摇钱树座等，这些佛教图像均与丧葬相关，或在图像位置上与西王母并列，或两者出现图像标志上的交叉，显示了两者之间的密切关系。②1953年发掘的山东沂南画像石墓中室的八角擎天石柱上，东、西两面刻有东王公与西王母，均坐在华盖之下，南、北两面顶端都刻有带项光的童子立像。南面中段刻有一坐像，头上似有髻；右手五指外伸，与施无畏印手势相近。在这尊佛像的肩部，有明显的双翼向上生出，与东、西两面所刻东王公、西王母图像上双肩生出的双翼如出一辙。石柱的四个斜面刻有许多禽、兽和羽人像。③ 内蒙古和林格尔壁画墓，各室壁面上满绘壁画。在前室天井的西南角上，绘有一幅仙人骑象图，其旁有墨书题记“仙人骑白象”、“猞猁”，与“东王公”、“西王母”二图两两相对。据考证，“仙人骑白象”反映的是“能仁

---

① 参见杨孝军、郝利荣《徐州新发现的汉画像石》，载《文物》2007年第2期。

② 参见仝涛《东汉“西王母+佛教图像”模式的初步考察》，载《四川文物》2003年第6期。

③ 参见霍巍《中国西南地区钱数佛像的考古发现与考察》，载《考古》2007年第3期。

菩萨化乘白象来就母胎”的降身故事。①

佛教的传播在汉墓佛像钱树中也有体现。钱树是一种在东汉时西南地区十分盛行的特殊冥器,亦称为“摇钱树”,实际上它原有的古称应该是“柱铢”。它的社会功能是为主人升天准备的天梯。② 钱树佛像集中分布在以四川为中心的西南地区。佛像主要位于摇钱树干之上。迄今发现的摇钱树干佛像分布在 21 株摇钱树上,共计 67 尊。这类佛像为浮雕,高 4～6.5 厘米,铸于摇钱树干上,皆为坐姿,佛头后大多有横椭圆形项光,头上有高肉髻,口上有髭,右手施无畏印,圆领,胸前衣纹呈“U”形,结跏趺坐。佛像位于摇钱树枝叶之上的有安县和城固,共计 2 尊。安县佛像枝叶通高 20.5 厘米,宽 13 厘米,中部为一璧形。佛坐于璧之上,高 6.3 厘米,宽 4.1 厘米,佛头后由 2 个同心圆组成的圆形项光,边缘匀称分布 6 个小圈,头发梳成一个大髻,额中施加白毫相,大眼,口之上有髭,上翘(俗称“八字胡”),穿圆领衣,镶莲瓣纹边,左手握衣角,右手施无畏印,结跏趺坐。佛旁侧立一人,戴尖顶帽,大眼,高鼻,张口。佛项光之上为侧立莲花,两侧为八瓣莲花,其下各侧立小莲花,佛与莲花和侧立之人均由蔓草之属连接。城固佛像枝叶与安县文管所收藏佛像枝叶完全相同。③ 彭山江口汉墓树座高 21 厘米,分上下两段,下段为圆形座基,外侧塑有青龙、白虎戏璧图像,上层为圆柱状,外塑三个人像,中一人结跏趺坐,头有肉髻,施作手印,应为佛像;两侧二人站立,亦作有手印,似为二胁侍。发掘者认为是佛教中的“一佛二胁侍”造像。这是中国最早的佛教造型之一。在绵阳、忠县出土的几件钱树主干上,每节之中各有

① 参见俞伟超《东汉佛教图像考》,载《文物》1980 年第 5 期。

② 参见林向《我国西南地区出土的汉魏青铜树——“柱铢”》,载《考古与文物》2008 年第 2 期。关于钱树的性质,学界有不同说法:俞伟超先生认为其象征着社树,墓葬中随葬它,象征墓主人可以通过对它的控制而实现拥有财富的企图(参见俞伟超《东汉佛教图像考》,载《文物》1980 年第 5 期);于豪亮先生认为钱树出自海上三神山(参见于豪亮《“钱树”、“钱树座”和鱼龙漫衍之戏》,载《文物》1961 年第 11 期);王永红先生认为它是作为汉人神仙树思想的载体而被随葬在墓内的(参见王永红《汉代“摇钱树”的形状及内涵》,载《中国历史博物馆馆刊》1996 年第 2 期);钟坚先生认为其应为西王母所居之昆仑神山及其神树(参见钟坚《试谈汉代摇钱树的赋形与内涵》,载《四川文物》1989 年第 1 期)。

③ 参见何志国《摇钱树佛像身份探微——与温玉成先生商榷》,载《江苏大学学报》2007 年第 4 期。

一个高肉髻、着长衣、作手印、结跏趺坐的铜佛像。忠县蜀汉墓钱树、绵阳汉墓钱树干上都有早期佛像。①

西王母崇拜是钱树内容中最突出的主题，西王母也是钱树中的主神。钱树中佛像的出现应是西王母神仙信仰的一个组成部分。吴焯先生认为：“佛的形象出现于通常表现西王母、羽人或瑞兽的钱树及其插座上，其含义也应与过去表现西王母者同。”②这些佛像是被本土传统的神仙和升仙信仰吸收而出现的，与神仙思想和天国仙境观念之间关系密切。佛并非是作为膜拜的对象，而是作为天国仙境中诸神灵的一员，与本土传统的神仙或神兽等神灵同列出现。当时的人们为了死后能升入天国仙境，而通过在墓中对此竭力模仿，以期死者能顺利升仙。佛是作为天国仙境中的一个组成部分而出现的，因而带有较强的与死后世界相关的巫术性质。③ 这表明在汉代民间信仰中，佛也成为神树的护卫者和天国上的神仙之一。这种本地与外来神仙合为一处、可以相互替代的情况，既反映了佛教早期与本地信仰的相互糅合，也反映了当时人们认为佛和西王母等本地神一样，可以让人长生不死，解脱苦难。④

在佛教借助神仙信仰壮大势力的同时，中土原有的民间信仰也受到外来宗教的影响而发生变化，形成民间信仰与外来宗教的互动。如西王母图像在佛教信仰与佛教图像的冲击和刺激下，亦尝试了创新和变化。在东汉时期的北方中原地区和西南地区，都不同程度地出现了两者的混用和模仿。如沂南画像石墓的佛像生出了类似于西王母的双翼，而西南地区的西王母形象出现高肉髻、白毫、头光、手印，有持莲花的胁侍，有莲花图案夹杂西王母仙境的动物如三足乌、九尾狐、蟾蜍等等。西王母形象从四分之三侧坐的“情节式”构图转变到正面端坐的“偶像式”构图，也是缘于佛像的影响。东

① 参见南京博物院编《四川彭山汉代崖墓》，文物出版社 1991 年版，第 37～38 页；林向《我国西南地区出土的汉魏青铜树——“柱铢”》，载《考古与文物》2008 年第 2 期。

② 吴焯：《四川早期佛教遗物及其年代与传播途径的考察》，载《文物》1992 年第 11 期。

③ 参见罗二虎《论中国西南地区早期佛像》，载《考古》2005 年第 6 期。

④ 参见赵殿增、袁曙光《从“神树”到“钱树”——兼谈“树崇拜”观念的发展与演变》，载《四川文物》2001 年第 3 期。

汉中晚期，当西王母信仰在南北方都如火如荼地泛滥之时，佛教图像或隐或现地融入了这一信仰体系，争得了一席之地。虽然西王母信仰一直都占有压倒性的优势，但民众也给予了佛像以足够的地位。两种不同的信仰，在两个地区互相交融，和平共处，和谐发展，成为神仙体系的组成部分。①

中国民间神仙信仰与外来佛教思想的交融在汉代出土的羽人莲花灯中也有体现。羽人灯是汉代铸造的复合型实用器物。羽人灯中的羽人通常位于灯具底部，手捧灯具充当底座。如西安出土的羽人莲花灯，灯体为羽人奉盏状，羽人大耳、短发、着羽。羽人手中承盘，盘中有一莲花形钵，钵中伸出三根灯柱，中间为一直立灯柱，柱上部饰莲花，柱顶置圆形灯盘。莲花钵内中柱两侧斜伸出两条扁形巨龙，龙头上仰，口衔莲花，花心上为圆形灯盘。灯体由几部分组成，可灵活拆装。② 广西梧州出土的东汉羽人灯，由可拆卸的灯盘、灯柱、灯座三段组成，底座为三位骑怪兽飞跃奔腾的勇士，中段为一高鼻、身插两根大羽毛的端坐之人，上段为一椭圆形龙柄，龙嘴衔着的小圆柱插进上面灯盘中央的套管，使灯盘能旋转自如。③ 羽人是汉代神仙信仰中的形象代表，莲花是佛教艺术中重要而常见的题材，羽人和莲花同时出现在一种器物上，也表明当时佛教是被中国本土神仙信仰吸收而出现的。

应该说，佛教初入中土，与民间信仰的神灵紧密结合在一起，是依托民间信仰的主要神灵来传授，进而扩大其影响的。魏晋以后，佛教势力足以强大，开始以独立形态面世，并积极吸收中国民间信仰，不断进行整合改造，逐渐发展成为中国传统文化的一个重要组成部分。

① 参见仝涛《东汉“西王母＋佛教图像”模式的初步考察》，载《四川文物》2003 年第 6 期。

② 参见李淞、贺西林《中国古代青铜艺术》，陕西人民美术出版社 2001 年版。

③ 参见梧州市博物馆《广西梧州市近年出土的一批汉代文物》，载《文物》1977 年第 2 期。

第八章 民间信仰与汉代地方政治

民间信仰是在长期的社会发展中逐渐形成的，具有深厚的社会基础和悠久的文化传承。民间信仰虽然非常松散，有很大的随意性，但它在地方社会中有极强的生命力，对人们的思想观念和生产生活都产生很大影响。民间信仰与地方政治之间也存在非常密切的互动关系。

一、民间信仰对汉代地方政治的影响

因为民间信仰是根植于乡村社会的一种根深蒂固的观念，所以它会和很多社会现象发生关联。地方行政是社会与政权建立联系的最主要的纽带，因此，在官僚制度形成的早期，地方行政会不可避免地受到民间信仰的影响，打上这种印记。[①] 民间信仰既有与地方政治协调一致的一面，也有与地方政治背离冲突的一面。可以说，民间信仰是一把双刃剑，既能凝聚人心，维护团结与和谐，稳定地方政局；同时也能在某一时期被利用来聚徒结社，反抗政府，破坏地方治安。

（一）民间信仰对汉代地方政治的积极影响

民间信仰是传统文化的重要组成部分，是百姓追求幸福安康的精神寄

① 参见沈刚《民间信仰与汉代地方行政》，载《吉林大学学报》2006年第2期。

托,也是人们社会交往的精神纽带。在这样的社会背景下,民间信仰对汉代地方政治也有着直接或间接的积极影响。

1. 民间信仰对地方吏治的激励作用

百姓是否安居乐业,与地方官员的吏治好坏有非常密切的关系。“兴于闾阎”的汉宣帝对民间百姓的疾苦深有体验,他曾经说:“庶民所以安其田里而亡叹息愁恨之心者,政平讼理也。与我共此者,其惟良二千石乎!”[①]可以说,地方吏治的好坏在某种程度上决定着乡村百姓生活的安定与否。正是由于地方官的重要性,因此那些造福一方、为地方百姓做出贡献的“德让君子”能够受到朝廷的表彰和百姓的爱戴,享有“生有荣号,死见奉祀”的殊荣。[②]

在汉代,为名人或良吏立祠的风气甚盛。对于那些重农宣教、清正廉洁、所居民富、所去见思的循吏,百姓往往在其死后立祠奉祀。如胡建为渭城令,“治甚有声”,死后“渭城立其祠”。[③]王涣为洛阳令,清正爱民,“民思其德,为立祠安阳亭西,每食辄弦歌而荐之”[④]。许荆为桂阳太守,“为设丧纪婚姻制度,使知礼禁……桂阳人为立庙树碑”[⑤]。姜诗为江阳令,“卒于官。所居治,乡人为立祠”[⑥]。岑彭为益州牧,“首破荆门,长驱武阳,持军整齐,秋毫无犯……谥曰壮侯。蜀人怜之,为立庙武阳,岁时祠焉”[⑦]。朱邑“少时为舒桐乡啬夫,廉平不苛,以爱利为行……迁北海太守,以治行第一入为大司农……神爵元年卒……初邑病且死,属其子曰:‘我故为桐乡吏,其民爱我,必葬我桐乡。后世子孙奉尝我,不如桐乡民。’及死,其子葬之桐乡西郭外,民果共为邑起冢立祠,岁时祠祭,至今不绝”[⑧]。朱邑在生前就准确预见到桐乡百姓必为其立祠祭祀,主要是因为当时确实存在为良吏立祠的传统。

① 《汉书·循吏传》。
② 参见《汉书·循吏传》。
③ 《汉书·胡建传》。
④ 《后汉书·循吏传·王涣》。
⑤ 《后汉书·循吏传·许荆》。
⑥ 《后汉书·列女传·姜诗妻》。
⑦ 《后汉书·岑彭传》。
⑧ 《汉书·循吏传·朱邑》。

汉代不仅在良吏去世后为其立祠祭祀，甚至良吏在世时就为之生立祠。如东海郯人于定国，其父于公为县狱史，“郡决曹，决狱平，罗文法者于公所决皆不恨。郡中为之生立祠，号曰于公祠”①。广汉王堂为谷城令时，治有名迹。永初中，西羌寇巴郡，为民患，中郎将尹就攻讨，连年不克。王堂为巴郡太守，“驰兵赴贼，斩虏千余级，巴、庸清静，吏民生为立祠”②。须昌长童翊“化有异政，吏人生为立碑”③。任延为九真太守，“令铸作田器，教之垦辟，田畴岁岁开广，百姓充给”。又为制定嫁娶礼法，使当地“谷稼丰衍”，百姓“始知种姓”。“九真吏人生为立祠。”④

汉代百姓之所以会有为良吏立祠的传统和信仰，一方面是出于对造福一方的循吏的感激和怀念，另一方面也是希望通过祭祀沟通神人，以期得到保佑与庇护。百姓的行为虽然都是出于实用性的目的，但他们为良吏树碑立庙的做法是对其生前政绩的肯定与赞扬，无形中对后继的地方官吏起着激励和鞭策的作用。这样一来，民间信仰就会渗透到地方政治当中，对于吏治的清明和社会的安定无疑会有一定的正面影响。

2. 民间信仰对地方秩序的稳定和控制作用

古代人力微茫，无法应对自然界和人类社会的种种困难和障碍，人们便将生与死、祸与福的种种无奈都寄托于那些超自然的神灵。人们信仰、依赖他们，在很大程度上增强了战胜自然和困难的勇气，从而对生活充满信心。信仰使人们有强烈的安全感和方向感，能在精神和心理上取得慰藉。

疾病对人的生存造成严重威胁。在人们不了解产生疾病的真正原因的古代，巫术疗疾非常盛行、普遍。如《韩诗外传》卷一〇云：

> 上古医曰茅父。茅父之为医也，以莞为席，以刍为狗，北面而祝之，发十言耳，诸扶舆而来者，皆平复如故。⑤

巫术疗疾的效果来自于心理暗示。通过巫觋作法，将致病鬼魅驱赶，远离身

① 《汉书·于定国传》。
② 《后汉书·王堂传》。
③ 《后汉书·循吏传·童恢附童翊》。
④ 《后汉书·循吏传·任延》。
⑤ 载董治安主编《两汉全书》第2册，山东大学出版社1999年版。

体，从而减轻患者的精神负担，身心放松，有利于身体的良性变化。

人们在久病不愈或重病缠身时也往往求助于神灵。这种求助于神灵来治病去疾的行为在当时不仅显得合理，而且在某种意义上确实能起到实际效果。如《史记·封禅书》载：

> 天子（汉武帝）病鼎湖甚……游水发根言上郡有巫，病而鬼神下之。上召置祠之甘泉。及病，使人问神君。神君言曰："天子无忧病。病少愈，强与我会甘泉。"于是病愈，遂起，幸甘泉，病良已。

汉武帝病重，祈祷神灵。神君让他不要担心，病很快就会好。宽慰之语无异于灵丹妙药，解除了汉武帝的心理负担，病遂痊愈。另据史载："豫章有戴氏女，久病不差。见一小石，形像偶人。女谓曰：'尔有人形，岂神？能差我宿疾者，吾将重汝。'其夜，梦有人告之：'吾将祐汝。'自后疾渐差。遂为立祠山下。"[①]戴氏女久病不愈，祈灵于石偶人，神灵之言也使她解除了心理负担，病情逐渐好转。

出于对死亡的恐惧和病痛的焦虑，病人的心理往往会处于失衡状态，而且无法通过人力排解。神灵虽然不能真正解除病患，但可以给患者以心理治疗和精神安慰，从而增强其战胜疾病的信心，修复其失衡的心理，有利于患者的身心健康。在某种程度上，心理治疗和精神治疗所起到的效果有时比药效还要显著。

为消除死亡给人类带来的巨大恐惧，人们创造了长生不死的神仙，发明了各种延年却老、养生益寿的方术。这些行为体现了人类对生命的眷恋、对命运的反抗、对永生的渴求和对死亡的挑战。在神仙信仰的支配下，人们暂时摆脱或缓解了死亡带来的恐惧，能以积极向上的心态对待人生和生命。

富贵也是百姓梦寐以求之事。在人无法左右自己命运的古代，人们往往把致福的希望寄托于神灵的护佑。如《搜神记》卷一〇载：

> 周揽啧者，贫而好道。夫妇夜耕，困息卧，梦天公过而哀之，敕外有以给与……于是夫妇戮力，昼夜治生，所为辄得，赀至千万。

周揽啧的富足尽管是"夫妇戮力，昼夜治生"所致，但梦中神灵的承诺增添了

① 干宝：《搜神记》卷四。

他们生活的勇气和信心，成为其勤劳致富的驱动力。

下层百姓深受自然界与人类社会上层统治者的双重压迫，现世社会给乡村百姓带来种种不公和痛苦，信仰可以调节他们的失衡心理，是百姓在严酷现实中生存与斗争的武器与精神支柱。有时百姓用人力无法解决的事情，借助神意，利用信仰的力量却可以顺利解决。如《说苑·修文》云：

古者有灾者谓之厉。君一时素服，使有司吊死问疾，忧以巫医。匍匐以救之，汤粥以方之。善者必先乎鳏寡孤独，及病不能相养，死无以葬埋，则葬埋之。有亲丧者，不呼其门；有齐衰大功，五月不服力役之征；有小功之丧者，未葬，不服力役之征。

如果发生疫疠之灾，则被视为天谴的象征，统治者就会采取各种惠民的举措，以消弭灾害。尽管是临时性的措施，但对于贫苦无告的下层百姓来说，还是能得到一定好处和实惠，缓解他们的生存危机，给他们饥寒交迫的生活带来希望。

在社会生活中，人们都希望丰衣足食，健康长寿。但现实生活往往不遂人愿，尤其是处于弱势群体的下层百姓。他们经常会遇到各种天灾人祸的打击和种种不平的待遇。在人力无法改变现实状况的情况下，人们往往会求助于各种神灵，利用各种巫术，靠信仰的力量来满足心灵的慰藉，调节心理的失衡。如遇到旱灾，人们往往“设土龙以招雨”①；或向“能出云，为风雨，见怪物，皆曰神”②的高山、川谷、河流祈祷祭祀。水灾则鸣“鼓用牲于社”，还要“攻阴之类，宜捕斩兔、蟾蜍，椎被螺蚄”③。为了防止盗贼侵入，汉代人们往往“杀狗磔邑四门”。因为他们认为狗“别宾主，善守御”，所以犬血也有神奇的防御和辟邪功能。人们“杀白犬以血题门户”，也是出于“正月白犬血辟除不祥”的信仰观念。④ 为了健康平安，汉代民间对“主督察人命”⑤的司命神尊奉有加。百姓“刻木长尺二寸为人像，行者檐箧中，居者别作小屋”。尤

① 王充：《论衡·乱龙》。

② 《礼记·祭法》。

③ 王充：《论衡·顺鼓》。

④ 应劭撰、吴树平校释：《风俗通义校释·祀典》。

⑤ 李昉等：《太平御览》卷五二九引许慎《五经异义》。

其是齐地、汝南诸郡,"皆祠以猪,率以春秋之月"[①]。定期祭拜,祭品不菲。疾病缠身时,一方面请巫觋用法术驱鬼祝祷,一方面对各地方灵验神祇(如鲍君神、石贤士神、李君神之类)顶礼膜拜。可以说,民间信仰是乡村百姓的精神支柱,有了它,人们可以增强应对困难和灾难的信心与勇气。通过对神灵的崇拜,人们用神力弥补和克服了自身的弱点和不足,从而获得自我安慰。在古代非常缺乏抗灾能力和救灾办法的情况下,信仰填补了人们心灵和能力上的空白,增强了人们与大自然作斗争的信心和勇气。人类依靠神的威力来减轻自然界的巨大异己力量带来的威胁,平衡了心理上的恐惧感,使自身的生存需要得到了一种虚幻的满足。他们也借助神灵抵制了对死亡的畏惧,体现出对生命的坚定信念。

汉代乡村社会主要是聚族而居。宗族是以父系血缘关系为纽带而形成的宗法共同体,所以,宗族首先是一个祭祖单位,全宗族祭奉一个共同的祖先,祭祖是最重要的宗族事务。[②] 据《四民月令》记载,一年中正式的祭祖活动有多次。如:"上丁,祀祖于门,道阳出滞,祈福祥焉。又以上亥,祠先穑及祖祢,以祈丰年。"十二月,"群神频行,大蜡礼兴;乃冢祀君、师、九族、友、朋,以崇慎终不背之义"[③]。除了上述在固定时间的正式祭祖活动外,平时还有不定期的祭拜。祖先崇拜是人们情感的归依和寄托方式之一,是每一个宗族成员的心灵纽带。通过群体性的祭祀活动,族人在精神上取得高度一致和共鸣,从而增强了宗族内部的认同感和凝聚力。这种凝聚力是任何行政命令和武力干涉所无法比拟的。宗族是乡村百姓社会活动和经济互助的重要组织资源,对共同祖先的信仰崇拜又强化了宗族互助合作、抵御风险的社会功能。

民间信仰具有极强的入世色彩,渗透到民间社会生活的各个层面,对百姓的思维方式和社会生活起着重要的调节和控制作用。在现实社会中,一些行为方式和社会关系单靠行政命令和国家法律很难起到全方位的控制作

① 应劭撰、吴树平校释:《风俗通义校释·祀典》。
② 参见马新《两汉乡村社会史》,第 229 页。
③ 崔寔撰、石声汉校注:《四民月令校注》,中华书局 1965 年版,第 7、76 页。

用，民间信仰恰恰可以弥补这一缺陷，起到行政和法律所无法取代的作用。如“同姓不婚”的禁忌在先秦就已存在。《国语·晋语四》曰：“同姓不婚，恶不殖也。”《礼记·曲礼上》云：“取妻不取同姓，故买妾不知其姓，则卜之。”“同姓不婚”是古老的族外婚的演进形式，周人把此禁忌制度化，并上升到了礼的高度。春秋战国时期仍然延续此制。《左传·僖公二十三年》载叔詹明确提出“男女同姓，其生不蕃”。人们在缔结婚姻关系时首先考虑“取妻避其同姓”[①]。汉代仍然有相同的信仰，“不娶同姓”[②]。“同姓不婚”除了能够“合二姓之好”[③]，将关系疏远者团结在一起，提高家庭的社会地位，并利用婚姻关系加强统治的政治目的外，更重要的是能够防止同族内部发生混乱。同姓互通婚姻，可能会因为争夺异性而影响本族的团结，把同姓内部原来的尊卑秩序打乱。《国语·晋语四》讲得很清楚：“同姓则同德，同德则同习，同习则同志。同志虽远，男女不相及，畏黩敬也。黩则生怨，怨乱毓灾，灾毓灭姓。是故娶妻避娶同姓，畏乱灾也。”另外，实行“同姓不婚”，可以使人“别于禽兽”。《白虎通·嫁娶篇》云：“不娶同姓者，重人伦，防淫泆，耻与禽兽同也。”因此，周人把它上升到礼的高度，并以禁忌的形式传承下来。可以说，“同姓不婚”的禁忌民俗在先秦两汉时期对维护族内团结和尊卑秩序及礼仪规范确有其效。

汉代民间信仰的主流是“劝人为善”[④]，认为：“行善者福至，为恶者祸来。”天人之间相互感应，“祸福之应，皆天也，人为之，天应之”。人的行为都在天的监督之下，善恶必报。“为善者天报以德，为不善者天报以祸。”“受福祐者既以为行善所致，又谓被祸害者为恶所得。以为有沉恶伏过，天地罚之，鬼神报之。天地所罚，小大犹发；鬼神所报，远近犹至。”而且上至王公大臣，下到布衣百姓，“无贵贱贤愚，莫谓不然”。这种“修善积行神报之”、“有阴德天报之福”[⑤]的扬善抑恶观念对于信仰者的行为举止起到规范和约束作

---

① 《国语·晋语》。

② 陈立撰、吴则虞点校：《白虎通疏证·嫁娶篇》，中华书局1994年版，第477页。

③ 《礼记·昏义》。

④ 王充：《论衡·四讳》。

⑤ 王充：《论衡》之《福虚》、《祸虚》。

用，有利于地方秩序的稳定和社会的和谐。

民间信仰“是一种与法令法规并行的调节和控制社会的文化事象，其对社会和人生所具有的约束力是法令法规不能替代的”[1]。民间信仰的社会调节与控制功能主要体现在它能够通过其自身所具有的并不成文的程式化规矩属性，对其信众群体的行为和意识起到一定的约束作用，并通过对社会各种关系和行为、意识等进行规范，进而达到维护信仰流行区域内民众群体利益的社会管理效应。[2] 从民间信仰所具有的社会调节与控制功能来讲，它对地方政治的确起着辅助性的调节配合作用。

3. 民间信仰的凝聚性与政治教化作用

一个群体，除了要有一定的法律制度和道德规范之外，更需要有精神和思想上的统一。而民间信仰则具有维护其统一的巨大凝聚力，通过群体性的祭祀活动，使人们产生共同的心理体验和情感，并升华为共同的信仰和意识，从而把一个个分散的个体粘合为一个整体。

汉代乡里是按地域划分的，社神是地方保护神，是乡村全体成员共尊的神祇。社祭在每年春二月、秋八月上旬的戊日进行，是乡村全体成员都必须参加的祭祀活动。《礼记·郊特牲》曰：“唯为社事，单出里。唯为社田，国人毕作。唯社，丘乘共粢盛，所以报本反始也。”郑玄注云：“单出里，皆往祭社于都鄙。二十五家为里。”孔颖达疏曰：“故若祭社，先为社猎，则国中之人皆尽行，无得住家。”社祭是民间重大的集体节日，在社祭中，表达的是一种集体性的虔诚和公共的愿望，主要目的是为里社祈福。社神是公共意识的投射，是村社的精神中心。社祭更多的职能是加强邻里团结与凝聚力，社神是乡里百姓共同信奉的主神。社神祭祀的公共性活动，为村社成员之间联系的加强提供了维系力量。通过对社神的共同祭祀，达到信仰情感的认同，能够“祭祀同福，死丧同恤，祸灾共之”[3]，互帮互助，共渡难关。

在祭祀社神，春祈秋报的同时，社祭也益向节庆化方向发展，成为民间

---

① 叶涛、吴存浩：《民俗学导论》，山东教育出版社 2002 年版，第 180 页。

② 参见王存奎、孙先伟《民俗信仰与社会控制》，载《民俗研究》2005 年第 4 期。

③ 《国语·齐语》。

欢会的盛大节日。如《盐铁论·散不足》曰：

今富者祈名岳，望山川，椎牛击鼓，戏倡舞象；中者南居当路，水上云台，屠羊杀狗，鼓瑟吹笙。贫者鸡豕五芳，卫保散腊，倾盖社场。

今夫穷鄙之社也，叩盆拊瓴，相和而歌，自以为乐矣。[①]

在共同的祭祀与娱乐中，人们获得了沟通思想、交流感情的机会。人们不仅借此协调人际关系，同时也调适了心理，给单调的乡村生活涂上一道亮丽的色彩。人们在酒与鼓、舞的激发下，尽情放纵与宣泄自己的感情，在放纵的同时也实现了心灵沟通，进一步融洽了邻里关系。

社祭是全体里民都要参加的集体性宗教活动，这也使得它成为基层官吏传达国家法令、宣扬官方教化的政治途径。《周礼·地官·州长》曰："若以岁时祭祀州社，则属其民而读法。"敦煌汉简中也有相关记载：

●社日众人尽坐为卿明读爰书　　约京令卿＝尽知之[②]

爰书是司法审判过程的记录。《史记·酷吏列传》载张汤"劾鼠掠治，传爰书，讯鞫论报"。司马贞《索隐》引韦昭曰："爰，换也。古者重刑，嫌有爱恶，故移换狱书，使他官考实之，故曰'传爰书'也。"这里是指秦汉时期通行的司法文书。在社日聚会祭神的同时，官方基层官吏对里社成员进行法制宣传教育，以增强里社居民的法律意识，规范他们的思想和行为。这是汉代祭祀与地方政治相结合的突出表现。

腊祭是"岁终大祭"[③]。在祭祀过程中，人们的身心完全沉浸在狂热虔诚的崇拜之中。如《孔子家语》卷七云：

子贡观于蜡。孔子曰："赐也，乐乎？"对曰："一国之人皆若狂，赐未知其为乐也。"子曰："百日之劳，一日之乐，一日之泽，非尔所知也。张而不弛，文武弗能；弛而不张，文武弗为；一张一弛，文武之道也。"

腊祭使"百日之劳"的人们获得"一日之乐"和"一日之泽"。他们尽情狂欢，身心放松、愉悦，一年的辛劳和困苦似乎都化解在这一天的欢乐里。

---

① 《淮南子·精神训》。

② 甘肃省文物考古研究所编：《敦煌汉简》217，第227页。

③ 《后汉书·礼仪志中》刘昭注引蔡邕《独断》。

汉代腊日已成为合家欢聚的重要的民俗节日，每到腊日，朝廷都要“纵吏民宴饮”[①]，还要发放钱物作为腊祭之费：“大将军、三公，腊赐钱各三十万，牛肉二百斤，粳米二百斛；特侯十五万；卿十万……中黄门、羽林、虎贲士二人共三千：以为当祠门户直，各随多少受也。”[②]地方吏卒也有腊钱、腊肉。据《居延新简》记载：

临木候长上官武　十二月腊肉直石二斗　十二月己未女取

不侵队长石野　腊钱八十　十二月壬戌妻君宁取

吞北队长吕成　腊钱八十　十二月壬戌母与取

第十一队长陈当　腊钱八十　十二月乙丑妻君间取

第卅二队长徐况　腊钱八十　十二月壬戌妻君真取

腊钱卅　十二月甲子自取

具移部吏卒所受腊肉斤两人[③]

虽然上下差距悬殊，内外丰俭各异，但人们对腊祭的重视程度和腊日在人们生活中所占的重要位置却是一致的。

人们在腊日期间休息、团聚，放松一年紧张的生活，“劳农大享腊”[④]，“烹羊炰羔，斗酒自劳”[⑤]，尽情享受天伦之乐，感受家庭的温暖。如：郑玄十二岁随母回家，“正腊宴会，同列十数人，皆美服盛饰，语言闲通”[⑥]，尽情欢聚；严延年任官洛阳，其母从东海来，“欲从延年腊”[⑦]；第五伦的母亲年迈，无法到官署，亲人不能团聚，“至腊日常悲恋垂涕”[⑧]。即使是囚徒也有被假释回家过节的，如虞延任淄阳令时，“每至岁时伏腊，辄休遣徒系，各使归家”[⑨]。

---

① 《后汉书·礼仪志中》刘昭注引蔡邕《独断》。

② 《后汉书·礼仪志中》刘昭注引《汉官名秩》。

③ 甘肃省文物考古研究所等：《居延新简》E. P. F22：204、E. P. F22：206、E. P. F22：207、E. P. F22：208、E. P. F22：209、E. P. F22：218、E. P. F22：202，第491页。

④ 《后汉书·礼仪志中》。

⑤ 《汉书·杨敞传附子恽》。

⑥ 欧阳询：《艺文类聚》卷五引《郑玄别传》。

⑦ 《汉书·严延年传》。

⑧ 李昉等：《太平御览》卷三三引谢承《后汉书》。

⑨ 《后汉书·虞延传》。

腊祭是岁终祭祀祖先及与人们的生产、生活密切相关的各种神灵的活动。“腊祭百神”中最重要的是祖先神。崔寔《四民月令》曾描绘岁终祭祖的过程及节日中人们虔诚、欢乐的心情：

> 正月之朔，是谓正旦，躬率妻孥，洁祀祖祢。及祀日，进酒降神毕，乃室家尊卑，无大无小，以次列于先祖之前。子妇曾孙，各上椒柏酒于家长，称觞举寿，欣欣如也。

注曰：“正日进椒酒柏酒。椒是玉衡星精，服之令人身轻耐老。柏亦是仙药。进酒次第，当从小起，以年少者为先。”[①]正旦，阖家大小在家长的率领下，进酒降神，洁祀祖先。然后按次序列于先祖之前，子妇曾孙依次向尊长进酒祝寿，气氛温馨欢乐。

汉朝乡村的腊祭突出宗族伦理的内容，祭祀祖先，团聚宗族。通过腊祭，使宗族及各家庭成员在祭祖的仪式之下获得重温感情与重整秩序的时机。

据《四民月令》的记载，除了腊祭，宗族中正式的祭祖活动一年至少还要进行五次，分别在正月、二月、六月、八月、十一月举行。祭祖是最重要的宗族事务。祖先崇拜加强了宗族的凝聚力。

汉代乡村百姓社会生活的基本单位是个体家庭，人们的社会政治联系一般限于家族和宗族范围之内。两汉时期的宗族是一种经济互助单位。族党相助、有无相通是古代宗族村社内部族人相互关系的一个准则。宗族制度虽然在战国时期已经瓦解，但族党相助作为一种习惯，在聚居的小家庭之间仍然延续下来。族人之间遇到疾病死亡、天灾人祸及其他困难，习惯上要相互帮助。赈济原则是度入为出，提倡积极救助，量力而行。族人中的富户，尤其是那些出仕为官的族人，对贫穷族人赡施赈济更应该义不容辞。根据《四民月令》的记载，救恤宗族成员已成为宗族的定期活动，在一年十二个月的生产和生活安排中，有四个月提到救恤宗族，赈济活动通常是由宗族大姓（族长）召集族人实施的。[②] 如：“同宗有贫窭久丧不堪葬者，则纠合宗人，

① 载严可均辑《全上古三代秦汉三国六朝文·全后汉文》卷四七。

② 参见王文涛《汉代民间互助保障的主体——宗族互助》，载《学术交流》2006 年第 11 期。

共兴举之，以亲疏贫富为差，正心平敛，毋或逾越，务先自竭，以率不随。”族人中有贫穷无力丧葬者，则举族共赈，近亲与族中富户更要率先相助。在国家救助功能和手段缺失的情况下，宗族的经济互助能在一定程度上帮助族人解决生产、生活中的困难，有利于地方社会秩序的稳定。

同时，宗族也是一个社会活动单位，各宗族内部都有自己的族人会议，宗族与个人大事往往在这种场合议定这一方面；另一方面，遇有动荡、战乱等特殊情况，宗族又往往成为一种避难或军事单位，或聚族而保，或举族而迁；再一方面，各宗族尤其是一些弥年大族，往往都有自己的族规、族训[①]，即宗法制下用以约束本家族成员的家族法规和公约，“敬宗”、“收族”是家族法规的主要内容，旨在建立以血缘关系为准则的尊卑伦常秩序，保障家族内部和睦相处，长期发展延绵。家族法规以儒家伦理道德思想为准绳，是对宗族成员实施政治教化的手段和方式，也是对国家法律的支持和补充。但它对宗族成员所起到的作用和影响则远大于政府的诏令与国家的法律。这就使得汉代乡里政治具备了浓重的宗法色彩。宗族也成为统治者赖以维系的社会基础。

（二）民间信仰对汉代地方政治的消极影响

民间信仰根植于乡村社会，属于民间俗文化的范畴，各类神祇崇拜与陋俗巫风混杂其间，多与官方倡导的主流文化相抵牾，不利于淳厚民风的形成及农本思想的传扬。民间信仰对汉代地方政治的消极影响主要表现为：

1. 影响生产生活，败坏社会风俗

民间信仰是一种民间自发的信仰与崇拜，缺乏规范性和秩序性，在很大程度上与官方信仰和官方政策相违背。在汉代盛行的民间信仰中，有不少是有悖于国家重本务农、劝学敦化的指导思想的。如汉代民间信仰中厚葬之风盛行，“百姓送终之制，竞为奢靡。生者无担石之储，而财力尽于坟土。伏腊无糟糠，而牲牢兼于一奠。糜破积世之业，以供终朝之费，子孙饥寒，绝命于此”。许多人为此倾家荡产，饥寒困顿。“田荒不耕，游食者众”，严重影

① 参见马新《两汉乡村社会史》，第230页。

响人们的日常生活。汉代皇帝虽多次颁布昭令,“有司其申明科禁,宜于今者,宣下郡国”[①],但收效甚微。出于“人[死]为鬼,有知,能害人”[②]的恐惧及“祭祀先祖,所以求福”的功利目的,人们往往“破家尽业以充死棺”[③],“殚财厚葬”之风始终盛行不衰。

在汉代,巫祝经常利用人们的鬼神信仰,“依托鬼神,恐怖愚民”,打着鬼神的旗号欺骗百姓,赋敛钱财。九江逡遒有唐、居二山,巫觋以替山神娶亲为名,让人“出钱给聘男女”,而且岁岁改易,“男不得复娶,女不得复嫁,百姓苦之”。会稽俗多淫祀,好卜筮,“民一以牛祭。巫祝赋敛受谢,民畏其口,惧被祟,不敢拒逆”。鬼神观念浓厚,使得人们“财尽于鬼神,产匮于祭祀”[④],生活日渐困苦。

在农村,许多好逸恶劳的“惮事之人”,看到巫祝“坚额健舌,或以成业致富”,于是也“释本相学”,弃农学巫,使得“街巷有巫,闾里有祝”。[⑤] 妇女则“多不修中馈,休其蚕织,而起学巫祝,鼓舞事神”[⑥]。妇女不理家务、废弃纺织、自愿为巫的现象也较为普遍。这种风气对发展社会生产是非常不利的。

汉代寒食禁火的信仰起自太原,“太原郡民以隆冬不火食五日,虽有病缓急,犹不敢犯”[⑦]。后蔓延至上党西河雁门等地。禁火时间从五日增加到一个月。“士民每冬中辄一月寒食,莫敢烟爨,老少不堪,岁多死者。”这种禁忌信仰给人们的生活及健康带来极大危害。顺帝时,周举为并州刺史,革除陋俗,“使还温食”,才在一定程度上改变了原来“残损民命”的状况,使“众惑稍解,风俗颇革”。[⑧]到汉末三国时,曹操又加大打击力度,颁布《明罚令》,规定“令到,人不得寒食。若犯者,家长半岁刑,主吏百日刑,令长夺一月俸”[⑨],

① 《后汉书·明帝纪》。
② 王充:《论衡·论死》。
③ 王充:《论衡·薄葬》。
④ 应劭撰、吴树平校释:《风俗通义校释·怪神》。
⑤ 桓宽:《盐铁论·散不足》。
⑥ 王符:《潜夫论·浮侈》。
⑦ 桓谭:《新论·离事》。
⑧ 《后汉书·周举传》。
⑨ 杜台卿:《玉烛宝典》卷二,商务印书馆影印《丛书集成初编》本。

才使后世从一月寒食缩短为三日之禁。

总之，民间信仰中的陋俗对社会生产和社会风俗的影响和破坏都是非常大的，对于地方秩序的稳定也是非常不利的。

2. 成为民变和动乱的思想武器，破坏地方治安

虽然民间信仰具有凝聚人心、维持地方秩序的积极作用，但在某些特定时期和地域，这种凝聚力又会成为民变和动乱的思想武器。如盛行于汉代的西王母崇拜在西汉末年就曾引发过一场规模不小的骚乱，进而引起地方政局的动荡。《汉书·五行志下之上》云：

> 哀帝建平四年正月，民惊走，持槁或棷一枚，传相付与，曰行诏筹。道中相过逢多至千数，或被发徒践，或夜折关，或踰墙入，或乘车骑奔驰，以置驿传行，经历郡国二十六，至京师。其夏，京师郡国民聚会里巷阡佰，设张博具，歌舞祠西王母。又传书曰："母告百姓，佩此书者不死。不信我言，视门枢下，当有白发。"至秋止。

关于此次骚乱，《汉书·哀帝纪》、《汉书·天文志》也多有记载。这场大规模骚乱从汉哀帝建平四年(前3)正月开始，一直持续到秋天，波及关东至京师二十六个郡国。当然，引起骚乱的根本原因是汉末政治的黑暗，直接原因是严重的旱灾，但民间对西王母的狂热崇拜是导致这场骚乱爆发的社会基础。"行诏筹"就是民众中相互传递被认为来自西王母的神秘"诏书"，其有形物就是"槁或棷"。人们相信，佩带西王母的"诏书"，并向她祭拜祈祷，西王母就可以拯救人们渡过灾难，化险为夷。汉至六朝时期墓葬中的画像砖、画像石及墓壁上，都有反映西王母救世思想主题的画像或文字。[①] 这场骚乱持续时间长，波及范围广。骚乱所经之处，政局动荡不安，一片混乱，地方政府甚至中央朝廷都无力控制局势，说明"当时民间西王母崇拜的深刻影响，已经足以策动变乱，掀起社会政治波澜"[②]。民间对西王母的崇拜成为集结民众力量、影响地方政局的重要工具。

西汉末年的骚乱只是民间百姓在天灾人祸接连不断的情况下，内心恐

① 参见姜生《原始道教之兴起与两汉社会秩序》，载《中国社会科学》2000年第6期。

② 王子今、周苏平：《汉代民间的西王母崇拜》，载《世界宗教研究》1999年第2期。

惧不安，希望神灵去灾却祸、拯救世人的一种本能反应，没有形成较为严密的组织，也没有明确的政治目的。而东汉时期的民变，则是某些人利用民间信仰来号召和集结民众，攻击地方政府，政治意图非常明显。如光武帝建武年间，卷人维汜“妖言称神，有弟子数百人，坐伏诛”。维汜利用民间信仰聚会徒众，被官方镇压。其后，维汜的弟子李广等“宣言汜神化不死，以诳惑百姓”，聚众起事。建武十七年(41)秋，李广“聚会徒党，攻没皖城，杀皖侯刘闵，自称‘南岳大师’”①。朝廷遣谒者张宗将兵数千人讨之，为李广所败，后派名将马援发诸郡兵万余人才将其平息。至建武十九年(43)，维汜的弟子单臣、傅镇等“复妖言相聚，入原武城，劫吏人，自称将军”。朝廷派臧宫率北军及黎阳营数千人围之，数攻不下，士卒死伤无数。后“彻围缓贼，贼众分散，遂斩臣、镇等”②。桓帝建和二年(148)，长平人陈景自号“黄帝子”，署置官属，南顿人管伯亦称“真人”，“并图举兵，悉伏诛”。延熹九年(166)，沛国戴异与广陵人龙尚等共祭井，作符书，称“太上皇”，伏诛。③

从上述百姓起事的称谓和仪式可以看出，李广等“妖巫”④利用民间对于黄帝、“真人”、降神附体之“神化不死”者的崇拜，举行祭井、作符书等祭祀仪式和法术，以聚众起事，对抗官府。像这类利用民间信仰和崇拜来吸引徒众，借以发展势力，对抗朝廷的事件在东汉中后期已经相当频繁。据统计，史书载以“妖贼”或“妖言相署”的起义事件，安帝时 4 起，顺帝时 9 起，冲、质二帝在位不及二年，竟然也发生了 11 起，桓帝时则多达 20 起！⑤ 给东汉政权和地方稳定带来很大威胁，并且也预示着更大规模危机的到来。

民间信仰活动由于缺乏经典教义和统一的仪规，因而具有很强的随意性，再加上信众参与者较多，所以要对其实施有效控制非常困难，一旦为不良势力所渗透或利用，则往往容易走向歧路，给民众生活和社会稳定带来不

① 《后汉书·马援传》。

② 《后汉书·臧宫传》。

③ 《后汉书·桓帝纪》。

④ 《后汉书·光武帝纪下》。

⑤ 参见韩秉方《关于道教创立过程的新探索》，载《世界宗教研究》1999 年第 2 期。

利影响,甚至造成巨大的社会危害。[①]

汉代的私社也是在共同信仰的基础上成立的自发性民间社团,以平等互助为精神的私社的兴起在某种程度上满足了社会的需要。但伴随王权对乡里控制的日趋弱化,特别是在社会动乱时,社特别是私社的组织形式和平等精神就可能为王朝的反抗力量所利用,汇聚成为颠覆一个王朝的强大浪潮。[②] 正如宁可先生针对东汉大量存在的单与道教兴起之关系所指出的:"这些单应是里社以外的具有专门职能包括生活互助职能的私社(单)。则五斗米道继承与仿效了汉代的社特别是某些私社的生活互助职能就是自然的事了。"[③]东汉末年兴起的太平道也是利用了民间社的互助合作精神,吸收了民间巫术的内涵,以符水咒说疗疾消灾,蓄养弟子,百姓信向,"十余年间,众徒数十万,连接郡国,自青、徐、幽、冀、荆、扬、兖、豫八州之人,莫不毕应"[④]。后于汉灵帝中平初年(184)发动黄巾起义,动摇了东汉王朝的统治基础,对东汉末年的政局产生了深远的影响。

二、汉代地方政权对民间信仰的多重政策

民间的信仰行为与崇拜活动,虽然体现了一定的趋同性特征,但就其本身而言,依然是非理性的和无序的,需要制度的规范和引导。古代政府对待民间信仰的态度,一直遵循着"以神道设教"的原则。在这一原则下,统治者对祭祀的对象及其礼仪予以规定并使其成为国家祀典制度。这一套制度源于商周时期的祭祀礼仪,春秋战国时期被理论化,秦汉时期正式成为封建国家的重要礼仪制度,并为后来王朝所遵奉。[⑤] 对于民间的思想和文化,官方有意识进行有效控制,并大力倡导以儒家思想为核心的主流文化。

---

① 参见王存奎、孙先伟《民俗信仰与社会控制》,载《民俗研究》2005 年第 4 期。

② 参见王爱青《秦汉乡里控制研究》,第 224 页。

③ 宁可:《五斗米道、张鲁政权和"社"》,载《庆祝何兹全先生九十岁论文集》,北京师范大学出版社 2001 年版。

④ 《后汉书·皇甫嵩传》。

⑤ 参见朱迪光《封建国家祀典的形成及其对古代中国宗教活动的影响》,载《青海社会科学》1990 年第 1 期。

(一)汉代地方政权对民间信仰的引导与支持

官方往往通过行政手段来引导、控制民间信仰。这种行政手段既包括中央的诏令,也包括地方官吏的行政行为。

中国自古就有为圣贤及功臣能吏立祀的传统,根据其功绩大小进入不同等级的祀典。自先秦以来,国家祭祀的基本原则是:“法施于民则祀之,以死勤事则祀之,以劳定国则祀之,能御大灾则祀之,能扞大患则祀之。非是族也,不在祀典。”①上述五种人可以进入国家祀典。如:“帝喾能序星辰以著众,尧能赏均刑法以义终,舜勤民事而野死。鲧勤洪水而殛死,禹能修鲧之功。黄帝正名百物以明民共财,颛顼能修之。契为司徒而民成,冥勤其官而水死,汤以宽治民而除其虐。文王以文治,武王以武功去民之灾。凡此功烈,施布于民,民赖其力,故祭报之。”②另外,凡是“有功烈于民”及“前哲令德之人”③也受到后人的祠祀。如重黎曾为帝喾高辛氏火正,“甚有功,能光融天下”④,被祀为火神,“炎帝于火而死为灶”⑤,都因对人类的贡献受到后人的顶礼膜拜。

对于那些达不到上述高度,但又能“谨身帅先,居以廉平”⑥,勤于吏治,造福一方的循吏,则进入地方性官方祀典,由地方负责祭祀。

对于政绩比较突出、能表率一方的地方官吏,皇帝会亲自表彰,诏令地方按时祠祭。如广汉文齐为益州郡太守,“造起陂池,开通溉灌,垦田二千余顷。公孙述据益土,齐固守拒险,述拘其妻子,许以封侯,齐遂不降。闻光武即位,乃间道遣使自闻。蜀平,征为镇远将军,封成义侯。于道卒,诏为起祠堂,郡人立庙祀之”⑦。九江寿春召信臣曾任谷阳、上蔡长、南阳太守,“其治视民如子,所居见称述”。为官期间政绩突出:勤于吏治,为民兴利,躬劝农

① 《国语·鲁语上》。

② 王充:《论衡·祭意》。

③ 《国语·鲁语上》。

④ 《史记·楚世家》。

⑤ 何宁集释:《淮南子集释·氾论训》。

⑥ 《汉书·循吏传》。

⑦ 《后汉书·西南夷传·滇》。

耕，兴修水利，移风易俗，“治行常为第一”。平帝元始四年(4)，“诏书祀百辟卿士有益于民者，蜀郡以文翁，九江以召父应诏书。岁时郡二千石率官属行礼，奉祠信臣冢，而南阳亦为主祠”①。

更多的则是来自于地方官的行政指令。如汝南许杨“少好术数”。太守邓晨欲修复鸿郤陂，“因署杨为都水掾，使典其事。杨因高下形势，起塘四百余里，数年乃立。百姓得其便，累岁大稔”。许杨病卒，邓晨“于都(官)[宫]为杨起庙，图画形像，百姓思其功绩，皆祭祀之”②。景帝末，文翁为蜀郡守，仁爱好教化。“文翁终于蜀，吏民为立祠堂，岁时祭祀不绝。”③东汉时期，周嘉为零陵太守，视事七年，甚得民心，“零陵颂其遗爱，吏民为立祠焉”④。淮平大尹侯霸，政理有能名，“临淮吏人共为立祠，四时祭焉”⑤。祭肜“在辽东几三十年，衣无兼副……辽东吏人为立祠，四时奉祭焉”⑥。这里的“吏民”、“吏人”，既包括地方长吏，也包括当地百姓，说明官方引导与民间信仰的协调一致。

对于地方自发形成的信仰，如汝南鲖阳“方数百里皆来祷祀”的“鲍君神”、南顿“其下车骑常数千百，酒肉滂沱”的“李君神”⑦等，只要不危害百姓的公共利益和地方治安，官方一般采取支持或任其存在和发展的态度。据《风俗通·怪神》记载：

> 汝南汝阳彭氏墓路头立一石人，在石兽后。田家老母到市买数片饵，暑热行疲，顿息石人下，小瞑，遗一片饵，去，忽不自觉，行道人有见者。时客适会，问因有是饵，客聊调之：“石人能治病，愈者来谢之。”转语头痛者摩石人头，腹痛者摩其腹，亦还自摩，他处于此。凡人病自愈者，因言得其福力，号曰贤士。辎辇毂击，帷幛绛天，丝竹之音，闻数十里。尉部常往护视，数年亦自歇沫，复其故矣。

---

① 《汉书·循吏传·召信臣》。
② 《后汉书·方术传·许杨》。
③ 《汉书·循吏传·文翁》。
④ 《后汉书·独行传·周嘉》。
⑤ 《后汉书·侯霸传》。
⑥ 《后汉书·祭遵传附从弟祭肜传》。
⑦ 应劭撰、吴树平校释：《风俗通义校释·怪神》。

汝南民间自发形成的对“石贤士神”的膜拜，官方不仅认可支持，而且“尉部常往护视”，还加以保护。东汉王乔为叶令，通晓方术，死后，“百姓为立祠，号叶君祠。牧守班录，皆先谒拜。吏民祈祷，无不如意；若有违犯，立得祸”①。叶君祠亦属于民间百姓自发的信仰行为，地方官吏也信之有加，上任之时都要亲自谒拜，平时也经常祷告祈求。在此，官民双方在信仰方面保持了高度的协调一致。

(二)汉代地方政权对民间信仰的借鉴利用

汉代地方政权对民间信仰的借鉴利用主要表现在两个方面：

1. 发生天灾人祸时利用民间信仰稳定民心与政局

中国古代是农业社会，靠天吃饭。自然灾害会使人们的生产、生活遭受严重损失。人们衣食无着，被迫流离失所，甚至铤而走险，武装反抗，由此可能会引发严重的社会问题。所以，每当灾害降临时，官方往往会采取各种应对方法。如最高统治者有时会亲自祝祷。顺帝阳嘉三年(134)，河南、三辅大旱，五谷灾伤，“天子亲自露坐德阳殿东厢请雨”②。更多的是颁布诏令，督促地方官向司雨之神祈祷祭祀。永平十八年(75)，大旱。汉明帝颁布诏令，命“二千石分祷五岳四渎。郡界有名山大川能兴云[致]雨者，长吏各洁斋祷请，冀蒙嘉澍”③。顺帝阳嘉元年(132)，京师旱情严重，“敕郡国二千石各祷名山岳渎，遣大夫、谒者诣嵩高、首阳山，并祠河、洛，请雨”④。三年(134)，顺帝在亲自请祷的同时，“又下司隶、河南祷祀河神、名山、大泽”⑤。希望能感动神灵，解灾除害。

政府官吏则会利用民间信仰中的各种方术禳除灾害。如应对旱灾，“公卿官长以次行雩礼求雨，闭诸阳，衣皂，兴土龙”⑥。曾任十年江都相的董仲

① 应劭撰、吴树平校释:《风俗通义校释·正失》。
② 《后汉书·周举传》。
③ 《后汉书·明帝纪》。
④ 《后汉书·顺帝纪》。
⑤ 《后汉书·周举传》。
⑥ 《后汉书·礼仪中》。

舒积极推行雩祭之法，“设土龙以为感也”①。据《艺文类聚》卷一〇〇载：“江都相仲舒，下内史承书从事，其都间吏家在百里内，皆令人故行书告县。遣妻视夫，赐巫一月租，使巫求雨。复使巫相推择洁净易教者祭。跪祝曰：‘天生五谷以养人，今五谷病旱，恐不成，敬进清酒甘羞，再拜请雨。’”在求雨的过程中，董仲舒把各种传统巫术糅合到一起，按阴阳五行的模式搭配起来，利用民间巫觋祝祷祭拜，主持祈雨仪式。

更有甚者，如西华令戴封在“祷请无获”，即祈祷无效的情况下，“乃积薪坐其上以自焚”，自焚求雨，最后“火起而大雨暴至，于是远近叹服”。② 这种自罚求雨术在先秦就已存在，带有惩罚巫术的性质。人们相信，自罚可以与神灵交感，从而解除旱情。广汉新都五官掾谅辅则“自暴庭中，慷慨咒曰：‘辅为股肱，不能进谏纳忠，荐贤退恶，和调阴阳，承顺天意，至令天地否隔，万物焦枯，百姓喁喁，无所诉告，咎尽在辅。今郡太守改服责己，为民祈福，精诚恳到，未有感彻。辅今敢自祈请，若至[日]中不雨，乞以身塞无状。’于是积薪柴聚茭茅以自环，拘火其傍，将自焚焉。未及日中时，而天云晦合，须臾澍雨，一郡沾润”③。周畅为河南尹。永初二年(108)，夏旱，“久祷无应，畅因收葬洛城旁客死骸骨凡万余人，应时澍雨，岁乃丰稔”④。

应对水灾，则往往采取助阳攻阴的厌胜法术。成帝三年六月，“命诸官止雨，朱丝反萦社，击鼓攻之”⑤。雨太多，“令县乡里皆扫社下”⑥。或祭祀水神。如成帝时，王尊为东郡太守，河水盛溢，泛浸瓠子金堤。“尊躬率吏民，投沈白马，祀水神河伯。尊亲执圭璧，使巫策祝，请以身填金堤，因止宿，庐居堤上。吏民数千万人争叩头救止尊，尊终不肯去。及水盛堤坏，吏民皆奔走，唯一主簿泣在尊旁，立不动。而水波稍却回还。”⑦

在科技水平落后的古代，不可能采取行之有效的科学救灾措施，更多的

---

① 王充：《论衡·龙虚》。

② 《后汉书·独行传·戴封》。

③ 《后汉书·独行传·谅辅》。

④ 《后汉书·独行传·周嘉传附从弟周畅传》。

⑤ 《后汉书·礼仪中》注引《汉旧仪》。

⑥ 董仲舒撰、苏舆义证：《春秋繁露义证·止雨》。

⑦ 《汉书·王尊传》。

则是依靠和利用民间信仰中的各种方术。所以,主要作用还在于对人们心理的安抚。减轻灾害给人们带来的焦虑和恐慌,增强人们战胜灾害的勇气和信心,从而稳定民心,维护社会正常秩序。

2. 司法裁定时借助民间方术处理案件

中国古人相信冥冥中有神秘力量左右人间祸福,神灵也有先知先觉的判断能力,所以地方官在处理刑狱时除了使用正常的行政手段外,也往往借助于民间法术。《论衡·乱龙》记载:"李子长为政,欲知囚情,以梧桐为人,象囚之形。凿地为坎,以卢为椁,卧木囚其中。囚罪正则木囚不动,囚冤侵夺,木囚动出。"李子长处理案件正是利用了民间模拟巫术中相似律的信仰原理,即把彼此相似的东西看成是同一个东西,物体通过某种神秘的交感可以远距离地相互作用,通过模仿就可以实现任何他想做的事。[①] 后汉句章长方储通晓风角占候。"时人田还,置余粟一石及力锄于田陌,明日求,亡去,疑其旁家。储曰:'此人非偷。'自呼县功曹,谓曰:'君何取人粟,置家后积菱中?'功曹款服。"[②]不管方储利用风角占候之术占测盗贼之举是否准确可靠,但占盗之术在战国秦汉时期却非常流行。如睡虎地秦简《日书》甲乙种和放马滩秦简《日书》甲种中都记载有相盗法,如:

亥,豕也。盗者大鼻而票(剽)行,马脊,其面不全。疵在累〈腰〉,臧(藏)于圂中垣下,夙得莫(暮)不得。·名豚孤夏谷□亥。

甲亡,盗在西方,一宇间之,食五口,其疵其上,得□□□□□其女若母为巫,其门西北出,盗三人。

庚亡,盗丈夫,其室在西方,其北壁臣,其人拺黑。

甲亡,盗在西方,一于(宇)中,食者五口,疵在上。得,男子矣。[③]

这是按照十二地支和十天干所配生肖来推测判断盗贼的体貌特征、藏匿之处、名字等。相盗法显然是用来供官府抓捕盗贼时决断疑难、明确目标的。秦国地方官吏肩负捕盗责任,在通过正常手段捕捉盗贼的同时,也需要用

---

① 参见[英]詹·乔·弗雷泽《金枝》,徐育新等译,第19～21页。

② 李昉等:《太平御览》卷二六七引谢承《后汉书》。

③ 睡虎地秦简《日书》甲种简八〇背,乙种简二五三、二五九,放马滩秦简《日书》甲种,载吴小强《秦简日书集释》,第150、254、266页。

《日书》来辅助断案,相盗法具有助吏捕盗的实用功能。官吏不一定完全依靠相盗法去抓盗,但当出现把握不准、难以决断的情况时,便会参考《日书》的相盗法。[①]

汉代承袭了先秦时期的占盗术,并在此基础上有所发展。如尹湾汉墓出土的《神龟占》竹简“是一种根据日期占测盗者的数术,其方法是:将神龟分为八个部位,以其后左足为起点,按逆时针方向数日数,从当月的朔日数到占测的那一天,看位于神龟的什么部位,然后再到占测文字中去查看相应的结果”。与睡虎地秦简《日书》和放马滩秦简《日书》相比,《神龟占》的占测较《日书》更为具体,已将某日的盗者指名道姓说出,而《日书》则有多种可能。[②] 出土文献中的占盗内容,虽然没有明言是官府用的文书,但墓主师饶是东海郡功曹,由墓主人的身份及他们的活动判断,这些内容他们是要应用到实际行政中的,所以在民间信仰和断狱之间建立起这样的联系应该是成立的。而且东汉时期所使用的手段比起秦代及西汉时期,已经比较复杂和专业化了。[③]

汉代著名水利专家王景少学易,“以为《六经》所载,皆有卜筮,作事举止,质于蓍龟,而众书错糅,吉凶相反,乃参纪众家数术文书,冢宅禁忌,堪舆日相之属,适于事用者,集为《大衍玄基》云”。王景针对当时术数方技之书相互矛盾、难以尽从的情况,参校众家之长,亲自编辑了《大衍玄基》一书,以“适于事用”,服务于现实生活。王景曾担任过徐州刺史、庐江太守等职,“好天文术数之事”[④],在处理政务的过程中掺杂和利用民间信仰中的方技术数是完全可以理解的。汝南周霸为北海相,吏周光“能见鬼”[⑤],被周霸署为主簿。其他像“有神术”的叶令王乔、精通“《河》《洛》推步之术”的弘农令公沙穆、学风角占候“占天知地,与神合契”的巨鹿太守谢夷吾等皆以所学之术

---

① 参见吴小强《秦简日书集释》,第 160 页。

② 参见刘乐贤《简帛术数类文献探论》,湖北教育出版社 2003 年版,第 148 页。

③ 参见沈刚《民间信仰与汉代地方行政》,载《吉林大学学报》2006 年第 2 期。

④ 《后汉书 · 循吏传 · 王景》。

⑤ 应劭撰、吴树平校释:《风俗通义校释 · 佚文》。

“定祸福，决嫌疑”[①]，将民间法术运用于地方行政事务中。

古人认为天与人是相互感应的，天用灾害和祥瑞来昭示其对人间世事的满意与否。如果出现了冤情与错案，上天就会降灾以示惩戒。如《后汉书·循吏传·孟尝》云：

> 上虞有寡妇至孝养姑。姑年老寿终，夫女弟先怀嫌忌，乃诬妇厌苦供养，加鸩其母，列讼县庭。郡不加寻察，遂结竟其罪……妇竟冤死。自是郡中连旱二年，祷请无所获。后太守殷丹到官，访问其故，（孟）尝诣府具陈寡妇冤诬之事。因曰：“昔东海孝妇，感天致旱，于公一言，甘泽时降。宜戮讼者，以谢冤魂，庶幽枉获申，时雨可期。”丹从之，即刑讼女而祭妇墓，天应澍雨，谷稼以登。

上虞寡妇被郡县官吏冤枉致死，人们无法用人力改变现状。孟尝则利用了当时流行的天人感应信仰，借天旱之机，将自然灾害与人事有机联系起来，借助旱灾来为其诉冤。太守不敢违背天意，并且想尽快解除灾情，很快平反了冤案。

（三）汉代地方政权对民间信仰的排斥打击

民间信仰由于它的自发性与随意性，在古代经常处于被官方压制、打击甚至被禁止的境地。民间的信仰行为在很大程度上被官方视为“淫祀”。所谓“淫祀”，是与合法祭祀的“正祀”相对而言的一个概念。《礼记·曲礼》有云：“非其所祭而祭之，名曰淫祀，淫祀无福。”从天子到庶民百姓的祭祀，都有相应的典礼制度：“天子祭天下名山大川，怀柔百神，咸秩无文。五岳视三公，四渎视诸侯。而诸侯祭其疆内名山大川，大夫祭门、户、井、灶、中霤五祀。士庶人祖考而已。各有典礼，而淫祀有禁。”[②]可见，凡是不合礼法的崇祀行为，均被视为淫祀。应当说，儒家正典所定义的“淫祀”范围是相当广泛的，像“妖神淫祠，无名而设。……虽岳海镇渎，名山大川，帝王先贤，不当所立之处，不在典籍，则淫祠也。昔之为人，生无功德可称，死无节行可奖，则

---

① 《后汉书·方术传》。

② 《汉书·郊祀志上》。

淫祠也"[①]。礼典对正、淫之间的区别体现了朝廷对祭祀权利的控制。朝廷既要支持从中央到地方的各种正祀，也运用政治权力，通过各种手段打击非法淫祀，现实的国家与皇权对虚拟世界即正祀、淫祀的甄别与掌控，体现的是一种很严厉的权力关系。[②] 秦简《法律答问》规定："'擅兴奇祠，赀二甲。'可(何)如为'奇'？王室所当祠固有矣，擅有鬼立(位)殹(也)，为'奇'，它不为。"[③]"奇祠"即淫祀。从法律上对不合礼法的崇祀行为进行经济惩罚，体现的就是国家对有违于官方意志的思想文化倾向所给予的严格限制和禁断。

作为中央政府，出于对地方祭祀权及人们思想与信仰的控制目的，往往对淫祠的打击态度鲜明。如桓帝延熹中，"悉毁诸房祀，唯特诏密县存故太傅卓茂庙，洛阳留王涣祠焉"[④]。但作为政策的执行者，地方官的打击力度如何，则因人、因地、因时而异。有坚决贯彻执行者，也有应付敷衍者。一般来说，只要不产生太大危害，地方官吏对于民间自发形成的淫祠往往会听之任之。所以在汉代，并不是所有淫祀都在官方的打击之列。只有那些对地方百姓的生产、生活或地方秩序造成严重危害的信仰行为才会受到坚决打击。如"会稽俗多淫祀，好卜筮。民常以牛祭神，百姓财产以之困匮，其自食牛肉而不以荐祠者，发病且死先为牛鸣"。建武二十九年(53)，第五伦任会稽太守，"到官，移书属县，晓告百姓。其巫祝有依托鬼神诈怖愚民，皆案论之。有妄屠牛者，吏辄行罚。民初颇恐惧，或祝诅妄言，伦案之愈急，后遂断绝，百姓以安"[⑤]。宋均为辰阳长，"其俗少学者而信巫鬼，均为立学校，禁绝淫祀，人皆安之"。宋均后迁九江太守，又杀掉逡遒县愚弄百姓的巫觋，革除了为当地山神娶"公妪"的陋俗。[⑥] 豫章郡多山川鬼怪，百姓常"破赀产以祈祷"。太守栾巴"素有道术，能役鬼神，乃悉毁坏房祀，翦理奸巫，于是妖异自消。百姓始颇为惧，终皆安之"[⑦]。最著名的当属城阳景王祠。汉高祖刘邦

① 赵璘：《因话录》卷五，《笔记小说大观》第1册，江苏广陵古籍刻印社1983年版。
② 参见皮庆生《论宋代的打击"淫祀"与文明的推广》，载《清华大学学报》2008年第2期。
③ 睡虎地秦墓竹简整理小组编：《睡虎地秦墓竹简》，第131页。
④ 《后汉书·循吏传·王涣》、《后汉书·桓帝纪》。
⑤ 《后汉书·第五伦传》。
⑥ 参见《后汉书·宋均传》。
⑦ 《后汉书·栾巴传》。

之孙朱虚侯刘章因铲除诸吕、尊立文帝之功，被封为城阳（莒县）王。早在西汉时期，莒县就为城阳王刘章立祠，而青州诸郡转相仿效，“自琅琊、青州六郡及渤海都邑、乡亭、聚落皆为立祠，造饰五二千石车，商人次第为之，立服带绶，备置官属，烹杀讴歌，纷籍连日，转相诳曜，言有神明，其谴问祸福立应，历载弥久，莫之匡纠”。城阳景王祠的信仰由来已久，虽经“匡纠”，但禁而不绝。乐安太傅陈蕃、济南相曹操加大打击力度，“一切禁绝，肃然政清”。收到较好效果。但“陈、曹之后，稍复如故”[①]。汉末应劭为营陵令，也曾移书，进行遏制：

> 到闻此俗，旧多淫祀，糜财妨农，长乱积惑，其侈可忿，其愚可憨。……今条下禁，申约吏民，为陈利害，其有犯者，便收朝廷。若私遗脱，弥弥不绝，主者髡截，叹无反已。城阳景王，县甚尊之。惟王弱冠，内侍帷幄，吕氏恣睢，将危汉室，独先见识，权发酒令，抑邪扶正，忠义洪毅，其歆禋祀，礼亦宜之。于驾乘烹杀，倡优男女杂错，是何谓也！三边纷拏，师老器弊，朝廷旰食，百姓嚣然。礼兴在有年，饥则损。自今听岁再祀，备物而已，不得杀牛，远迎他倡，赋会宗落，造设纷华。方廉察之明，为身计而复僭失，罚与上同。明除见处，勿后中觉。

面对城阳景王祠禁而不绝的现状，应劭并没有像陈蕃、曹操那样一味严厉禁绝，而是采取较为折中的措施。将民间对城阳王祠的祭祀范围限定在朱虚与莒县，“余郡禁之”，禁止其他郡县的祠祀；同时对于祭祀时间、规格、祭品等进行严格限制，“岁再祀，备物而已，不得杀牛”，一切从简。若有违犯，“便收朝廷。若私遗脱，弥弥不绝，主者髡截”[②]。这种禁中有弛的举措既是官方对民间信仰的引导，也是对具有顽强生命力的民间信仰的让步。

官方对民间信仰的排斥打击较为明显地表现在对私社的禁绝上。私社是民间自发组织的规模较小（五家或十家）的社祭团体。与官方所立的乡里之社相比，它是一种处于政府监控之外的民间自发社团，因而在本质上与官方意识相抵触，被官方视为淫祀而限制取缔。汉元帝建昭五年（前34年），

---

① 应劭撰、吴树平校释：《风俗通义校释·怪神》。

② 应劭撰、吴树平校释：《风俗通义校释·怪神》。

兖州刺史浩赏"禁民私所自立社。山阳橐茅乡社有大槐树，吏伐断之，其夜树复立其故处"①。东汉末，北海朱虚人邴原到辽东，"尝行而得遗钱，拾以系树枝，此钱既不见取，而系钱者逾多。问其故，答者谓之神树。原恶其由己而成淫祀，乃辨之，于是里中遂敛其钱以为社供"②。从以上记载可以看出：官方对这种民间自发形成的且与官方意志相对立的信仰与崇拜行为采取坚决打击的方针；尽管不断受到官方的排斥打击，但民间私社始终禁而不绝，又表现出民间信仰力量的顽强性和对抗性。

禁绝淫祀是为了确保官方对祭祀权利的垄断，此举不仅可以增强官方的权威，使过去依赖宗教、除厄解困转成了依赖官府，而且清理了社会秩序，使人们按照一种社会的规则生活。③

地方政府对民间信仰是支持利用还是排斥打击，主要取决于这些自发形成的信仰与崇拜是否从根本上影响到了社会秩序和百姓的生产、生活，以及是否与官方信仰和主流文化相抵触。不管官方态度如何，作为一种强大的民间力量，民间信仰以其特有的方式参与地方政治，与地方官府相互影响、相互补充，形成既配合又抗衡的互动局面，并以顽强的生命力继续传承、发展。

① 《汉书·五行志中之下》。

② 《三国志·魏书·邴原传》裴松之注引《(邴)原别传》。

③ 葛兆光：《中国思想史》第2卷，复旦大学出版社2001年版，第364页。

主要参考文献

一、古籍资料

《国语》，上海古籍出版社1988年版。

《尚书》，十三经注疏本，中华书局1980年版。

《诗经》，十三经注疏本，中华书局1980年版。

《礼记》，十三经注疏本，中华书局1980年版。

杨树达疏证：《论语疏证》，上海古籍出版社1986年版。

杨伯峻编著：《春秋左传注》，中华书局1981年版。

《晏子春秋》，上海古籍出版社1989年版。

（战国）屈原等撰、（宋）洪兴祖补注：《楚辞补注》，中华书局1983年版。

（宋）朱熹：《楚辞集注》，上海古籍出版社2001年版。

颜北溟译注：《列子译注》，上海古籍出版社1986年版。

王先谦集解：《荀子集解》，《新编诸子集成》本，中华书局1988年版。

陈奇猷集释：《韩非子集释》，上海人民出版社1974年版。

（清）孙诒让训诂：《墨子閒诂》，中华书局2001年版。

（清）王先谦集解：《庄子集解》，中华书局1987年版。

王利器注疏：《吕氏春秋注疏》，巴蜀书社2002年版。

（战国）尸佼撰、汪继培辑：《尸子》，上海古籍出版社1989年版。

赵守正注译：《管子注译》，广西人民出版社1982年版。

《战国策》,上海古籍出版社 1985 年版。

杨伯峻译注:《孟子译注》,中华书局 1960 年版。

王国维校补、黄永年校点:《今本竹书纪年疏证》,辽宁教育出版社 1997 年版。

(清)朱右曾辑:《古本竹书纪年辑校》,辽宁教育出版社 1997 年版。

(晋)郭璞注、(清)洪颐煊校:《穆天子传》,龙溪精舍丛书本。

(汉)司马迁:《史记》,中华书局 1959 年版。

(汉)班固:《汉书》,中华书局 1962 年版。

(宋)范晔:《后汉书》,中华书局 1965 年版。

(晋)陈寿:《三国志》,中华书局 1959 年版。

(汉)王充撰、黄晖校释:《论衡校释》,中华书局 1990 年版。

(汉)应劭撰、吴树平校释:《风俗通义校释》,天津古籍出版社 1980 年版。

袁珂校注:《山海经校注》,上海古籍出版社 1980 年版。

(汉)王符撰、彭铎校正:《潜夫论校正》,中华书局 1985 年版。

(汉)董仲舒撰、(清)苏舆义证:《春秋繁露义证》,中华书局 1992 年版。

何宁集释:《淮南子集释》,中华书局 1998 年版。

(汉)焦延寿:《焦氏易林》,龙溪精舍丛书本。

(汉)韩婴:《韩诗外传》,上海古籍出版社 1957 年版。

(汉)崔寔撰、缪启愉辑释:《四民月令辑释》,农业出版社 1981 年版。

(汉)桓宽撰、王利器校注:《盐铁论校注》,天津古籍出版社 1983 年版。

(汉)桓谭:《新论》,上海人民出版社 1977 年版。

(汉)刘向:《列女传》,文渊阁《四库全书》本。

《越绝书》,上海古籍出版社 1985 年版。

《汉武帝内传》,文渊阁《四库全书》本。

《列仙传》,中国文史出版社 1999 年版。

《汉武故事》,文渊阁《四库全书》本。

《神异经》,文学古籍刊行社 1956 年版。

(汉)许慎:《说文解字》,中华书局 1963 年版。

(五代·南唐)徐锴:《说文解字系传》,中华书局1987年版。

(汉)陆贾撰、王利器校注:《新语校注》,中华书局1986年版。

(汉)贾谊:《新书》,上海古籍出版社1989年版。

(汉)扬雄撰、汪荣宝义疏:《法言义疏》,中华书局1987年版。

(汉)刘向撰、向宗鲁校证:《说苑校证》,中华书局1987年版。

(汉)刘熙:《释名》,《四部丛刊》本。

(汉)蔡邕:《琴操》,人民音乐出版社1990年版。

万国鼎辑释:《氾胜之书辑释》,农业出版社1980年版。

王明:《太平经合校》,中华书局1960年版。

饶宗颐:《老子想尔注校笺》,上海古籍出版社1991年版。

(清)王先谦:《汉书补注》,中华书局1983年版。

(清)孙星衍等辑、周天游点校:《汉官六种》,中华书局1990年版。

(清)陈立撰、吴则虞点校:《白虎通疏证》,中华书局1994年版。

(宋)郭茂倩编撰:《乐府诗集》,中华书局1979年版。

(三国)张揖撰、(清)王念孙疏证:《广雅疏证》,江苏古籍出版社2000年版。

(晋)郭璞注、邢昺疏:《尔雅注疏》,上海古籍出版社1990年版。

《孔子家语》,北京文史出版社2003年版。

(晋)干宝撰、汪绍楹校注:《搜神记》,中华书局1979年版。

(晋)张华撰、范宁校注:《博物志校注》,中华书局1980年版。

(晋)皇甫谧:《帝王世纪》,辽宁教育出版社1997年版。

(晋)葛洪撰、王明校释:《抱朴子校释》,中华书局1985年版。

(前秦)王嘉撰、(梁)萧绮录、齐治平校注:《拾遗记》,中华书局1981年版。

(晋)葛洪著,向新阳、刘克任校注:《西京杂记校注》,上海古籍出版社1991年版。

(晋)葛洪:《枕中书》,《增订汉魏丛书》本。

(晋)常璩:《华阳国志》,上海古籍出版社1987年版。

(晋)皇甫谧:《高士传》,京华出版社2000年版。

(晋)陆翙:《邺中记》,商务印书馆影印《丛书集成初编》本。

(魏)贾思勰撰、缪启愉校释:《齐民要术校释》,中国农业出版社 1998 年版。

(梁)释慧皎:《高僧传》,中华书局 1992 年版。

(梁)萧统编、(唐)李善注:《文选》,上海古籍出版社 1986 年版。

(南朝·宋)刘义庆撰、郑晚晴辑注:《幽明录》,文化艺术出版社 1988 年版。

(南朝·宋)刘义庆撰、(梁)刘孝标注、徐震堮校笺:《世说新语校笺》,中华书局 1984 年版。

(南朝·宋)东阳无疑撰、马国翰辑:《齐谐记》,江苏广陵古籍刻印社 1983 年版。

(梁)宗懔撰、姜彦稚辑校:《荆楚岁时记》,岳麓书社 1986 年版。

(梁)宗懔撰、宋金龙校注:《荆楚岁时记》,山西人民出版社 1987 年版。

逯钦立辑校:《先秦汉魏晋南北朝诗》,中华书局 1983 年版。

何清谷校注:《三辅黄图校注》,三秦出版社 2000 年版。

(隋)杜台卿:《玉烛宝典》,商务印书馆影印《丛书集成初编》本。

(唐)徐坚:《初学记》,中华书局 1962 年版。

(唐)房玄龄等:《晋书》,中华书局 1974 年版。

(唐)李延寿:《南史》,中华书局 1975 年版。

(唐)杜佑:《通典》,中华书局 1988 年版。

(唐)虞世南:《北堂书钞》,中国书店 1989 年版。

(唐)徐坚著、司义祖点校:《初学记》,中华书局 1962 年版。

(唐)欧阳询:《艺文类聚》,上海古籍出版社 1982 年版。

(唐)张鷟:《朝野佥载》,中华书局 1979 年版。

(唐)康骈:《剧谈录》,文学古籍刊行社 1956 年版。

(唐)释道世:《法苑珠林》,上海古籍出版社 1991 年版。

(唐)道宣:《广弘明集》,上海古籍出版社 1991 年版。

(前蜀)杜光庭:《墉城集仙录》,文渊阁《四库全书》本。

(宋)李昉等:《太平御览》,中华书局 1960 年版。

(宋)张君房纂辑、蒋力生等校注:《云笈七签》,华夏出版社 1996 年版。
(宋)赵彦卫撰、傅根清点校:《云麓漫钞》,中华书局 1996 年版。
(元)陶宗仪辑:《说郛》,上海古籍出版社 1988 年版。
(元)马端临:《文献通考》,中华书局 2006 年版。
(明)胡应麟:《少室山房笔丛》,上海书店出版社 2001 年版。
《道藏》,文物出版社 1988 年版。
(明)李时珍:《本草纲目》,中医古籍出版社 1994 年版。
(清)严可均辑:《全上古三代秦汉三国六朝文》,中华书局 1958 年版。
(清)彭定求等编:《全唐诗》,中华书局 1960 年版。
(清)黄伯禄辑:《集说诠真》,台湾学生书局 1989 年版。
(清)纪昀等:《历代职官表》,上海古籍出版社 1993 年版。

二、考古资料

甘肃省博物馆、中国科学院考古研究所编:《武威汉简》,文物出版社 1964 年版。

郭沫若主编、中国社会科学院历史研究所编集:《甲骨文合集》,中华书局 1978～1982 年版。

马王堆汉墓帛书整理小组编:《五十二病方》,文物出版社 1979 年版。
中国社会科学院考古研究所:《居延汉简甲乙编》,中华书局 1980 年版。
陈梦家:《武威汉简补述》,中华书局 1980 年版。
云梦睡虎地秦墓编写组:《云梦睡虎地秦墓》,文物出版社 1981 年版。
饶宗颐、曾宪通:《云梦秦简日书研究》,香港中文大学出版社 1982 年版。
陈梦家:《殷虚卜辞综述》,中华书局 1988 年版。
甘肃省文物考古研究所等:《居延新简》,文物出版社 1990 年版。
湖北省荆沙铁路考古队:《包山楚简》,文物出版社 1991 年版。
湖北省荆沙铁路考古队:《包山楚墓》,文物出版社 1991 年版。
刘乐贤:《睡虎地秦简日书研究》,台湾文津出版社 1994 年版。
湖北省文物考古研究所等:《望山楚简》,中华书局 1995 年版。

连云港市博物馆等:《尹湾汉墓简牍》,中华书局 1997 年版。

胡厚宣主编:《甲骨文合集释文》,中国社会科学出版社 1999 年版。

湖北省文物考古研究所等:《九店楚简》,中华书局 2000 年版。

吴小强:《秦简日书集释》,岳麓书社 2000 年版。

张家山二四七号汉墓竹简整理小组:《张家山汉墓竹简》,文物出版社 2001 年版。

胡平生、张德芳:《敦煌悬泉汉简释粹》,上海古籍出版社 2001 年版。

湖北省文物考古研究所:《随州孔家坡汉墓简牍》,文物出版社 2006 年版。

湖南省文物考古研究所:《里耶发掘报告》,岳麓书社 2007 年版。

刘志远等:《四川汉代画像砖与汉代社会》,文物出版社 1983 年版。

吴曾德:《汉代画像石》,文物出版社 1984 年版。

高文:《汉碑集释》,河南大学出版社 1985 年版。

南阳汉代画像石编辑委员会:《南阳汉代画像石》,文物出版社 1985 年版。

朱锡禄:《武氏祠汉画像石》,山东美术出版社 1986 年版。

高文:《四川汉代画像石》,巴蜀书社 1987 年版。

宫衍兴:《济宁全汉碑》,齐鲁书社 1990 年版。

周到:《汉画与戏曲文物》,中州古籍出版社 1992 年版。

李发林:《汉画考释和研究》,中国文献出版社 2000 年版。

信立祥:《汉代画像石综合研究》,文物出版社 2000 年版。

蒋英炬:《汉代画像石与画像砖》,文物出版社 2001 年版。

崔忠清主编、山东省沂南汉墓博物馆编:《山东沂南汉墓画像石》,齐鲁书社 2001 年版。

贺西林:《古墓丹青》,陕西人民美术出版社 2001 年版。

张从军:《黄河下游的汉画像石艺术》,齐鲁书社 2004 年版。

中国汉画学会、北京大学汉画研究所:《中国汉画研究》,广西师范大学出版社 2004 年版。

三、今人论著

李安宅:《巫术的分析》,四川人民出版社 1931 年版。

李宗侗:《中国古代社会史》,台北华冈出版社 1954 年版。

徐旭生:《中国古史的传说时代》,科学出版社 1960 年版。

袁珂:《中国古代神话》,中华书局 1960 年版。

丁山:《中国古代宗教与神话考》,龙门联合书局 1961 年版。

陈直:《汉书新证》,天津人民出版社 1979 年版。

朱天顺《中国古代宗教初探》,上海人民出版社 1982 年版。

杨宽:《中国陵寝制度史研究》,上海古籍出版社 1985 年版。

费鸿年:《迷信》,台湾商务印书馆 1982 年版。

安作璋、熊铁基:《秦汉官制史稿》,齐鲁书社 1984 年版。

[德]恩斯特·卡西尔:《人论》,甘阳译,上海译文出版社 1985 年版。

张光直:《考古学专题六讲》,文物出版社 1986 年版。

[英]詹·乔·弗雷泽:《金枝》,徐育新等译,中国民间文艺出版社 1987 年版。

[英]马林诺夫斯基:《巫术科学宗教与神话》,李安宅译,上海文艺出版社 1987 年版。

张亮采:《中国风俗史》,上海文艺出版社 1988 年版。

张正明:《楚文化志》,湖北人民出版社 1988 年版。

朱狄:《原始文化研究》,三联书店 1988 年版。

李养正:《道教概说》,中华书局 1989 年版。

吕鸿儒:《宗教的奥秘》,河南人民出版社 1989 年版。

宋兆麟:《巫与巫术》,四川民族出版社 1989 年版。

李绪鉴:《民间禁忌与惰性心理》,科学出版社 1989 年版。

金泽:《中国民间信仰》,浙江教育出版社 1990 年版。

张紫晨:《中国巫术》,上海三联书店 1990 年版。

宋兆麟:《巫与民间信仰》,中国华侨出版公司 1990 年版。

祝总斌:《两汉魏晋南北朝宰相制度研究》,中国社会科学出版社 1990

年版。

瞿兑之:《汉代风俗制度史》,上海文艺出版社 1991 年版。

陈兆复:《中国岩画发现史》,上海人民出版社 1991 年版。

[英]爱德华·泰勒:《原始文化》,连树声译,上海文艺出版社 1992 年版。

郭净:《中国面具文化》,上海人民出版社 1992 年版。

陈来生:《无形的锁链——神秘的中国禁忌文化》,上海三联书店 1993 年版。

齐涛、马新:《中国政治通史》,泰山出版社 1993 年版。

宋镇豪:《夏商社会生活史》,中国社会科学出版社 1994 年版。

乌丙安:《中国民间信仰》,上海人民出版社 1995 年版。

何星亮:《自然神与自然崇拜》,三联书店 1995 年版。

王子今:《门祭与门神崇拜》,上海三联书店 1996 年版。

陈来:《古代宗教与伦理:儒家思想的根源》,三联书店 1996 年版。

马新:《两汉乡村社会史》,齐鲁书社 1997 年版。

杨利慧:《女娲的神话与信仰》,中国社会科学出版社 1997 年版。

金泽:《宗教禁忌》,社会科学文献出版社 1998 年版。

胡新生:《中国古代巫术》,山东人民出版社 1998 年版。

刘锡诚:《中国原始艺术》,上海文艺出版社 1998 年版。

马昌仪:《中国灵魂信仰》,上海文艺出版社 1998 年版。

江林昌:《楚辞与上古历史文化研究》,齐鲁书社 1998 年版。

吕大吉:《宗教学通论新编》,中国社会科学出版社 1998 年版。

翦伯赞:《秦汉史》,北京大学出版社 1999 年版。

[韩]文镛盛:《中国古代社会的巫觋》,华文出版社 1999 年版。

高国藩:《中国巫术史》,上海三联书店 1999 年版。

张光直:《中国青铜时代》,三联书店 1999 年版。

向柏松:《中国水崇拜》,上海三联书店 1999 年版。

国光红:《九歌考释》,齐鲁书社 1999 年版。

李泽厚:《己卯五说》,中国电影出版社 1999 年版。

仝晰纲:《中国古代乡里制度研究》,山东人民出版社 1999 年版。

李零:《中国方术续考》,东方出版社 2000 年版。

宋兆麟:《中国风俗通史·原始社会卷》,上海文艺出版社 2001 年版。

侯杰、范丽珠:《世俗与神圣》,天津人民出版社 2001 年版。

李零:《中国方术考》,东方出版社 2001 年版。

李淞、贺西林:《中国古代青铜艺术》,陕西人民美术出版社 2001 年版。

彭卫:《中国风俗通史·秦汉卷》,上海文艺出版社 2002 年版。

何新:《诸神的起源》,时事出版社 2002 年版。

[奥]西格蒙德·弗洛伊德:《论宗教》,王献华等译,国际文化出版公司 2002 年版。

鲁迅:《中国小说史略》,百花文艺出版社 2002 年版。

吴天明:《中国神话研究》,中央编译出版社 2003 年版。

马新、齐涛:《中国远古社会史论》,科学出版社 2003 年版。

任驰:《中国民间禁忌》,中国社会科学出版社 2004 年版。

王爱青:《秦汉乡里控制研究》,山东大学出版社 2010 年版。

后 记

这部书稿是在我当年博士学位论文《汉代民间信仰研究》的基础上充实修改完成的。它的付梓离不开各位师长、学友和同事的热情指导与帮助。

在整个研究过程中，从博士论文的选题、框架、写作、修改，都得到了导师马新先生的悉心指导，倾注了老师的大量心血。没有马老师的耳提面命，就不可能有本书的顺利完成。

在当年博士论文答辩的过程中，刘庆柱教授、陈其泰教授、姜生教授、张金龙教授、刘平教授、曾振宇教授、胡新生教授都提出了许多宝贵意见，对今后论文的修改有很重要的参考价值。山东大学历史文化学院的孟祥才教授、王育济教授、张友臣教授等都给予了热情指导，使我铭记难忘。

南开大学历史文化学院的王力平教授、孙卫国教授以及天津师范大学的杜勇教授、张秋升教授对本书稿给予了充分肯定并提出许多修改意见，在此深表谢意。

同时，我也得到天津师范大学历史文化学院及古典文献研究所的鼎力支持和帮助，一并致谢。

贾艳红

2010 年 11 月 8 日记于天津师范大学

图书在版编目(CIP)数据

汉代民间信仰与地方政治研究/贾艳红著. —济南:
山东大学出版社,2011.10
(中国古代地方政治研究/马新主编)
ISBN 978-7-5607-4500-8

Ⅰ.①汉…
Ⅱ.①贾…
Ⅲ.①信仰—民间文化—关系—地方政治—研究—中国—汉代
Ⅳ.①B933 ②D691

中国版本图书馆 CIP 数据核字(2011)第 212828 号

山东大学出版社出版发行
(山东省济南市山大南路 20 号　邮政编码:250100)
山东省新华书店经销
山东新华印刷厂印刷
720×1000 毫米　1/16　25.75 印张　390 千字
2011 年 10 月第 1 版　2011 年 10 月第 1 次印刷
定价:58.00 元